Gaosu Gonglu Jianshe Shiyong Xinjishu

高速公路建设实用新技术

黑龙江省齐泰公路工程建设指挥部　编著

人民交通出版社

内 容 提 要

本书共12章，主要内容为:粉砂土路基施工与防护技术,粉砂土路基封层设计施工与检测,大厚度水泥稳定材料全幅一次摊铺技术,水泥稳定级配碎石基层抗裂性能研究与设计,寒冷地区双层沥青混凝土路面配合比设计与施工技术,寒冷地区大跨度预应力混凝土连续箱梁特大桥施工组织设计,大跨度预应力混凝土连续箱梁裂缝控制技术,沥青混凝土桥面铺装早期破损防控技术,高速公路绿化景观设计及生态保护,公路交通安全保障新技术,公路线形与设施安全评价技术,高速公路管理、养护及服务房屋建筑设计。

本书可供公路建设与施工人员使用,也可供高等院校相关专业师生学习和参考。

图书在版编目(CIP)数据

高速公路建设实用新技术/黑龙江省齐泰公路工程建设指挥部编著. ——北京:人民交通出版社，2011.1

ISBN 978-7-114-08659-5

Ⅰ. ①高… Ⅱ. ①黑… Ⅲ. ①高速公路—道路工程—工程技术 Ⅳ. ①U412.36

中国版本图书馆CIP数据核字(2010)第256908号

书　　名: 高速公路建设实用新技术
著 作 者: 黑龙江省齐泰公路工程建设指挥部
责任编辑: 韩亚楠
出版发行: 人民交通出版社
地　　址: (100011)北京市朝阳区安定门外外馆斜街3号
网　　址: http://www.ccpress.com.cn
销售电话: (010)59757969,59757973
总 经 销: 人民交通出版社发行部
经　　销: 各地新华书店、交通书店
印　　刷: 北京盛通印刷股份有限公司
开　　本: 880×1230　1/16
印　　张: 15.75
字　　数: 480千
版　　次: 2011年1月　第1版
印　　次: 2011年1月　第1次印刷
书　　号: ISBN 978-7-114-08659-5
定　　价: 68.00元

Preface 序

齐泰高速公路是黑龙江省公路建设3年决战的重点项目之一，纵贯于富饶美丽的嫩江平原，全长138.2公里，历经3年的全力攻坚，项目已经正式交工通车。它的建成打通了黑龙江省西部陆路交通大通道，便捷了与内蒙、吉林两省区的区域经济、文化交流，必将为齐齐哈尔市乃至黑龙江省西部地区的经济社会发展提供强有力的支撑。

齐泰高速公路地处我国高纬度寒冷地区，沿线多风沙，填筑材料匮乏，有效施工期短，地质条件差，施工难度大。齐泰高速公路的建设者在3年多的建设历程中敢于迎难而上，善于科研攻关，勇于技术创新，探索总结了一套实用的建设经验；应用推广了多项国内外先进的施工技术和工艺、新型设备和材料，特别是该项目采取的粉砂土施工工艺，路面基层大厚度一次摊铺施工工艺，嫩江特大桥施工组织安排及结构性裂缝和收缩缝控制措施等技术，这些对同类地区高速公路建设具有积极的借鉴作用。

《高速公路建设实用新技术》一书凝聚了齐泰项目建设者的心力和智慧，是对工程实践的分析和总结，是对同类地区、相似施工条件下技术难题的破解和研究，是对新技术、新工艺、新材料、新设备的认证和推广。该书具有较强的指导性和实用性，希望能为广大交通建设者提供有益的帮助和借鉴！

黑龙江省交通运输厅　党组书记、厅长

高志建

2010年10月

Foreword 前言

自改革开放以来，我国公路建设蓬勃发展，公路总里程快速增长。进入21世纪，中央先后提出西部大开发、振兴东北老工业基地、中部崛起等战略，使公路建设迎来了新一轮发展热潮，截至2009年3月，我国高速公路总里程已经达到6.5万公里，仅次于美国，列世界第二。公路运输业伴随着路网的不断发展和完善而迅猛发展，在各种运输方式的总运量中所占比例逐年提高，对国民经济的贡献越来越大。

国内已建成的高速公路使用状况较好，但应用单一的路面结构形式来应对全国各类交通荷载和气候类型难免顾此失彼。因此，如何对不同区域、不同条件下的高速公路进行施工技术控制是道路工作者亟须解决的问题。

本书依托于黑龙江省齐齐哈尔至泰来高速公路工程建设项目，着重解决不良地质和高寒条件下高速公路及预应力混凝土连续箱梁在设计和施工中遇到的技术难题，其中涉及粉砂土路基填筑与验收，大厚度基层施工，水泥稳定级配碎石材料设计，双层式沥青路面材料设计，大跨度桥梁施工组织设计、裂缝控制和桥面铺装，高速公路生态景观设计，交通安全保障技术，公路线形与设施安全评价，高速公路服务区综合建筑设计。具体研究内容和解决的问题如下：

(1)结合粉砂土材料特点，开展室内试验和铺设试验段，摸索出粉砂土路基压实的一套成功经验；分析粉砂土路基边坡的稳定性，并采取多种防护措施确保边坡稳定。

(2)为解决贝克曼梁验收松散类材料如粉砂土路基弯沉存在的数据不准确、离散性大的问题，在路基顶面铺设多种试验段，通过渗水试验，结合具体路段特点，确定粉砂土路基封层形式；引入便携式落锤式弯沉仪(Portable Falling Weight Deflectormeter，简称PFWD)检测路基弯沉，并与贝克曼梁测得的结果开展对比分析，得到PFWD在测量数据上要优于贝克曼梁的结论。

(3)引入大型摊铺机和重型压路机，全幅一次摊铺大厚度水泥稳定基层；检测了施工中的横向离析、纵向离析状况和施工结束后的压实度情况，结果表明全幅一次摊铺技术下水稳材料级配均匀，压实度达标且深度方向上变异小。这一技术是先进结构设计理念和重型机械在高速公路建设中的一次有益尝试，它为高速公路的设计和施工带来革新。

(4)针对半刚性基层开裂现象，在水泥稳定碎石级配设计中采用体积设计法，引入“填充系数”的概念，获得满足力学性能要求且收缩性小的抗裂型水泥稳定级配碎石，并将其应用于工程中，通过竣工后沥青路面裂缝调查验证建立的抗裂型水泥稳定级配碎石材料设计方法的合理性。

(5)详细介绍寒冷地区双层沥青混凝土路面配合比设计与施工技术，结合地域特点，在规范基础上提出调整型工程级配(骨架密实型级配)开展沥青混合料材料设计,铺设实体工程。

(6)以嫩江特大桥为例,对大跨径连续箱梁结构桥梁施工中各工序的流程、关键工序控制进行阐述,为同类型桥梁施工组织设计提供借鉴。

(7)详细调查分析国内预应力混凝土连续箱梁开裂现状,并深入分析其开裂原因。为了控制开裂,设计了高强、低收缩、低徐变的高性能混凝土,提出高性能混凝土的施工工艺,并对一些工序中如何防止箱梁开裂提出了具体的技术措施。

(8)沥青混凝土桥面铺装早期破损防控技术措施介绍。

(9)从生态平衡角度对于粉砂土路基高速公路绿化工作提出原则、方法和具体的措施,确保生态恢复,人与自然和谐发展。

(10)从特殊标志标线、视觉诱导与提示、交通设施驾驶容错技术等方面介绍了高速公路交通安全保障技术。

(11)从人机工效学角度入手,基于驾驶员心理生理特性,提出公路线形设计要求;基于驾驶员眼动时空特征,依托工程实例,评价交通安全设施的有效性,提出交通设施颜色搭配原则,并对搭配效果进行分析。

(12)从美学和功能角度,介绍高速公路服务区整体布局和设计情况,为服务区建设提供一个参考。

本书由黑龙江省齐泰公路工程建设指挥部集体编著,黑龙江省交通运输厅总工办、哈尔滨工业大学交通与信息工程学院、东北林业大学等知名院校参加了编写。参加编写工作的指挥部人员主要有:田林、杨旭东、房万山、滕书滨、吕剑光、马福泽、张锐锋、夏春梅、吕剑明、齐建军、张佳鹏、郝俊宝、秦英、王丽娜、谭振平、李波、张衍刚、严熙明、姚德金、马霞光、魏巍、袁振、刘妮妮、翟斌、黄财、邱金祥、张海龙、刁业宏、赵永彬、栾卫卫、任杰、高丽娟。黑龙江省交通运输厅总工办、哈尔滨工业大学交通与信息工程学院、东北林业大学等单位参与编写的主要人员有:袁振友、安实、王宗林、冯德成、裴玉龙、杨福琪、王龙、陈晶、程国柱、徐秋江、程培峰、王立军、徐文远、穆丽蔷、宋坤、姜雪昊、曲冰。

本书统稿人:高凌志。

本书撰写过程中得到了黑龙江省交通运输厅、黑龙江省高速公路建设局、黑龙江省公路工程造价管理总站、黑龙江省公路工程质量监督站、黑龙江省交通科学研究所、黑龙江省公路勘察设计院、黑龙江省收费公路管理局、黑龙江省信息通信中心等单位的大力支持,在此向为本书编写工作作出贡献的人士表示衷心感谢。

希望本书可以为同类或相似的高速公路设计和施工提供有益借鉴。

由于时间仓促,作者水平有限,本书有些观点需要进一步讨论,书中难免存在错误与不足之处,望有关专家和学者包涵,并提出宝贵意见。

编著者

2010年9月

Contents 目录

1 粉砂土路基施工与防护技术

1.1 概述

粉砂土是岩石经过不同程度风化作用的产物，其颗粒组成中，以各种大小砂粒和粉粒占绝对优势，黏粒含量极少，与水的结合能力较弱，当砂粒变细时，毛细作用逐渐显著；当为干砂或含水率很小时，不存在毛细水压力，土体呈现出松散状态，很难碾压成整体。当饱水时，毛细黏聚力逐渐消失，则呈现出很小或无黏聚力的散粒状，不具有塑性或微有塑性，因此用其填筑公路路基面临着许多技术难题。为了解决上述粉砂土路基施工和检测中出现的问题，本书以实际施工为依托，总结了粉砂土的性质及工程特点、粉砂土路基填筑压实施工技术，进行了粉砂土边坡稳定性分析，介绍了粉砂土边坡防护措施和路基质量检测与质量控制技术。

交通是国民经济的基础，全社会对公路的发展十分关注。近年来，我国的公路建设规模迅速扩大，交通状况得到了明显的改善。黑龙江省地处高纬度寒冷地区，受地理位置和气候条件所限，虽然占地面积较大，但是高速公路的建设比沿海发达地区和内地一些省份还明显落后，特别是黑龙江省西北部地区。根据黑龙江省交通发展纲要，在建项目国道 G111 线齐齐哈尔至泰来段（以下简称嫩泰公路）是该省境内 8 条国道干线公路之一，是东北地区的交通枢纽和通向关内的重要通道。

由于公路工程本身是一种线性工程，与其他工程建筑不同，在建设的过程中需要大量的路基填筑材料，目前仍然以素土为主要填筑材料。而我国现有沙漠（地）面积达 168.9 万 km^2，占国土陆地面积的 17.6%，从总体来看，土地荒漠化主要分布在东经 740°～119°，北纬 19°～49°。单就土地沙化而言，截至 2004 年底，全国沙化土地面积为 173.97 万 km^2，占国土总面积的 18.12%，分布在除上海、台湾及香港和澳门特别行政区外的 30 个省（自治区、直辖市）的 889 个县（旗、区），这些地区道路建筑材料严重匮乏。

国道 G111 线齐齐哈尔至泰来段位于黑龙江省西部沙地，西邻内蒙古自治区兴安盟，所处区域为北纬 46°24′～47°23′，东经 123°25′～124°，属于中温带半干旱区草原地带，在全国沙漠区划上属于中国北部沙漠治理区东北平原西部沙漠化区，被称为嫩江沙地。沙地分布在沿嫩江干流两侧宽 165km，长 300km 范围内，形成东北向西南走向的面积约达 27800km^2 的狭长地带，占全省总面积的 6.1%。

图 1-1 粉砂土的野外景观

路线处于松嫩平原的北部，沿线所经地区的土质表层 0～10m 一般为粉砂土（图 1-1）。针对当地砂石材料短缺、道路建筑材料严重匮乏的情况，嫩泰公路设计就地取材，用粉砂土填筑路基，以缓解筑路材料严重匮乏的局面。

故该项目的研究不仅可以降低齐泰公路的工程造价，缩短工期，还有很大的推广前景。因此，研究砂土填筑路基的技术具有重要意义。

1.2 粉砂土性质及工程特点

粉砂土介于细砂和粉土之间，矿物成分主要是大量石英，其次是长石、云母以及少量其他矿物。按我国《公路土工试验规程》（JTG E40—2007）中关于土体分类，粉砂土的分类标准是指土粒径大于 0.1mm的颗粒含量不超过总质量 75%的砂土。为了评价粉砂土作为高速公路路基填料的可行性，下文以齐泰公路三个标段的实际施工情况为依托，深入了解粉砂土的性质及工程特点。

1.2.1 粉砂土的物理性质

1.2.1.1 颗粒组成

土的颗粒组成决定了土的结构特征，是土分类与描述的主要指标。土的粒度成分如何，对土的工程性质有着决定性影响。确定土的颗粒组成的方法有两种：对于粒径大于 0.075mm、小于 60mm 的粗颗粒土，选用筛分法(图 1-2)；对于粒径小于 0.075mm 的细颗粒土，需选用沉降分析法(包括密度计法和移液管法)(图 1-3)；当土中粗细颗粒兼有，则可同时使用两种方法。表 1-1 为联合使用筛分法和密度计法对三种土样的试验结果。图 1-4 为三种土样的粒径分布曲线。

图 1-2 颗粒分析(筛分法)

图 1-3 颗粒分析(密度计法)

土的颗粒分析试验结果　　表 1-1

土样编号		孔径 D(mm)						不均匀系数 C_u	曲率系数 C_c
		2	1	0.5	0.25	0.075	0.002		
小于该孔径土的质量百分率(%)	A1	100	100	99.7	97.6	23.2	3	0.49	1.29
	A2	100	100	99.9	98.7	37	5.5	0.37	1.51
	A3	100	100	99.7	98.9	23.2	3.2	0.50	1.28

根据土的粒径分布曲线，计算粉砂土的两个级配指标(表 1-1)：不均匀系数 C_u，反映大小不同粒组的分布情况，C_u越大，表示土粒大小分布范围大，土的级配良好。曲率系数 C_c，描述累计曲线的分布范围，反映累计曲线的整体形状。由表 1-1 和图 1-4 分析可知，齐泰公路三个标段的土颗粒主要集中在 0.25～0.002mm，砂粒含量占总土质量的 60%以上，粉粒含量占 20%～30%，黏粒含量只占到 4%左右，粒径比较均匀，黏粒含量极少，这种颗粒表面活性低、黏性小、松散性强、水稳定性差。同时计算三个标段土样的不均匀系数 C_u均小于 5，级配曲线不连续，表明三个标段的粉砂土均属于级配不良土。

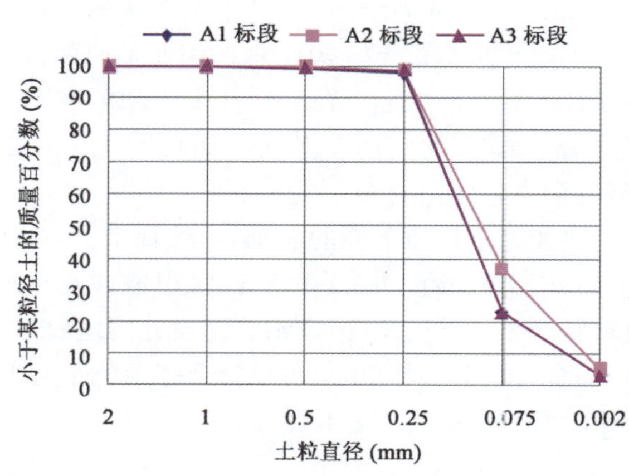

图 1-4 土的粒径分布曲线

1.2.1.2 粉砂土的相对密度

土的相对密度是土的物理性质中三个基本指标之一，是计算孔隙比和评价土类的主要指标。土的相对密度定义为：土在 105～110℃温度下烘至恒重时的质量与同体积 4℃时蒸馏水质量的比值。相对密度测定是按照土粒粒径的不同而采用不同的方法：对于粒径小于 5mm 的土，用比重瓶法进行；对于粒径大于 5mm 的土，当其中大于 20mm 颗粒含量小于总土质量 10%时，用浮力法进行；当粒径大于 20mm 颗粒含量大于 10%时，用虹吸筒法进行；对粗、细颗粒混合的土，应分别测定粗、细粒土的相对密度，然后取加权平均值。表 1-2 中的比重值为利用比重瓶法测定的结果。多次取样试验发现三个标段的相对密度相差不大。

土的基本物理性质试验结果　　表 1-2

土 样 编 号	天然含水率 w_0(%)	天然密度 ρ_0(g/cm^3)	天然孔隙比 n	相对密度 G_S
A1	8.4	1.72	0.611	2.604
A2	9.2	1.81	0.555	2.619
A3	8.0	1.69	0.640	2.605

1.2.1.3　粉砂土的水理性质

根据土力学定义，液限 w_L 为土体由可塑性状态转化到流动状态的界限含水率；塑限 w_P 是土体由塑性状态转化到半固体状态的界限含水率。塑性指数 I_p 是土从液限到塑限含水率的变化范围（$I_p=w_L-w_P$），其大小往往随着黏粒含量的增加而增大，随着砂粒含量的增加而减小。本书对三种土样采用液、塑限联合测定法进行了试验，在重复多次试验后得出最终结果见表 1-3。

土的液塑限试验结果　　表 1-3

土 样 编 号	液限 w_L(%)	塑限 w_P(%)	塑性指数 I_p
A1	22.7	16.9	5.8
A2	24.1	19.2	4.9
A3	24.6	18.0	6.6

在粉砂土的液、塑限试验操作过程中存在很多问题：在测定其液限附近的 a 点时，土样处于饱和状态，将土样分层装入土杯，用力压密的过程中，会出现土杯内部土样含水率较小而表面不断泛水，含水率沿竖向分布不均匀的液化现象；在圆锥仪压力作用下土体会因压缩而隆起，圆锥仪下沉很久不能稳定，而在确定入土深度时，也只能以土样的最低表面作为圆锥刻度线的参照面，所以试验测得的液限比实际的液限大；同时当土样中的含水率稍加改变，圆锥仪入土深度变化很大，且两次入土深度也相差很大，造成液限试验很难成功（图 1-5）。

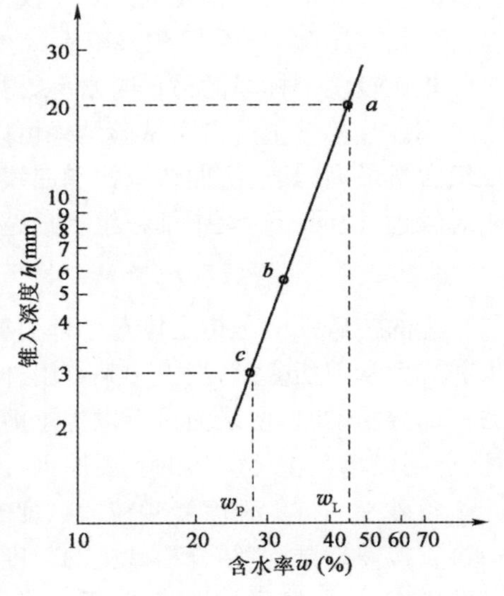

图 1-5　锥入深度与含水率关系曲线图

其次，假塑性现象也常常造成粉砂土塑限附近的 c 点测定值偏大。土的可塑性是与黏土颗粒表面活性有关的一种现象，即黏粒含量越多，土的分散程度越高，亲水性矿物含量越多，水膜厚度越厚，水膜持水量就相应增加，液限、塑限、塑性指数随之增大，这就是可塑性机理。但对粉砂土而言，黏粒含量非常少而塑限却偏高，其主要原因与其土中活跃的毛细现象产生的假凝聚力有关。即在测定粉砂土塑限附近的 c 点时，土中含有少量的水分，造成两个土粒的接触面间存在一定的毛细水，在潮湿的粉砂土中，由于土粒表面的湿润作用，使毛细水形成弯面，在水和空气的分界面上产生的表面张力将对土粒产生一种向内的、使相邻土粒挤密的毛细压力，由于毛细压力的存在，增加了颗粒间错动的摩阻力，使土体产生微弱的内聚力，即假塑性现象。所以当测定 c 点时，毛细压力使土粒聚合在一起，来保持土样的完整性，使土样呈现假塑性，此时所测得的含水率大部分为毛细持水量，而并非土样真正的塑限含水率，因此，试验所测得的塑限比实际值大。

与液限的增大相比，塑限的增大程度并没有液限明显，所以塑性指数 I_p 也偏大。因此，粉砂土的液限、塑限及塑性指数多呈较高的变异性，只能表示土的粗细和分散性，不适宜评价该类土的工程性质。其塑性指数 I_p 的大小也不能正确地反映其黏性大小，不能用塑性指数来判别粉砂土黏粒含量的大小。

1.2.2 粉砂土的工程性质

1.2.2.1 粉砂土的压实特性

压实是指采用人工或机械的手段对土体施加夯压能量(如打夯、碾压、振动碾压等方式)，使土颗粒重新排列压实变密。外部的夯压功能使土在短时间内达到新的结构强度，包括增强粗粒土之间的摩擦和咬合，以及增加细粒土之间的分子引力，使路基或路面材料增加单位体积内固体颗粒的数量，减少孔隙率而使固体密度达到较好的效果。研究土的压实特性常用的方法有现场填筑试验和室内击实试验两种。通过击实试验，并结合粉砂土的粒度成分曲线探讨粉砂土的压实特性。

依据《公路土工试验规程》(JTG E40—2007)，齐泰公路对三种代表性土样进行室内标准重型击实试验，结果见表 1-4。

土的标准击实试验结果　　表 1-4

土样编号	最佳含水率 w_0 (%)	最大干密度 ρ_{dm} (g/cm³)	细粒组含量 (%)	黏粒含量 (%)
A1	10.6	1.79	23.2	14.9
A2	12.8	1.87	37.0	18.2
A3	10.6	1.75	23.2	14.8

从整体来看，A2 标段的最大干密度最大，细粒组含量也比 A1 和 A3 标段多，这充分说明了最大干密度和细粒组含量的关系最为密切，即细粒组的含量能提高粉砂土的最大干密度；另外，粉砂土中黏粒含量的多少对最大干密度的影响是仅次于粒度成分的，粉砂土的颗粒分析试验结果中，A2 标段的黏粒含量最大，A1 和 A3 标段相差不大，均较 A2 标段含量少，即黏粒含量也能够提高粉砂土的最大干密度。

相比较三个标段的最佳含水率，得出相同结论，即细粒组含量和黏粒含量也能够提高粉砂土的最佳含水率。从粉砂土的击实试验结果可以看出，细粒组含量对粉砂土的压实有较大的影响：A2 标段的细粒组含量最高，其击实曲线离饱和曲线最近，而 A1 和 A3 标段细粒组含量较少，其击实曲线离饱和曲线相对较远，说明粉砂土中细粒组含量越多，其压实性能就越好。

1.2.2.2 粉砂土的抗剪强度特性

土的抗剪强度是指土体对于外荷载所产生的剪应力的极限抵抗能力。在外荷载作用下，土体将产生剪应力和剪切变形，当土中某点由外力所产生的剪应力达到土的抗剪强度，发生土体的一部分相对于另一部分滑动时，便认为该点发生了剪切破坏。工程实践和室内试验都证实了土是由于受剪而产生破坏，剪切破坏是土体破坏的主要原因，因此，土的强度主要由土的抗剪强度决定。

粉砂土的抗剪强度受颗粒的粒度成分、颗粒形状、含水率、物质成分、密实程度等多种因素的影响，通过直接剪切试验，结合粉砂土的粒度成分曲线和击实试验结果，可以系统研究粉砂土的抗剪强度特性与粒度成分、压实度的规律，为工程应用提供可靠的参数。直接剪切试验目前依然是室内土体抗剪强度最基本的测定方法。其原理是在不同的垂直压力 σ 作用下，施加水平剪切力进行剪切，求得破坏时的剪应力 τ，然后根据库仑定律确定抗剪强度参数 τ_f。

根据粉砂土的标准击实试验结果(表 1-4)，考虑路基施工实际质量要求，在最佳含水率条件下，将干密度分为三种，即压实度分别控制为 93 区、94 区、96 区的干密度，制备三种干密度的剪切试件，进行直接剪切试验，试验结果如图 1-6、图 1-7 所示。其中不同干密度的剪切试件是通过小型击实锤击实得到。

从图 1-6、图 1-7 可以看出：粉砂土的黏聚力 c 和内摩擦角 φ 值在最佳含水率条件下，随着压实度

(干密度)的增大而增大。主要原因在于:干密度越大,土粒间的距离就越小,水膜越薄,电分子引力越大,黏聚力就越大,则颗粒之间的咬合作用越强,内摩阻力就越大。依据库仑定律,土的抗剪强度是由黏聚力和内摩阻力两部分构成,所以在相同的竖向应力σ作用下,粉砂土的抗剪强度同样会随着压实度的增大而增大,两者之间存在正比例的关系。因此,适当提高粉砂土的压实度能有效提高粉砂土的抗剪强度。

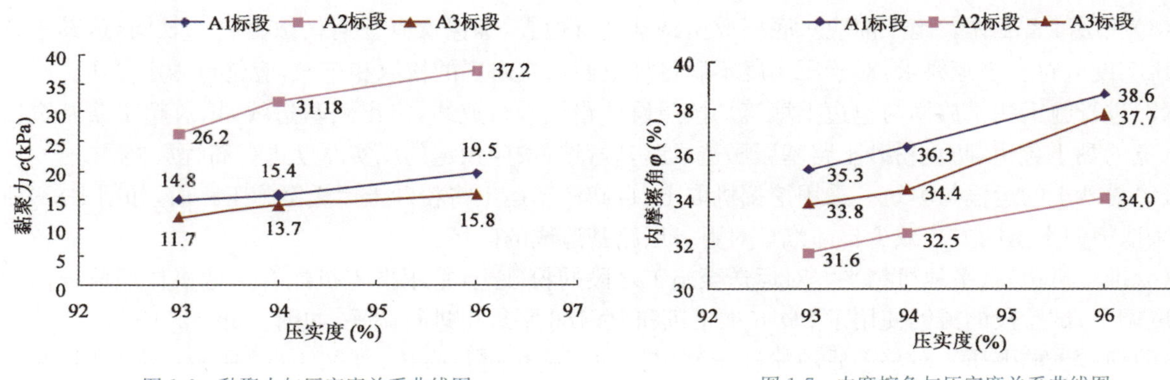

图 1-6 黏聚力与压实度关系曲线图　　图 1-7 内摩擦角与压实度关系曲线图

粉砂土的土样中粗颗粒含量多的,内摩擦角大。由颗粒分析试验和直接剪切试验可以看出,A1 标段的土样中粗粒组含量较多,内摩擦角较大,分析其原因在于粗颗粒含量多,增加颗粒间的接触面,颗粒间的摩擦力和嵌锁力随之增大,故而内摩擦角增大。

对于黏聚力来说,则和内摩擦角的规律相反,A2 标段中细粒组含量较多,黏聚力较大,分析认为细粒组含量大,颗粒间的距离减小,分子引力增大,黏聚力增大。

1.3 粉砂土路基施工技术

1.3.1 粉砂土路基填筑压实施工技术

粉砂土的天然含水率低,塑性小,水分散发快,压实后土体松散不板结,不易碾压成型,且成型的路基随着水分的蒸发散失,在随后施工车辆的反复作用下,产生较深的车辙,使施工现场显得异常混乱,目前仍没有有效的控制措施。粉砂土压实质量的好坏,关键问题是压实施工技术,其中主要影响因素有:土质、土的含水率、压实厚度、压实机械、碾压遍数等。结合齐泰公路粉砂土路基施工的工程实际,通过在 A1、A2、A3 标段铺筑试验路,探索粉砂土路基合理的压实厚度、碾压变数以及压实机械,为粉砂土路基施工提供参考依据。

1.3.1.1 粉砂土路基施工现场试验方案

对于一般的路基用土施工,采用 20cm 的压实厚度和常规的压实机械就能够满足质量要求,但对于粉砂土这种级配不良的特殊材料,如果采用一般的压路机和常规的压实厚度进行施工,其压实质量很难持久保持。

方案一:分别在齐泰公路 A1、A2、A3 标段铺筑 20cm、30cm、35cm 三种压实厚度的试验路,每种压实厚度均铺筑 100m 长,压路机只选用 20t 重的一种振动压路机进行碾压,分析粉砂土路基在同一吨位振动压路机条件下,压实度与压实厚度、碾压遍数的关系,总结粉砂土路基合理的压实厚度和碾压遍数。

方案二:在 A3 标段范围内,铺筑上述三种压实厚度的试验路,每一种压实厚度分别采用 20t 和 14t 重的两种振动压路机进行独立碾压,分析不同压实厚度上两种不同的振动压路机对压实度的影响,研究选用粉砂土路基施工经济、有效的压实机械。

1.3.1.2 含水率的控制

含水率的控制对粉砂土路基施工至关重要。粉砂土有较大的天然密度和孔隙比,比较好的透气性和透水性，导致水分蒸发快，天然含水率较低，土中水的吸附能力小，颗粒分散，碾压时很容易出现起皮现象。因此，在粉砂土路基施工时，要想在最佳含水率条件下达到最佳的压实效果，就必须做好补充水分和防止水分快速散失的工作。建议在每层施工前，控制土体含水率高于最佳含水率两个百分点的条件下碾压。

1.3.1.3 压实工艺流程

(1)底层准备工作。施工前应对底层成型路基进行检查，确保没有任何松散材料和软弱点，其平整度和压实度应符合规范要求，对于压实度不满足规范要求或出现的松散和车辙，应进行洒水复压。

(2)进行施工测量放样与包边土填筑。按照设计路线进行放线，定出路基边线，填筑超出路基宽度1.5m宽的黏土包边，防止粉砂土路基碾压造成路基弯坡；按照预定的压实厚度进行高程放样。

(3)粉砂土的运输与填筑。采用挖掘机取土，自卸汽车运土将粉砂土运送至施工路段，如图1-8a)所示。采取横向上土的方式减少自卸汽车对下一层路基造成的破坏。

(4)推土机粗平、平地机精平。对运送至施工路段的粉砂土，采用推土机配合平地机按照放样高程和宽度调平；试验段的摊铺使用了SD16推土机和PY180平地机进行调平，如图1-8b)、c)所示。

(5)粉砂土的碾压。对整平后的粉砂土利用振动压路机进行碾压，如图1-8d)所示。碾压时，相邻两次的轮迹重叠轮宽的1/3，当轮迹布满整个作业面为1遍。由于粉砂土的透水性好，水分散发快，在碾压过程中，含水率随着碾压的进行而减小。因此，当路基表面出现干燥、碾压松散时，应进行洒水以保证含水率在最佳含水率附近。碾压效果如图1-8e)所示。

图1-8 压实工艺流程

a)挖掘机取土；b)推土机粗平；c)平地机精平；d)压路机压实作业；e)碾压完成后效果

1.3.1.4 试验结果与分析(方案一)

方案一压实试验结果见表 1-5。

方案一压实试验结果　　表 1-5

碾压遍数＼碾压厚度	20cm			30cm			35cm		
	A1	A2	A3	A1	A2	A3	A1	A2	A3
2	92.2	92.8	92.6	92.5	92.5	92.8	—	—	—
4	94.0	94.1	94.1	95.1	94.5	95.1	92.6	91.3	92.8
6	96.1	96.4	96.4	96.7	96.5	96.6	95.0	94.7	94.8
8	—	—	—	97.7	95.2	96.1	96.8	96.5	97.0
10	—	—	—	—	—	—	98.1	95.8	96.1

通过对比分析 20cm、30cm、35cm 三种压实厚度的试验数据可知:20cm 的压实厚度对各个压实区域压实质量均能满足要求,但其厚度相对较薄,在施工车辆的反复作用下,表层的土体会发生松散,产生较深的车辙,路基强度的整体性难以保证,因此不建议采用。30cm 压实厚度的试验路试验结果与 20cm 相同,由此说明 30cm 压实厚度经济上优于 20cm。再对比压实厚度为 30cm 和 35cm 的试验路,35cm 相对于 30cm 只增加了 5cm,各压实区域的碾压遍数却需要再增加两遍,因此从经济方面来看,30cm 碾压厚度更为合理。

1.3.1.5 试验结果与分析(方案二)

由图 1-9、图 1-10 可以看出,对于压实度要求为 96%的压实区域,20t 重的压路机进行一定的碾压遍数,使压实质量能满足要求,而 14t 重的压路机,不论采用何种碾压遍数,压实度均不能满足要求。对于压实度要求为 94%、93%的压实区域,虽然两种压路机进行一定的碾压遍数,压实质量都能满足要求,但在不同压实厚度上进行相同的碾压遍数,14t 重压路机的压实度要比 20t 重压路机的压实度低很多;并且对于相同的压实厚度,前者要比后者多碾压 1~2 遍才能满足压实度的要求。因此,对于粉砂土路基施工,小吨位的振动压路机压实质量难以满足要求,且经济上不合理,建议使用大吨位的振动压路机。

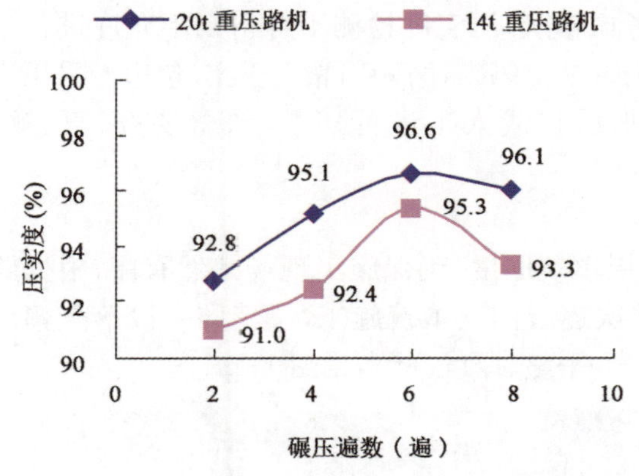

图 1-9　压实厚度 30cm 试验结果

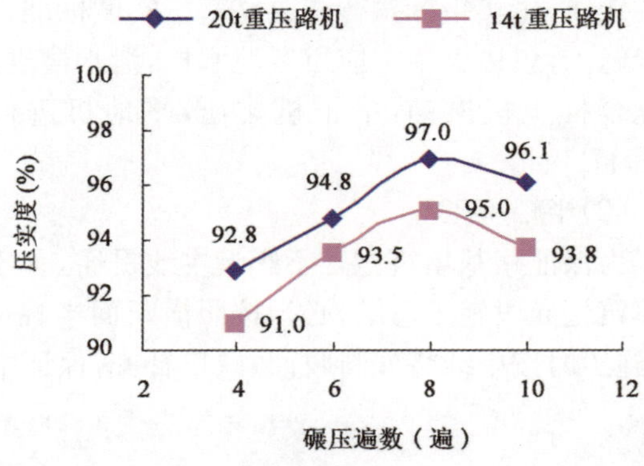

图 1-10　压实厚度 35cm 试验结果

综上所述,在粉砂土填筑路基施工中,应采用 20t 重的振动压路机进行碾压;同时,依靠增加压实厚度减缓水分散失的方法也是可行的。通过对比分析四种压实厚度的试验路段数据可知,30cm 的压实厚度最为合理,其碾压工艺为:对 96 区静压 1 遍,振压 6 遍合格,对 94 区静压 1 遍,振压 4 遍合格,对 93 区静压 1 遍,振压 3 遍合格。

1.3.1.6 粉砂土路基压实影响因素分析

(1)颗粒级配

压实过程就是土体颗粒进行重新排列,趋于密实的过程。即土颗粒在外力的作用下,由于土中水的润滑作用，致使土颗粒之间的阻力减小而产生错动，相对位置发生变化，孔隙中的气体被挤出，较小颗粒填充大颗粒组成的孔隙，水分填充较小颗粒的孔隙，从而达到土体被压密的效果。但对于粉砂土这种单一颗粒的土体，由于缺少较小颗粒，因而压实困难。建议通过增加细颗粒土体的方法改善其颗粒级配，增强压实效果。

(2)含水率

由击实试验可知，对一般路基施工，控制土体的含水率在最佳含水率±2%～±3%，其干密度接近于最大干密度，压实效果较好。但对于粉砂土而言，由于其天然密度和孔隙比较大，透气性和透水性较好，导致水分蒸发快，含水率较低，压实效果较差。建议粉砂土施工前，控制土体含水率高于最佳含水率两个百分点的条件下碾压，以补充快速散失的水分，保证压实质量。

(3)压实厚度

从压实度的角度出发，对某一确定的压路机，薄铺层的土层较厚铺层的土体易于获得高的压实度。但由于粉砂土颗粒分布不均匀，黏粒含量极少，压实厚度较薄时，在施工车辆的反复作用下，表层的土体会发生松散，产生较深的车辙，路基强度的整体性难以持久保持，建议适当提高压实厚度保证施工质量。

(4)碾压遍数

路基压实施工时，松散的土体随着碾压遍数的增加，压实度会随之增大，但当压实度达到某一程度时，碾压遍数再增加，一般对土体压实度的增加帮助不大。对于粉砂土甚至有可能在过多的碾压遍数后，在碾压表面土层发生开裂，引起压实度的降低(图 1-9、图 1-10)。

1.3.2 粉砂土路基施工检测工艺

以下结合齐泰公路工程实例，针对粉砂土路基填筑的施工难度和实际特点，总结了符合粉砂土路段的“40 字施工方针”，即“黏土包边、半幅施工、填前复压、渠化运输、横向卸土、十米挂线、小段成型、洒水喷淋、机群作业、跟踪检验”。根据跟踪观察和试验检测的结果，该方法使用效果较好，可以考虑推广。

(1)黏土包边

用于包边的土质必须经检测满足黏土的指标要求；按设计要求的宽度、高度分层填筑；与路基填料同层碾压，压实指标执行同层路基压实度标准，必要时可考虑掺灰，压实度检测不合格则不允许进行下一步施工；包边土施工应留有泄水槽，泄水槽进出水口用袋装黏土码砌，两侧用黏土压实，包边土采用人工配合推土机摊铺，推土机排压，平地机进行精平，精平后挂线人工进行切槽，槽壁要齐、直、顺，见图 1-11。

(2)半幅施工

为保证路基填筑施工不影响主线贯通，有效地控制分层填筑厚度，确保施工现场井然有序，根据路基填筑先导段施工总结，必须按照横断面半幅分成水平层次逐层向上填筑施工，严禁同一段落全幅施工，施工时按中线将残料收回、缺口补齐，保证中线位置顺直、平整、厚度一致，见图 1-12。

图 1-11 黏土包边

图 1-12 半幅施工

(3)填前复压

粉砂土填筑路基水分蒸发后表面松散、膨胀,所以下一层填筑前,必须进行洒水复压,配备一台振动力 300kN 以上双驱振动压路机,在填筑段前方进行碾压,复压完的段落应避免不必要的扰动,使之达到表面湿润、平整、无明显轮迹,见图 1-13。

(4)渠化运输

粉砂土路基表面松散,车辆行走困难,车辙较为明显,为减少运输车辆对路基成型段落的破坏,确保项目文明施工,要求各单位在路基范围内渠化交通,在路基全宽的 1/3 位置,每 25m 设置红白相间的花杆,花杆高出路基 1m,用红色串旗相连接,进行全线布设,不允许有断头或空当;随施工作业段左、右幅迁移设置;遇有桥涵需要改道和平交道口等位置,除进行花杆、串旗封闭外,还应设置指路牌、警示牌等标志,确保被封闭段落路基表面平整、无轮迹,车辆行走区域要配备充足的人员、机械,进行跟踪维护,见图 1-14。

图 1-13　填前复压

图 1-14　渠化运输

(5)横向卸土

为确保工程质量,使施工现场井然有序,在进行路基土方运输时,要求所有运输车辆在填筑段另半幅渠化运输,到达填筑段施工前方,车辆横向倒行卸土,禁止在填筑段下承层掉头、转弯,以减少对填筑段下承层的扰动,确保下承层平整、坚实、无明显车辙,见图 1-15。

(6)十米挂线

路基填筑必须进行测量放样,分层填筑,分层压实,放样挂线间距为 10m,填筑宽度应较设计边坡位置放宽,单侧放宽不小于 20cm,每层填筑压实厚度控制在 20cm±2cm,松铺厚度按试验段所确定的松铺系数铺筑,车辆横向卸土时配专人负责恢复中线,确保机械推土时按线控制分层填筑厚度及宽度,见图 1-16。

图 1-15　横向卸土

图 1-16　十米挂线

(7)小段成型

粉砂土摊铺后必须及时进行碾压,防止水分蒸发而影响压实效果,根据填料天然含水率的情况,进行洒水喷淋,使之达到最佳含水率。压路机、平地机要紧跟推土机,确保摊铺各工序的连续性。每个施工作业段从摊铺到终压长度不宜超过 200m，碾压完毕后应及时封闭交通并进行自检，见图 1-17。

(8)洒水喷淋

粉砂土材料路基两侧应有足够的水井，保证用水量，水井间距不宜大于 500m，同时要配备充足的水车，在进行路基填筑施工时，根据土质的天然含水率，计算 1000m^{2}用水量，以水表计量进行洒水喷淋，确保洒水均匀、适量、无死角，试验人员跟踪检测现场含水率，含水率应控制在略高于最佳含水率时进行碾压，见图 1-18。

图 1-17　小段成型

图 1-18　洒水喷淋

(9)机群作业

为确保工程进度及质量，路基填筑施工作业段必须配备充足的施工机械，填前复压段至少配备一台振动式压路机及洒水机具；摊铺、刮平、洒水、压实施工段落至少配备两台推土机、两台振动式压路机、一台平地机及相关的小型机具，见图 1-19。

(10)跟踪检验

路基检验要紧跟施工作业面，对终压完成的成型路段及时进行跟踪检验，根据检验数据及时调整洒水量、碾压遍数等，对于压实度检测不合格的路段重新进行补压，真正做到用试验数据指导施工，为下步施工创造良好的施工作业面，见图 1-20。

图 1-19　机群作业图

图 1-20　路基压实度检测

1.4　粉砂土路基边坡稳定性分析

粉砂土路基边坡是将自然地质体的一部分通过改造填筑粉砂土实体而成的人工构造物，因此其特征和稳定性很大程度上取决于自然斜坡的地形地貌特征、地质结构和力学构造特征，在自然营力或人为作用下形成了不同的形态，如有直线坡、凸形坡、凹形坡、台阶状坡等，且其坡高和坡率也千差万别，坡面的冲沟发育和分布密度、植被状况等也不相同(图 1-21)。这就造成了粉砂土边坡的特殊性，而整个粉砂土路基边坡工程的稳定性及失稳控制方法尚有待深入讨论，以此为工程施工提供设计参考。

图 1-21 粉砂土边坡

1.4.1 粉砂土路基边坡的特征

1.4.1.1 边坡的滑面特征与坡体特征

在坡体没有开挖或填筑之前，坡体中不存在滑面，即使坡体中存在软弱土夹层或软弱结构面，也不能视作滑面，因为它们没有滑动的趋势。这正是边坡与滑坡的不同之处。由于不存在实际滑面，因而滑面必须通过分析的方法才能确定。

粉砂土边坡在开挖与填筑前，坡体上没有滑动与滑动趋势，因而坡体上不会出现变形与滑动迹象。但边坡开挖与填筑后，坡体就可能出现变形与滑动迹象，甚至出现边坡滑塌。由于边坡开挖或填筑引起其滑动的范围有限，所以边坡滑塌的规模与滑坡相比通常较小。由于工程开挖引发的山体滑坡一般称为工程滑坡，由人工填筑压实的粉砂土路基边坡，即使破坏也应算是边坡滑塌类的失稳破坏。

1.4.1.2 边坡的施工特征

粉砂土这种特殊土质经过填筑压实构成的路基的工程安全稳定性与施工过程密切相关，即使设计合理，如果施工过程不当，也会导致粉砂土基的失稳坍塌，造成工程失败。为了减少边坡工程事故，边坡的开挖或填筑、支护等施工程序，必须科学规划。

为了防止粉砂土路基受冲刷影响而进行的覆加包边土的施工，采用逆作法从上向下进行。对压实后依然不稳定的粉砂土路基边坡需要进行边填筑边防护，包边土的覆加要紧跟粉砂土的填筑进度。对坡体施工过程有时要求进行实时监测以便对施工过程的安全作出及时预报。

1.4.2 粉砂土路基边坡稳定性分析

1.4.2.1 边坡安全系数的定义

1952 年毕肖普提出了著名的适用于圆弧滑动面的“简化毕肖普法”。这一方法对边坡安全系数的定义为：土坡某一滑裂面上抗剪强度指标按同一比例降低为 c/F_{s1} 和 $\tan\varphi/F_{s1}$，则土体将沿着此滑裂面处达到极限平衡状态，即有：

$$\tau = c' + \sigma\tan\varphi' \tag{1-1}$$

其中：

$$c' = \frac{c}{F_{S1}} \tag{1-2}$$

$$\tan\varphi' = \frac{\tan\varphi}{F_{S1}} \tag{1-3}$$

上述将强度指标的储备作为安全系数定义的方法有明确的物理意义，安全系数的定义根据滑动面的抗滑力(矩)与下滑力(矩)之比得到，其计算可简化为：

$$F_{S1}=\frac{\int_0^l (c+\sigma\tan\varphi)\mathrm{d}l}{\int_0^l \tau\mathrm{d}l} \tag{1-4}$$

上述将强度指标的储备作为安全系数定义的方法是经过多年来的实践被国际工程界广泛承认的一种方法，这种安全系数只是降低抗滑力，而不改变下滑力。同时，用强度折减法也比较符合工程实际情况，许多边(滑)坡的发生常常是由于外界因素引起岩土体强度降低而导致的。

1.4.2.2　粉砂土路基边坡稳定性分析方法(图 1-22)

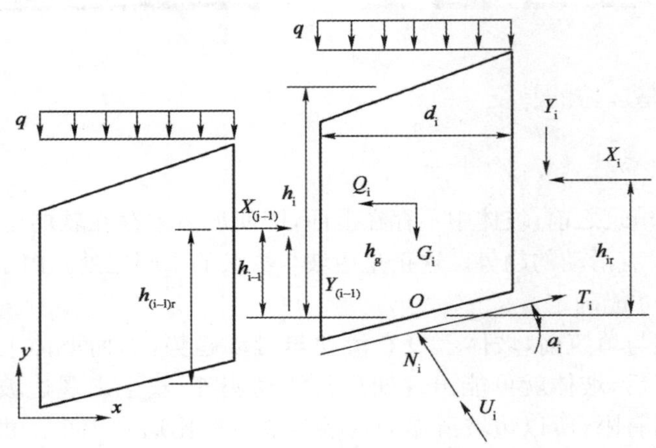

图 1-22　粉砂土路基边坡稳定性分析中土条块间受力分析图

极限平衡分析法的主要思想是将有滑动趋势范围内的边坡土体按某种规则划分为一个个小块体，通过块体的平衡条件建立整个边坡平衡方程来分析边坡的稳定性。极限平衡方法很多，主要包括：Fellenius 法、Bishop 法、Janbu 法、Morgenstern-Price 法、Spencer 法、滑楔法、不平衡推力法、Sarma 法等。由于极限平衡法具有模型简单、计算公式简捷、可以解决各种复杂剖面形状、能考虑各种加载形式的优点，因此得到广泛的应用。但是极限平衡法存在着一定的局限性：①需要事先假设边坡中存在的滑动面(圆弧法或折线法)；②无法考虑土体与支护结构之间的作用及其变形协调关系；③不能计算边坡及支护结构的位移情况。

极限平衡条分法基本理论、边坡稳定分析方法日趋完善，各种新方法从不同的层面对边坡实际情况进行模拟、假定，并加以简化计算。在实践中运用较多的是极限平衡方法，通常采用二维极限平衡法，它建立在摩尔—库仑准则基础上。边坡稳定分析主要考虑三个方面：静力平衡条件，力矩平衡条件及临界滑裂面的确定。

极限平衡方法的理论基础是极限平衡理论，其基本要点是当坡体的抗剪强度参数降低 F 倍以后，坡体内存在一个达到极限平衡状态的滑动面。各种方法的共同点都是找出已知方程求解未知量及安全系数，把整个滑体垂直条分成 n 条，取其中第 i 条块进行分析，作用在条块上的力有：①条块重力 G_i；②边坡表面附加垂直荷载 $q\cdot d_i$；③水平作用力 Q_i(如地震惯性力，对条块底线中点距离为 h_g)；④底部切向力 T_i；⑤底部有效法向力 N_i；⑥底部孔隙水压力 U_i；⑦左、右侧竖向相互作用力 Y_{i-1}，Y_i；⑧左、右侧水平条间力 X_{i-1}，X_i。当滑裂面形状确定，则条块底部坡角 α_i、底长 l_i、宽 d_i、中心平均高度 h_i、强度指标及 c'_i和 φ'_2，都可以通过一定方法进行确定。

对整个滑体来说，有如下未知量需要求解：①条块底部切向力 T_i，②有效法向力 N_i(共 $2n$ 个)；相邻条块分界面上的法向条间力 X_i和切向条间力 Y_i(共计 $2n-1$ 个)；条块左、右侧法向条间力到底部中点 O 滑体的安全系数 h_{il}、h_{ir}(共计 $2n-1$ 个)；滑体的安全系数 F，这里假设每块土体与整个滑体的 F 是相同的，因此，整个滑体就有 $6n-3$ 个未知量。

条块底部切向力 T_i 方向平衡方程：

$$T_i - (X_i - X_{i-1})\cos\alpha_i - Q_i\cos\alpha_i + (Y_i - Y_{i-1})\sin\alpha_i - (G_i + qd_i)\sin\alpha_i = 0 \quad (1\text{-}5)$$

条块底部有效法向力 N_i 方向平衡方程：

$$N_i + U_i + (X_i - X_{i-1})\sin\alpha_i - Q_i\sin\alpha_i + (Y_i - Y_{i-1})\cos\alpha_i - (G_i + qd_i)\cos\alpha_i = 0 \quad (1\text{-}6)$$

取条块底部中点 O 为中心力矩平衡方程：

$$X_i h_{ir} - X_{i-1} h_{ir} + (Y_i - Y_{i-1})\frac{d_i}{2} + Q_i h_g = 0 \quad (1\text{-}7)$$

相邻条块间作用点到上、下条块底部中心点的距离关系方程：

$$h_{(i-1)} - \frac{d_{i-1}}{2}\tan\alpha_{i-1} = h_{ir} + \frac{d_i}{2}\tan\alpha_i \quad (1\text{-}8)$$

通过两个力的平衡方程和一个力矩平衡方程，可得 $5n-1$ 个方程数，与未知量数 $6n-3$ 相比还差$n-2$ 个。

所以要进行简化假定，首先要满足条块合理性要求，即条块侧面的剪应力不能超过该面上的最大抗剪强度，即：

$$F_v > F \quad (1\text{-}9)$$

式中 F_v 为沿条块垂直面的安全系数。根据摩尔一库仑准则，条块滑裂面安全系数 F 定为：将土体抗剪强度指标均降低 $1/F$ 后，滑裂面处达到极限平衡，即：

$$T_i = \frac{C_i}{F}l_i + \frac{N_i}{F}\tan\varphi'_i \quad (1\text{-}10)$$

为了求出未知量，需进行必要的假定，从已知方程中可以看出，条块间的作用力出现频率最多。按照摩尔—库仑准则，土体间切向剪切力与垂直作用在土体上的法向应力存在一定的函数关系，因此可以假定土体侧面作用力存在如下关系：

$$Y_{i-1} = kX_{i-1} + m \quad (1\text{-}11)$$

式中 m 为常量，第一条块左面、最后一条块右面 m 取 0，其他条块通过试验确定；k 为变量。因此共得 $6n-2$ 个方程，与未知量数 $6n-2$ 刚好相等。

将以上两式代入静力平衡方程得：

$$(X_i - X_{i-1})(\cos\alpha_i + k\sin\alpha_i) - \frac{C'_i}{F}l_i + \frac{N_i}{F}\tan\varphi'_i + Q_i\cos\alpha_i + (G_i + qd_i)\sin\alpha_i = 0 \quad (1\text{-}12)$$

结合条块底部有效法向力 N_i 方向平衡方程得：

$$(X_i - X_{i-1})A_i - B_i + Q_i\cos\alpha_i = 0 \quad (1\text{-}13)$$

式中 A_i 和 B_i 用下式表示：

$$A_i = \cos\alpha_i + k\sin\alpha_i + \frac{\tan\varphi'_i}{F}k\cos\alpha_i \quad (1\text{-}14)$$

$$(h_{ir} + \frac{d_i}{2}k)X_i - X_{i-1}(h_{(i-1)r} - \frac{d_i}{2}k - \frac{d_i}{2}\tan\alpha_i - \frac{d_{i-1}}{2}\tan\alpha_{i-1}) + md_i + Q_i h_g = 0 \quad (1\text{-}15)$$

结合中心力矩方程得：

$$B_i = \frac{\tan\varphi'_i}{F}[(G_i + qd)\cos\alpha_i - Q_i\sin\alpha_i - U_i + \frac{C'_i}{\tan\varphi'_i}l_i] - (G_i + qd)\sin\alpha_i \quad (1\text{-}16)$$

m 是假定的常数，一般可以通过一定的方法确定，在力的平衡关系中并无影响。m 可从以下两方面进行讨论：当 $m=0$ 时，将条块间相互作用按无黏性土计算，颗粒间没有黏聚力，只有摩擦力，不予考虑。当 $m\neq0$，按照摩尔—库仑准则，此时取：

$$m = c'h' \quad (1\text{-}17)$$

式中：c'——条块间黏聚力；

h'——条块侧面高度；并得出如下平衡方程

$$(h_{ir}+\frac{d_i}{2}k)X_i-X_{i-1}(h_{(i-1)r}-\frac{d_i}{2}k-\frac{d_i}{2}\tan\alpha_i-\frac{d_{i-1}}{2}\tan\alpha_{i-1})+c'h'd_i+Q_ih_g=0 \tag{1-18}$$

根据上述分析，应用现代数值技术能够很方便地求解边坡稳定安全系数。求解过程如下：

(1)视边坡的具体情况进行分析，选择简单方法（如瑞典法等）确定整个滑体安全系数的迭代初值 F_0，然后从左至右沿着滑体的第一条块开始计算。

(2)按照力的平衡式 $h_{11}=0$，$X_1=0$，求得第二条块的各项值，再以第二条块为准求出下一条块，以此类推得最右端条块的右侧边值，由该侧边应满足力的平衡条件，即 $X_n=0$，求得安全系数 F，通过调整 F 直至满足为止，得到 F-k 关系图。

(3)由 $h_{1l}=0$，$X_1=0$ 按照力矩平衡得 $h_{1r}=\frac{d_i}{2}\cdot k$，然后求得第二条块的各项值，再以第二条块为准推导出下一条块，同理可知最右端条块的右侧边值，由该侧边应满足的力矩平衡条件，即 $h_{nl}=0$，$X_n=0$，得到相应值后反代回力平衡方程中，求得安全系数为 F'，通过调整 F' 直至满足为止，得到另一个 F'-k 关系图。

(4)求一系列力平衡点及力矩平衡点的 F 值，在 F-k 坐标系中画出曲线，两曲线交点的纵坐标即为满足力平衡又满足力矩平衡的 F 值。

(5)确定 F-k 曲线和 F'-k 曲线交点时，可设定一个差值 $\varepsilon=|F-F'|\leqslant 10^{-3}$ 得到最可能的近似值。

1.4.3 分析算例

在应用本方法时，为简化计算，取 U_i、Q_i 及 q 值均为零，按照上面讨论的情况，m 值取为 $c'gh'$。再验算本书所用的简化方法中具有可行性，并对滑体进行相同的条分(图 1-23)。不考虑不同土层对垂直条块的影响，对同时处于两个土层的条块其黏聚力取平均值。采用上述求解步骤，按瑞典法所求结果取初始临界滑动面，即得 $F_0=1.32$，条块宽度 $d_i=4.16$m，利用 Excel 编程计算进行迭代求解，得到静力平衡下的函数关系图和力平衡下的 F-k 和力矩平衡下的 F'-k 函数关系图，故得到两曲线有一个交点，交点值即为坡体的安全系数 $F=1.402$(近似值)，与较严密的 Chen-M 法结果对比误差约为 3.2%，在误差范围内。粉砂土路基边坡简化条分法分析参见表 1-6。

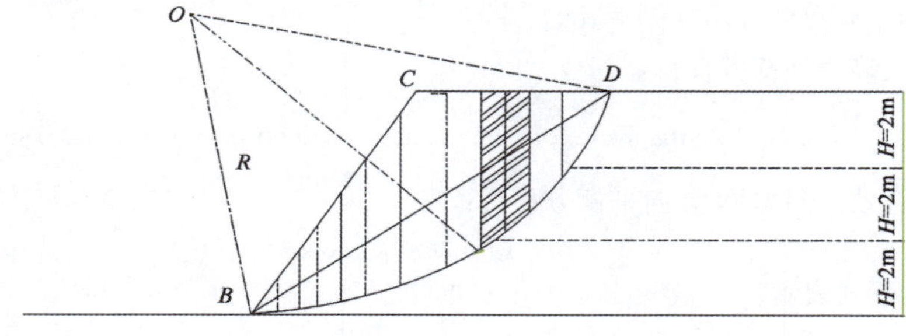

图 1-23 简化条分法粉砂土路基边坡分块状态

粉砂土路基边坡简化条分法分析参数 表 1-6

分 层	重度 γ(kN/m³)	黏聚力 c(kPa)	内摩擦角 φ(°)	λ	条 分 数
1	19	10	27	0.16	12
2	20	14	26	0.16	12
3	18	12	28	0.16	12

1.5 粉砂土路基质量检测与质量控制

1.5.1 粉砂土路基压实度检测

目前在道路施工中，即使是高等级公路，压实度的检测仍然采用传统的环刀法和灌砂法。而粉砂土是介于细砂和粉土之间的素土，其颗粒组成以各种大小砂粒和粉粒占绝对优势，黏粒含量极少，颗粒组成均匀较松散，采用常规的压实度检测方法检测时容易发生扰动，改变土的原有状态，使检测精度受到一定影响。同时，粉砂土的天然含水率低，塑性小，透水性好，水分散发快，干燥时易扬尘，且压实后土体松散不板结，不易碾压成型。因此对粉砂土路基施工，各道工序应衔接好，当天上土，当天摊铺，当天碾压成型，当天快速检测，快速施工，以减少水分的散失和外部荷载的影响，保证工程质量。对于粉砂土路基压实度的检测，常规的检测方法检测速度慢，测试周期长，造成成型的粉砂土路基在下层施工开始时长时间暴露在阳光下，加速水分蒸发，压实质量下降。因此急需一种方便快捷、能够大面积检测的方法。本书提出一种更加准确的快速无损检测方法——"填土密实度现场检测仪"法，来代替传统方法检测粉砂土路基土的干密度，进而计算路基的压实度。

1.5.2 填土密实度检测仪简介

填土密实度现场检测仪（图 1-24）又称"普氏贯入仪"，1994 年列入国家标准《岩土工程勘察规范》（GB 50021—94）。它依据于静力触探原理，但与传统静力触探仪器不同，它不需要大型的机械式贯入系统，而是采用一定长度的探杆配探头，并利用人体力量把探头匀速地压入被测土层，现场即能取得土层静力学的变化信息，提供土的工程参数，评价公路路基、分层地基土的力学特性。

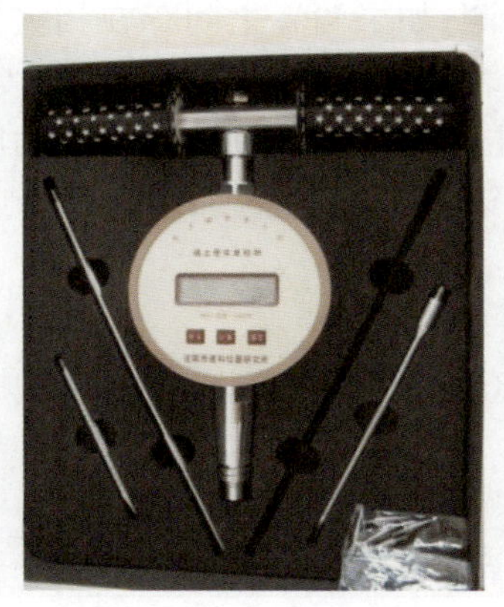

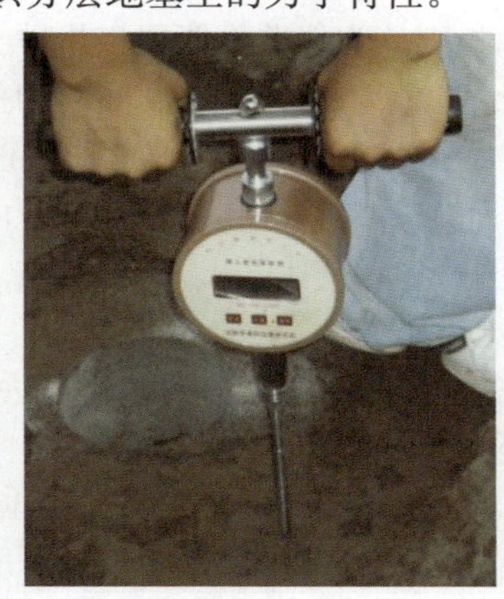

图 1-24　填土密实度现场检测仪

1.5.2.1 填土密实度检测仪性能

以往传统的压实度检测方法，均需测定填料的含水率，而含水率的测定一般至少需耗时 8h 以上，结果出来时往往滞后于工程进度，对现场施工失去指导意义，当发现检验指标不合格或有问题时，现场填方早覆盖两三层土了。而用填土密实度现场检测仪，一组试验仅需 7～8min，能高效、快速地检测压实度。由于它的探测深度还可加长到 1.5m，所以能够及时发现软弱点和底部隐患，保证施工质量。

近年来，填土密实度现场检测仪检测填土密实度已在建筑、水利等行业相继使用，并取得了良好的效果，其应用证实，此方法具有以下优点：

（1）原位测试、现场就地验槽，无扰动、不用取土、不失原状态、不失水分。

（2）仪器使用快捷、省时、省力、省能源，提高工程进度；采用电子传感器作检测源，没有放射线核污染，可取代核子密度仪。

（3）仪器使用轻便灵活，不受时间、地点限制，随时、随地、随机任意取点，可实时跟踪碾压现场，能在每一步作业面完成后的第一时间里检测，及时发现软弱点，杜绝漏检盲点，及时处理隐患，指导生产，控制工程质量。

（4）数字直接显示贯入结果，消除和防止人为读数误差；同时还能保持数字自锁，不会如电子称重仪器一样随重量而消失。

1.5.2.2 规格型号与组成

填土密实度现场检测仪共分为三种规格：200N 适合现场取土在环刀里试验，600N 和 1000N 用于直接在现场对一定碾压厚度的压实层做分层检验，也可加长杆做深层抽检。仪器的装配有：组装手柄（仪器的机芯与传动轴是一体连接的，手柄与机壳轴杆形成T字形垂直状态）、探杆和探头（仪器配有两种探杆、两种探头，测试前先将探杆和探头连接起来，再与主机连接，一般200N的仪器选用ϕ7mm的锥形细探杆配细探头，600N和1000N的仪器选用长30cmϕ10mm的粗探杆配粗探头）。

1.5.2.3　工作原理与评价方法

填土密实度现场检测仪的工作原理是通过人工或者一定的机械装置（反力装置），将标准规格的金属探杆连接探头垂直均匀的压入土层一定深度，在贯入深度范围内，由于土层的压力，使探头受到一定的阻力，土的强度越高，碾压越密实，探头受到的阻力也越大。探头受到的阻力通过传动轴传递给机芯内的高精度测力传感器，使其产生形变并形成位移。根据弹性力学原理，自动计算贯入阻力，并由仪器所附的液晶数字显示出土的贯入阻力值。最后将试验结果按照数理统计作回归分析来确定贯入阻力值与干密度相关方程，从而达到在现场直接评价压实度的目的。

在利用填土密实度现场检测仪检测粉砂土的压实度之前，必须通过大量的贯入试验与传统的灌砂法、环刀法测定的干密度进行比对分析，探索贯入阻力与干密度之间相关性：如果两者不具有相关性或者相关系数较低时，则认为仪器不能用于粉砂土压实度检测；如果两者之间存在相关性，则可以建立回归方程，率定出土的贯入阻力与干密度间的相关数据对应表，进行粉砂土压实度检测与评价。评价方法为：根据设计提出的压实度控制最低值，结合粉砂土标准击实试验结果确定干密度的底限值，进而确定标准贯入阻力值P。在实际操作中，贯入阻力值高于P，认为压实度合格；低于P，则认为压实度不合格，分析压实不足的原因，查找隐患，采取措施。

压实度测定步骤如下：

(1)在压实完成的作业面上选择被测点，去掉表层1/3土，去掉底部1/3土，检测中间1/3作为整个压实厚度的贯入阻力代表值。

(2)将仪器探杆与探头连接好，施加压力垂直插入被测点土层中，在贯入过程中。仪器屏幕上实时显示动态测定值，通过动态值可观察到贯入深度全过程中密度的大小。

(3)当贯入至被检测土底部时，停止加压，提起仪器，屏幕上方显示出最大峰值，即实测的贯入阻力值。

(4)将实测的贯入阻力值与率定好的标准贯入阻力值P进行对比，判定压实度是否合格。

1.5.3　粉砂土路基压实质量控制

通过现场粉砂土路基施工，积累了一定的经验，施工时将以下几方面作为控制要点：

(1)土质均匀性。粉砂土中经常夹杂一些黏土以及少量的树根：这些黏土杂质在碾压后，会形成一些土层鳞片状的“土饼”，黏土会随着压路机的碾压来回移动，致使碾压效果不明显，并且路基土方经过洒水后碾压，又容易出现有些地方干，而有些地方出现“弹簧”现象；而夹杂树根的粉砂土碾压时，树根会随着压路机的碾压而运动，造成树根部位附近的粉砂土总是处于松散状态，不能碾压密实。为了避免以上两种情况的发生，在路基土方填筑过程中，若发现大块黏土和树根时，应立即清除，尽量保证土质的均匀性。

(2)采取适当措施减少外部荷载对粉砂土路基的破坏。粉砂土的天然含水率低，水分散失快，因此碾压成型的土体抗剪强度较低。这样在外部荷载的作用下，上部土体很容易发生松散，甚至产生较深的车辙。因此，对粉砂土路基施工，土方运输车辆应控制行驶速度，不得在底层土上高速行驶、紧急制动、掉头等；同时封闭交通非常重要，要做到“成型一段，封闭一段”，尽可能地减少车辆通行对粉砂土路基的破坏。

(3)采取适当措施减少两层土中间出现松散夹层。粉砂土表层很容易因为水分散失形成松散的结皮，进行下一层施工时，在自卸车的碾压下形成一层浮土和车辙，因而存在一定的质量隐患。因此在进行下一层施工前应对底层进行洒水复压。

(4)采取适当措施保证包边土加固质量。由于粉砂土单粒结构及天然状态下结构松散的特点,粉砂土路基边坡受到雨水冲刷时,极易形成冲沟破坏。因此要预先做好防范措施,现场施工采用黏土包边的措施,效果良好。

(5)在原地表处理时要做好排水隔离措施,或采取换填砂砾的方式,防止水分侵入粉砂土路基。粉砂土易造成水分积聚。粉砂土透水性强,含水率大时容易产生液化。阴雨天应挖临时排水沟,以利于路线内地表水的排出。

(6)保证工序衔接紧密。粉砂土的透水性好,容易失水,且压实困难,因此各道工序应衔接好,当天上土,当天摊铺,当天碾压成型。

1.6 粉砂土路基边坡防护措施

由于粉砂土路基边坡的特殊性,边坡防护设计与施工就要格外重视,要确保粉砂土路基边坡的稳定、安全,并搞好环境保护。粉砂土路基边坡的防护工程设计,应紧紧抓住设计对象的地质、水文、气候等特点,灵活采用不同的防护形式,在保证公路边坡稳定、安全的情况下,加大植被的绿化面积,为建立生态公路打下良好的基础,使公路主体既安全又环保。

1.6.1 生态防护

边坡生态防护即边坡植被,主要是靠植物根茎与土壤间的附着力以及根茎间的互相缠绕来达到加固边坡,提高坡表抗冲刷的能力。边坡生态防护不仅可以涵养水源,减少水土流失,而且还可以净化空气,保护生态,美化环境,保证行车安全;具有良好的经济效益、社会效益和生态效益。在我国,人们越来越重视环境保护和生存质量,生态防护已成为公路边坡防护的一种趋势,代表着边坡防护的发展方向,根据不同的边坡土质条件,采用不同的施工方法和施工工艺。

(1)人工种草护坡

人工种草护坡是通过人工在边坡坡面简单播撒草种的一种传统边坡植被防护措施。多用于边坡高度不高,坡度较缓且适宜草类生长的土质路堑和路堤边坡防护工程,具有施工简单,造价低廉等特点。但由于草籽播撒不均匀,草籽易被雨水冲走,种草成活率低等原因,往往达不到满意的边坡防护效果,而造成坡面冲沟、粉砂土流失等边坡病害,导致大量的边坡病害整治、修复工程,使得该技术对于粉砂土路基边坡不太适用。

(2)平铺草皮护坡

平铺草皮护坡是通过人工在边坡面铺设天然草皮的一种传统边坡植物防护措施,具有施工简单、工程造价较低等特点。适用于附近草皮来源较易、边坡高度不高且坡度较缓的各种土质及严重风化的岩层和成岩作用差的软岩层边坡防护工程,是设计应用最多的传统坡面植物防护措施之一。由于施工后期养护管理困难,平铺草皮易被冲走,且成活率低,工程质量往往难以保证,达不到满意的边坡防护效果,而造成坡面冲沟、表土流失、坍滑等边坡病害。在具体的工程施工中,由于草皮来源紧张,使得平铺草皮护坡的作用逐渐受到了限制。

(3)液压喷播植草护坡

液压喷播植草护坡是国外近十多年新开发的一项边坡植物防护措施,是将草籽、肥料、黏着剂、纸浆、土壤改良剂、色素等按一定比例在混合箱内配合搅匀,通过机械加压喷射到边坡坡面而完成植草施工。其特点是:①施工简单、速度快;②施工质量高,草籽喷播均匀、发芽快、整齐一致;③防护效果好,正常情况下,喷播1个月后坡面植物覆盖率达70%以上,两个月后形成防护、绿化功能;④适用性广;⑤工程造价低。目前,国内液压喷播植草护坡在公路、铁路、城市建设等部门边坡防护与绿化工程中使用较多。对于粉沙土路基边坡也有很好的防护效果,作为包边的黏性土能够使草种很好的生长,从而达到护坡的目的。

(4)放缓边坡植草防护

大挖方段落在保证公路边坡稳定、安全的情况下，采用放缓边坡加大植被的绿化面积防护方式，大量减少工程防护数量，使公路建设与自然环境更加和谐统一。同时将挖方材料用作临近标段取土场，解决了土源不足的问题，节省了运距，更能充分体现资源节约的含义；缓坡减小了边坡坡比，降低了降水对公路边坡的冲刷强度，有效地确保了粉砂土边坡稳定性；取消预制件圬工防护数量，使土地水源获得更好的降水补给，对环境的破坏降至最小；放缓边坡植草防护为建立生态公路打下了良好的基础，使公路主体既安全又环保。

(5)生态袋绿化护坡(图 1-25)

生态袋具有目标性透水不透土的过滤功能，既能防止填充物(土壤和营养成分混合物)流失，又能实现水分在土壤中的正常交流，植物生长所需的水分得到了有效的保证和及时的补充，使植物穿过袋体自由生长。根系进入工程基础土壤中，像无数根锚杆，完成了袋体与主体间的再次稳固作用，时间越长，越加牢固。更进一步实现了建造稳定性永久边坡的目的，大大降低了维护费用。由于生态袋有抗紫外线、抗老化、无毒、不助燃、裂口不延伸的特点，一般不需要对基础进行工程处理；对不均匀沉降的适应性也是本系统的特点之一，同时结构不会产生温度应力，无需设置温度缝。因此它是一种高级的边坡结构形式，使得结构稳定，水土保持和生态植被同步实现。生态袋永不降解，百分之百回收，真正实现了零污染。生态环保、效果美观，并且可以和自然生态环境完美融合。

图 1-25　生态袋绿化护坡效果图

(6)植物纤维毯生态护坡(图 1-26)

植物纤维毯生态护坡以秸秆、麦秸、稻秸等植物纤维为原材料，通过科学地选择花、灌木、草本等合理搭配营造高低错落茂密的立体景观效果与周围景观相协调，有效地改善高速景观，营造生态环境，以实现边坡防护和景观绿化两大功能的完美结合。植物纤维毯可直接护坡，减少衔接工序，该方法能有效抵抗雨蚀和风蚀，保护植被和土壤层，增加植被面积，减少坡面上的地表径流，从根本上解决水土流失问题。植物纤维毯除与边坡表面充分结合形成一个整体直接护坡外，还可以通过植物根茎与土壤间的附着力及根茎间的互相缠绕的植物根茎的网络加筋作用，造就与自然表土相类似的多孔稳定土壤结构，增加边坡结构的稳定性，起到稳定坡面和防止侵蚀的作用，同时又能恢复被破坏的自然生态环境，是一种有效的生态护坡、固坡手段。

图 1-26　植物纤维毯生态护坡效果图

1.6.2 网格防护

(1)土工网防护

土工网植草护坡是国内近十多年新开发的一项集坡面加固和植物防护于一体的复合型边坡植物防护措施。该技术所用土工网是一种通过特殊工艺生产的三维立体网,不仅具有加固边坡的功能,在播种初期还起到防止冲刷、保持土壤以利草籽发芽、生长的作用随着植物生长、成熟,坡面逐渐被植被覆盖,这样植物与土工网就共同对边坡起到了长期防护、绿化作用。土工网植草护坡能承受 4m/s 以上流速的水冲刷,在一定条件下可代替浆(干)砌片石护坡。土工网植草护坡,在粉砂土路基边坡防护工程中,可以有效地防止雨水冲刷所带来的不良影响。

(2)框格防护

框格防护是用混凝土、浆砌块(片)石等材料,在边坡上砌成骨架,能有效地防止路基边坡在坡面水冲刷下形成冲沟,同时,提高了边坡表面地表粗度系数,减缓了水流速度。一般冲刷仅限于框格内局部范围,采用框格防护与种草防护结合起来的方法,提高了防护效果,同时美化了环境,如图 1-27 所示。

框格防护多用于路基下边坡,是一种辅助性的防护措施,除具有对路基边坡的一定防护作用外,还有对路容有美化效果,尤其在互通立交范围内边坡应用最多。近年来人们越来越重视公路对环境的影响,重视路容美化,因此往往采用这种防护形式。

框格形状可根据不同的设计,作出各式各样美观的造型,如斜 45°大框格,六角形混凝土预制块防护,浆砌片石拱形防护,浆砌片石或预制块做成的麦穗形等,都给人以美的享受。框格防护措施同时可用于土质上边坡防护,既增加美观的效果,并可防止边坡出现冲刷,但由于框格需在上边坡中嵌槽镶进,施工难度大,建议在一些工程景观中使用。

1.6.3 护面防护

(1)护坡

在稳定的边坡上铺设(浆砌或干砌)片石、块石或混凝制块(图 1-28)等材料以防止地表径流或坡面水流对边坡的冲刷称之为护坡。铺砌方式一般采用浆砌,冲刷轻微时,可采用干砌。位于地表水或地下水发育丰富的路基,粉砂土路基往往处于渗流的直接威胁,因此必须采用护坡防护措施,防护高度因至少在路基周围设计水位安全值以上。另外当路基沿溪,路基边坡侵占河道时,也要采取护坡防护措施。在不良地基上的粉砂土路堤护坡,无水流冲刷影响时,可采用干砌片石护坡,以适应地基沉降引起的路堤边坡变形。

护坡效果见图 1-29。

图 1-27 框格防护

图 1-28 混凝土预制块

(2)护面墙

为了覆盖各种软质岩层和较破碎岩石的挖方边坡,以及坡面易受侵蚀的土质边坡免受大气影响而修建的墙,称为护面墙。它可以有效地防止边坡冲刷,防止滑动型、流动型及落石型边坡崩坍,是上边坡最常见的一种防护形式。

护面墙除自重外，不担负其他荷载，亦不承受墙后土压力，因此护面墙所防护的挖方边坡坡度应符合极限稳定边坡的要求。护面墙有实体护面墙、孔窗式护面墙、拱式护面墙等。实体护面墙用于一般土质及破碎岩石边坡；孔窗式护面墙用于坡度缓于 1∶1.75 的边坡，孔窗内可捶面（坡面干燥时）或干砌片石；拱式护面墙用于边坡下部岩层较完整而需要防护上部边坡者。用护面墙防护的挖方边坡不宜陡于 1∶1.5。为增强护面墙的稳定性，在护面墙较高时应分级砌筑，视断面上基岩的好坏，每 6～10m作为一级，并在墙顶设 1m 的平台；墙背每 4～6m 设一耳墙，耳墙宽 0.5～1m。护面墙顶部应用原土夯实或铺砌。以免边坡水流冲刷，渗入墙后引起破坏。修筑护面墙前，对所防护的边坡应清除杂草、松散土层。它主要用于高粉砂土路基边坡，受风面积大容易溃散的粉砂土路堑高坡，起到了隔绝空气和水分的作用，充分发挥粉砂土自身的强度。

图 1-29 护坡效果

我国高等级公路的防护设施中，护面墙上边坡采用较多的防护形式，而且多是实体护面墙，在半防护措施中，有时采用坡脚护面墙。由于路堑的开挖，改变了空气的流向，使路堑内形成旋转气流，在雨雪天气，该气流携带着雨雪对坡脚的冲刷破坏能力最大，同时汽车高速行驶溅起的雨雪水也直接冲刷坡脚，另外自然降水自坡顶沿坡面向下流，流至坡脚时，速度最大，冲刷最严重，因此在坡脚处设置矮墙是最起码的防护措施。从另一方面讲，在坡脚设置护面墙还起到诱导行车视线的作用。对于粉砂土路基边坡，当技术、经济条件允许时，还可以在护面墙上进行绿化，种植一些藤本植物，能起到更好的防护作用。

1.7 小结

粉砂土天然含水率较低，土中水的吸附能力小，颗粒分散，碾压时很容易出现起皮现象。其细粒组含量和黏粒含量能够提高粉砂土的最大干密度和最佳含水率。击实曲线与饱和曲线的距离说明粉砂土孔隙率较大，很难达到真正的密实，且细粒组含量越多，其压实性能越好。适当提高粉砂二的压实度能有效提高粉砂土的抗剪强度。

在粉砂土填筑路基施工中，小吨位的振动压路机压实质量难以满足要求，且经济上不合理，建议使用 20t 重的大吨位振动压路机。对于 20t 重的振动压路机，30cm 的压实厚度最为合理，其碾压工艺为：对 96 区静压 1 遍，振压 6 遍合格，对 94 区静压 1 遍，振压 4 遍合格，对 93 区静压 1 遍，振压 3 遍合格。施工中可以通过增加细颗粒土体的方法改善其颗粒级配，增强压实效果。同时，含水率控制在高于最佳含水率两个百分点条件下碾压，压实质量较好。

极限平衡条分法的求解，需要对多余变量进行简化假定。简化假定方式不同，可得到不同的算法。虽然目前条分法简化假定关系式还有待探讨，但可以针对具体边坡，应有选择地应用某一或某些算法。粉砂土路基边坡条分后受力关系复杂，所以要对整个分析过程进行简化，才可以得出适合粉砂土路基的特定分析方程，以达到精确分析边坡稳定性的效果。

各种形式的圬工防护，增加了诱导视线和良好的视觉感观，改变了单一的形式，对边坡防护有实质性的改善，同时有利于固定植被。植被防护减少了边坡的径流，增加了土壤的渗透性，加大了坡面粗糙系数，防止边坡土壤被水过分浸润或过分干燥，使边坡保持一定的空间形状。从而减少了降雨对边坡的冲蚀。同时由于植被的根系固定，对提高土体的抗剪强度有着不可忽视的作用。

填土密实度现场检测仪是快速、准确测定土的压实度的有效方法。推广和使用填土密实度现场检测仪可以加快检验周期、降低劳动强度、取得较大的经济效益。粉砂土路基施工应该保证土质均匀，采取适当措施减少外部荷载对粉砂土路基的破坏以及两层土中间出现松散夹层，在原地表处理时要做好排水隔离措施，阴雨天应挖临时排水沟。

2 粉砂土路基封层设计、施工与检测

2.1 概述

为解决粉土质砂路基弯沉验收问题，同时保护路基免受越冬雨雪侵害和利于工程车辆运输筑路材料，在路基顶面设置封层。可以通过铺筑四类封层试验段，测量封层顶面弯沉，开展封层透水试验，根据综合试验结果确定具体路段封层方案。本书中讨论两种弯沉验收标准的差异，并探讨了现行弯沉测量方法对于松散类材料路基的适用性。引入便携式落锤式弯沉仪(PFWD)评价路基弯沉，并与贝克曼梁方法对比，在弯沉评价方面取得了良好效果。

2.2 路基土的特性

齐泰公路嫩江以南路基以黑油砂为主，嫩江以北路基以粉土质砂为主。严格地讲，黑油砂属于粉土质砂，其与粉土质砂具有相同的塑性指数和级配，但黑油砂中 0.075mm 以下颗粒属于黏土，所以黑油砂吸水后强度降低大且不易迅速恢复；与之相反，粉土质砂中 0.075mm 以下属于砂土，所以粉土质砂透水性好，遇水后强度降低小。

齐泰工程属于重冻区 IB。路基冻深范围内的土质是路基冻胀值大小的决定性因素。由于土质不良引发的路基冻害无法治愈，只有通过多年养护不断换填不冻胀性材料，直至换完才能稳定。所以不论公路等级高低，一次解决抗冻问题是十分必要的。《公路工程抗冻设计与施工技术指南》中对不同土质的抗冻性进行了分类，给出了粉土质砂的冻胀等级和其天然含水率 w 的对应关系(表 2-1)。除冻结指数和土的性质之外，土中含水率是冻害的关键条件。表 2-2 给出了不同土质的起始冻胀含水率情况。

季冻土的冻胀性分类　　表 2-1

土组分类号	土组名称	土质干湿状态	调查时土的天然含水率 w(%)	达到最大冻深时地下、地表水位距冻结线的最小距离 h_w(m)	平均冻胀率 η(%)	冻胀等级	冻 胀 类 别
III	粉土质砂	干燥	$w\leqslant14$	>1.0	$\eta\leqslant1$	1	不冻胀
				≤1.0	$1<\eta\leqslant3.5$	2	弱冻胀
		中湿潮湿	$14<w\leqslant19$	>1.0			
				≤1.0	$3.5<\eta\leqslant6$	3	冻胀
		过湿	$19<w\leqslant23$	>1.0			
				≤1.0	$6<\eta\leqslant12$	4	强冻胀
		过湿	$w>23$	不考虑	$\eta>12$	5	特强冻胀

注：①土的干湿状态参照现行《公路沥青路面设计规范》(JTG D50—2006)相应条款确定；

②w_p 为土的塑限含水率；

③塑性指数大于 22 时，冻胀性降低一级；

④粒径小于 0.005mm 的含量大于 60%时为不冻胀土；

⑤II、III 类土当填充细料大于全部质量的 40%时，其冻胀性按填充料类别划分。

不同土质的起始冻胀含水率(%)　　表 2-2

土的名称	黏质土	粉质土	粉土质砂	细粒土质砾、黏土质砂	含细粒土质砾(砂)
起始冻胀含水率 w_0	12～17	10～14	9～11	8～10	6～8

由表 2-1 和表 2-2 可见，只有当含水率大于 14%时，粉土质砂才会出现冻胀从表 2-3 中可知；粉土质砂渗透性良好，说明粉土质砂抗冻性较好。同时粉土质砂 CBR 达到 15%～20%，远高于《公路路基设计规范》(JTG D30—2004)最小强度(CBR)8%的要求，也保证了路基强度的稳定性，是较理想的路基填筑材料。

土的渗透系数　　表 2-3

土的类别	渗透系数(m/s)	土的类别	渗透系数(m/s)
黏土	$<5\times10^{-8}$	细砂	$10^{-5}\sim5\times10^{-5}$
亚黏土	$5\times10^{-8}\sim10^{-6}$	中砂	$5\times10^{-5}\sim2\times10^{-4}$
轻亚黏土	$10^{-6}\sim5\times10^{-6}$	粗砂	$2\times10^{-4}\sim5\times10^{-4}$
黄土	$2.5\times10^{-6}\sim5\times10^{-6}$	圆砾	$5\times10^{-4}\sim10^{-3}$
粉砂	$5\times10^{-6}\sim10^{-5}$	卵石	$10^{-3}\sim5\times10^{-2}$

但是粉土质砂塑性指数小，属于松散类材料，这类材料填筑的路基，需要设置包边和封层。

粉土质砂路基虽然透水性好，但是在干燥状态下表面松散层会在重载车辆作用下逐渐加深。车辆在松散状态的粉土质砂上行进困难，油耗大。施工中已出现施工单位为便于运送筑路材料而铺筑砂砾通道的现象。

由于气候限制，在路基施工完成后无法立即进行基层施工。黑油砂路基在秋雨季节容易达到保水状态，其中的黏土颗粒使得水分难于排出，导致路基强度下降很大，无法承受运料车辆的作用；同时在整个冬季路基范围内会积存大量的雨雪，由于工作量大，时间又不固定，除雪工作会耗时、费力，成本会很高。如果未能清除积雪，春融季节冰冻层自上而下地融化，路基表面强度很低，在车辆作用下就会出现破坏。由于粉土质砂路基表层易于松散，导致无法进行弯沉验收。

2.3　路基弯沉验收标准

现行的用于计算路基设计弯沉的方法有两种，《公路沥青路面设计规范》(JTG D50—2006)中 5.1.8条给出了应用贝克曼梁弯沉仪测定路基弯沉值，检验路基设计回弹模量相对应的弯沉值。《公路路面基层施工技术规范》(JTJ 034—2000)中 9.5 条及附录 A 给出了竣工验收的标准。

分别按照《公路沥青路面设计规范》(JTG D50—2006)和《公路路面基层施工技术规范》(JTJ 034—2000)的设计弯沉计算公式计算得到设计弯沉值(表 2-4)。可以看出，采用《公路沥青路面设计规范》(JTG D50—2006)标准进行竣工弯沉验收明显要比《公路路面基层施工技术规范》(JTJ 034—2000)标准严格。

试验路段设计弯沉　　表 2-4

路基回弹模量(MPa)			30	32	34	35	36	38	40
《公路沥青路面设计规范》(JTG D50—2006)设计弯沉(0.01mm)	不利季节影响系数 K_1	1.2	258.8	242.6	228.3	221.8	215.6	204.3	194.1
		1.3	238.9	223.9	210.8	204.7	199.0	188.6	179.1
		1.4	221.8	207.9	195.7	190.1	184.8	175.1	166.3
《公路路面基层施工技术规范》(JTJ 034—2000)设计弯沉(0.01mm)	不利季节影响系数 K_1	1.2	322.9	303.9	287.1	279.4	272.1	258.7	246.5
		1.3	299.5	281.9	266.3	259.2	252.4	240.0	228.7
		1.4	279.4	263.0	248.5	241.8	235.5	223.8	213.3

齐泰公路设计文件中路基回弹模量，干燥路段取 35MPa、中湿路段取 32MPa。参照《公路沥青路面设计规范》(JTG D50—2006)和《公路路面基层施工技术规范》(JTJ 034—2000)弯沉验收标准并结合黑龙江地区的弯沉验收惯例，建议采用单点弯沉值验收和代表弯沉值验收结合的验收办法，具体建议见表 2-5。

弯沉验收标准建议 表 2-5

路基干湿状态	干 燥	中 湿	潮 湿
单点弯沉值不大于(0.01mm)	140	160	180
代表弯沉值不大于(0.01mm)	180	200	220

2.4 路基封层设计、试验与对比

为解决备料、路基受越冬雨雪影响和弯沉验收的问题，拟在路基上设置封层。为能够承受备料车辆荷载，要求封层具有一定的整体性和强度；如果封层含土量超过 15%，则冬季雨雪侵入后会出现冻胀现象，春融时期就会出现翻浆，因此要求封层材料 0.075mm 以下颗粒含量不超过 15%，这样封层渗透性强，容易保持干燥；为了保证通过弯沉验收，要求封层具有一定的刚度。

在路基顶面设置的封层可以起到隔排水垫层和过渡层的作用。具体地讲，由于黑油砂路基路段在潮湿状态下强度会下降很大，并且难以迅速将水分排出，无法承受备料车辆作用。封层可以有效地减少或者阻止水分由上而下侵入路基，保证路基土处于干燥或者中湿状态，使路基具有足够的强度从而和封层一起承担车辆荷载。在路面结构中，封层起到过渡层的作用。齐泰公路路面结构为路基上直接设置半刚性基层，《公路沥青路面设计规范》(JTG D50—2006)在结构组合设计中指出：对半刚性基层沥青路面的结构组合设计，基层与沥青面层的模量比在 1.5～3.0；基层与底基层的模量比不宜大于 3；底基层与土基模量比宜在 2.5～12.5。在路基和半刚性底基层之间设置封层，在结构层刚度上起到过渡作用，可有效地减小底基层层底拉应力，从而有利于结构的长期稳定。

2.4.1 路基封层的对比试验

封层的选择要兼顾抗冻要求、路面结构长期稳定，同时还要解决路基竣工验收的要求。《公路沥青路面设计规范》(JTG D50—2006)指出：不含黏性土的砂砾、级配碎石和未筛分碎石，最好用水泥稳定，若无条件只能用石灰稳定时，应采用石灰土稳定，集料应具有良好的级配。

为全面综合地比较各类封层的优劣和适用性，开展了四种封层试验方案的研究，四种封层具体如下：①水泥稳定砂砾封层；②砂砾石灰土封层；③粉土质砂封层(包括砂砾中掺加粉土质砂和掺加黑油砂两类)；④天然砂砾封层。选取填方均大于 1m 的 4 个路段作为试验段，路基处在中湿状态。于是弯沉验收时单点弯沉值不应超过 160，弯沉代表值不应超过 200。以下具体介绍各种封层方案试验结果并加以对比分析。

2.4.1.1 水泥稳定砂砾封层

水泥的存在使水泥稳定砂砾相对于砂砾和细粒土砂材料整体性更好，强度更高。然而，水泥稳定砂砾由于 0.075 以下颗粒含量较大，在强度形成过程中会出现干缩裂缝，在冬季施工间歇期有会出现温缩裂缝。路面工程正常使用时，车辆作用下这些裂缝处会出现应力集中，导致反射裂缝出现，影响道路服务水平和路面结构稳定性。国内外研究表明，水泥稳定砂砾基层水泥剂量在 2.5%～3.0%是合适的，可以有效地减少干缩和温缩裂缝。

为了满足《公路沥青路面设计规范》(JTG D50—2006)中无结合料材料级配要求，需要在砂砾中掺加一定比例的砾石。按照表 2-6 给出了试验所用的材料和约配比例，采用双河砾石+塔哈砂砾+3%水泥分三段各铺筑 100m。试验段弯沉评定结果见表 2-7。水泥稳定砂砾封层路拌法施工见图 2-1。

水泥稳定砂砾级配 表 2-6

材 料		通过下列筛孔(mm)的百分率(%)						
		31.5	19	9.5	4.75	2.36	0.6	0.075
双河砾石：塔哈砂砾	2：8	99.3	88.6	67.6	46.3	36.7	21.8	3.3
	3：7	99.3	88.6	63.8	41.5	32.6	19.6	3.4
	4：6	99.3	88.6	60.1	36.7	28.6	17.4	3.5

水泥稳定砂砾封层弯沉评定结果　　表 2-7

桩　号	砾石：砂砾	单点弯沉值大于 160 的数量	平均值	标准差	代表弯沉值(0.01mm)
K26+060～K26+160	40：60	4	112.4	32.7	177.8
K26+160～K26+260	30：70	1	83.5	28.9	141.2
K26+260～K26+360	20：80	3	96.8	39.8	176.4

a)

b)

图 2-1　水泥稳定砂砾封层路拌法施工

a)拌和；b)碾压

2.4.1.2　砂砾石灰土封层

石灰土作为填料，可以有效地黏结松散状的砂砾，使封层材料具有内聚力，增加结构的稳定性。并且石灰土吸水能力强而强度下降小，能够长期处于稳定状态。所以，砂砾石灰土封层对于弯沉验收的通过和防止水分自上而下侵入路基，都是有利的。

试验段用天然砂砾级配满足《公路沥青路面设计规范》(JTG D50—2006)关于无机结合料材料的级配组成的规定。天然砂砾和 6%石灰土按照 85：15 掺配得到砂砾石灰土，土的塑性指数为 11.1。封层材料合成级配列于表 2-8，试验段弯沉评定结果见表 2-9。

砂砾石灰土级配　　表 2-8

通过下列筛孔(mm)的百分率(%)						
31.5	19	9.5	4.75	2.36	0.6	0.075
92.3	76.7	52.0	40.1	36.7	34.9	12.0

砂砾石灰土封层弯沉评定结果　　表 2-9

桩　号	位　置	单点弯沉值大于 160 的数量	平均值	标准差	代表弯沉值(0.01mm)
K129+400～K129+600	右幅	5	119.0	25.3	169.6

2.4.1.3　粉土质砂封层

将黑油砂或者粉土质砂掺入天然砂砾可改善集料级配，使之易于压实。两种封层具有成本优势。封层材料合成级配列于表 2-10。黑油砂和粉土具有相同的级配组成和相同的塑性指数，I_p=3.4。天然砂砾和黑油砂按照 85：15 掺配形成砂砾黑油砂，天然砂砾和粉土按照 90：10 掺配形成砂砾粉土。表 2-11 为试验路段弯沉评定结果。

粉 土 质 砂 级 配　　表 2-10

材　料	通过下列筛孔(mm)的百分率(%)						
	31.5	19	9.5	4.75	2.36	0.6	0.075
砂砾粉土	92.7	78.0	67.6	54.7	43.4	38.5	13.0
砂砾黑油砂	98.0	84.4	63.8	58.9	44.2	36.7	12.8

粉土质砂弯沉评定结果 表 2-11

封层类型	桩　号	位置	单点弯沉值大于160的数量	平均值	标准差	代表弯沉值(0.01mm)
砂砾黑油砂	K129+400~K129+600	左幅	3	136.2	23.3	186.7
砂砾粉土	K134+100~K134+300	左幅	4	130.6	21.8	174.2

2.4.1.4 天然砂砾封层

如果天然砂砾具有较好的级配组成，可以将其作为路基封层。其内部空隙大，可以起到排水垫层的作用，能够解决路面表面或中央分隔带的渗水问题，保持路基的干燥状态，具有较高的稳定性。同时砂砾封层能够防止毛细作用，有效隔断路基水分向基层积聚，使冻胀减弱，对结构整体水稳定性有利。

但砂砾属松散类材料，仅靠内摩擦力来抵抗外力作用。在冬季及春季车辆荷载作用下，原本相互挤密的颗粒会相互错动，导致封层平整度下降且其强度下降，给结构整体强度的保障带来困难。砂砾与砂砾黑油砂相同。弯沉评定结果列于表 2-12。

天然砂砾封层弯沉评定结果 表 2-12

封层类型	桩　号	位置	单点弯沉值大于160的数量	平均值	标准差	代表弯沉值(0.01mm)
天然砂砾	K134+100~K134+300	右幅	5	128.4	43	214.3

2.4.1.5 封层方案弯沉对比分析

综合四种封层弯沉评定结果，可得到封层弯沉代表值排序：水泥稳定砂砾封层<砂砾石灰土封层<粉土质砂封层<砂砾封层。除砂砾封层外，其他封层方案都能通过验收。四种封层存在的共同问题是弯沉测量值变异性大。施工时必须做好质量控制，严格保证材料均匀性，确保封层代表弯沉值能够满足设计要求。

2.4.2 渗水试验对比

作为半刚性基层沥青路面结构的路基封层，透水性对保持路基干燥或中湿状态是很重要的。在毛细水上升时期，良好的透水性封层可以引导毛细水沿纵向盲沟排出路基，而不至于积聚在封层底部，造成路基强度下降。

为了清晰地区别各种封层的渗透性，开展了渗水试验，实施步骤如下：距离路基 50cm 左右处设置一纵向 5m 横向 3m 的水槽，注入 20cm 水，待水全部渗完且封层表面风干，用满载土方的大货车沿水槽纵向中央处往复碾压，分别记录不同遍数下车辙深度和侧向拥起高度。碾压完成后开挖车辙处，观察路基破坏情况。试验现场的情况见图 2-2。

渗 水 试 验 表 2-13

项　目		K129+40~K129+600				K134+100~K134+300			
		左幅 砂砾：黑油砂=85：15		右幅 砂砾：6%石灰土=85：15		天然砂砾			
		K129+500 左幅		K129+500 右幅		K134+200 右幅			
加水时间		15:38		6:05		9:45			
侧向渗出		无		无		无			
渗水完成		次日 19:36		次日 18:40		9:15 22:00			
渗水耗时		27h58min		26h35min		12h15min			
侧向渗水(cm)		<10		<10		<10			
垂直渗水(cm)		25		25		25			
车辙	深度(cm)	5/10 次	13/20 次	7/10 次	8/20 次	5/10 次	8/20 次	9/30 次	20/40 次
	侧向(cm)	3	7	2	4	2	3	4	5
测点描述		无明显弹软现象				路基弹软压后产生“弹簧”			

a)　　b)

c)　　d)

图 2-2　渗水试验现场

a)试验用水槽；b) 重载卡车 c) 测量车辙深度；d) 开挖车辙处

由表 2-13 可见，砂砾封层透水性最好，但从现场看，水分侵入路基后，一定深度内的黑油砂抗压强度几乎丧失。为避免越冬期雨雪大量进入路基，封层透水性不宜要求太高。

砂砾石灰土透水，并且在重载作用下车辙深度最小，是比较理想的封层材料。虽然粉土质砂封层透水性也很好，但从试验结果看，粉土质砂车辙深度和侧向拥起较砂砾石灰土大。实际上重载产生的动水压力导致水分在封层内流动，造成细料流失，使封层强度降低，稳定性变差。实践表明，砾石土封层在春融期遇水后强度下降，无法通过弯沉验收。

0.075mm 以下部分含量小于 15％的细粒土砂不冻胀。即使含泥量最大的封层试验段也未达到 15％。在不考虑排水性能的前提下，可将封层含泥量控制在 15％以下。

2.4.3　建议

试验段试验结果表明，水泥稳定砂砾和砂砾石灰土封层能够通过弯沉验收。两者具有一定强度，可承受备料车辆荷载的作用；封层水稳定性好，可以保护路基免受越冬雨雪侵害。

实践表明石灰土具有很好的水稳定性，且能够保护土基不受雨雪侵害。建议可选择性地使用石灰土封层，但是厚度宜大于砂砾石灰土封层。

建议根据具体情况选择路基封层类型：

(1)周边有黏土路段，级配良好的天然砂砾，选用砂砾石灰土封层，砂砾：6％石灰土＝85：15。

(2)周边无黏土路段或者天然砂砾级配不良路段，选用 3％水泥稳定砂砾封层，为改善级配可根据具体砂砾级配掺加一定比例的砾石。

(3)周边有黏土但无天然砂砾路段，选用石灰土封层。

同时，还要综合经济性、施工条件等综合确定具体封层方案。为解决弯沉测量值变异性大的问题，建议封层施工中采用厂拌法。同时，水泥稳定砂砾封层要做好养生工作，至少养生一周，到达龄期前严格禁止交通。

2.5　手持式落锤弯沉仪检测路基弯沉

弯沉检测与分析是道路承载力评估的基础，而现有的检测方式都存在各自的问题。因此，迫切需要一种快速、准确、高效的检测仪器，而手持式落锤弯沉仪（Portable Falling Weight Deflectometer 简称PFWD）的出现适应了这一要求，见图 2-3。

PFWD 在国外得到了广泛的应用，而在我国尚不普及。本文主要是通过对 PFWD 与传统的检测手段贝克曼梁的研究，提出 PFWD 的检验与验收标准，为日后 PFWD 在我国的推广奠定基础。

20 世纪 70 年代欧洲出现落锤式弯沉仪（Falling Weight Deflectometer，简称 FWD）后，FWD 就以其高效、准确、可靠等特点逐渐被许多国家所接受（图 2-4）。1988 年，研究人员依托美国 SHRP 计划利用 FWD 对美国及加拿大的路面进行了长期的跟踪检测和使用性能研究，总结出了一套适用于 FWD 的新的道路评价体系。作为一种新的无损检测的设备，FWD 使得道路养护人员可以在道路内部破坏的早期就及时发现病害，及时排除因路面下积水、空洞、脱空等病害，同时还能够对水泥混凝土路面接缝的传荷能力、路基路面强度及均匀性进行评价。但 FWD 造价较高，并且在交通不便的地区，难以发挥其应有的功能。而与之相比，便携式落锤弯沉仪作为一种用于确定路基和地基承载能力的新型检测设备，其的优点更为明显：成本低、携带方便、检测速度快。

图 2-3 手持式落锤式弯沉仪

图 2-4 落锤式弯沉仪

由于 FWD 存在价格昂贵、在交通不便地区难以发挥其应有的功能等缺点，在 20 世纪 80 年代末，首先于法国出现了携带方便的 PFWD。由于其携带方便、成本较低、检测速度快、测值稳定等特点，在国际上得到了广泛地应用。同时，研究人员对 PFWD 与其他检测方式之间的联系进行了研究。

美国 JA Siekmeier 等人通过对明尼苏达州部分道路大规模检测，比较了 PFWD 与动力式圆锥贯入仪之间的关系。通过两者的对比试验并通过现场取芯发现：①PFWD 与动力式圆锥贯入仪之间有良好的关系；②PFWD 测得的现场回弹模量与实验室所测得的真实回弹模量值之间有一定的关系，但是并不明显。

B. C. Steinert 等人利用 PFWD 对道路进行长时间的检测，检测结果表明：①PFWD 能够较好的反应路基强度随季节变化的规律；②通过级配碎石基层检测到的结果表明 PFWD 与 FWD 之间存在着良好的关系。

韩国 Jong Ryeol Kim 等人则利用 PFWD 测量地基的动态回弹模量，寻找其与路基土动态反应模量之间的关系。并通过改变落锤高度与落锤重量研究动态模量的检测值的变化规律。

由于我国目前规范规定的评价标准是建立在贝克曼梁测试的基础上的，并且已经拥有了大量的检测数据，故国内较多学者研究 FWD 及 PFWD 与传统的检测方法之间的关系。如郑州大学徐平等人通过对太（原）澳（门）公路的实地检测对比，指出 FWD 的测量值与贝克曼梁弯沉测试结果之间有着较好的线性关系。宋焕宇等人通过对 FWD 与贝克曼梁之间的关系研究过程指出，相隔一天，同一个测点，FWD 的复现性很高，而贝克曼梁的测量结果相差则较大。王复明等人通过使用 PFWD 与 FWD 对于太澳公路进行测量得出的结果进行比较之后得出，PFWD 与 FWD 之间有很好的线性相关特性，基本上呈直线关系。王端宜等通过室外贝克曼梁式弯沉试验及 PFWD 试验建立了两者之间的对比关系，得出了经验公式，表明 PFWD 可以用于路基承载能力的评价。同时，他们也指出，对路基的冲击作用越大，所测得的回弹模量值就越小，所以 PFWD 的结果明显高于三种 FWD 的测量结果。进一步他们利用 PFWD 寻找与 BB 之间的关系，然后通过道路对 BB 的检测要求演算出对于 PFWD 的要求，并以此检测了部分道路。

王复明等人综合利用探地雷达(GPR)与 FWD 两种无损检测技术，对于水泥混凝土旧路进行质量检测。王复明指出，探地雷达(图 2-5)可以解决落锤式弯沉仪不能连续检测的问题。而通过 FWD 测得的弯沉以及反算出的路面结构层模量又可以验证探地雷达的检测结果。从而提高探地雷达的检测精度。

图 2-5　探地雷达

郑州大学蔡迎春等人采用 FWD 检测评价路基冲击压实效果。通过 FWD 检测不同压实遍数下路基的弯沉，并基于弯沉盆数据反算路基不同深度处的模量，从而对冲击压实效果进行评价；通过分析不同压实遍数下的模量变化，提出了最佳冲压遍数的确定方法。

此外，国内很多科研机构利用 FWD 及 PFWD 测量得出的动态模量来评估道路结构的使用性能。

从上述现状中，不难发现，现有的研究存在以下三个问题。

(1)虽然国内外建立了许多 FWD 及 PFWD 与传统测量方式之间的回归公式，且部分相关系数超过 0.90，但是，并没有考虑测试时的各种影响因素。并且，即便考虑到在回归公式中加入部分相关参数来表征不同因素的影响，但仍然没有做到消除各个影响因素之间的相关性，即选取一些彼此之间没有必然联系的因素作为回归方程的修正参数。

(2)由于目前规范规定的评价指标和标准是建立在贝克曼梁测试的基础上的，FWD 及 PFWD 所测数据必须经过对比试验，转换成贝克曼梁数据，才能进行结构承载力评价。而这种简单回归分析得出的转换关系，丢失了所测数据的许多信息(尤其是动态信息)，没有发挥 FWD 与 PFWD 动态加载的优势。

(3)国内外对于 FWD 模量反算的研究，大多是集中于如何消除反算结果的不唯一性，提出的方法也多集中在如何在算法上提出一个或多个限制条件，使得解唯一。但是，现在所加的限制条件大多是经验性的，虽然在某些试验中能够较好地符合实测结果，但其普通性还有待进一步验证。

2.5.1　PFWD 与贝克曼梁测试结果分析

在传统的弯沉检测方法中，贝克曼梁式弯沉测试方法至今仍占有重要的地位。自从 20 世纪 30 年代，A. C. Benkelmen 通过对美国 WASHO 试验路的研究发明了贝克曼梁，并用其测量在慢速运行的轮载作用下路面的变形。贝克曼梁式弯沉检测方法可以快速地测量路面的响应，并对路面未来状况提供了一个早期的预测。但是，贝克曼梁存在自身难以克服的缺点，贝克曼梁测试的是道路静载作用下的弯沉，与实际的动载作用下的情况有所不同，此外，该设备精度低、速度慢、结果受人为因素影响大。

另一方面，PFWD 作为新型的检测方法，受到广泛地关注。PFWD 以其成本低、测试速度快、精度高、效率高等特点得到各国研究人员的广泛研究。但对于道路检测，还需要关注测试仪器的重现性和复现性是否良好，及测试过程中对于施工工艺及自然环境近似的施工段内，其测得的数据的离散程度如何。故本节将在以下几个方面对 PFWD 检测进行介绍：

(1)简要介绍 PFWD 与贝克曼梁的测试方法以及注意事项。

(2)PFWD 测量数据的重现性和复现性研究。

(3)PFWD 与贝克曼梁测量数据结果初步分析。

2009 年 5 月至 6 月，在黑龙江省齐泰公路部分标段段上，针对 PFWD 与贝克曼梁式弯沉仪进行了对比试验，研究了两种方法所测得的弯沉值之间的关系，建立了两者之间的经验公式。

试验测试路段为齐泰公路 D2 标、D3 标、D5 标、D6 标部分路段，合计共约 12.5km。其中绝大部分测试段都为填方路段，仅有约 1.4km 低挖方路段。

2.5.1.1 贝克曼梁式弯沉仪测试原理

贝克曼梁式弯沉仪的基本原理如下：在弹性层状体系前提下，双圆均布垂直荷载作用下，双圆中心点处的弯沉值为两个单圆垂直均布荷载作用的线性叠加。通过理论计算，可知在层状弹性体力理论前提下，贝克曼梁式弯沉仪中心处弯沉的理论解为：

$$w=\frac{2(1-\mu^2)p\delta}{E}\frac{\delta}{r}F\left(\frac{1}{2},\frac{1}{2},2,\frac{\delta^2}{r^2}\right) \tag{2-1}$$

其中，$F(a,b,c,x)$为超几何函数，定义如下：

$$F(a,b,c,x)=\frac{\Gamma(c)}{\Gamma(b)\Gamma(c-b)}\int_0^1 t^{b-1}(1-t)^{c-b-1}(1-xt)^{-a}\mathrm{d}t \tag{2-2}$$

《公路路基路面现场测试规程》(JTG E60—2008)中，将 $\frac{\delta}{r}F\left(\frac{1}{2},\frac{1}{2},2,\frac{\delta^2}{r^2}\right)$ 取为弯沉系数，并规定取 0.712。但需要注意的是，贝克曼梁式弯沉测试方法的前提是采用标准荷载 BZZ-100，所以在测试之前，需要对车轮的接地面积及后轴重进行测量，以期达到标准荷载的要求。

2.5.1.2 PFWD 试验概况

(1)PFWD 弯沉仪测试步骤及注意事项

PFWD 现场快速检测路基模量时，可分为三个主要步骤：准备、测试和结束。准备工作主要是现场进行 PFWD 的组装，测试工作指在路基上选定测试点位进行实际测试，结束工作指拆卸 PFWD 并将 PFWD 移至下一测点。测试过程中具体步骤如下：

①选取试验路段，本次共选取 4 个标段共约 12.5km。

②在试验段上，首先利用标准车进行贝克曼梁测试，每隔 25m 测量一点，并用白粉笔在地上记录下测点的位置。

③使用 PFWD 在白粉笔做记录的位置按照操作规程进行对应点的测量，记录下位移值及测点桩号。

在测试过程中，应注意以下事项：

①落锤提起后落下前，测试人员紧靠 PFWD 调试时，应严格控制防止误操作使落锤松脱。否则，落锤下落易造成测试人员受伤。

②测点的路基表面应平整，确保承载板与路基紧密接触，防止承载板与路基表面存在较大空洞而影响测试结果，因此，对不平整的路基表面，可铲平表面凹凸不平，或采用细砂垫平坑洼处。

③确保测试点位信息齐全，应在进行测量的同时，在记录本上记下测量的车道、桩号及测点的序号同时，应经常校对测点序号和对应的测点桩号，以避免序号和桩号错位，若发现测点序号和桩号不对应，应在笔记本上做好记录，以方便室内进行数据整理。

④注意 PFWD 滑杆稳定性，落锤顺着滑杆做自由落体运动，测试时滑杆应尽量保持垂直，以避免落锤斜向冲击橡胶垫块而产生一定的水平力影响测试结果。因此，测试时，一定要握紧手柄，并适当地向下用力摁住，这样既可保持滑杆的垂直稳定性，又能使承载板和路基表面保持紧密接触。

⑤检查测试数据的稳定性，同一测点得到的弯沉值的相对误差应控制在 5%以内。由于较软的路基存在一定塑性变形，初始锤击测试模量结果偏小，随着锤击次数增加，塑性变形减小，一般 3 锤左右即可稳定，测试变形也以回弹变形为主。因此，如果出现测试结果相差较大时，应多测几锤，直至测试结果稳定为止。

(2)PFWD 弯沉仪测试原理

便携式落锤弯沉仪简称 PFWD,它由加载系统和数据采集系统组成。其基本原理为:将一个 10kg 的落锤提升至某个固定高度,然后释放自由下落,落锤冲击承载板产生冲击荷载,在冲击荷载作用下,承载板产生竖向位移。由此,压力传感器和位移传感器将荷载和位移记录下来,从而根据压力和位移的峰值确定路基回弹模量。

路基是弹塑性体,其本构关系应呈非线性。但 PFWD 作用于路基表面时,由于 PFWD 冲击力较小,作用时间很短,只有 16ms,得到的荷载与变形关系近似线弹性。同时,PFWD 直接以刚性底盘作用于路基表面,通过落锤的冲击作用使得路基表面产生弯沉,所以用 PFWD 测定路基回弹模量时,理论模型可采用刚性承载板下的弹性半空间体模型。

(3)PFWD 重现性与复现性研究

依据《ISO 5725-1—1995 测量方法和结果的精确性(精度和精确度)一般原则和定义》规定,复现性是指在同一试验项目中在同一实验室由同一操作人员操作同一仪器在较短时间间隔内用同一方法得到的独立的试验结果的精确性,而重现性是指在不同的实验室由不同的操作人员使用不同的仪器在同一试验项目中采用同一方法得到的独立数据的精确性。

D3 标 PFWD 弯沉值测量值见表 2-14。

D3 标 PFWD 弯沉值测量值 表 2-14

桩号 \ 日期	5 月 15 日上午	5 月 15 日下午	5 月 16 日上午	5 月 16 日下午
K66+200	0.250	0.273	0.269	0.220
K66+210	0.310	0.295	0.289	0.316
K66+220	0.259	0.234	0.244	0.273
K66+230	0.300	0.287	0.293	0.315
K66+240	0.312	0.314	0.320	0.298
K66+250	0.238	0.225	0.241	0.222
K66+260	0.248	0.231	0.256	0.234
K66+270	0.255	0.263	0.249	0.275
K66+280	0.276	0.258	0.237	0.266
K66+290	0.491	0.504	0.472	0.513
K66+300	0.411	0.421	0.382	0.390

对上表进行分析,求出前三组各测点的弯沉均值、标准差及代表弯沉值,结果见表 2-15。

D3 标 PFWD 弯沉值前三组数据分析 表 2-15

桩　号	均　值	标 准 差	代表弯沉值(mm)
K66+200	0.264	0.012	0.284
K66+210	0.298	0.011	0.316
K66+220	0.246	0.013	0.266
K66+230	0.293	0.007	0.304
K66+240	0.309	0.022	0.345
K66+250	0.235	0.009	0.249
K66+260	0.245	0.013	0.266
K66+270	0.256	0.007	0.267
K66+280	0.257	0.020	0.289
K66+290	0.489	0.016	0.515
K66+300	0.405	0.020	0.438

为了验证 PFWD 的复现性与重现性，选择 D3 标 100m 长度的路基进行测量，测量频率为每半天测试一次，精确确定测点的位置，每次都保证能够测到同一点位的弯沉值，共测试 4 组。测试结果见表 2-14。依据表 2-14 所列出的三组数据，对其进行比较分析，并做出各测点弯沉图（图 2-6）。

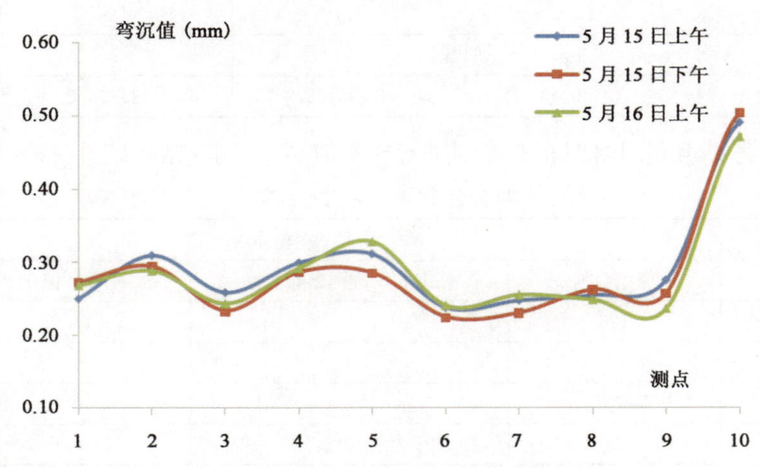

图 2-6　前三组各测点弯沉值

同时，依据计算所得的前三组的弯沉均值与 5 月 16 日下午测得的弯沉值进行对比（图 2-7）。

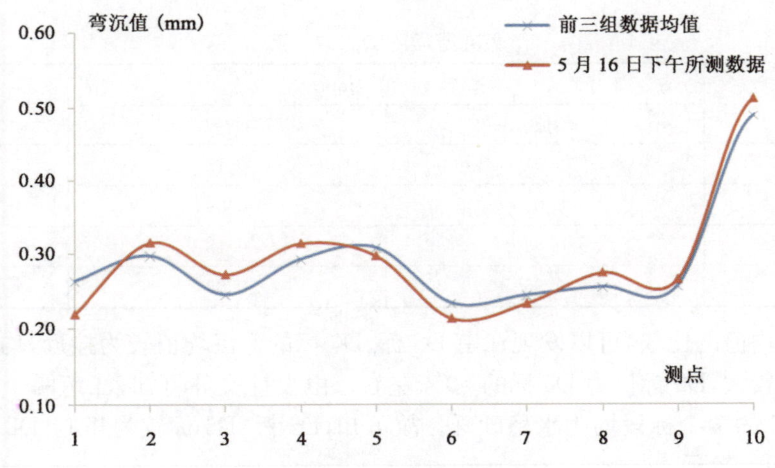

图 2-7　前三组弯沉均值与第四组弯沉值

通过上述分析，可总结如下：

(1)通过对图 2-5 的比较分析，可得 PFWD 的重现性较好，在不同的时间测得的同一点的弯沉值较为接近。三次测量的标准差相对均值较小，说明三次测量的离散性较小。以上两点反映出 PFWD 的重现性较好。

(2)通过对图 2-6 的比较分析，可发现，不同的时间，由不同的测试者所得到的结果较为接近。两条曲线较为接近，并且在个别点几乎重合，说明 PFWD 的复现性较好。

2.5.1.3　PFWD 与贝克曼梁测量数据对比分析

(1)FWD 及贝克曼梁测试异常值剔除

从贝克曼梁所测得的弯沉值可见，对于土基来说，部分弯沉值偏大或偏小（部分弯沉值超过 1.30mm而部分弯沉值不足 0.40mm）。为此，按格罗布斯准则在显著性水平为 0.05 的情况下对贝克曼梁及 PFWD 所测数据进行筛选，将弯沉值明显偏离正常值的点剔除。

首先，将所测位移值按照桩号进行排序。然后，由于现有的格罗布斯准则临界值表中仅仅列出了

0～100 内有限的 n 值。所以，根据各标段的测值数量及格罗布斯准则临界值表中所列出的 n 值对所测值进行分组，分组结果见表 2-16。

各标段剔除数据时分组情况　　表 2-16

标段	D2	D3	D5	D6
组数	3	3	2	3
每组所包含的数据量	40/40/43	30/30/25	35/35	30/30/29

接着，对所分的各小组利用格罗布斯准则进行异常值剔除，剔除结果统计见表 2-17。

标段经剔除后弯沉点统计　　表 2-17

标　段	样本个数			
	原始数据	格罗布斯准则删除数据	挖方数据	填方数据
D2	123	3	11	108
D3	85	1	20	64
D5	71	2	0	69
D6	89	0	0	89

(2)贝克曼梁测试结果分析

针对经剔除后的数据进行分析。首先，以标段为单位计算出各标段的弯沉均值、均方差及代表弯沉值，结果如表 2-18。

贝克曼梁所测点的弯沉　　表 2-18

标　段	弯沉值(mm)		弯沉代表值(mm)
	均值 μ	均方差 σ	
D2	0.51	0.18	0.81
D3	1.04	0.09	1.19
D5	0.83	0.18	1.13
D6	0.86	0.08	1.00

通过对各标段均值的比较，可以发现江南 D5 标、D6 标的弯沉均值较为接近，均为 0.85 左右，而江北的两个标段相差较大，D2 标仅为 D3 标的 50％左右。由设计文件可知，江南两个标段路基封层均为石灰土砂砾，而江北的两个标段均为水稳砂砾。故可知，D5 标、D6 标较为相似，D2 标、D3 标虽使用同样的封层技术，但相差较远。

方差反映的是样本中数据的离散程度，从均方差大小可知各标段均方差均小于 0.20，且 D2 标、D5 标较大，但由于 D2 标的均值仅为 0.51，小于 D5 标的均值 0.83，故在相同的均方差条件下，D2 标数值之间离散程度更大一些。

(3)PFWD 测试结果分析

针对剔除后的数据进行分析。首先，以标段为单位计算出各标段的弯沉均值、均方差及代表弯沉值，结果见表 2-19。

PFWD 所测点的弯沉　　表 2-19

标　段	弯沉值(mm)		弯沉代表值(mm)
	均值 μ	均方差 σ	
D2	0.23	0.10	0.39
D3	0.36	0.17	0.63
D5	0.49	0.09	0.63
D6	0.43	0.08	0.56

通过各标段均值的比较，可见D5、D6标均值较为接近，均为0.45左右，而D2、D3标虽然使用相同的路基封层，但均值之间相差较大，D2标均值相对于D3标均值相差约30%。从各标段均方差比较可知，D2、D5、D6三标均方差较小，说明所测数据的离散性较小，而D3标均方差较大，说明所测数据离散型较大。

(4)PFWD与贝克曼梁测试结果分析

通过表2-17与表2-18中数据的比较分析，可知：

①通过对PFWD与贝克曼梁测量数据的均方差的比较，可以发现PFWD所测数据的均方差在大部分机情况下均小于贝克曼梁所测量数据的均方差(D3标除外)。表明在本次对比试验当中，相对于贝克曼梁测值的分布情况，PFWD所测值的离散程度更小。

②PFWD所测均小于对应的贝克曼梁所测均值。原因在于PFWD底板所产生的应力水平为0.1MPa，仅为贝克曼梁所产生应力的1/7。但是，从数据的比值上来看两者并未存在7倍的差距，原因可能如下：

a.路基并不能看作理想的弹性材料，其有一定级配的岩土结构物故PFWD与贝克曼梁所测弯沉数据也不能依据弹性假设下进行随意转换。

b.贝克曼梁测试过程中，施加给路基的是静载作用，而PFWD在测量过程中，施加给土基的是动载作用。不同的荷载形式对于所产生的弯沉值会产生不同的影响，故PFWD不能简单地依据静力学体系下内容对其所测得的弯沉进行转化。

分析结果表明，在外界条件不变的前提下，PFWD所测得的数据并不会因为时间和测试者变化产生较大的波动，相反的，PFWD所测量的数据具有较好的复现性和重现性。通过对各标段PFWD与贝克曼梁所测数据的分析可知，贝克曼梁所测数据均值均大于PFWD所测均值，说明PFWD所测量的数据离散型更小，更具有使用价值。

2.5.2 PFWD验收指标与标准的初步研究

自20世纪80年代，欧洲出现PFWD后，国内外针对PFWD与传统检测方式之间联系的研究日益增多。美国Moshe等人曾尝试用手持式落锤弯沉仪评价路基强度，并建立了PFWD与FWD及土基CBR之间的关系。鉴于我国路基强度评价仍以贝克曼梁式弯沉仪和承载板为主，《公路工程质量检验评定标准》(JTGF 80/1—2004)也是以贝克曼梁式弯沉值作为主要指标。所以，作为PFWD用于路基强度评价和质检手段的可行性研究，需要通过PFWD与贝克曼梁之间的对比试验建立两者的联系。

另一方面，由于贝克曼梁式弯沉测试方法存在精度低、受环境及人为因素影响大等缺点，需要新的测试手段来取代贝克曼梁进行路基及面层的检验。PFWD作为一款新的测试仪器，在欧洲已经得到广泛应用，但欧洲采用的公式适用于当地条件，故难以得到广泛推广。

因此在齐泰公路中应用PFWD检测时主要从以下两方面开展工作：①PFWD与贝克曼梁测试结果相关性分析研究。通过对测量数据的分析，找出PFWD与贝克曼梁之间的关系，并通过回归分析，得到经验公式。②通过对试验数据的分析，比较贝克曼梁测量数据与PFWD测量数据之间的关系，并根据贝克曼梁测试方法的检测标准提出适用于齐泰公路的PFWD检测标准。

2.5.2.1 PFWD与贝克曼梁测试结果初步分析

将两种方式测得的弯沉值依据桩号对应的原则绘制成带平滑线的散点图，并按照标段不同共绘制4张图(图2-8～图2-11)。

通过对上述4张图分析，可以发现：

(1)PFWD所测弯沉与贝克曼梁所测弯沉在总体趋势上大致相同，有良好的一致性。当贝克曼梁曲线出现峰值或谷值时，对应的FWD曲线也多会出现峰值或谷值。

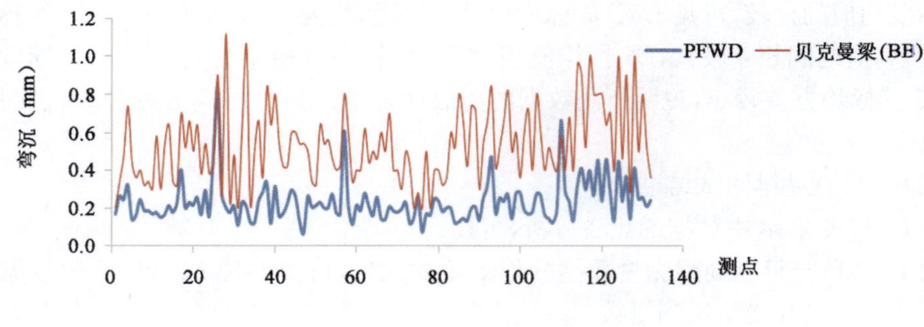

图 2-8　D2 标 PFWD 与贝克曼梁所测弯沉值

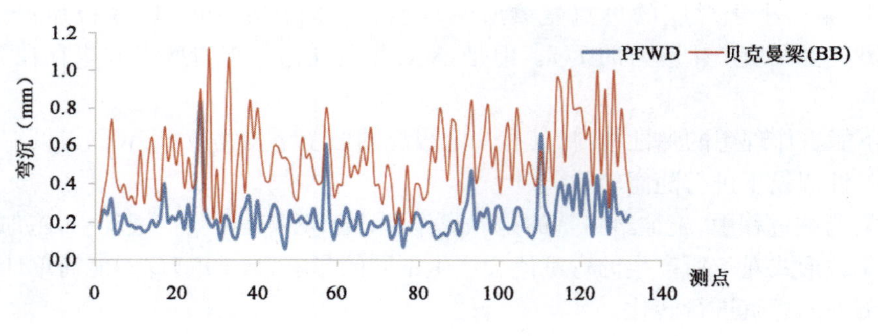

图 2-9　D3 标 PFWD 与贝克曼梁所测弯沉值

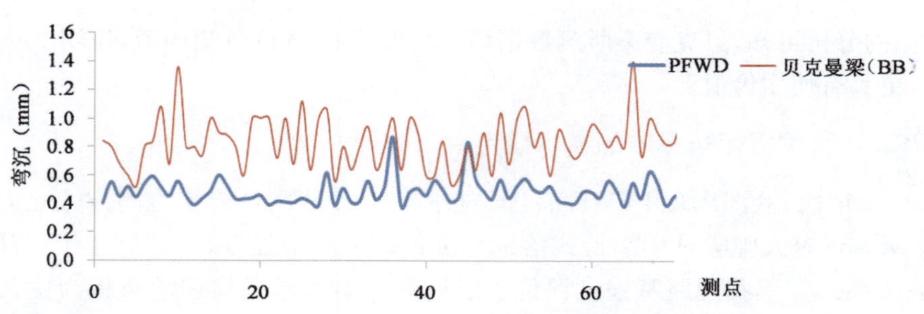

图 2-10　D5 标 PFWD 与贝克曼梁所测弯沉值

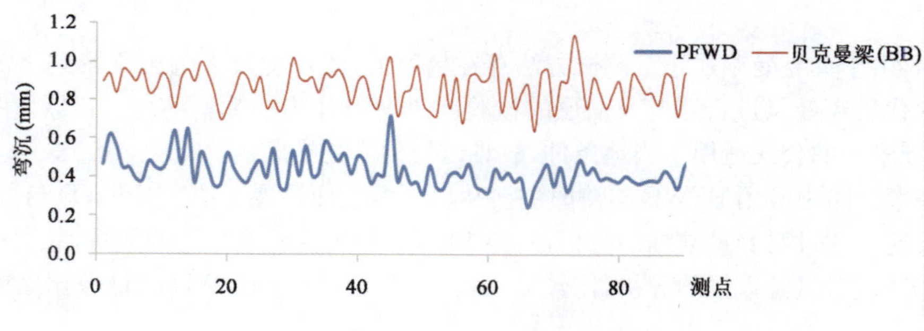

图 2-11　D6 标 PFWD 与贝克曼梁所测弯沉值

(2)在部分路段上，出现两条曲线趋势不同甚至相反的状况(例如 D6 标 11-15 点)，同时，在部分路段上，虽然曲线趋势相同，但波动程度相差很大(例如 D5 标 19-25 点)。说明仍存在部分不良点需要剔除。

(3)贝克曼梁所测数据多大于 PFWD 所测数据，两者之间的比值集中在 1～4 区间内，说明两者之间存在一定的关系，但并不会是简单的线性关系。

贝克曼梁测值与 PFWD 测值的比值分析机律见图 2-12。

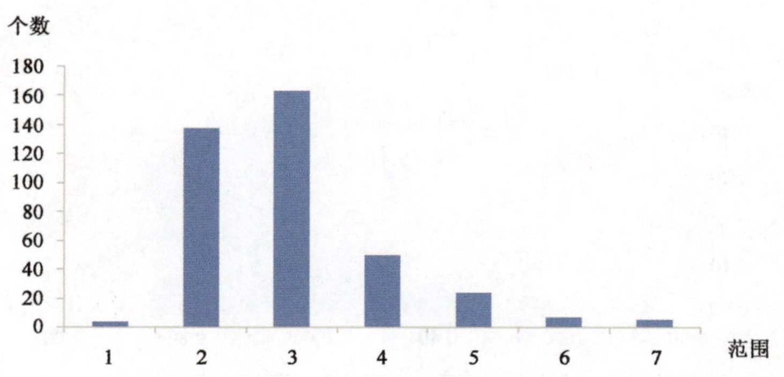

图 2-12　贝克曼梁测值与 PFWD 测值比值分布规律

为了验证两者之间的关系，首先对 D2 标测量数据进行分析。

首先，以 PFWD 测量值作为横坐标，贝克曼梁测值为纵坐标，以 mm 为单位作出散点图，然后通过最小二乘法计算出相应的线性回归直线并计算出相关系数 R^2。同理，对 D3 标、D5 标、D6 标数据进行分析，并计算出各自相应的回归直线与相关系数 R^2，并统计见表 2-20。

各标段线性回归方程　　表 2-20

标　　段	回 归 方 程	相关系数 R^2
D2	$y=0.91x+0.32$	0.25
D3	$y=0.22x+0.96$	0.15
D5	$y=0.61x+0.54$	0.09
D6	$y=0.37x+0.71$	0.10

通过对表 2-19 的分析，可以发现，PFWD 测量数据与贝克曼梁测量数据的线性回归系数较低，最高仅为 0.25，最低不足 0.10，说明两者的线性关系并不明显。

另一方面，华南理工大学的王端宜、长沙理工大学的查旭东等人对于 PFWD 与贝克曼梁测点的拟合多采用指数关系且得到的相关系数较好。故本文采用指数关系拟合 PFWD 与贝克曼梁所测弯沉值。

但由于线性关系在数学上相对指数等关系较易处理，故首先将指数关系转化为线性关系，然后在依据一元线性回归得到相应的回归方程，最后通过 t 检验后的方程再反变换成为需要的指数形式。

2.5.2.2　PFWD 与贝克曼梁测量数据相关性分析

(1)PFWD 与贝克曼梁测试数据分组

由于目前仅有路基填筑高度的资料，路基土含水率资料及路基土详细物理参数资料均未获得，故按照如下方式进行分组：

①依据路基封层材料及标段不同，将所测标段划分为三部分，即 D2 标、D3 标及 D5、D6 标。

②依据已有的路基填挖方高度，将弯沉值分组，初步划分区间为 1m。根据现有数据，将 D2 标、D3 标划分为 0～1m、1～2m、2～3m 三个区间，而将 D5 标、D6 标划分为 1～2m、2～3m 两个区间。

③由于各标段大于 3m 的填土路基较少，故暂不做分析，将数据剔除。

(2)各标段相关性分析

①D2 标相关性分析如下：

按照上节所述方法，对 D2 标 PFWD 与贝克曼梁所测数据进行分析。首先，将 D2 标数据按填筑高度分为 0～1m、1～2m、2～3m 三组。然后对组内数据取以 10 为底的对数的相反值(即 $-\lg l_{PFWD}$ 及 $-\lg l_{BB}$)，将指数关系变成线性关系，且保证了大部分的值为正值，此种方式便于提高演算的准确性。

接着，对于处理后的数据 $-\lg l_{PFWD}$ 和 $-\lg l_{BB}$，以 $-\lg l_{PFWD}$ 为 x 轴，以 $-\lg l_{BB}$ 为 y 轴建立坐标系。将处理所得数据绘于此坐标系中，并计算得出相应的线性回归直线，见图 2-13～图 2-15。

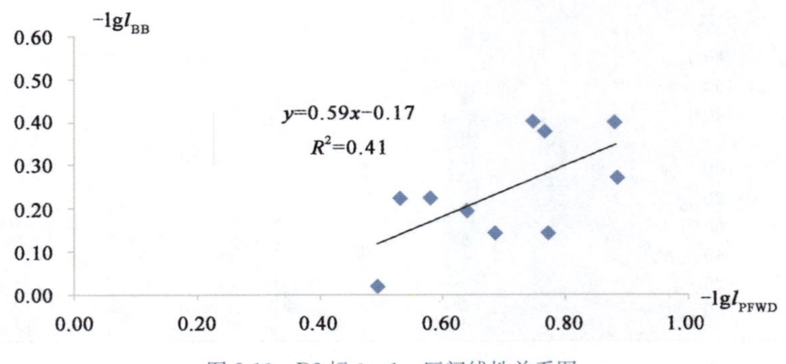

图 2-13 D2 标 0～1m 区间线性关系图

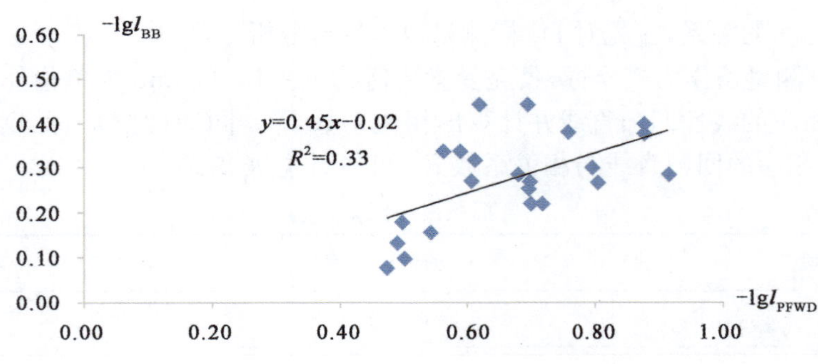

图 2-14 D2 标 1～2m 区间线性关系图

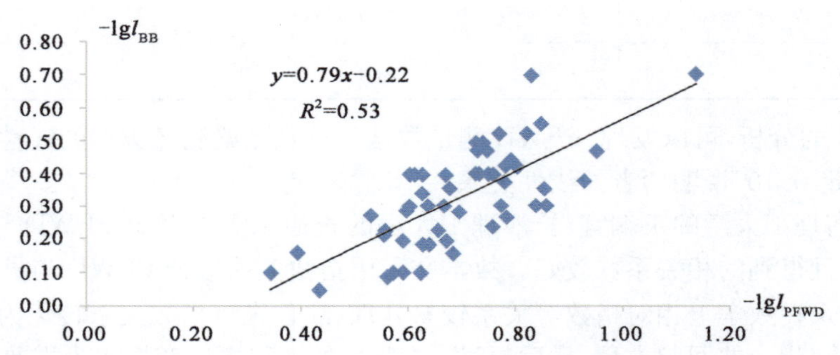

图 2-15 D2 标 2～3m 区间线性关系图

通过以上三图可知，各组回归系数均有了一定地提高。现将所得三组回归方程转化为指数形式，见表 2-21。

D2 标贝克曼梁与 PFWD 测值关系表 表 2-21

高度范围(m)	关 系 式	高度范围(m)	关 系 式
0～1	$l_{BB}=1.48l_{PFWD}^{0.59}$	2～3	$l_{BB}=1.66l_{PFWD}^{0.79}$
1～2	$l_{BB}=1.05l_{PFWD}^{0.45}$		

然后，将上述三式中系数均化为 1.48，由于系数改变，所以在不过大影响预测值的前提下将对应的幂指数进行调整，调整后的结果见表 2-22。

调整后贝克曼梁与 PFWD 测值关系表 表 2-22

高度范围(m)	关 系 式	高度范围(m)	关 系 式
0～1	$l_{BB}=1.48l_{PFWD}^{0.59}$	2～3	$l_{BB}=1.48l_{PFWD}^{0.60}$
1～2	$l_{BB}=1.48l_{PFWD}^{0.85}$		

当路基的地下水位或地表积水水位一定的情况下，路基的湿度由下而上逐渐减少，故可以认为，路

基的湿度状况在一定程度上受路基填土高度的影响。另一方面，路基的强度不仅仅与路基材料本身有关，还与路基土湿度状况有关。所以，依据调整后贝克曼梁与 PFWD 测值关系表，寻找路基填土高度与其的关系(表 2-23)。因为原始数据是依据路基填土高度进行分组的，所以求出每一组内的填土高度平均值，而后与调整后关系式中的指数寻找关系。

D2 标填筑高度与指数关系　　表 2-23

填筑高度(m)	指　数	填筑高度(m)	指　数
0.56	0.59	2.44	0.75
1.58	0.78		

依据上表中的数据，绘制关系图如图 2-16。

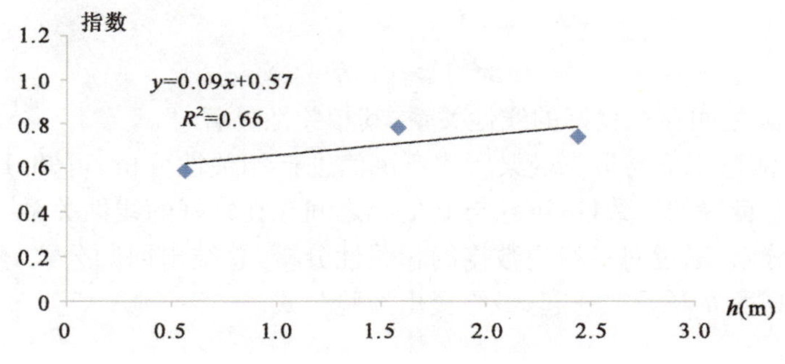

图 2-16　D2 标路基填筑高度与回归公式指数关系

由回归所得到的经验公式，可知，填筑高度 h 与弯沉经验公式中的指数有一定的线性关系。将所得到的高度指数经验公式代入调整后的 PFWD 与贝克曼梁测值关系式中，得到如下统一的经验公式：

$$l_{BB} = 1.3 l_{PFWD}^{0.11h+0.45} \tag{2-3}$$

对上式进行验证，利用测得的 PFWD 弯沉数据参照上述经验公式计算出贝克曼梁的弯沉值，然后算得理论值与实际测值之间的相对误差。计算结果统计见表 2-24。

贝克曼梁理论计算值与实际测值之间相对误差　　表 2-24

相对误差(%)	个　数	相对误差(%)	个　数
>60%	6	10—30	47
40—50	10	0—10	25
30—40	20		

从上表数据分析可知：

a. 最大误差可达 111%，但超过 60%仅有 6 个，超过 40%占总数的 14.8%。说明回归所得的经验公式较为粗糙，并不能对数据进行精确地预测；

b. 小于 30%的误差占总数的 66.7%，说明经验回归公式可以通过 PFWD 测量数据对贝克曼梁式弯沉仪测量数据进行较为粗糙的估计，同时还说明弯沉与路基填土高度之间存在一定的联系。

接着，对已得到的经验回归公式进行显著性检验。首先，将其化为线性模式，如下：

$$-\lg l_{BB} = -(0.11h + 0.45)\lg l_{PFWD} - 0.11 \tag{2-4}$$

利用 t 检验方法对式(2-4)进行显著性检验，即检验 $\lg l_{BB}$ 与 $\lg l_{PFWD}$ 之间是否存在显著性的线性关系，同时检验所得到的回归经验公式在数学上是否有意义。利用 Matlab 编制 t 检验程序，利用所编程序对式(2-4)进行检验，结果如下：

$$t = 66.6 > t(108-1) \approx 2 \tag{2-5}$$

证明 $\lg l_{BB}$ 与 $\lg l_{PFWD}$ 之间存在良好的线性关系，其相关性显著。

②其余各标相关性分析如下：

参照D2标回归方程建立方法，其余各标段回归方程简介如下。

同样地建立D3标段$-\lg l_{PFWD}$与$-\lg l_{BB}$的关系式(2-6)。

$$-\lg l_{BB}=-(-0.01h+0.18)\lg l_{PFWD}-0.08 \tag{2-6}$$

t检验得到：

$$t=88.9 \geqslant t(64-1) \approx 2 \tag{2-7}$$

证明$\lg l_{BB}$与$\lg l_{PFWD}$之间存在良好的线性关系，其相关性显著。

同样地建立D5和D6标段$\lg l_{PFWD}$与$-\lg l_{BB}$的关系式(2-8)。

$$-\lg l_{BB}=-(0.11h+0.15)\lg l_{PFWD}-0.01 \tag{2-8}$$

t检验得到：

$$t=24.1 \geqslant t(158-1) \approx 2 \tag{2-9}$$

证明$\lg l_{BB}$与$\lg l_{PFWD}$之间存在良好的线性关系，其相关性显著。

通过对PFWD所测弯沉值与贝克曼梁所测弯沉值进行相关性分析，可知：PFWD所测数据与贝克曼梁所测数据趋势上有良好的一致性，$\lg l_{BB}$与$\lg l_{PFWD}$之间存在良好的线性关系。

对所测数据进行分组，通过对各组内数据的相关性分析，总结出回归公式，然后依据经验判断将各组数据与路基土填方高度h联系在一起，最终提出经验公式。

3　大厚度水泥稳定材料全幅一次摊铺技术

3.1　概述

随着近年来我国公路建设事业的飞速发展，交通量的增加和超载现象的严重化，使得公路工程路面基层的设计标准有了明显提高，高等级公路不单延续底基层与基层的分层设计，而且各层的厚度逐渐增加，由18～22cm增加到20～40cm，使得各层位已基本达到一层摊铺最佳厚度的上限和分两层摊铺的适宜厚度的下限，采用分层双机摊铺，工期会延长，而且存在层间黏结不良和纵向接缝问题。采用单层一次摊铺，具有工期短、整体性好的优点，但也存在离析和压实度不足等隐患。本章以齐泰公路底基层30cm厚度水泥稳定砂砾一次摊铺为基础，从施工设备、施工组织管理和控制离析和压实度等方面摸索研究大厚度水泥稳定材料全幅一次摊铺技术，此技术为先进设计理念和重型机械应用于高速公路水泥稳定材料层提供了机会，是高速公路基层施工中的一次革新。

3.2　需要解决的主要问题

(1)离析问题

通常情况下把在摊铺路面基层中混合料粗细集料不均匀的现象叫做离析现象。对于半刚性基层的摊铺来说，离析可分为横向离析和竖向离析。

横向离析产生的主要原因是螺旋布料机构高速旋转时产生的抛扬，这种离心力的作用造成大粒径材料容易被送往两边，摊铺越宽离析越严重，两边材料粒径过大。

竖向离析的原因是螺旋料槽上部大粒料沿开口处向下滚落，这一现象发生在螺旋前挡板离地间隙调节偏大且料槽中缺料的工况下，以及螺旋外端料槽前方的卸荷口处，由于大粒料沿着螺旋前挡板的间隙和卸荷口处向下滚落，结果造成大粒料滚落于摊铺下层。

由于离析造成的粗细集料不均匀，会使实际级配偏离设计级配；同时粗细集料不均匀，使得水泥用量与设计的最佳水泥用量不一致，从而使配合比设计变得毫无意义，保证不了水泥稳定材料的质量。离析造成基层粗料集中时，粒料之间空隙率大，从而导致了粒料间无法挤密，碾压不密实，相互间脱离，取芯不成型，降低了基层强度，一旦路面出现裂缝或透水，路面表面即出现“唧泥”现象，随即基层出现松散，这是造成路面加速出现水损害，形成坑槽的一个原因。相反细集料集中时，由于缺少粗集料，铺层的强度不足、弯沉偏大，致使路面永久变形。因此对离析控制成功与否，成为全幅摊铺成败的关键因素。

(2)压实度问题

压实度是评定半刚性基层施工质量的重要指标，有效压实、达到压实度的技术要求和保证压实度的均匀对基层的使用性能具有很大影响。目前的公路工程中采用的压路机的吨位一般在12～26t，碾压半刚性基层振动压路机的激振力一般在250～400kN，对于常规厚度的铺层，可在6遍左右完成压实，并能保证沿竖向压实度的均匀性，但对于大厚度摊铺来讲，常规压路机的碾压会使基层表面形成硬壳，而下层压实度不足，形成压实度的离析。因此，有效压实大厚度铺层成为全厚度摊铺成功的关键因素。

3.3　设备要求和碾压工序

齐泰高速公路路面基层结构为：30cm水泥稳定砂砾＋20cm水泥稳定级配碎石，30cm水泥稳定砂砾以超出相关规范规定的适宜摊铺厚度和碾压厚度，为保证工期和工程质量，全线底基层采用陕西中大

1400型抗离析摊铺机一次性全幅摊铺，配套陕西中大大吨位（自重32t，激振力690kN）振动式压路机碾压。

各标段配备中大YZ320振动压路机以保证30cm水稳砂砾的压实，其自重为32t，激振力为690kN无极可调，线压力为940N/cm，名义振幅1.8～1.1mm，除此之外还配备常规振动压路机1台，轮胎压路机1台。碾压遍数一般为6遍，工艺一般为：先以英格索兰钢轮压路机静压1遍；再以DZ320振动压实3遍；然后使用轮胎压路机压实1遍；最后用英格索兰收光1遍。图3-1和图3-2分别为齐泰公路某段底基层施工现场摊铺和压实机械正在作业，图3-3为底基层土工布养生。

图3-1　D1水泥稳定砂砾摊铺现场

图3-2　水泥稳定砂砾压实现场压实设备

图3-3　底基层土工布养生

3.4　施工质量评价与控制

全线对摊铺效果和压实效果采用以下三种方法进行了跟踪检测。

(1)底基层摊铺后，在摊铺机后方一个断面内分左、中、右三点，每点又分上下两层（即上层15cm和下层15cm）分别抽取混合料进行筛分试验，测定混合料级配，对其离析状态进行分析和评价。

(2)底基层摊铺完成后，对摊铺初始压实度进行检测。

(3)底基层碾压结束后，分层（分上层15cm和下层15cm两层）进行压实度检验，判定其压实的有效性和压实度的竖向分布。

结合以上三方面的内容，评价半刚性基层单幅全厚度一次性摊铺的质量，验证此施工工艺的可行性。

3.4.1　离析检测与评价

水泥稳定砂砾摊铺后，在摊铺机后方一个断面内分左、中、右三点，其筛分结果的变异用于评价横向离析；每点又分上下两层（即上层15cm和下层15cm）分别抽取混合料进行筛分试验，用于评价竖向离析；对横向离析以横向偏差总量来评价，对竖向离析以竖向偏差总量来评价。

横向偏差总量为左、右两点的上下层平均筛分结果（通过率）减去中间点的平均筛分结果（通过率）的平均值；竖向偏差总量为左、中、右三点的上层15cm的取样筛分结果（通过率）减去下层15cm的取样筛分结果（通过率）的平均值。横向总体偏差和竖向总体偏差大，说明离析大；总体偏差越小，离析越小。

对齐泰全线6个路面标段水泥稳定砂砾底基层，选取检测点展开离析检测(表3-1)。

各标段底基层摊铺离析抽样检测点

表3-1

标段	D1	D2	D3	D4	D5	D6
检测点	K15+825	K33+900	K70+300	K75+100	K104+050	K131+950

图3-4给出了各标段应用横向偏差总量和竖向偏差总量描述的横向离析和竖向离析的检测结果。

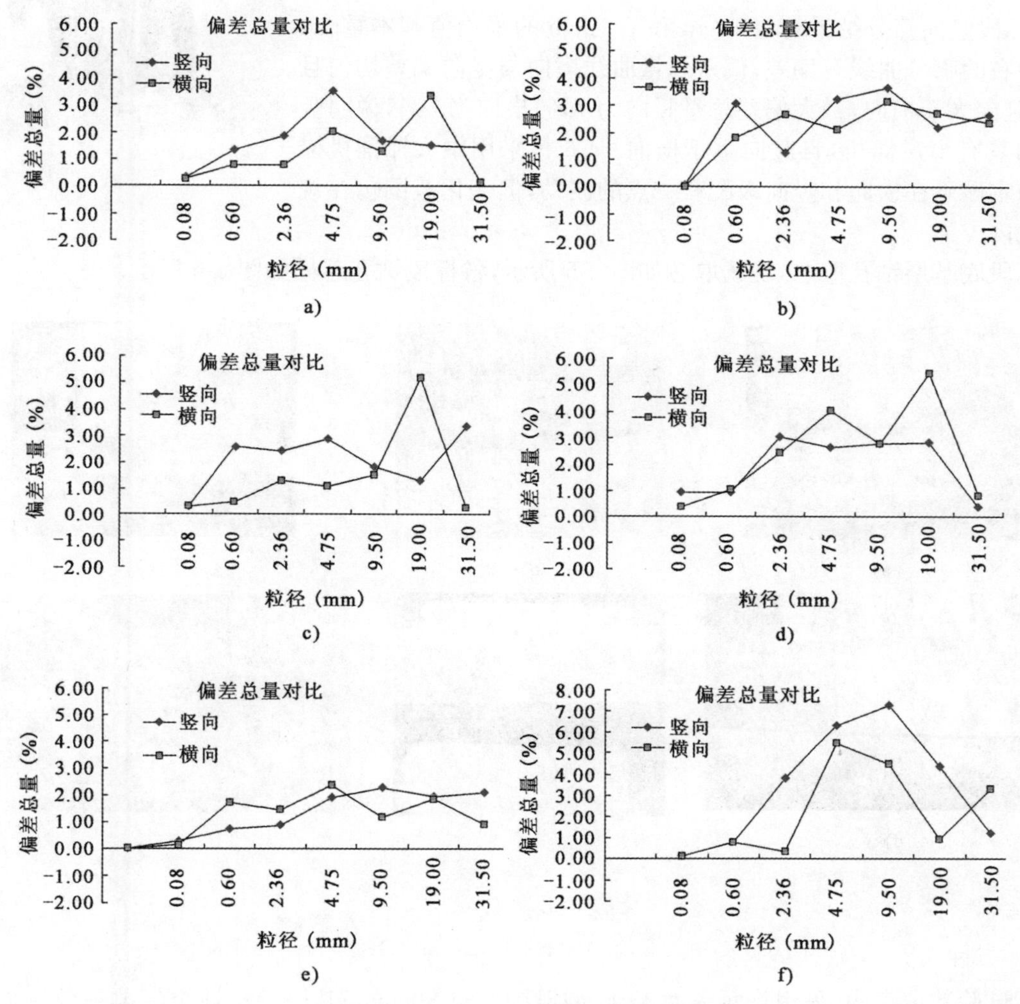

图3-4 各标段检测点离析横向和离析竖向偏差总量图

a)D1标段；b)D2标段；c)D3标段；d)D4标段；e)D5标段；f)D6标段

从图上可以看出，D1和D2标段纵向筛分结果的上15cm和下15cm的平均值基本重合；横向左中右的筛分曲线偏差很小；偏差总量曲线说明，各粒径最大的偏差量均小于4%，说明采用中大摊铺机摊铺水泥稳定砂砾没有发生明显的离析现象。

D3标段纵向筛分结果的上15cm和下15cm的平均值基本重合；横向左中右的筛分曲线偏差很小；偏差总量曲线说明，各粒径最大的偏差量除横向9.5cm粒径外均小于4%，且横向偏差除9.5cm粒径外，均小于竖向偏差，说明D3竖向离析略大于横向离析，但总体来讲D3标采用中大摊铺机摊铺水泥稳定砂砾也没有发生明显的离析现象。

D4标段竖向筛分结果的上15cm和下15cm的平均值基本重合；横向左中右的筛分曲线偏差较大；

偏差总量曲线横向偏差较大，最大值为 5.5%，其原因为级配较粗，4.75mm 以上的通过率偏于规范下限，但竖向偏差较小且均匀，最大值为 3%，说明其横向离析大于纵向离析。总体来讲 D4 标通过在天然砂砾中添加 10%的细砂后采用中大摊铺机摊铺水泥稳定砂砾也没有发生明显的离析现象。

D5 标段竖向筛分结果的上 15cm 和下 15cm 的平均值基本重合，9.5cm 以上稍有偏差；横向左中右的筛分曲线略有偏差；偏差总量曲线横向与竖向偏差均匀且一致，最大偏差总量均小于 3%，说明离析控制较好，即 D5 标通过在天然砂砾中添加 6%的细砂后采用中大摊铺机摊铺水泥稳定砂砾也没有发生离析现象。

图 3-5　现场取芯

D6 标段竖向筛分结果的上 15cm 和下 15cm 的平均值基本重合；横向左中右的筛分曲线有偏差；偏差总量曲线横向与竖向偏差均匀且一致，且竖向大于横向，最大偏差总量竖向为 7%，横向为 5%，说明竖向与横向具有少量离析，且竖向重于横向。D6 标采用中大摊铺机摊铺水泥稳定砂砾在横向和竖向级配有一点的波动，但变化范围仍在规范范围之内。

各标段底基层钻孔取芯，现场取芯如图 3-5 所示，各标段钻孔芯样如图 3-6 所示。

图 3-6　各标段钻孔芯样图

a)D1 标段；b)D2 标段；c)D3 标段；d)D4 标段；e)D5 标段；f)D6 标段

各标试验数据表明，采用陕西中大 1400 型摊铺机对 30cm 底基层一次性全幅摊铺效果良好，各部位混合料十分均匀，未发生离析现象。

各标标段级配横向偏差和竖向偏差较小，横向最大偏差为 6%，竖向为 7%，在规范容许范围之内。各标芯样上下均匀，没有明显离析现象发生。

3.4.2　压实度检测与评价

底基层有初始压实度检测和压实度分层检测，即底基层摊铺完成后，对摊铺初始压实度进行检测；底基层碾压结束后，分层（分上层 15cm 和下层 15cm 两层）进行了压实度检验，判定其压实的有效性和压实度竖向分布的均匀性。

(1)初始压实度检测

图 3-7 为中大摊铺机初始压实的初始压实度检测结果。可以看出同一桩号左右两侧初始压实度基

本相同，最大初始压实度可达 90%左右，平均初始压实度可达 86%，这有利于后续的压实工作。

(2)压实度均匀性评价

如何快速准确评价 30cm 厚水泥稳定砂砾底基层的压实度是评价压实效果的关键，底基层底部的压实度能否达到规范要求是推广全厚度摊铺成型的关键。为此，压实度的检测先采用上 15cm 与下 15cm 分层检测的方法，明确压实度的竖向分布，若上下层压实度均满足规范要求，则在大规模生产中采用大型灌砂筒(直径 15cm)一层检验，以提高检测速度。图 3-8 为现场压实度检测。

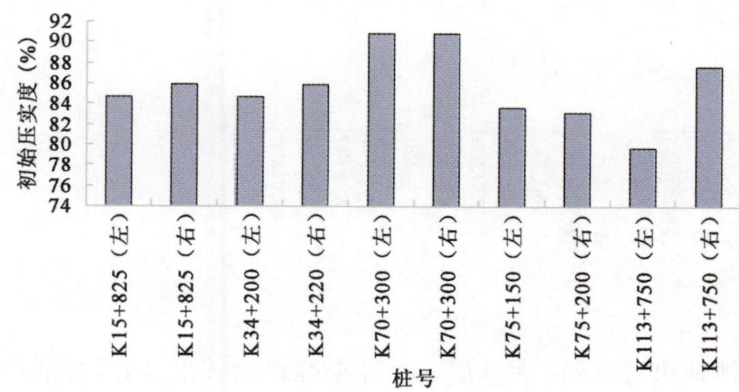

图 3-7 初始压实度检测结果

图 3-8 水泥稳定砂砾现场压实度检测

图 3-9 为上 15cm 和下 15cm 压实度对比。可以看出，上下两层压实度的变化规律相同，就分布规律来看，不见得底层压实度就小于表层。表层压实度的平均值为 100.2%，底层的为 99.8%，表层压实度的平均值略大于底层，压实度整体分布较均匀。因此，在实际生产过程中，可采用大型灌砂筒整体一层检测的方法对压实质量进行评定。从检测的数据来看，压实度超百现象严重，说明 YZ32 具有很强的压实能力，同时也说明室内重型击实试验的压实功和方法与实际生产状态严重不符，采用振动成型方法确定粒料类基层材料的压实标准能有效做到室内压实功与现场压实匹配，是水泥稳定材料室内试验压实成型的发展方向。

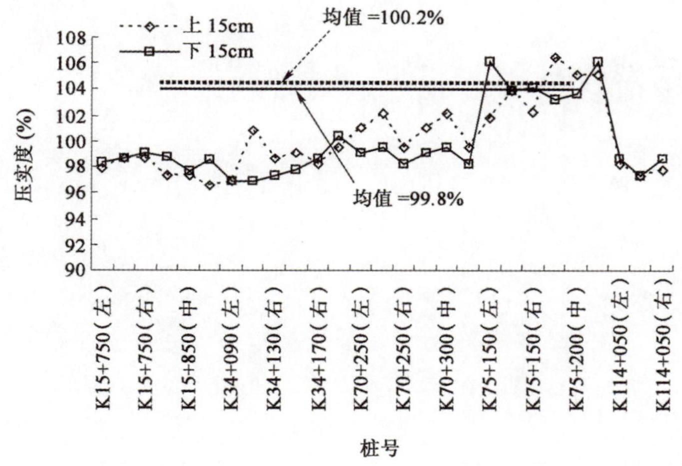

图 3-9 底基层上 15cm 和下 15cm 压实度对比

(3)生产过程中的压实度

取各标段 1km 左右路段的压实度考察其状况，图 3-10 为 D1～D6 标段的正常生产状态下压实度的检测结果，压实均大于规范对底基层 97%的要求。本次采样中 D1 的压实度均值为 98.3%；D2 为上下两层施工，其压实度均值为 98.3%，过薄的上层没能使压实度增加；D3 的压实度均值为 98.2%；D4 压实度的均值为 101%；D5 压实度均值为 98.3%；D6 压实度均值为 99.2%；各标段压实度分别比规范要求提高了1.3%、1.3%、1.2%、4%、1.3%和2.2%，全线压实度平均提高2.0%。D2采用分双机联合作业分层摊铺碾压，其效果与单机全幅、全厚相当。增加水泥剂量和增加压实度均能提高基层的强度，但从使用性能来讲，提高压实度更具有优势，因为高水泥剂量容易使水泥稳定材料层产生收缩裂缝，是导致反射裂缝的隐患，在有水存在下更易加剧路面的破坏。

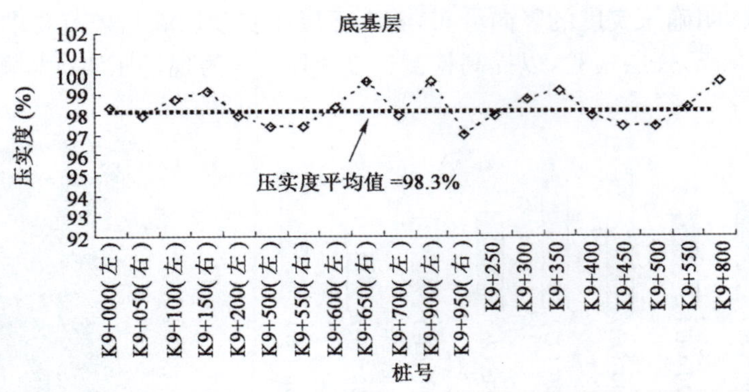

图3-10　D1标段正常生产状态下压实度的检测结果

试验数据表明，采用陕西中大1400型摊铺机对30cm底基层一次性全幅摊铺效果良好，各部位混合料十分均匀，横向、纵向均未发生离析现象。陕西中大1400型摊铺机摊铺振捣功率较大，摊铺初始压实度较高。采用配套陕西中大大吨位(自重32t，激振力690kN)振动式压路机进行底基层碾压，30cm底基层全厚度压实度均满足要求，上下层位压实度均满足要求，且压实度较均匀，压实效果良好。

实际生产状态的平均压实度为99.8%，与规范要求相比平均提高2.8%，产生的原因为重型击实试验与现场振动压实能力不匹配，建议对集料类基层材料采用振动成型方法进行材料设计和施工控制。

无论从技术角度还是从经济角度的，如果配以适宜的摊铺和压实设备，大厚度水泥稳定材料层采用全幅全厚度一次施工，是具有可行性。

4 水泥稳定级配碎石基层抗裂性能研究与设计

4.1 概述

半刚性基层沥青路面作为主流结构形式，在我国公路建设中发挥了积极的重要作用。然而，其强度、刚度的衰减与开裂问题，成为制约半刚性基层沥青路面结构长期耐久性的重要因素。因此，以莫尔—库仑强度理论为基础，充分重视半刚性材料中碎石的结构组成及其结构特性，采用骨架—密实型水泥稳定级配碎石的设计理念，综合协调半刚性基层力学特性与抗裂特性，以系统的试验研究为主要手段，全面研究这种半刚性基层材料设计方法、指标体系与路用特性。以上研究为完善半刚性基层沥青路面技术体系、延长路面结构使用寿命、提高路面使用品质，奠定了坚实的基础。

综上，提出碎石级配体积设计方法框架、流程与基本原则，比选级配碎石成型方法，确定适宜的参数组合，实现材料—工艺一体化设计。通过设计典型骨架、比选细集料组成，以填充系数为技术指标，深入分析该指标对级配碎石结构组成特征的影响，从而提炼基于力学特性的设计原则。以静三轴试验、动三轴试验和循环加载试验为主要方法，分别评价级配碎石的结构性，并以结构可变性、结构可稳性、综合结构性指标反馈指导级配碎石设计，明确设计指标及其技术标准。

在此基础上，采用振动成型方法，通过大量的试验，系统研究骨架密实型水泥稳定级配碎石的干缩与温缩特性，在分析主要影响因素的基础上，明确填充系数与干缩的关系，指导材料设计与施工工艺组织。

在上述研究基础上，整合水泥稳定级配碎石结构性、强度衰减、干缩特性及温缩特性研究成果，提出填充系数的合适范围，提炼设计原则，构建完善的体积设计方法以指导工程应用。最终将主要成果应用于齐泰高速公路，以检验此套技术的适用性及其实际效果，作为后续完善技术体系的基础。通过理论与工程实践的相互结合，初步实现半刚性基层的性能设计与优化。

4.2 水泥稳定材料级配组成设计

4.2.1 级配组成设计方法回顾

我国《公路路面基层施工技术规范》(JTJ 034—2000)设计方法思想是：混合料中集料的最高含量由集料自然堆积的松方相对密度确定。当超过这个限度时，认为半刚性基层材料的性质会受到损害。因此集料采用松方相对密度，刚刚靠拢而不密实，剩余部分为结合料所填充。概括地说就是“松排骨架，紧密填充”。多年实践表明，该方法存在以下缺点：

(1)抗拉强度低：混合料的劈裂强度约为抗压强度的 1/10～1/12。

(2)韧性差：细料偏多，90d 抗压模量达到 2000～4000MPa，造成面层应力负担过重。

(3)易缩裂：过多的结合料使混合料的收缩系数较大，容易造成基层产生干缩和温缩裂缝，使面层形成反射裂缝，导致路面破坏。

混合料的级配反映的是石料的成分组成。矿料级配的形式及其设计理论对混合料的性质有很大的影响，进而在很大程度上决定沥青混合料的路用性能。级配理论的研究，源于我国的垛积理论，但这一理论在级配设计方面并没有取得大的发展。真正推动沥青混合料级配设计发展的是最大密实度理论和粒子干涉理论。

W. B. Full 与他的同事通过试验提出了一种理想曲线，认为固体颗粒按照粒度大小，有规则的组合排列，粗细搭配，可以形成密度最大、空隙率最小的混合料。

粒子干涉理论是由 C. A. G. Weymouth 提出来的。他认为要达到最大密度，前一级矿料之间的空隙应由次一级矿料来填充，但填隙的颗粒粒径不得大于间隙的距离，否则大小颗粒之间必定发生干涉现象，使上一级集料不能形成骨架，从而破坏了结构的形成。

贝雷法是由美国伊利诺伊州交通部的 Robert D. Bailey 先生发明的一种确定沥青混合料级配的方法，贝雷法的主要设计思想是：集料相互嵌挤所形成的空隙率大小与集料的粒径、形状有关，为了达到最大的密实度和嵌挤效果，粗集料相互嵌挤所形成的空隙由细集料来填充，这些细集料相互嵌挤而形成次级骨架，同时又形成更小一级的空隙结构，这又需要更细的集料来填充，这样逐级填充，从而形成多级嵌挤结构。经过 Heritage Research Group 近十年的内部使用和普度大学进一步研究、实践和验证，认为采用该方法设计的沥青混合料具有良好的骨架结构，同时可以达到密实的效果，我们直译称之为"贝雷法"沥青混合料级配设计。

Superpave 的一个与众不同之处在于它创造性地提出了"体积设计法"这一全新的概念，从路用性能出发设计矿料级配和混合料结构。近年来，大量的现场实践不断证明道路的使用性能与混合料的体积指标有着密切的联系，体积指标往往可以直接地反映混合料的路用性能，因此，Superpave 提出从控制体积指标出发设计混合料，将沥青混合料的空隙率控制为 4%，这就在很大程度上保证了混合料设计的质量。国内如张肖宁、谭忆秋等学者提出体积法设计沥青混合料。体积法设计水泥稳定级配碎石，从根本上说是和设计沥青混合料的原理一致。

在级配设计过程中，Superpave 虽然没有像我国现行规范那样提出级配范围的概念，但它创造性地提出了控制点和级配限制区的概念，以此来控制级配的类型和各粒径集料的用量，从而控制体积指标。Superpave 认为限制区是位于最大理论密度线且在中间尺寸（4.75mm 或 2.36mm 与 0.3mm 尺寸间）附近的一个区域。限制区是 SHRP 计划在美国的大量实际应用中总结出来的一个对施工不利的级配范围，通常建议级配不要在这个区域内通过。

由此可见，Superpave 设计法与马歇尔设计法相比在成型方式上更贴近实际筑路状况，更能反映路面实际受力状态；在级配选择上更科学，考虑更全面，更具代表性。因此，在目前可以说 Superpave 设计法优于马歇尔设计法。

体积法基本思路是实测主骨架矿料的空隙率，计算其空隙体积。使细集料体积、沥青体积、矿粉体积及沥青混合料最终设计空隙体积之总和等于主骨架空隙体积。也即细集料和沥青所组成的胶浆是作为填充料以填充主骨架的空隙，因此不会发生胶浆干涉。为了避免颗粒的干涉，细集料颗粒不能太大，据此一般间断 2.36～4.75mm 或 1.18～4.75mm 档细集料，以利于粗集料充分嵌挤。体积设计法既强调主骨架的充分嵌挤作用，又充分利用细集料的填充、黏结作用，把嵌挤原则和填充原则有机地结合起来。

体积法对于水泥稳定级配碎石的级配予以特别关注，力图设计出嵌挤良好的级配碎石。在新建道路运营初期，水泥的黏结作用和碎石之间的嵌挤作用共同为基层抗剪切强度作出贡献；随着道路使用时间的增加，各种病害尤其是水损坏如冻胀、冲刷等导致水泥的黏结作用减弱或者失效，此时基层的抗剪切强度主要由碎石的嵌挤作用提供。所以，体积法设计嵌挤优良的级配碎石，可以提高基层抵抗水损坏的能力，为基层的长期稳定提供有利条件。

4.2.2 试验方法

对于水泥稳定级配碎石，《公路工程无机结合料稳定材料试验规范》（JTG E50—2009）中对于无机结合稳定类材料的击实、成型、无侧限抗压强度、劈裂强度和回弹模量等几个性能指标的试验方法做出了规定，《公路沥青路面设计规范》（JTG D50—2006）提出对于骨架密实型水泥稳定材料进行振动成型，但是对于干燥收缩系数、温度收缩系数、抗冲刷性能等长期路用性能指标的试验方法却没有具体规定。国内长期以来对于这些指标的研究的试验方法无法统一，虽然使用的原理大同小异，但是由于不同的方法对试验的结果有着很大的影响，所以无法对不同类型或者不同结构的半刚性材料路用性能的优劣进行横向的比较。

4.2.3 水泥稳定材料级配组成设计流程

材料的力学性能由原材料性质及混合料组成结构所决定，依据莫尔—库伦强度理论，混合料的抗剪强度取决于胶结料起主要作用的黏结力和矿料起主要作用的内摩阻力。在半刚性基层发展到损伤的最后阶段，即完全碎裂成小块时，基层的强度几乎完全由内摩阻力所决定。因此，一方面要求原材料具有较好的颗粒形状，另一方面要求粗集料形成稳定的嵌挤结构。同时，这类半刚性材料将具有良好的抗裂性能。可见通过采用骨架—密实型级配，可实现材料强度与抗裂性能的优化，这样问题的焦点首先集中在碎石级配设计方法与指标上。

最佳级配组成的理论基础是C. A. G. 魏矛斯(Weymouth)提出的粒子干涉理论，认为颗粒间的空隙应由次一级颗粒所填充，其所余空隙又由再次一级颗粒所填充，但填充的颗粒不得大于其间隙的距离，否则大小颗粒之间势必发生干涉现象，这种既有填充又有干涉的干涉理论为级配原则打下了基础。连续级配则是由最佳级配组成的理论提出的一种级配计算方法。组成这种混合料的级配曲线平顺光滑，相邻粒径间有一定的重量比例，这种级配不易离析，容易施工。对连续级配的计算方法早年有 W. B. 富勒(Fuller)根据试验提出了理想级配，认为颗粒间级配曲线越接近抛物线，则密度越大。表达式为：

$$P_X = 100(d/D)^{1/2} \tag{4-1}$$

式中：P_X——某粒径为 d 的集料的通过百分率，%；

D——集料的最大粒径，mm。

后来 A. N. 泰波(Taibol)把富勒公式改为如下通式：

$$P_X = 100(d/D)^n \tag{4-2}$$

当 $n=0.5$ 时式(4-2)即富勒曲线。根据泰波的理论分析和试验认为 $n=0.3\sim0.5$，都具有较好的密实度，一般采用 $n=0.45$ 为最大密实度曲线，在选择细集料时，也可采用 $n=0.45$ 计算的级配为最佳填料。

而骨架—密实型结构混合料的组成必须保证两个条件：一是主骨架能够充分嵌挤，保证良好的内摩阻力；二是细集料充分填充主骨架的空隙，保证混合料的密实。这样，可以依据体积设计法，将嵌挤原则和填充原则有机地结合起来，确定水泥稳定级配碎石的合理组成。首先实测主骨架矿料的空隙率，计算其空隙体积，按细集料、水的体积及混合料设计空隙体积总和等于主骨架空隙体积进行设计，使得细集料作为填充料填充主骨架的空隙，防止干涉的发生。

基于上述考虑，本文提出水泥稳定级配碎石混合料的设计方法，并以细集料、细集料中的空隙和水填充主骨架空隙为主导原则，设计流程如图 4-1，具体步骤与注意事项如下：

(1)测定石料的表观密度。包括粗集料、细集料表观密度。石料的表观密度在设计方法中是一个很重要的设计参数，自始至终都在影响嵌挤骨架—密实混合料的设计结果，所以应根据规范严格测定。本文表观密度的测定方法是按照《公路工程集料试验规程》(JTG E42—2005)操作。

(2)主骨架的设计。主骨架的级配组成一般是按照泰波公式或按经验确定。本文主骨架主要选择四种，三种多级填充骨架、一种单级填充骨架。

(3)细集料的设计。细集料的设计一般按照泰波公式设计，一般来说细集料的最大粒径参考主骨架的最大粒径选择，以达到最好的填充效果而不发生干涉。本文细集料的选择是按照泰波公式设计，细集料的成型工艺通过工艺的对比，选择上置式振动器，振动参数选择为：30Hz、6kN、10 片，按泰波公式设计的细集料为 $n=0.6$，$d_{max}=4.75$mm。

(4)测定主骨架的装填密度。本文的装填密度测定包括松装密度，紧装密度和上置式振动器振动成型而得到的密度，测定三种工艺的装填密度是为了观察不同工艺对填充系数 K 值的影响。松装密度的测定是在与振动器配套的试筒(直径 15.2cm，高度 17.8cm)里自然堆积时测定的密度，紧装密度是由上置式振动器振动振实测得，参数组合为激振频率 30Hz，离心力 6kN，振幅为 0.89mm，振动时间为 3min。上置式振动器的操作参照《公路土工试验规程》(JTG E40—2007)。

(5)计算主骨架的空隙率 V_c。

$$V_c = 1 - \rho/\rho_{tc} \tag{4-3}$$

式中：V_c——主骨架空隙率；

ρ——主骨架干密度，包括松装、紧装和振动成型工艺下的干密度；

ρ_{tc}——主骨架的表观密度。

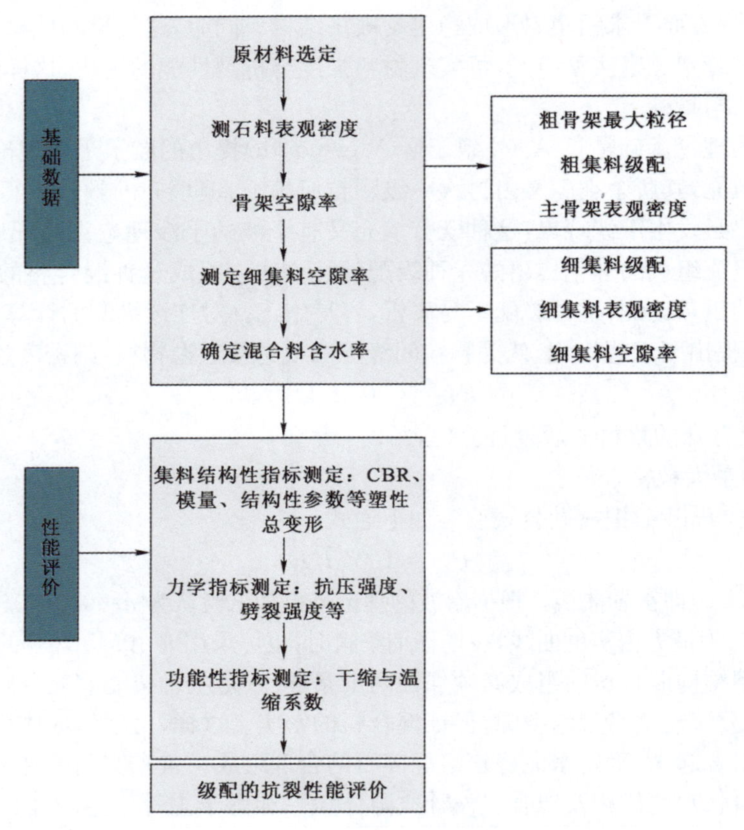

图 4-1　水泥稳定级配碎石混合料设计框图

(6)计算细集料的空隙率。计算方法同上式，区别在于细集料成型只采用振动工艺。

(7)最佳含水率的确定。通过室内试验分别确定主骨架和细集料的最佳含水率。

(8)根据以上确定的已知量，利用式(4-4)联立求解可以求出粗集料的用量 q_c 和细集料的 q_x。

$$\begin{cases} q_x + q_c = 100 \\ \dfrac{q_x}{(1-V_x)\rho_x} = K\dfrac{q_c[V_c - w(1-V_c)\rho_c]}{(1-V_c)\rho_c} \end{cases} \tag{4-4}$$

式中：q_x——细集料重量百分数；

q_c——粗集料重量百分数；

V_x——细集料空隙率；

V_c——粗集料空隙率；

ρ_x——细集料表观密度；

ρ_c——粗集料表观密度；

K——填充系数；

w——粗集料最佳含水率。

(9)根据以上步骤中得到的粗集料和细集料的重量百分比，以及主骨架和细集料的组成计算水泥稳定级配碎石混合料的级配。

(10)混合料含水率的确定。由主骨架和细集料的最佳含水率以及粗集料和细集料的重量百分比可以计算混合料的含水率。

(11)力学性能测定。①集料的 CBR、回弹模量、塑性变形、结构嵌挤性等指标;②确定 7d 无侧限抗压强度和劈裂强度力学指标。

(12)测定在不同水泥剂量下的温缩和干缩指标,评价其抗收缩性能。

4.2.4 标准振动压实参数的选取

碎石级配能否形成真正的骨架—密实结构,其材料设计是本质,而成型方法却是关键因素。试验研究表明,集料的粗细程度对成型工艺具有选择性,为反映现代机械装备与工艺水平,对三种碎石级配的最佳振动成型工艺进行了试验分析,其各自最佳室内成型工艺参数见表 4-1。

最佳振动工艺参数　　表 4-1

级配类型	频率(Hz)	激振力(kN)	振幅(mm)	激振强度(100J/s)	时间(s)
粗级配	45	7	0.46	3.07	180
中级配	30	6	0.89	3.52	180
细级配	30	7	0.96	4.32	210

现场施工组织中,往往难以根据碎石级配类别反复变换压实参数,因此需要对上述参数组合予以简化,从而便于实际应用。

在表 4-1 中,碎石粗级配的最佳激振强度为 3.07(100J/s),小于一般要求的 3.5(100J/s),这主要是由于其最大粒径很大(37.5mm),粗集料含量占 70%,其固有频率高,在局部时间段振动压实过程中会形成共振,从而获得最佳的压实效果。然而在压实过程中,被压材料的固有频率处于不断变化状态,共振状态持续时间非常短,机械参数难以跟踪。因此,为保证平均压实效果,其激振强度必须大于 3.5(100J/s)。

当前半刚性基层的功能性指标日益受到重视,所用碎石向骨架—密实级配方向发展,4.75mm 的通过率在 28%~30%,因此应采用表 4-1 的中级配最佳参数组合。其频率为 30Hz,这与基层施工中的振动压路机频率相一致,可保证室内外成型方法的统一;激振强度大于 3.5(100J/s)的阈值,也可以保证有效的压实。

4.2.5 振动成型与重型击实法对比

为进一步明确成型方法对碎石级配力学性能的影响,选择上述 3 种类型碎石级配,与现行规范标准重型击实法进行对比。

图 4-2 中同一压实方法下不同级配干密度的变化,表征了级配类型的差异。击实法下干密度最大值与最小值之差为 0.05g/cm³,而振动法下的这一差值为 0.15g/cm³,充分体现了振动成型对级配特性的反映更为明显。而对于击实法来说,由于成型的特点,使 3 种级配的特性趋于平均化,其中骨架—空隙型混合料密度的提高是以击碎石料为代价的,显然已改变了设计目标。

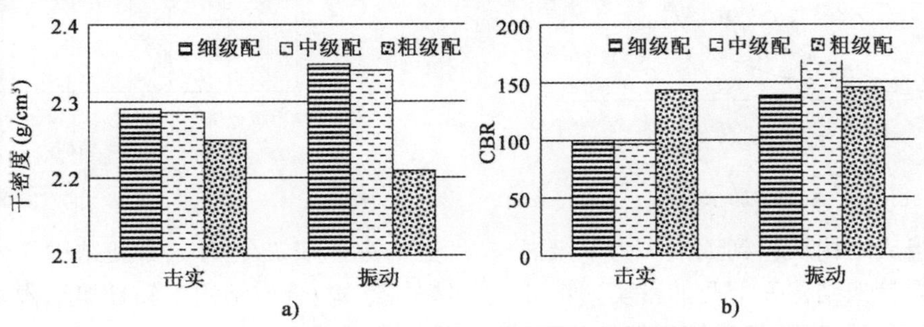

图 4-2　振动成型法与击实成型压实效果与 CBR 的对比图

a)不同成型工艺干密度对比;b)不同成型工艺 CBR 对比

图 4-2 中细级配与中级配，振动成型的干密度大，较击实法提高 2%；同时 CBR 值明显提高 40%～80%；而粗级配，振动成型的干密度虽然略小，但 CBR 值没有明显降低。显然，从体积组成特征与力学性能两方面而言，振动成型具有较好的压实效果。

从对压实度取值的影响来看，若以击实法为标准的是 100%，以振动为标准的就是 98%。根据相应技术规范规定，碎石作为基层和中间层，其压实度要求为重型击实下的 98%和 100%；而若以振动为标准，压实度则变为 96%和 98%，这实际上更符合施工默认的目标值。

基于上述分析，采用振动成型法作为碎石级配设计的标准方法。

4.3　碎石级配体积设计法的技术指标

骨架—密实型碎石级配的组成设计，首先在于通过体积设计法，确定适宜的骨架结构与细集料的填充系数，提出具有骨架—密实特征的级配组成范围，进而再对混合料的力学特性与收缩特性进行深入的研究。

研究人员设计了系统的试验研究，比选各类典型骨架结构与细集料组成对混合料空间分布特征的影响。为使细集料不至于过少，填充料的 n 值采用 0.6。为研究级配组成对混合料物理力学特性的影响，试验研究集中在以下两方面：①骨架—密实级配中不同骨架类型的比较；②相同骨架不同密实程度（即不同填充系数）的比较。据此设计了 4 种骨架级配进行深入的比较，其主骨架的级配组成见表 4-2。

主骨架的级配组成　　表 4-2

通过下列筛孔的质量百分率(%)				
筛孔(mm)	(单)	(1)	(4)	(6)
19	100	100	100	100
16	33	53	85	85
13.2	16	30	62	70
9.5	6	15	15	47
4.75	0	0	0	0

注：编号括号表示主骨架，括号内的数字或汉字表示级配类型。

4.3.1　典型骨架空间分布特征

骨架的选取应考虑以下三点，一是级配特征，即选取的级配能覆盖较宽的范围；二是体积指标，应在最佳体积指标的上下；三是强度指标，即 CBR 大于 120%。综合以上因素，选取的主骨架级配曲线见图 4-3，图 4-4 反映了骨架组成结构与空隙率之间的关系。

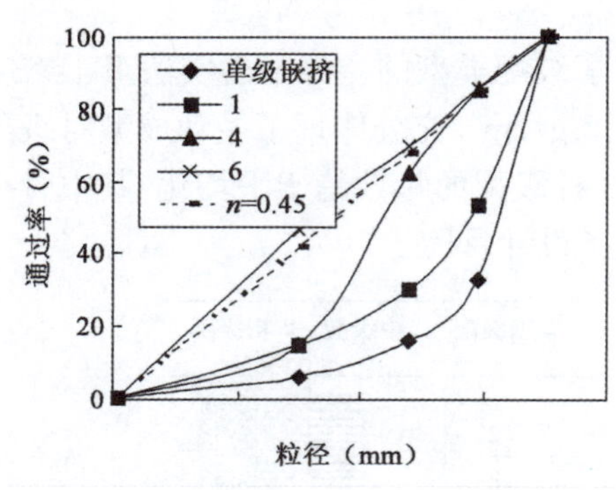

图 4-3　主骨架级配曲线

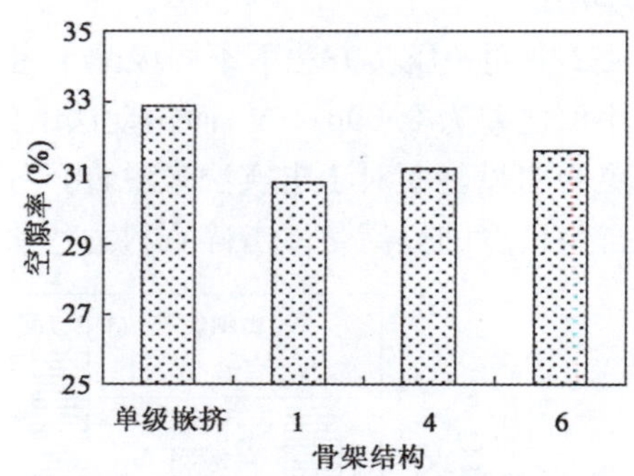

图 4-4　主骨架结构的对应空隙

主骨架的组成结构从粗到细依次为单级嵌挤、骨架结构 1、骨架结构 4、骨架结构 6，在图 4-3 的级配曲线上的反映为骨架结构 6 上凸的密实型特征，单级嵌挤结构、骨架结构 1 和骨架结构 4 下凹的骨架型特征。骨架型的三种级配，组成结构越粗，下凹的位置越靠近最大粒径。单级嵌挤结构空隙率最大，而其余结构随级配逐渐变细。

为分析组成结构对空隙率变化规律影响，将主骨架级配曲线分成三段。第一段为 4.75～9.5mm，第二段为 9.5～16mm，第三段为 16～19mm。根据填充理论可知：第一段可填充由第三段形成的空隙而不发生干涉；第一段填充由第二段形成的空隙或第二段填充由第三段形成的空隙，均同时产生填充与干涉。

下面进一步由空隙率的变化规律(图 4-4)，分析骨架结构的组成特征：

(1)单级嵌挤结构。第三段含量最多，而第一段含量非常少，第二段含量也较少。因此，第一段只能够填充很少一部分由第三段所形成的空隙；第二段的一部分料填充由第三段所形成的空隙，而另一部分对第三段造成干涉。这样，大量剩余空隙和少量干涉形成的空隙，使得单级嵌挤结构具有最大的空隙率。

(2)骨架结构 1。同单级嵌挤结构相比，其第一段的含量多、第三段少，第二段的含量较多。这样，第一段可较多地填充由第三段所形成的空隙，第二段对第三段的干涉显著减少，剩余空隙明显降低。

(3)骨架结构 4。第一段与结构 1 相同，第三段大量减少，第二段占主要比例。此时，第三段形成的空隙全部被第一段填充，但含量最多的第二段，其形成的空隙没有材料完全填充，或者被少量第一段填充、干涉，这是形成空隙的主要来源。

(4)骨架结构 6。级配曲线在最大密实度曲线之上。粗集料主要集中在第一段和第二段，第三段很少。少量的第一段填充由第三段所形成的空隙，剩余的第一段对第二段形成少量填充和大量干涉，第一段单一粒径石料聚集形成较大空隙。

4.3.2 细集料对混合料空间分布特征影响

对细集料的组成结构，依然采用 n 值进行判别，由级配曲线(图 4-5)形状呈现上凸或者下凹，可确认 $n=0.4$ 时属密实型结构，为其他值时属于骨架型结构。

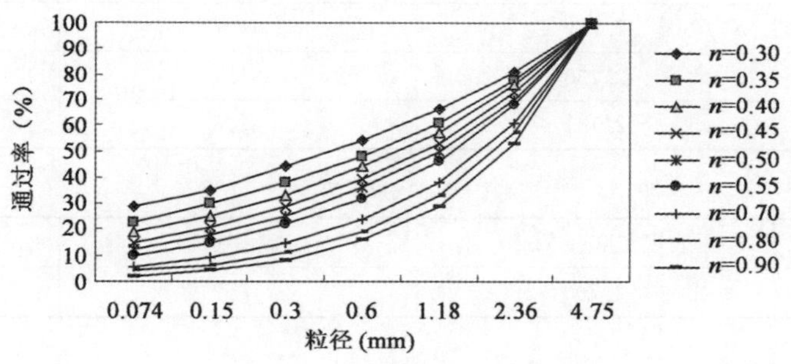

图 4-5 不同 n 值细集料的级配曲线

对于同一种组成的细集料，工艺参数成为影响结构空隙率的重要因素。选取三种工艺参数组合，分别为工艺 1(30Hz，0.848mm，6kN)、工艺 2(45Hz，0.536mm，6kN)和工艺 3(45Hz，0.417mm，6kN)。由图 4-6 可以看出空隙率的变化规律为，工艺 1<工艺 2<工艺 3，这说明低频率高振幅的工艺对于成型细集料结构最为有效，可以使之具有最大的密实度。

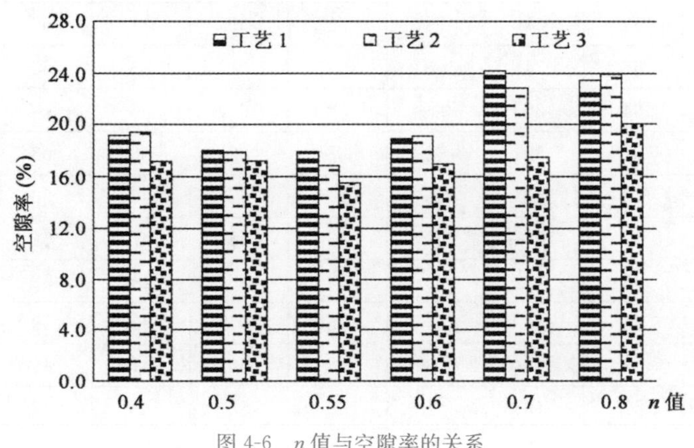

图 4-6 n 值与空隙率的关系

三种工艺下，不同 n 值对空隙率的影响具有较为一致的规律，即在 $n=0.55$ 时出现较小的空隙率。

进一步由空隙率变化规律，为分析细集料的结构特征，将级配曲线分成三段，第一段 0.075～0.3mm，第二段 0.3～1.18mm，第三段 1.18～4.75mm。同样，根据填充理论三段之间形成干涉、填充的规律与骨架结构相同。具体为，$n=0.6$、$n=0.7$ 和 $n=0.8$ 时第三段形成的空隙未能被第一段完全填充，剩余空隙较多，被第二段填充的同时造成了干涉。这样，级配越粗，干涉愈加严重，则剩余空隙越大；$n=0.55$ 时第三段形成的空隙恰好或较多地被第一段填充，第二段几乎没有对第三段造成干涉，空隙率最小；$n=0.4$ 和 $n=0.5$，第一段的一部分完全填充第三段形成的空隙，其余部分对第二段造成干涉，级配越细，剩余的料越多，较多的单一粒径和干涉使空隙率增大。

4.3.3 填充系数对混合料空间分布特征影响

通过上述对骨架与细集料结构特征的分析可知，碎石级配空间分布与骨架空隙的填充状态密切相关，因采用填充系数作为碎石级配体积设计法的关键指标。填充系数指细集料及其空隙在骨架空隙中所占的比例。

针对前述的 4 种骨架结构，细集料 n 值取 0.6，测定最佳含水率、表观密度以及在工艺 1 下的物理指标，试验结果见表 4-3 与表 4-4。根据式(4-2)可确定每种填充系数下的粗、细集料的含量，见表 4-5，级配曲线见图 4-7。

粗集料试验结果　　表 4-3

级配类型	表观密度(g/cm³)	空隙率(%)	最佳含水率(%)
单	2.729	32.9	1.5
1	2.729	30.7	1.5
4	2.730	31.1	1.5
6	2.731	31.6	1.5

细集料试验结果　　表 4-4

试验指标	表观密度(g/cm³)	空隙率(%)	最佳含水率(%)
细集料 $n=0.6$	2.700	16.2	8

不同 K 值时粗细集料百分含量(%)　　表 4-5

K	单级嵌挤		1		4		6		$n=0.45$		$n=0.55$	
	CA	FA	CA	FA	CA	FA	CA	FA	CA	FA	CA	FA
0.5	75	25	78	22	78	22	78	22	75	25	76	24
0.6	72	28	74	26	75	25	75	25	72	28	72	28
0.7	68	32	71	29	72	28	72	28	69	31	69	31
0.8	65	35	69	31	69	31	69	31	66	34	66	34
0.9	63	37	66	34	66	34	67	33	63	37	64	36
1.0	60	40	64	36	64	36	64	36	60	40	61	39
1.1	58	42	61	39	62	38	62	38	58	42	59	41
1.2	56	44	59	41	59	41	60	40	56	44	57	43
1.3	54	46	57	43	57	43	58	42	54	46	55	45
1.4	52	48	56	44	56	44	56	44	52	48	53	47
1.5	50	50	54	46	54	46	55	45	50	50	51	49
1.6	49	51	52	48	52	48	53	47	49	51	49	51
1.7	47	53	51	49	51	49	52	48	47	53	48	52
1.8	46	54	49	51	49	51	50	50	46	54	47	53

续上表

K	单级嵌挤		1		4		6		n=0.45		n=0.55	
	CA	FA	CA	FA	CA	FA	CA	FA	CA	FA	CA	FA
1.9	44	56	48	52	48	52	49	51	45	55	45	55
2.0	43	57	47	53	47	53	48	52	43	57	44	56
2.1	42	58	45	55	46	54	46	54	42	58	43	57
2.2	41	59	44	56	44	56	45	55	41	59	42	58
2.3	40	60	43	57	43	57	44	56	40	60	41	59
2.4	39	61	42	58	42	58	43	57	39	61	39	61
2.5	38	62	41	59	41	59	42	58	38	62	39	61

注:表中CA、FA分别代表粗集料和细集料。

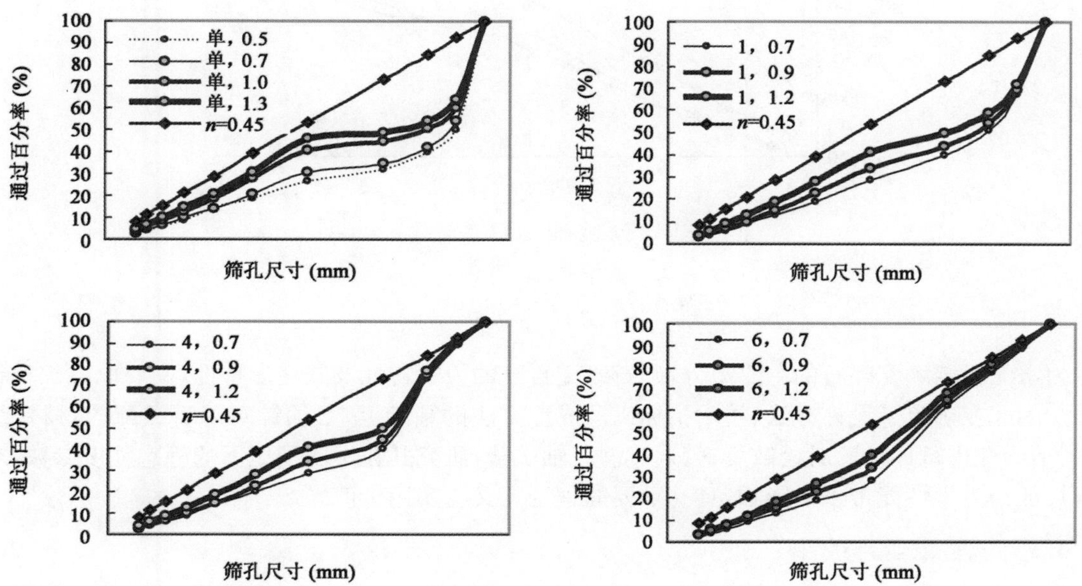

图4-7 不同填充系数下各类结构级配曲线

采用最佳振动成型参数组合,实测不同填充系数下碎石级配的密度,计算出空隙率(图4-8)。

混合料空隙率的变化具有如下特征:

(1)主骨架结构相同,填充系数增大,其空隙率逐渐降低。

(2)相同填充系数,主骨架结构由粗到细,空隙率逐渐增加。

下面从主骨架、细集料和混合料三个方面分析组成结构对空隙率变化的影响规律。按填充系数由细集料、细集料中的空隙和水填充主骨架的空隙形成的混合料,从组合结构本身分析空隙率的变化规律如下:

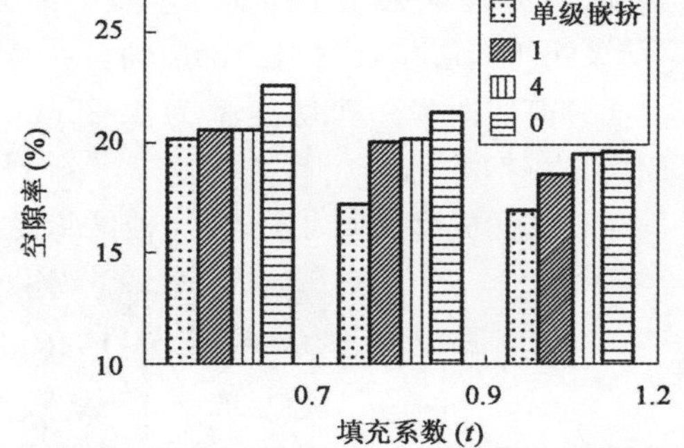

图4-8 填充系数与空隙率的关系

(1)按不同的填充系数所形成的四种混合料级配曲线具有以下特征:曲线在某一点下凹,但是组成结构不同,下凹的位置不同,随着结构变粗,下凹点逐渐向最大粒径靠近,如图4-7所示。四种主骨架由粗到细,下凹点分别在16mm、13.2mm、9.5mm和4.75mm处。当填充系数变化时,四种主骨架结构在4.75～9.5mm之间的含量无变化,因此以4.75mm和9.5mm为界限将级配曲线分为三段,0.075～4.75mm为第一段,4.75～9.5mm为第二段,9.5～

19mm 为第三段。碎石级配结构的形成，主要是第一段对第二段和第三段形成空隙的填充。显然，第一段含量增加而第三段含量减少，填充系数增大，第一段对第二段和第三段形成空隙填充的程度提高，即空隙率降低。

(2)主骨架不同而填充系数相同时，如填充系数为 1.0，将级配曲线(图 4-9)分成三段，0.075～4.75mm为第一段，4.75～13.2mm 为第二段，13.2～19mm 为第三段。碎石级配结构的形成，主要是第一段对第三段形成空隙的填充，由主骨架 1、4 和 6 形成的混合料，4.75mm 以下含量及排列相同，随着结构变粗，剩余细料减少，空隙率随之降低。

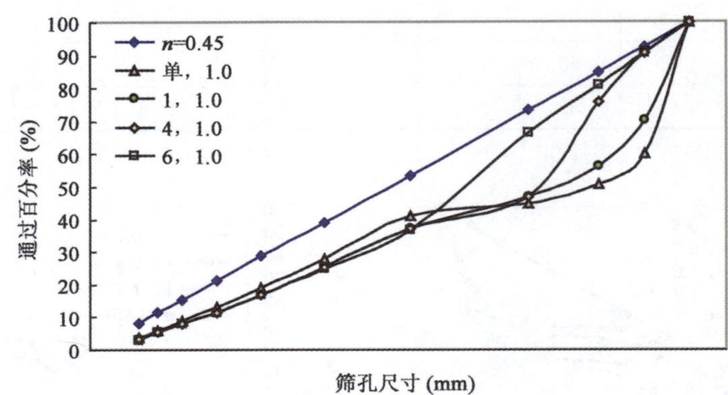

图 4-9　不同骨架类型在相同填充系数下各类级配曲线

4.4　静三轴试验评价碎石级配的结构性

作为水泥稳定级配碎石的主要组分，碎石级配自身的力学特性及其变形特性，主要取决于材料的结构特征。因此在确定了设计方法、技术指标以及成型方法的基础上，必须针对碎石级配的材料、组成特征，对其结构性进行评价。对松散集料，通过静三轴试验，研究其在不同围压下的静态强度参数，对于分析结构特征给力学性能带来的影响，具有重要的理论意义与实用价值。

4.4.1　试验设备与条件

采用 TSZ 全自动三轴仪，其主要技术指标如下：轴向压力：0～60kN；围压反压：0～2MPa；空隙压力：0～2MPa；体积变化：0～50mL；剪切速率：0.001～2.4mm/min。

(1)应力水平。确定碎石级配的强度参数和变形参数，通常需要 3 个试样，分别施加大小不同的 σ_3，其中最大 σ_3 应略大于土体实际承受的最大有效应力；最小的 σ_3 应不小于土体静压力。根据水泥稳定碎石级配所在层位及材料内部应力分布特征，分别选取 50kPa、100kPa 和 150kPa 围压。

(2)剪切速率。剪切速率为 1.25mm/min，与《公路土工试验规程》(JTG E40—2007)中规定的 CBR 加载速率一致。

(3)试样成型。图 4-10 为三轴试验设备和试验前后的试件。在试验过程中，采用击实法成型，为防

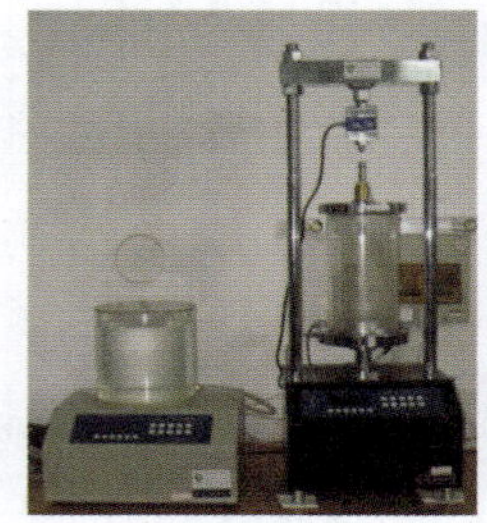
a)

b)

c)

图 4-10　试验用全自动三轴仪与试件三轴试验前后对比

a) 全自动三轴仪；b) 试验前试件；c) 试验后试件

止成型过程中试样受到扰动，采用相应尺寸圆形对开铝合金试模，内套一层较厚的乳胶膜，加水闷料18h，分四层击实，完毕后卸除对开模，装入压力室后再在其外面套上另一层乳胶膜，用橡胶条将试样上下两端用力扎紧在底座和顶面压力块上，严防漏水和漏气。

(4)试验方法。为考察含水率对碎石级配抗剪强度的影响，采用不固结不排水的方式。

4.4.2 试验材料与级配

为体现碎石级配结构特征对其力学性能的影响，设计三种级配，即通过体积法设计骨架—密实级配；通过优选，确定 $n=0.6$，采用泰勒公式设计骨架—空隙级配；典型的密实—悬浮级配。试料级配曲线见图 4-11。

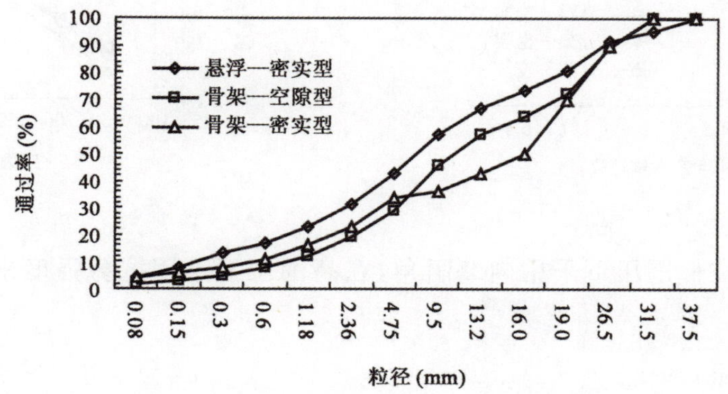

图 4-11 三轴试验采用的三种类型级配的级配曲线

4.4.3 试验结果分析

图 4-12 为三种结构类型碎石级配的抗剪强度参数随含水率的变化规律，可见三种结构的黏结力 c 均在最佳含水率附近出现峰值。这主要是由于，当含水率小时，细集料基本没有黏结性，所以此时 c 值最低；含水率大时，呈液态的细集料也丧失了黏结性。三种结构的内摩阻角随着含水率的增加呈下降的趋势，其原因在于水与细集料形成的浆体对粗集料间的接触具有润滑作用。

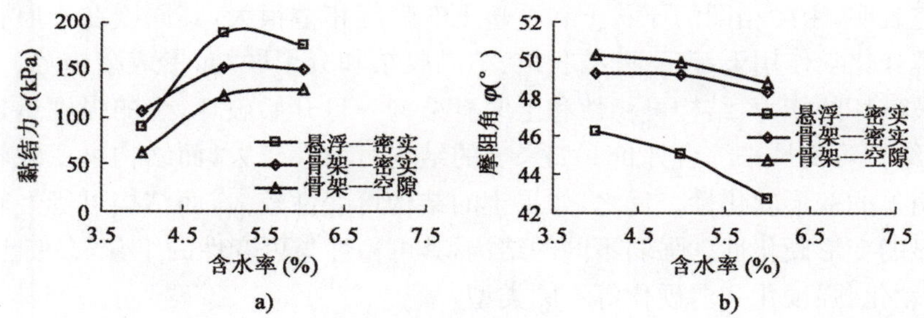

图 4-12 含水率与抗剪参数关系曲线

a)含水率与 c 关系曲线；b)含水率与内摩阻角关系曲线

三种结构间力学参数差异显著，黏结力 c 的变化趋势是悬浮—密实＞骨架—密实＞骨架—空隙，细集料越多，其黏结力越大。骨架型的级配内摩阻角对含水率的变化并不敏感，骨架—密实型与骨架空隙型相近，悬浮—密实型则与之差别明显，平均摩阻角相差 6°。

图 4-13 是在围压为 50kPa 时计算的抗剪强度，在最佳含水率下出现峰值。主要原因在于，当小于最佳含水率时，颗粒之间水的润滑作用较小而具有较大的摩阻力，外力作用下较难以达到相互嵌挤、密实，因而抗剪强度不高；而当大于最佳含水率时，多余的自由水会在颗粒表面形成水膜，颗粒之间的摩阻力减小，导致整体抗剪强度不高。就级配类型而言，由于计算剪应力的围压取值较低，因而抗剪强度中 c 的比例较高，因而，抗剪强度悬浮—密实型级配最高；当围压大于 200kPa 时，φ 的影响才具有优势，此时骨架—密实级配的抗剪强度显著高于悬浮—密实级配。

静三轴试验的结果如何用于评价集料的结构性，值得探讨，黏结力 c 随着细集料的增加而增大，骨架—密实级配没有特征点，无法确定细集料的填充程度；内摩阻角随骨架嵌挤程度增加而增加，同时受填充程度的影响，在骨架—密实状态下出现峰值，具有评价骨架—密实级配的可行性。由 c 和 φ 复合而成的抗剪强度受围压取值的影响(图 4-14)，只有当围压超过 250kPa 时，才能体现出骨架—密实级配的优越性，其评价结果具有可变性，需确定基准围压。

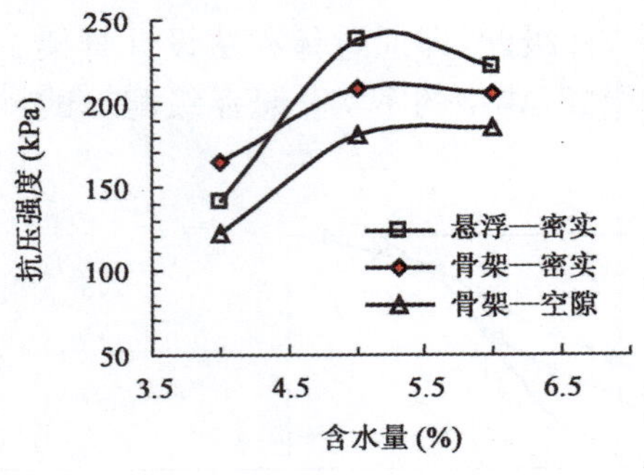

图 4-13　含水率对抗剪强度的影响

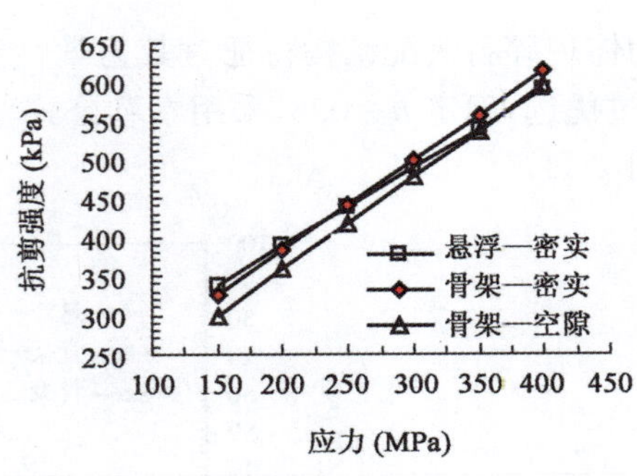

图 4-14　抗剪强度与围压关系影响

因此静三轴试验在低围压下采用内摩阻角，在高围压下采用抗剪强度来评价其结构性，较为适宜。

4.5　动载试验评价碎石级配的结构性

土体结构性被喻为 21 世纪土力学的核心问题。齐吉琳把土的结构性定义为土中颗粒或颗粒集合以及它们之间的空隙的大小、形状、排列组合及联结等综合特性。因此土的结构性除了包含骨架和空隙的几何特征(土颗粒、空隙的大小、多少、形状和分布等)外，还包括颗粒之间的联结特性，即土的结构性应该包括颗粒的排列特征(几何特征或构造)和联结特征(力学特征或黏聚性)。对于碎石级配来讲其颗粒的排列特征即构造尤为突出，表现出强烈的各向异性，细集料的性质和含量的不同使其联结特征有所消长。

土力学的研究表明，密度相同的原状土和重塑土的强度相差很大，其原因在于原状土经长期沉积，在应力、陈化、物理和化学作用下，产生胶结联结、结晶胶结和凝聚联结，形成结构势。土的结构势是保持土原有结构不被破坏的能力，结构可稳性和土原有结构一旦开始破坏，土的强度迅速降低，并产生大量突然变形，通过结构可变性来综合评价。如果土的结构可稳性较大，而结构可变性较小，则土在受荷过程中表现出较明显的变形软化性。反之，如果土的结构可变性较大，而结构可稳性较小，则土在受荷过程中表现为明显的变形硬化性。强弱不同的结构，其可稳性与可变性的组合，会使土的应力—应变关系出现强软化、弱软化、强硬化和弱硬化等不同类型。

研究土的结构性的最好方法是使土产生结构性破坏，让它的结构势充分释放出来，使土的结构性发生变化和破坏的根本途径是扰动、加荷和浸水。扰动使土释放出结构的联结特征，加荷使土释放出结构的排列特征，浸水可使土结构的联结特征和排列特征得以释放。

太沙基(Terzaghi)建议，对于黏性土用灵敏度 S_t 表示两者的差别，S_t 定义为原状土的无侧限抗压强度与重塑土的无侧限抗压强度比：

$$S_t = \frac{q_u}{q_{ur}} \tag{4-5}$$

式中：q_u——原状土的无侧限抗压强度；

q_{ur}——重塑土的无侧限抗压强度。

灵敏度的大小表明原状土被扰动后强度的降低程度，灵敏度愈大，扰动后强度的降低愈大，对黏土结构性有一定程度的反映。

对黏性土，胡再强等以压缩试验为基础定义了土结构性参数，通过原状土试样、原状土的饱和试样和扰动重塑土试样(湿密状态不变)进行压缩试验。假设某一压力 P 下原状土的压缩应变为 S_0，饱和原状土的压缩应变为 S_s，扰动重塑土的压缩应变为 S_r，定义 m_1 为结构可变性参数，m_2 为结构可稳性参数：

$$m_1=\frac{S_s}{S_0}\qquad m_2=\frac{S_0}{S_r} \tag{4-6}$$

则 m_1 愈大，即表示结构可变性愈强；m_2 愈小，即表示结构可稳性愈强。为提高结构性参数的敏感性，并从结构可稳性和结构可变性两方面来反映土的结构势，使 m_1 和 m_2 结合起来，定义土的结构性参数为 m_p：

$$m_p=\frac{m_1}{m_2}=\frac{S_s/S_0}{S_0/S_r}=\frac{S_rS_0}{S_0^2} \tag{4-7}$$

式(4-7)中的 m_p 称为综合结构势，随作用压力 P 的变化而变化，反映初始结构性与次生结构性耦合变化过程中损伤和愈合的动态变化。从上式的定义可以看出来，土的联结越强，扰动重塑引起强度的损失越大，在力作用下发生的变形也越大，即 m_2 越小。土的排列越不稳定，浸水后在力的作用下结构破坏越大，发生的变形也越大，即 m_1 越大；用一个越小的值 m_2 去除一个越大的值 m_1 来表示土的结构性参数 m_p 将具有更大的敏感性。因此，结构性的强弱与 m_p 的大小具有灵敏的联系。此方法称为三线法。

对于无黏性土，陈存礼等采用饱和的原状土、扰动土在静三轴试验中产生同一轴向应变 ε_1 对应的主应力差之比表征结构性的强弱，结构性的定量化参数 m_σ 为：

$$m_\sigma=(\sigma_1-\sigma_3)_y/(\sigma_1-\sigma_3)_r \tag{4-8}$$

式中：$(\sigma_1-\sigma_3)_y$——原状土的主应力差；

$(\sigma_1-\sigma_3)_r$——扰动土的主应力差。

土的联结性愈强，扰动重塑后强度损失愈大，即 m_σ 愈大，当 $m_\sigma \leqslant 1$ 时，无胶结；当 $m \geqslant 1$ 时有胶结，m_σ 愈大，土结构性愈大。

土在动力作用下的结构性评价方法目前正在处于研究阶段。根据散粒体的使用特性，笔者认为碎石级配动载下的结构性包括两部分，一部分为不同状态碎石级配试样强度的变化(回弹模量)，称为强度结构性，表征散粒体材料的结构可稳性，是碎石级配骨架排列稳定性的反映；另一部分表示不同状态下试样的永久变形，称为变形结构性，表征散粒体材料的结构可变性，是细集料胶结稳定性的反映；两者结合起来才能真实反映散粒体在动载作用下的结构性。

4.5.1 结构可稳性

根据土结构可稳性的定义可知，它表征土被破坏的难易程度，主要是颗粒之间联结强度的反映，因此可采用饱水为条件使碎石级配细集料中的化学物质弱化、溶解，颗粒联结丧失，并借助动载，把内在微观的变化得以宏观表现为力学效果的改变。对于碎石级配而言，不存在原状试样和扰动试样的概念，把饱水(浸水)作为扰动的条件，把动载条件下的强度结构性参数定义为饱和试样与非饱和试样在同应力同振动次数 N 下的回弹模量比。表征碎石级配的结构可稳性，可表示为：

$$m_e=E_w/E_y \tag{4-9}$$

式中：E_y——正常状态下碎石级配回弹模量；

E_w——饱水状态下碎石级配回弹模量。

当强度结构系数 $m_e<1$，说明碎石级配饱水以后，强度下降，m_e 愈小，骨架的稳定性对水愈敏感，结构可稳性愈差，结构性大；当 $m_e=1$，碎石级配的强度不受水的影响，无胶结性，即无强度结构性；当 $m_e>1$，说明碎石级配具有水硬性(负向可稳性)，m_e 愈大，负向可稳性越大。

图 4-15 为碎石级配强度结构性参数与振动次数的关系，在荷载作用的初期($N<1\ 200$ 时)强度结构参数 $m_e<1$，说明结构性较强，水破坏了颗粒界面之间的凝聚黏结，此规律与常规观念相同；加载的中后期($N>1\ 200$ 时)，强度结构参数 m_e 具有上升趋势，即饱水后的回弹模量大于饱水前的回弹模量，出

现了"水硬性"。其原因有以下两方面:一是试验条件的影响。在饱和排水的动三轴试验过程中,认为排水条件已消除孔隙水压力对骨架受力的影响,但实际上动载作用时间很短,孔隙压力无法及时消散,特别是在塑性变形较大时,致使水承受了一部分动载的作用,碎石级配的回弹模量略有增加。若能测定排水条件下的孔隙水压力,进行有效应力的计算,则规律性会更加明显与合理,但其并不影响对强度结构参数的定义和使用。二是结构耦合作用。任何土都具有自己的初始结构性,在加荷或浸水过程中,都会发生初始结构的破坏和次生结构的生成耦合变化,因此,强度结构性参数是在波动的。从图4-15中可以看出碎石级配饱水后模量的最大衰减量在20%左右,与其他类型的土相比,具有较好的结构可稳性。

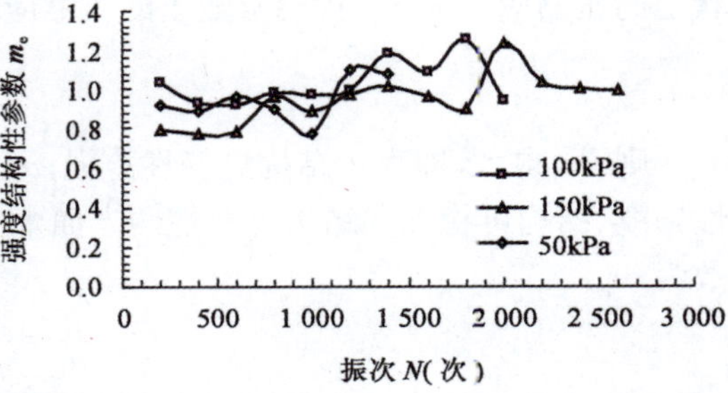

图 4-15　碎石级配的模量稳定系数与加载次数 N 的关系

4.5.2　结构可变性

土的结构可变性是对土原有结构一旦破坏,产生变形大小的评价,是土在外在扰动条件下(饱水、动静荷载),颗粒发生就位、扭转和重新排列程度大小的表征;为此把变形结构性参数定义为饱和试样与非饱和试样在同应力同振动次数 N 下的塑性应变比,以此表征碎石级配结构可变性:

$$m_\varepsilon = \varepsilon_{pw}/\varepsilon_{py} \tag{4-10}$$

式中:ε_{pw}——饱水状态下碎石级配塑性应变;

ε_{py}——正常状态下碎石级配塑性应变。

当变形结构系数 $m_\varepsilon<1$,说明碎石级配饱水以后,变形减小,具有"水缩性",结构可变性小;当 $m_\varepsilon=1$,碎石级配的变形不受水的影响,颗粒的排列组合不变;当 $m_\varepsilon>1$,说明碎石级配具有"水胀性",m_ε 愈大,碎石级配的可变性愈强,结构性愈大。

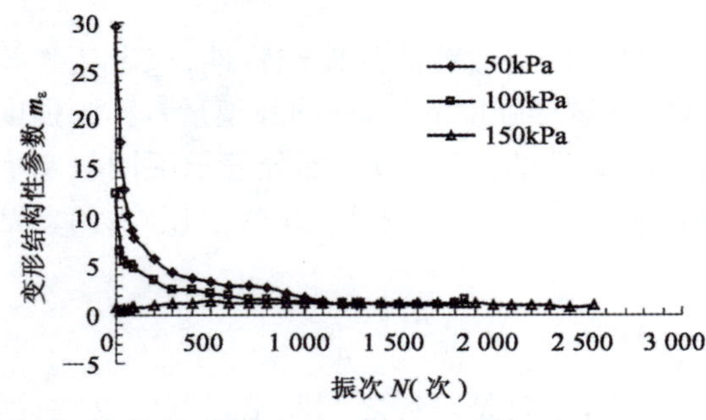

图 4-16　碎石级配的变形稳定系数与加载次数 N 的关系

图 4-16 为变形稳定性与振动次数的关系,从图中可以看出,不论变形稳定性的强弱,在加荷的初期就发生了较大的变形;当振动次数增加时,变形稳定系数明显下降,且减小速率由大变小,逐渐趋于稳定,这说明饱水后的试样在动荷载的作用下变形由不稳定趋于稳定。在加载的初期,变形稳定性曲线随着围压的增大由上往下依次排开,分布的范围较宽,随着振动次数的增加,破坏程度的加大,不同围压下变形稳定曲线分布在一个较窄的空间。当 $N\geqslant 1\,000$ 次时,碎石级配的初始结构接近完全破坏,次生结构生成,变形稳定曲线重合,即不同围压下的碎石级配具有相同的残余变形稳定性,最终的变形稳定水平与初始的变形稳定水平无关。

由于三种围压下所采用的试验物理状态几乎相同,其结构可变性应相同,因此围压对碎石级配结构可变性的表现有很大影响,在低围压下,变形结构性参数主要反映碎石级配的结构性。当围压增加时,结构性参数的敏感性下降,此时变形结构性参数反映的是试样的结构性和围压 σ_3 的附加结构性;当围压 σ_3 进一步增加(如 $\sigma_3=150$kPa),试样的结构性将被钝化,此时结构结构性参数只是 σ_3 的一个表征。因此在测量碎石级配的结构性参数时应采用较低的围压。

4.5.3　综合结构性

以上对碎石级配结构可稳性和结构可变性的分析是碎石级配结构性的两个方面,作为结构性指标应当把两者结合起来,即能反映颗粒间的联结特性又能反映颗粒间排列特性对结构的贡献。结构强度大的土除了具有较好的颗粒胶结外,还可能具有较好的颗粒排列稳定性,而后者不是强结构性土的特征。只有颗粒的联结性大，且排列能使土颗粒在失去联结时处于较大的不稳定状态时土才具有较强的结构性，因为它在一定的外来因素下容易表现出较强的非线性和较大的突发性，对结构的扰动因素（荷载、含水率的变化和冰冻等）反映出较大的灵敏性。

为此，碎石级配动载下的综合结构性参数 m_N 定义为碎石级配结构可变性 m_ε 与结构可稳性 m_e 的比值：

$$m_N=\frac{m_\varepsilon}{m_e}=\frac{\dfrac{\varepsilon_{pw}}{\varepsilon_{py}}}{\dfrac{E_w}{E_y}}=\frac{\varepsilon_{pw}}{\varepsilon_{py}}\frac{E_y}{E_w}=\frac{\varepsilon_{pw}}{\varepsilon_{py}}\frac{\dfrac{\sigma_d}{\varepsilon_{ey}}}{\dfrac{\sigma_d}{\varepsilon_{ew}}}=\frac{\varepsilon_{pw}\varepsilon_{ew}}{\varepsilon_{py}\varepsilon_{ey}} \tag{4-11}$$

式中：m_N——碎石级配综合结构性参数，与振动次数 N 有关；

ε_{pw}——饱水状态下碎石级配塑性应变；

ε_{py}——正常状态下碎石级配塑性应变；

E_y——正常状态下碎石级配回弹模量；

E_w——饱水状态下碎石级配回弹模量；

ε_{ew}——饱水状态下碎石级配弹性应变；

ε_{ey}——正常状态下碎石级配弹性应变；

σ_d——碎石级配动三轴试验的动应力。

从式(4-11)可以看出，碎石级配的综合结构性参数为饱和后试样在相同振动次数下塑性应变 ε_{pw} 与弹性应变 ε_{ew} 乘积与未饱和试样塑性应变 ε_{py} 与弹性应变 ε_{ey} 乘积的比值，若饱和后试样的 ε_{pw} 大、ε_{ew} 大，则结构性参数 m_N 就大，则结构性就强；反之 m_N 就小，结构性就弱；若 ε_{pw} 大，而 ε_{ew} 小，或 ε_{pw} 小，而 ε_{ew} 大，但二者乘积相同，则结构性相同；碎石级配综合结构性参数 m_N 综合考虑了试样在动载过程中的塑性变形和弹性变形的变化，具有合理性。对 m_N 的取值范围可以这样定义：

$m_N>1$　试样具有正向结构性（水软性）；

$m_N=1$　试样不具有结构性；

$m_N<1$　试样具有负向结构性（水硬性）。

图 4-17 为不同围压下碎石级配综合结构性参数 m_N 与振动次数 N 之间的关系，它综合反应了碎石级配的可稳性与可变性，特征曲线具有二者的特性，在振动次数 $N<1\,000$时曲线的分散性表明了综合结构性参数对围压 σ_3 的敏感性，$N>1\,000$ 后的聚拢性表明碎石级配结构破坏状态的归一性。曲线的线型变化体现了初始结构和次生结构的演变。

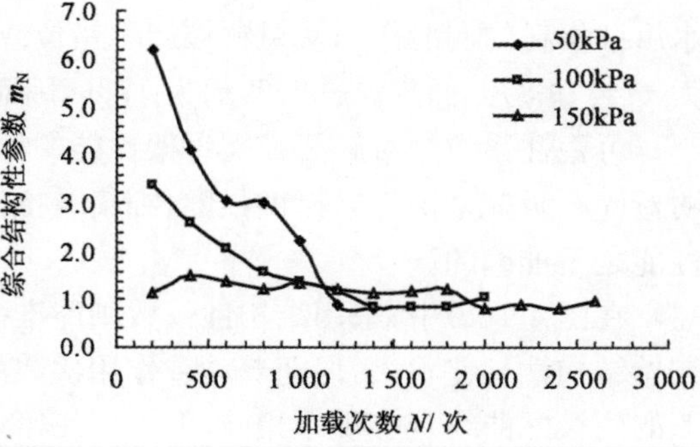

图 4-17　碎石级配综合结构性参数与加载次数 N 的关系

从广义而言，对不同试验形式和扰动条件均可采用此法进行推广来评价松散材料的结构性，因此碎石级配的综合结构性系数能反应其结构可稳性和结构可变性及试验条件的负向影响，具有良好的稳定性、灵敏性、可操作性和推广性。

4.5.4　MTS 循环加载试验评价碎石级配结构性

碎石级配传统的评价指标是 CBR，属静载指标，只考虑了最不利因素，但没有考虑最佳状态和最次状态的变化程度和动载的影响，上节依据土力学原理和三轴试验定义了碎石级动载结构性的概念，但就公路工程来讲采用三轴试验不但试验复杂而且设备较少。把结构性的概念和试验方法进行扩展，将碎石级配饱水和非饱水条件下循环加载的动载试验模量比和塑性应变比之比定义为广义的结构性参数，用于评价碎石级配的性能，它不但是动载指标，还把回弹模量和塑性变形进行了综合考虑并处理成一个参数，方便使用，同时还考虑了水的影响。

采用三种结构类型的级配，在饱水和非饱水条件下应用 MTS 循环加载 20 000 次，研究碎石级配结构性的变化规律，图 4-18 为不同参数的试验结果。

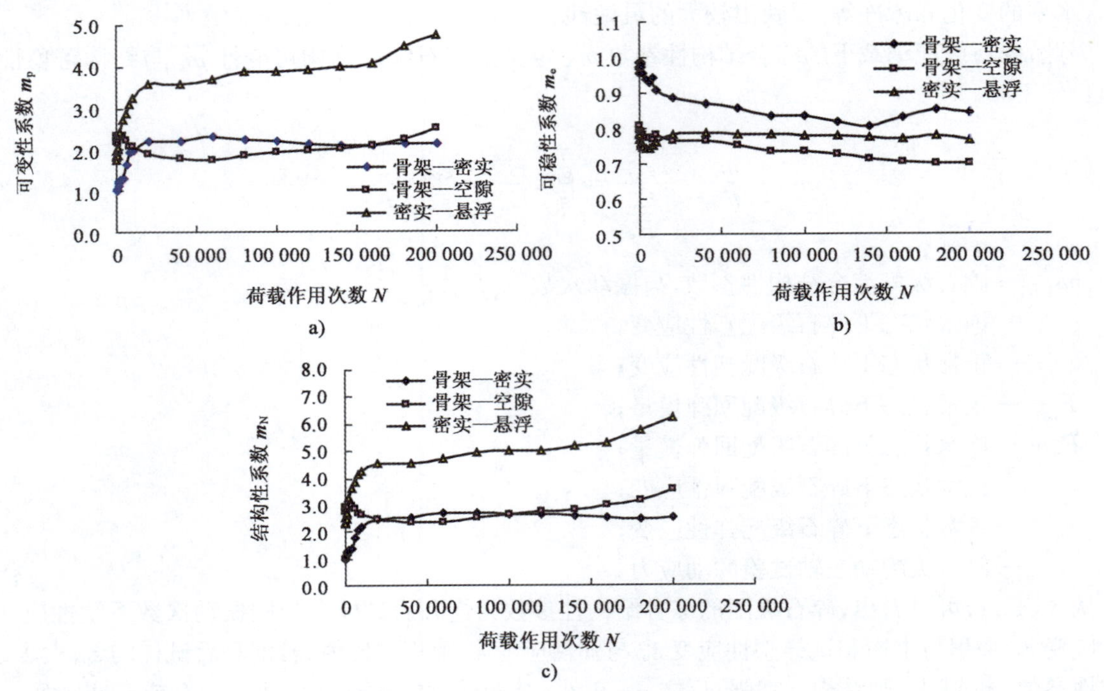

图 4-18 碎石级配结构性系数与加载次数的关系

a)可稳性系数；b)可变性系数；c)综合结构性系数

从图 4-18a)中可知，碎石级配可稳性系数 m_e 的变化范围在 1.0～0.75，说明碎石级配具有较强的可稳性。但三类级配具有较明显区别，骨架型级配的可稳性系数在下降，悬浮—密实型级配则稳定在 0.8 左右；悬浮—密实级配的可稳性次于骨架—密实型，但优于骨架—空隙型，单以结构可稳性指标为依据，可以断定悬浮—密实型级配优于骨架—空隙型。

在图 4-18b)中，悬浮—密实级配的可变性则最大，是骨架型级配的 2 倍，塑性变形的产生主要是饱水后细集料的润滑作用使粗颗粒产生错位或剪胀，骨架—密实和骨架—空隙细集料(0.6mm 以下)分别为 11%和 8%，而悬浮—密实的为 17%，因而其可变性最大，骨架—空隙型可变性则最小。

可稳性系数是对碎石级配骨架性能的评价，可变性系数是对细集料的润滑性能的评价，这进一步证明对碎石级配来讲骨架提供强度，细集料抵抗变形的观点。因此仅从可稳性或可变性系数评价材料的性能是不准确的。

在图 4-18c)中，采用结构性系数则能准确地评价碎石级配的性能，骨架—空隙和悬浮—密实级配的初始结构性相差不大，但随着动载作用次数的增加则“背道而驰”，两者结构性相差 2 倍左右；同为密实型的两级配曲线走势规律相同，但骨架—密实结构性系数少许增加后便趋于稳定，悬浮—密实型结构性系数则快速增加并取得最大。骨架型级配的结构性变化可分为三段，骨架—密实级配的初始结构性小于骨架—空隙型，在加载的中期由于细集料的作用，骨架—密实级配的结构性系数大于骨架—空隙型，随着动载次数的进一步增加($N>10\ 000$)，由于骨架—空隙型级配的空隙率大于骨架—密实型，其结构系数出现快速增加趋势。

4.5.5 碎石级配结构设计指标

解晓光等人对碎石级配的强度和永久变性的研究表明，不同级配或成型方法下碎石级配回弹模量差异不大，但永久变形则会相差几倍，并提出对材料的性能评价应采用双指标(模量和变形)；碎石级配结构性系数不但能反映材料回弹模量和永久变形变化，使双指标转换为单指标，而且还体现了水对其性能的影响，能准确反映结构的连续变化，具有较高的灵敏度，可作为碎石级配材料设计指标。

图 4-19 是三种级配结构性参数平均值，骨架—密实型到悬浮—密实型可稳性系数在减小，可变性系数和结构性系数在增加。此处的结构性系数意义与常规的不同，它表示碎石级配强度和变形在饱水后的稳定性，系数越大($m>1$)，饱水前后变化越大，结构性越强；系数越接近 1，对水的作用越不敏感，结构性越弱。因此结构性系数越接近 1，碎石级配性能越稳定。

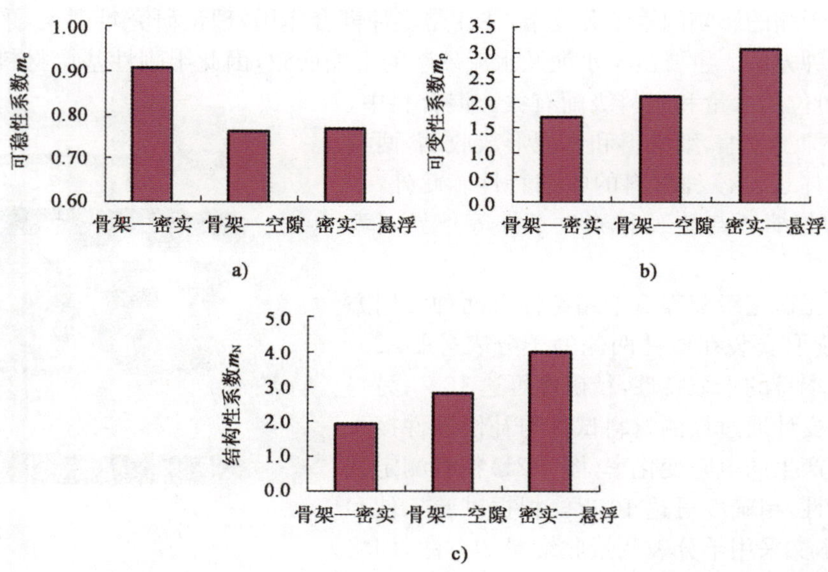

图 4-19 三种级配结构性参数的平均值

a)可稳性系数；b)可变性系数；c)综合结构性系数

根据三种级配结构性系数的变化规律，碎石级配材料在路面结构中的分配原则为：上基层宜采用骨架—密实级配，下基层宜采用骨架—空隙型，底基层宜采用悬浮—密实型，根据三种级配循环加载试验的结构性参数范围，材料的设计指标初步推荐为表 4-6 中所示参数。

水泥稳定级配碎石级配设计指标推荐值/MTS 试验 表 4-6

参　数	可稳性 m_e	可变性 m_p	结构性 m_N	设计指标推荐值
骨架—密实	0.91	1.70	1.92	<2.0
骨架—空隙	0.76	2.14	2.81	<3.0
密实—悬浮	0.77	3.07	3.99	<4.0

4.6 水泥稳定级配碎石的干缩性能

采用骨架—密实型水泥稳定级配碎石，在优化组成设计、提高其力学特性与结构性的基础上，更需要关注其开裂特性对路面结构的影响。实际工程中，往往发现半刚性基层在使用初期发生可能发生严重的干缩，使得基层出现开裂现象，因此干缩是半刚性材料抗裂特性研究的重点之一。国内外学者已就此开展了大量研究工作。针对本文所提出的骨架—密实型水泥稳定级配碎石，需要在确定试验方法、评价指标基础上，采用振动成型方法，通过大量的试验，系统分析关键因素对其干缩的影响，进而明确填充系数与干缩的关系，指导材料设计与施工工艺组织。

4.6.1 测量干燥收缩的试验方法

干缩主要发生在成型的初期，在干燥环境中，水泥与集料和水经拌和压实后，由于蒸发和混合料内部发生水化作用而引起的体积变化称为干缩。当外界环境湿度低于半刚性基层材料本身的湿度时，半刚性基层材料中水泥石内部的游离水被蒸发，毛细管壁受到压缩，半刚性基层材料开始收缩。在环境湿度低于40%相对湿度时，水泥水化物中的凝胶水也开始蒸发，会引起更大的收缩。但当遇到潮湿环境时，已经干缩的半刚性基层材料将会膨胀，表现为混合料体积的“湿胀”。由于半刚性基层材料的湿胀值远比干缩值小，即使在长期浸水后，这种膨胀量不足以弥补初期的收缩量，经历干湿循环过程的混合料总的收缩量与完全干燥状态下所产生的收缩量几乎相同。半刚性材料干缩应变极限值为$(50\sim90)\times10^{-5}$，干缩系数为0.5～0.9mm/m。

半刚性材料干缩的影响因素十分复杂，往往是多种耦合作用，理论研究难度大，采用试验研究是当前最为合适的一种方法。主要由于水泥及水泥砂浆的干缩所致，因此半刚性基层材料的干缩程度与水泥品种及用量、单位用水量和集料级配有关。混合料中，粗集料形成骨架抑制收缩，细集料和水泥形成收缩，两者的对抗与协调就体现出该种材料的收缩特性。此外，半刚性基层材料的收缩还与施工和养生条件等外界因素有关。

图4-20　千分表测量水泥稳定级配碎石的收缩应变

现今测量水泥稳定级配碎石干缩特性有两种常用方法：一种是通过读取安装在试件两侧的千分表（图4-20）数值来反映试件本身的干缩特性，精确度可达10^{-6}；另一种是使用电阻应变计通过被测材料试件与补偿试件接入卧式半桥连接而产生的电阻变化率（图4-21）精确测定试件本身的干缩特性，精确度可达10^{-11}。根据试验条件和对精度的要求，本文采用千分表测量收缩量的方法，即将两只千分表安装在试件两侧，分别读数，总和即为干燥收缩量，并对试件称重。

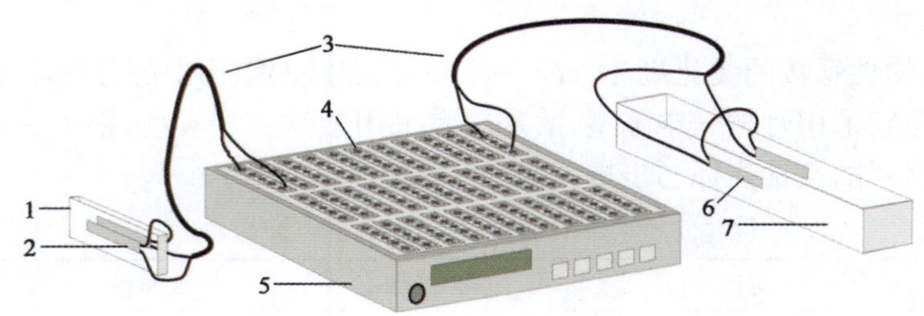

图4-21　应变片测量水泥稳定级配碎石的收缩应变

1-温度补偿片；2-温度补偿应变片；3-屏蔽线；4-接线柱；5-应变仪；6-测试应变片；7-试件

试验中首先根据影响干缩的相关因素成型相应的中梁试件，梁的尺寸为100mm×100mm×400mm，并用塑料薄膜封装好并在标准养护室养生7d时间，取出室内自然湿度下风干，安装好千分表，开始测定试件的收缩情况。从安装好试件开始，每隔5h读一次数，直至试件质量基本不发生变化为止。

描述材料干缩一般采用干缩量、失水量、失水率、干缩应变、干缩系数与平均干缩系数等指标来表征，本文主要采用干缩应变、干缩系数作为评价指标。

其中干缩应变的计算如式4-12，干缩系数的计算如式4-13。

$$\Delta\varepsilon_{di}=\frac{\sum\Delta l}{L} \tag{4-12}$$

式中：$\sum\Delta l$——累计干缩量，mm；

L——试件初始长度，mm。

$$\alpha_d=\frac{\sum\Delta\varepsilon_{di}}{\sum\Delta\varepsilon_{wi}} \tag{4-13}$$

式中：$\sum\Delta\varepsilon_{di}$——累计干缩变形；

$\sum\Delta\varepsilon_{wi}$——失水量。

4.6.2 材料特性对水泥稳定级配碎石干缩特性的影响

4.6.2.1 单档材料

对于粗集料来讲，单档集料为典型的骨架—空隙型结构，粗颗粒之间直接以点或面接触，收缩系数最小；对于细集料石屑来讲，基于收缩特性的常规想法，收缩系数应最大；而混合料是两者的组合，其收缩系数应处于两者之间。

单档集料采用振动成型方法，技术标准如表 4-7 所示，分别采用水泥剂量 3%、4%和 5%，以分析其对收缩性能的影响，梁型试件成型按最大干密度的 98%控制。

单档混合料振动标准 表 4-7

规 格	振动最大干密度(g/cm^3)			成型干密度(g/cm^3)			最佳含水率(%)
	水泥 3%	水泥 4%	水泥 5%	水泥 3%	水泥 4%	水泥 5%	
砂	1.85	1.87	1.88	1.81	1.83	1.84	2.6
0.5～1cm	1.92	1.95	1.97	1.88	1.91	1.93	2.8
1～2cm	1.88	1.90	1.92	1.84	1.86	1.89	2.3
2～3cm	1.89	1.91	1.93	1.84	1.85	1.88	1.9

对每一种水泥剂量，采用振动成型方法分别制备 4 个 40cm×10cm×10cm 中梁试件(2～3cm，1～2cm，0.5～1cm，砂)，共计 12 个，然后在标准养护室养生 7d。干缩应变、质量损失和干缩系数变化规律如图 4-22 所示。

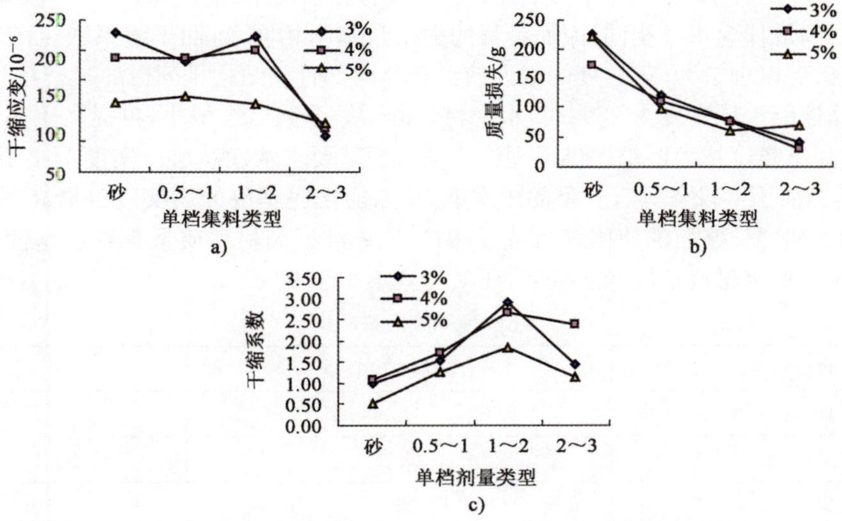

图 4-22 单档集料干缩实验干缩应变、质量损失和干缩系数曲线

a) 干缩应变；b) 质量损失；c) 干缩系数

由图 4-22 可知，2～3 的干缩应变最小，其他单质材料相差不大，砂最大。质量损失，砂最大，0.5～1、1～2、2～3 逐渐递减。干缩系数，1～2 最大，砂最小。究其原因，由于各档材料失水率不同，1～2 的干缩应变较大而质量损失较小，所以干缩系数相对较大；砂的干缩应变和质量损失均为最大，二者的比值结果就会相对偏小。因此只将干缩系数作为一个评价指标已经不够准确。就水泥剂量的影响来讲，3%和 4%的干缩应变相差较小，而 5%水泥的干缩应变和干缩系数则最小，这与常规认识相悖。因此水泥剂量对干缩性能的影响将在混合料的干缩试验中进一步验证。综上所述，粗集料有利于干缩性能的改善，但单独的嵌挤作用不能降低干缩应变和干缩系数，而过多的细集料会对干缩应变产生不利的影响。

4.6.2.2 水泥剂量

采用骨架—密实型级配，水泥剂量取 3%、4%、5%、6%、7%来验证水泥剂量对干缩的影响。开展振动压实试验,确定试件成型的干密度和含水率。根据各水泥剂量最佳含水率和最大干密度的98%下采用振动成型方法分别制备5个中梁试件。在标准养护室养生7d。试验结果见表4-8。

不同水泥剂量下水稳级配碎石干缩应变和干缩系数　　表4-8

水泥剂量(%)	干缩应变(10^{-6})	干缩系数
3	40.18	0.16
4	60.50	0.26
5	68.17	0.31
6	78.76	0.34
7	105.00	0.61

水泥剂量增加,干缩应变和干缩系数随之增大,尤其是当水泥剂量超过6%时,干缩应变和干缩系数急剧增大(因为细集料与水泥反应形成的胶结料干缩性较大)。所以,水泥稳定级配碎石的水泥剂量用量不宜超过6%,最后控制在4%~5%,若强度不足,可通过改善集料级配来调整。

4.6.3 工艺参数对水泥稳定级配碎石干缩特性的影响

4.6.3.1 压实度

采用水泥剂量为7%时的最佳含水率5.5%和最大干密度2.275g/cm^{3}分别成型压实度为90%、92%、94%、96%、98%、100%共六根中梁试件。在标准养护室养生7d。试验结果见表4-9。

由表4-9可见,当压实度较小时,内部结构松散,混合料强度小,模量低,在相同收缩应力的作用下,梁的干缩应变大;因最佳含水率相同,因而各梁的失水量基本相同,近而干缩系数也随着压实度的降低而增大。这一现象可以理解为,压实度的增大使混合料内部骨架结构排列更加紧密,细集料填充更加密实,改善其抗干缩性能。压实度为98%时,水稳材料的干缩系数已经很小,再提高压实度意义不大。这为指导施工和提高压实度技术要求提供了理论依据。规范要求水稳基层压实度不小于98%,底基层不小于96%。然而当前压实设备具有充足的压实能力,如能把底基层的压实度也提高到98%,将有利于改善路面使用功能和延长路面的使用寿命,这一做法比单纯提高材料质量具有优越性。从抗干缩的角度,道路粒料类无机稳定材料基层和底基层,压实度宜不小于98%。

压实度影响因素结果　　表4-9

压实度(%)	干缩应变(10^{-6})	干缩系数
90	59.46	0.28
92	46.92	0.22
94	52.14	0.21
96	40.25	0.16
98	34.83	0.17
100	33.10	0.16

4.6.3.2 含水率

采用水泥剂量为7%时的最大干密度2.275g/cm^{3}分别成型含水率为:3.9%、4.9%、5.4%、5.9%、6.4%、6.9%共六根中梁试件。在标准养护室养生7d。

含水率与干缩应变和干缩系数的关系见图4-23、图4-24。当含水率为3.9%和6.9%时,混合料干缩应变和干缩系数都较大,随着含水率向5.5%的最佳含水率靠拢,这两个指标随之减小;含水率越小,混合料愈加干燥松散,水泥水化不充分、强度差,水泥胶结料干缩性较弱,导致抗干缩能力性差,因而干缩系数大;含水率越多,水泥与细集料反应充分,持续时间长,同时混合料越潮湿松软,水分散失量越大,导致干缩量很大。因此当含水率大于某一个值时(7%的水泥剂量大于6.5%),干缩应变迅速增加;从图中可以看出,最佳含水率附近干缩应变和干缩系数均较小。从控制干缩的角度讲,水泥稳定级配碎石的适宜含水率范围为最佳含水率±1%。当含水率上升或下降时都会对混合料抗干缩性能产生不利影响,但含水率大时不利的影响大于含水率较低时,因此在含水率控制方面宁低勿高。

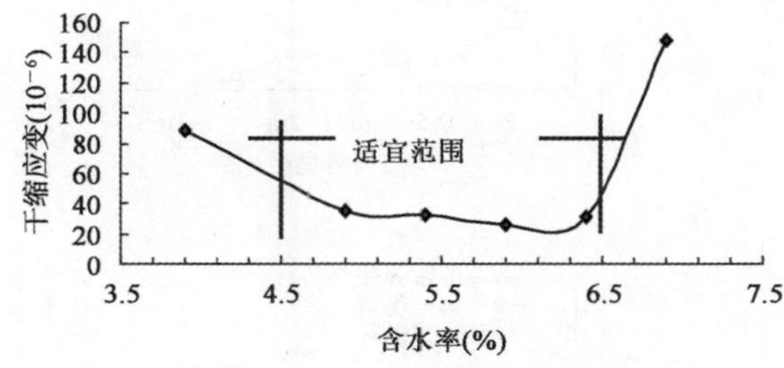

图4-23 不同含水率的干缩应变对比

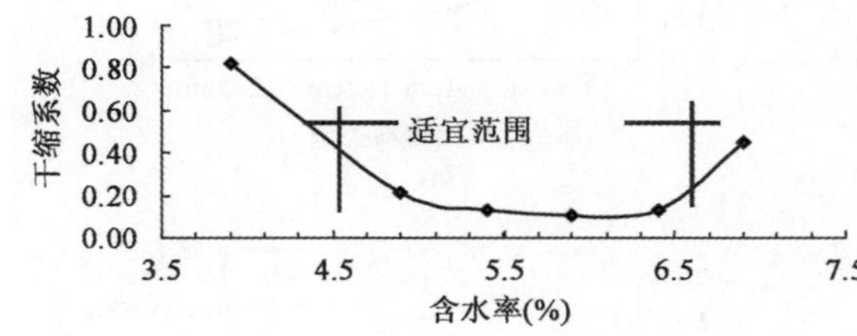

图4-24 不同含水率的干缩系数对比

4.6.4 环境特征对水泥稳定级配碎石干缩特性的影响

目前,大多数高等级公路还采用遮盖洒水养生法,若遮盖不严或洒水不及时,基层顶面由于水分的散失而过干,下一轮洒水后,基层则处于干湿循环状态。反复的循环洒水会使半刚性基层局部反复收缩和膨胀,促进干缩裂缝的扩张。在半刚性基层的服役期间,如路面透水,雨后半刚性基层也存在干湿循环的可能。根据试验结果,几种单档集料,在不同的干湿循环下,不同水泥剂量下干缩应变和质量损失及干缩系数见图4-25~图4-27。

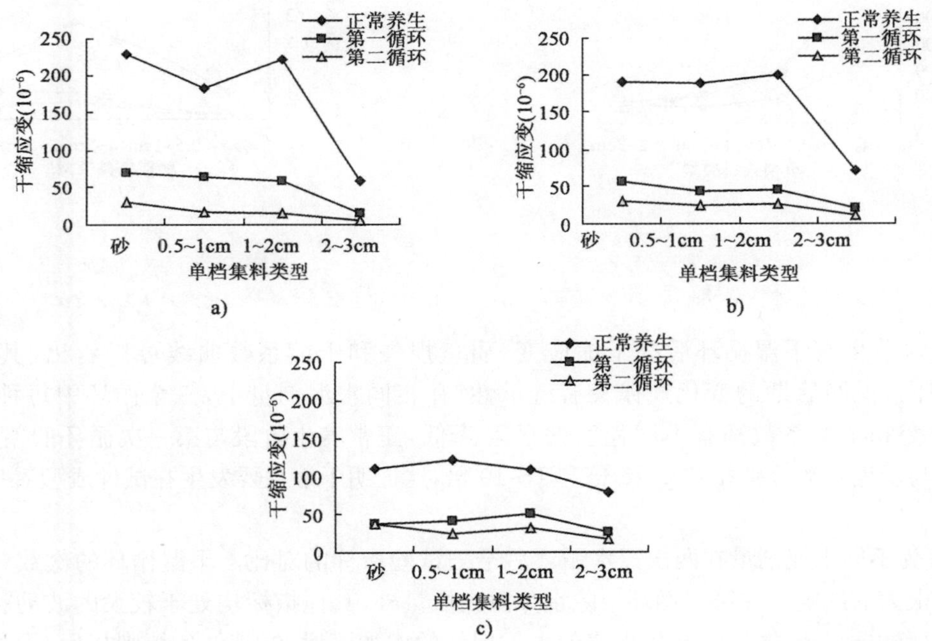

图4-25 单档材料不同水泥剂量下三循环干缩应变

a)3%水泥剂量;b)4%水泥剂量;c)5%水泥剂量

对试验试件进行干湿循环的处理会使试件产生反复膨胀和收缩,导致试件的强度降低,进而对试件性能产生不利的影响。因此试验中以单档材料对干缩性能的影响中的数据作为初始数据,然后对12个已完成试验的试件进行1d的保水处理,继续观察并记录数据,以此组数据作为第一循环。试验结束继续进行1d的保水处理,使试件充分湿润,取出,沥干表面和试件内的自由水,称重,然后安装好千分表继续观察并记录相关数据,以此组数据作为第二次循环。

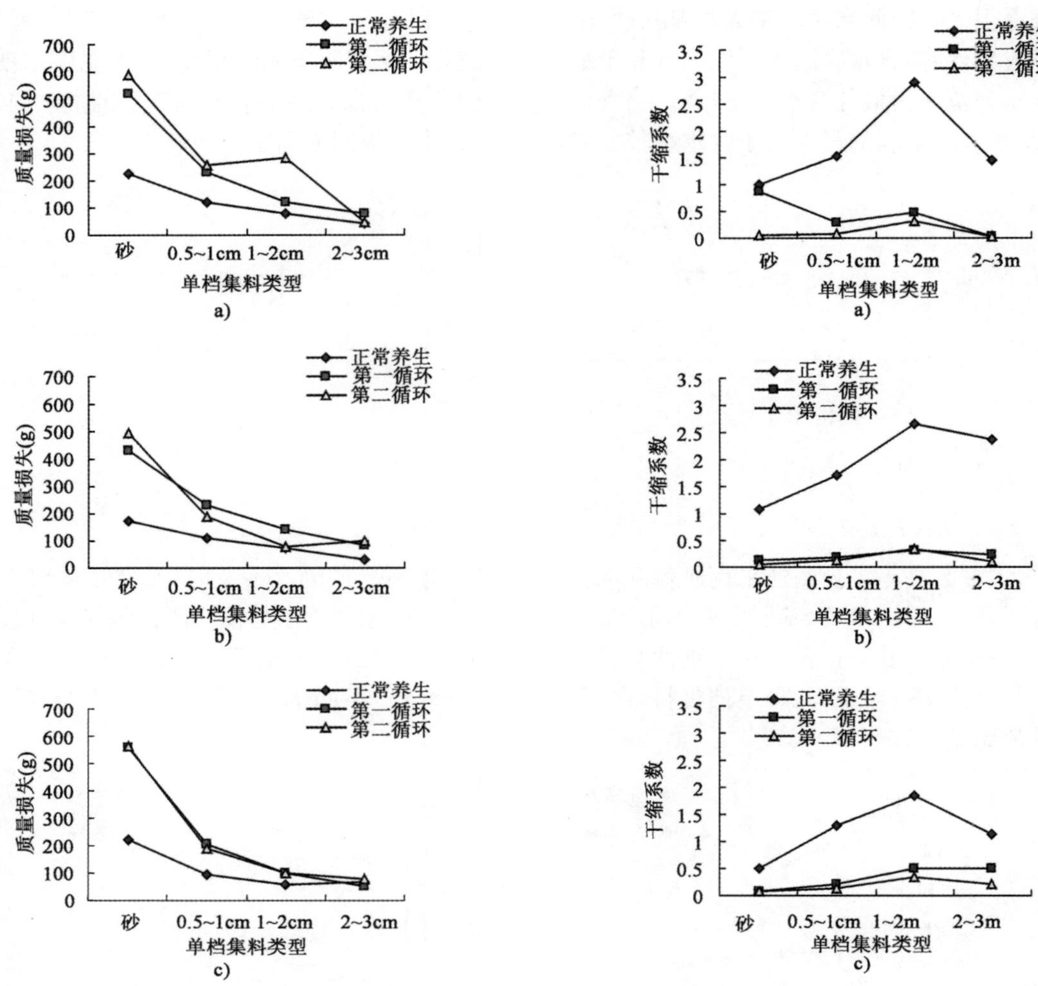

图 4-26 单档材料不同水泥剂量下三循环质量损失

a)3%水泥剂量；b)4%水泥剂量；c)5%水泥剂量

图 4-27 单档材料不同水泥剂量下三循环干缩系数

a)3%水泥剂量；b)4%水泥剂量；c)5%水泥剂量

比较正常养生与干湿循环后的干缩应变、质量损失和干缩系数曲线可以看出，其曲线的变化形式基本相同，说明后期的变化规律具有继承性，在相同水泥剂量下，三个循环中每种单档材料自身的干缩应变和干缩系数都有不同程度的显著降低，正常养生阶段与第一次循环的差别最大，二者的干缩应变与干缩系数分别相差 2～5 倍和 1～10 倍，这证明干缩主要发生在试件成型后强度的形成过程中。

图 4-28 为不同水泥剂量在两次浸水循环后干缩试验指标的对比。干湿循环的次数对各指标的波动状态具有很大的影响。在第一循环中除水分散失质量外，其他指标均处于较大的波动状态。对应干缩应变来讲，除 2～3cm 集料的变化规律随水泥剂量的增加而增加，其他各档则相反；干缩系数也表现出相同的规律。结合正常养生后各指标的变化规律来看，在养生初期材料的状态处于不稳定状态，受各种因素影响其干缩状态规律性较差；随着龄期的增加材料的整体性加强，各指标的变化呈现出规律性。随着集料的变粗，干缩应变逐渐降低；随着水泥剂量的提高，干缩应变也在增加，水泥剂量相差 1%，干缩应变平均相差 5 个微应变，干缩系数相差 0.15 左右。

当水泥稳定级配碎石强度稳定后，遭受干湿循环试件会反复膨胀和收缩（虽然膨胀量和收缩量很小），会使路面基层内部产生疲劳应力并产生收缩开裂。所以干湿循环会对单档材料的干缩性能产生不利的影响。故应加强早期养生，避免暴晒后洒水补湿。

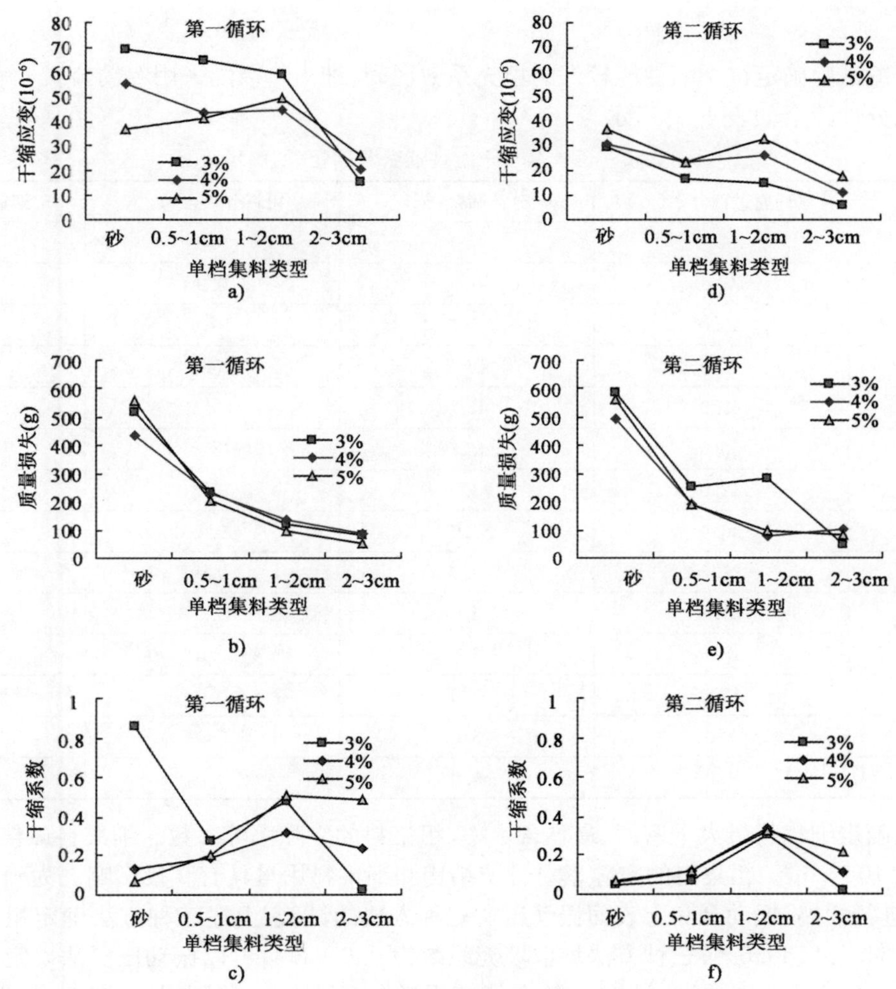

图 4-28 单档材料经二次干湿循环后质量损失、干缩应变和干缩系数对比

a)首次干湿循环的干缩应变；b)首次干湿循环的质量损失；c)首次干湿循环的干缩系数；d)二次干湿循环的干缩应变；e)二次干湿循环的质量损失；f) 二次干湿循环的干缩系数

4.6.5 基于抗干缩的水泥稳定级配碎石设计

通过对影响水泥稳定级配碎石干缩性能的因素分析，应注意以下原则：

(1)粗集料有利于干缩性能的优化，但单独的嵌挤作用不能降低干缩应变和干缩系数；而过多的细集料会对干缩应变产生不利的影响。

(2)水泥稳定级配碎石的水泥剂量不宜超过 6%，最好控制在 4%～5%，若强度不足，可通过改善集料级配来调整。

(3)当压实度大于 98%时，水泥稳定级配碎石的干缩应变和干缩系数比较小且稳定。从抗干缩的角度，水稳基层和底基层压实度应大于 98%。

(4)最佳含水率附近干缩应变和干缩系数均较小，从控制干缩的角度讲，水泥稳定级配碎石的适宜含水率范围为最佳含水率±1%。

(5)干缩主要发生在水稳级配碎石强度形成过程中。

(6)水泥稳定级配碎石强度形成前，其干缩状态规律性较差；随着龄期的增加，材料的整体性加强，各指标的变化呈现出规律性。

(7)遭受干湿循环的水泥稳定级配碎石，会反复膨胀和收缩，使路面基层内部产生疲劳应力进而加剧收缩开裂。因此应避免干湿循环次数，工程上避免基层曝晒后洒水补湿。

4.6.5.1　典型级配的选择

为通过干缩试验确定抗干缩性能较好的填充系数区间，细集料级配采用泰勒公式 $n=0.6$ 计算。粗细集料的级配分计筛余如表 4-10 所示。

采用体积法设计用于干缩性能试验的粗、细集料级配　　表 4-10

粒径(mm)	累计通过百分率(%)	分计筛余(%)	粗料分筛余(%)	细料分筛余(%)
37.5	100.0	0.0	0.0	0.0
31.5	100.0	0.0	0.0	0.0
26.5	93.0	7.0	10.9	0.0
19	77.0	16.0	25.0	0.0
16	62.0	15.0	23.4	0.0
13.2	50.0	12.0	18.8	0.0
9.5	42.0	8.0	12.5	0.0
4.75	36.0	6.0	9.4	0.0
2.36	27.0	9.0	0.0	25.0
1.18	21.0	6.0	0.0	16.7
0.6	15.0	6.0	0.0	16.7
0.3	10.0	5.0	0.0	13.9
0.15	7.0	3.0	0.0	8.3
0.075	4.0	3.0	0.0	8.3

通过试验确定细集料最大干密度、最佳含水率，粗集料的空隙率等参数。细集料最佳含水率8.0%，最大干密度 2.10g/cm^3。粗集料的空隙率对骨架结构和细集料用量具有直接影响。为确定粗集料干密度及空隙率，进行插捣、振动台和上表面振动压实三种方法的试验，上述三种方法确定粗集料空隙率依次为:42.6%、34.2%、30.5%；三种方法均取填充系数为 0.6～1.4，若以振动压实法确定空隙率且填充系数采用 0.6～2.6，则涵盖了三种方法各个填充系数的所有级配范围，故用振动法，以填充系数为 0.6～2.6 进行级配优化。

上述三种方法确定粗集料空隙率依次为:42.6%、34.2%、30.5%；三种方法均取填充系数为 0.6～1.4，若以振动压实法确定空隙率且填充系数采用 0.6～2.6，则涵盖了三种方法各个填充系数的所有级配范围，故用振动法，以填充系数为 0.6～2.6 进行级配优化。

采用体积法设计公式，计算出粗、细集料的用量(表 4-11)，不同填充系数级配对比曲线如图 4-29。

不同填充系数下各档集料的用量(%)　　表 4-11

填充系数	26.5	19	16	13.2	9.5	4.75	细　料
0.6	9.1	20.8	19.5	15.6	10.4	7.8	16.8
0.8	8.6	19.7	18.5	14.8	9.8	7.4	21.2
1.0	8.2	18.7	17.5	14.0	9.4	7.0	25.2
1.2	7.8	17.8	16.7	13.3	8.9	6.7	28.8
1.4	7.4	17.0	15.9	12.7	8.5	6.4	32.1
1.6	7.1	16.2	15.2	12.2	8.1	6.1	35.1
1.8	6.8	15.6	14.6	11.7	7.8	5.8	37.7
2.0	6.5	14.9	14.0	11.2	7.5	5.6	40.3
2.2	6.3	14.4	13.5	10.8	7.2	5.4	42.6
2.4	6.1	13.8	13.0	10.4	6.9	5.2	44.6
2.6	5.8	13.3	12.5	10.0	6.7	5.0	46.7

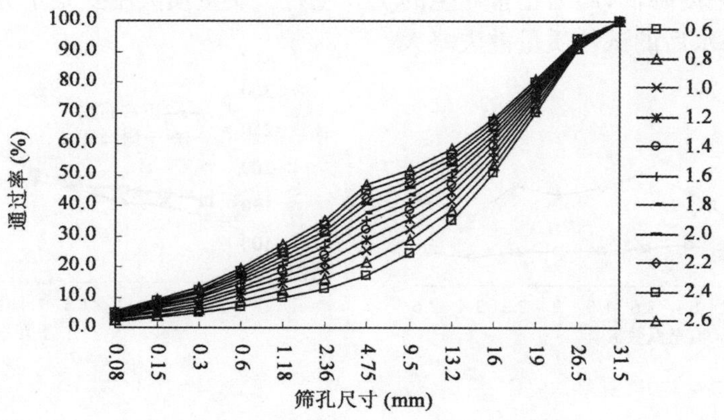

图 4-29　不同填充系数下级配曲线对比

4.6.5.2　不同填充系数的干缩性能试验

首先需确定各个填充系数混合料的最大干密度和最佳含水率。确定混合料压实标准的方法：最佳含水率为细集料最佳含水率＋粗集料最佳含水率＋水泥水化需水量（水泥质量的 20％）。计算出各级配的最佳含水率，对如图 4-16 级配混合料用振动压实法确定混合料的最大干密度。各级配的视密度是通过计算得到的，实测单质材料的视密度，通过理论公式计算各级配的视密度（表 4-12）。

不同填充系数级配的干密度、视密度和空隙率　　表 4-12

填充系数	干密度(g/cm^3)	视密度(g/cm^3)	空隙率(％)
0.60	2.26	2.69	15.88
0.80	2.28	2.69	14.98
1.00	2.30	2.68	14.19
1.20	2.32	2.68	13.51
1.40	2.33	2.68	13.10
1.60	2.35	2.67	11.92
1.80	2.38	2.67	10.75
2.00	2.39	2.67	10.36
2.20	2.40	2.66	9.81
2.40	2.41	2.66	9.49
2.60	2.41	2.66	9.27

选用以上不同填充系数优化级配进行干缩特性试验。采用各填充系数级配在最佳含水率和最大干密度的 98％下分别成型 40cm×10cm×10cm 中梁试件共 11 根。在标准养护室养生 7d 后，进行干缩测量，当试件质量不再发生变化后，将全部试件保水 1d，然后进行干湿循环下的干缩试验。

不同填充系数下的干缩应变、质量损失和干缩系数试验结果如图 4-30～图 4-32 所示。从图 4-30 中可以看出，在填充系数小于 1.0 时，干缩应变随填充系数的下降而减小；当填充系数大于 1.0 后，干缩应变急剧增加；当干缩系数大于 1.6 后，干缩应变趋于平稳，并有下降的趋势，最佳状态的干缩应变为最不利状态的 1/3。干缩系数曲线也表现出了相同的规律。试件保水后，填充系数小于 1.0 时，保水前后两个循环的干缩应变和干缩系数基本相同，说明对于低的填充系数，保水对其干缩特性影响较小；当填充系数大于 1.0 时，干缩

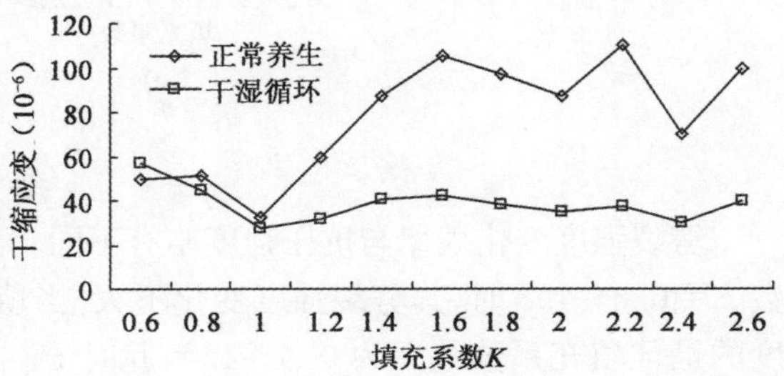

图 4-30　填充系数与干缩应变的关系

应变和干缩系数均大幅度降低，约为正常养生的 1/3 左右。质量损失主要是水分的散失，因此散失量与填充系数成正比，且保水后的试件质量散失略大。

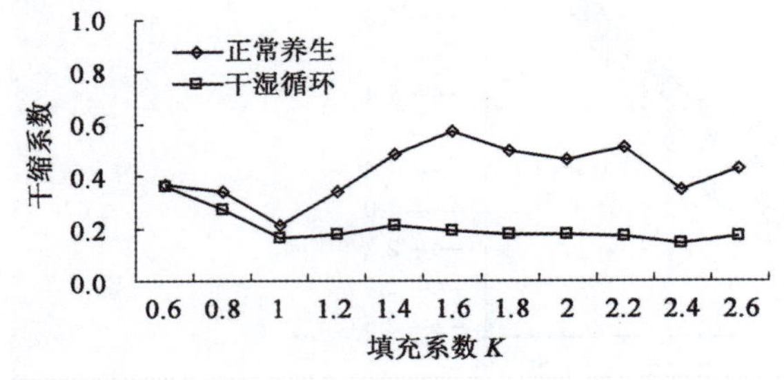

图 4-31 填充系数与干缩系数的关系

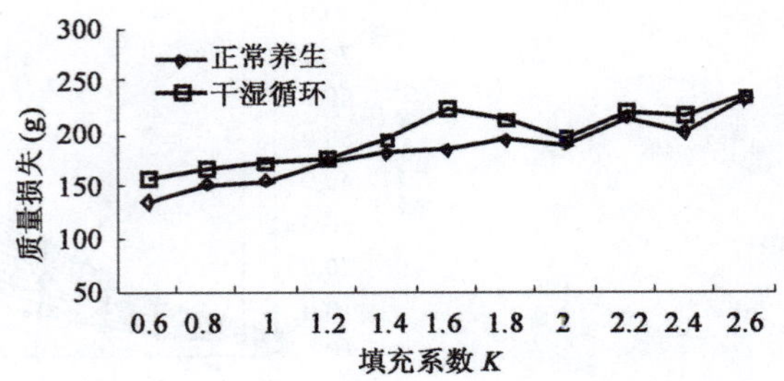

图 4-32 填充系数与质量损失的关系

在两个循环中填充系数在 1.0 左右时的试件干缩应变较小，这证明填充系数在这个范围的级配相比其他级配来说干缩性能更加的优良。而各个填充系数试件在保水后干缩应变和干缩系数都有不同程度的降低，这证明干缩仍然主要发生在试件成型后强度形成初期。填充系数为 1.0 左右时的干缩系数和干缩应变仍然最小，从干缩应变和干缩系数的变化规律可得出最佳的填充系数宜在 0.6～1.4，此时 $P_{4.75}$ 的变化范围在 17%～32%，$P_{0.075}$＝2.0%～3.6%。这只是从干缩特性方面分析，更具体范围还应考察其强度的变化规律。

4.6.5.3 不同填充系数水稳级配碎石强度

从干缩角度提出的最佳填充系数范围只能说明此范围的材料具有较小的干缩应变，但是否易于开裂还应结合材料的强度，特别是劈裂强度来进行综合评价。如果干缩应变小，但强度低，其抗裂性能不具优势；只有干缩应变小、劈裂强度高的级配，才具有很好的抗裂性能。

图 4-33 为不同填充系数下水稳材料 7d 抗压强度和 14d 劈裂强度与填充系数的关系。从抗压强度来讲，填充系数与强度的关系类似击实曲线，曲线形状类似与抛物线，最大抗压强度在填充系数 K＝1.4（$P_{4.75}$＝32.5%，$P_{0.075}$＝3.6%）时取得；当 K＜1.4，细集料较少，水泥和细集料的反应不充分，形成的水泥胶结料无法填满空隙，其强度来源大部分为粗集料的嵌挤，因而随着填充系数的减小，其强度越来越低；当 K＞1.4，细集料逐渐增多，水泥和细集料反应形成的水泥胶结料填满空隙并逐渐撑开粗集料，其强度来源逐渐由粗集料的嵌挤和水泥胶结的协同作用逐渐向水泥胶结作用为主导过渡，因而其强度也逐渐降低且降低的幅度小于前段，说明由骨架提供的强度具有可变性，而由水泥胶结料提供的强度具有较好的稳定性。从抗压强度来讲，较好的填充系数范围为 0.8～2.2，$P_{4.75}$ 的变化范围在 21%～43%，$P_{0.075}$＝2.5%～5.0%。

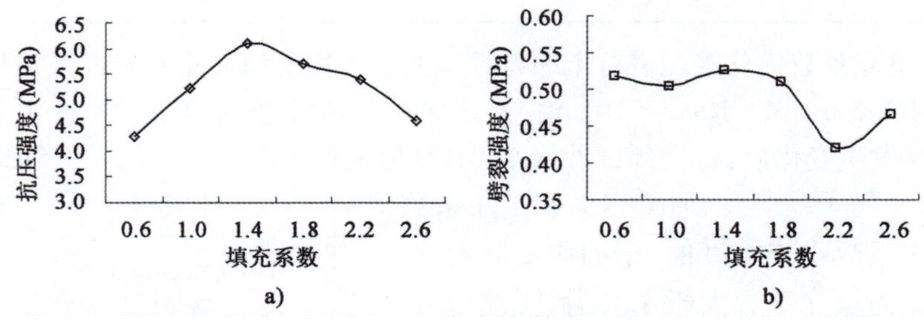

图 4-33 抗压强度和劈裂强度与填充系数关系曲线

a) 抗压强度；b) 劈裂强度

劈裂强度变化规律与抗压强度略有不同。当填充系数 K＝1.4 时劈裂强度同时为最大值；但在填充系数 K＝0.6～1.8 时，其劈裂强度变化不大；当填充系数 K＞1.8 时，劈裂强度开始下降，因此基于劈裂强度的最佳填充系数范围为 0.6～1.8，此时 $P_{4.75}$ 的变化范围为 17%～38%，$P_{0.075}$＝2.0%～4.2%。

结合材料的干缩特性和强度特性，其最佳的填充系数范为 0.8～1.4，$P_{4.75}$ 的变化范围为 21%～

32%，$P_{0.075}$=2.5%～3.6%。

4.6.6 空隙率对水稳级配碎石干缩性能的影响

空隙率大小影响级配的结构类型，结构类型影响水稳级配碎石的强度和干缩特性。图 4-34、图 4-35是空隙率与材料干缩特性的关系。单档材料的试件空隙率在 33%～36%，几乎没有细集料，完全是水泥浆体把粗颗粒黏结在一起，粗集料之间以点—点或点—面接触，属单级骨架嵌挤结构。从干缩系数和干缩应变上看，其抗干缩性能不理想。而采用不同填充系数确定的骨架—密实级配，入了不同量的细集料，抗干缩性能有所改善，说明单纯嵌挤结构不能改善材料抗干缩性能，必须添加一定的细集料才能提高水泥稳定材料的抗干缩性能。可见，材料的抗干缩性能与材料空隙的大小和分布有关。

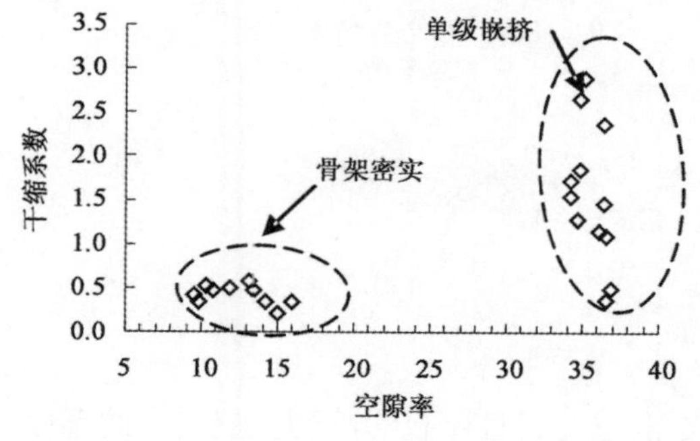

图 4-34 干缩系数与空隙率的关系

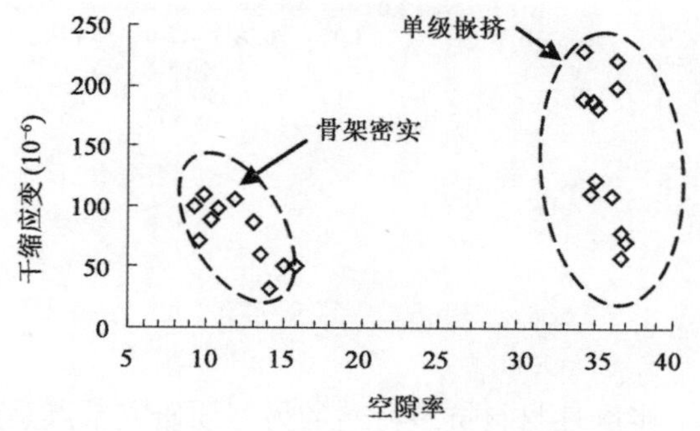

图 4-35 干缩应变与空隙率的关系

图 4-36～图 4-38 分别是不同养生条件下空隙率与干缩应变、干缩系数和质量损失的关系。正常养生的试件空隙率小于 13%时，干缩应变和干缩系数较大；当空隙率大于 14%时，干缩应变和干缩系数也略有增大。填充系数为 1.0 左右时，空隙率为 14%的水泥稳定级配碎石干缩应变和干缩系数最小，所以 14%为最佳空隙率。干湿循环后的干缩特性与正常养生的相反，在空隙率小于 14%时，其干缩应变和干缩系数较小，当空隙率大于 14%时，其干缩应变和干缩系数增加很快，最小干缩应变和干缩系数在空隙率为 14%取得。因此从空隙率对水泥稳定级配碎石干缩性能来讲，空隙率小的水泥稳定级配碎石在养生初期干缩大，空隙率大的在养生后期干缩大。

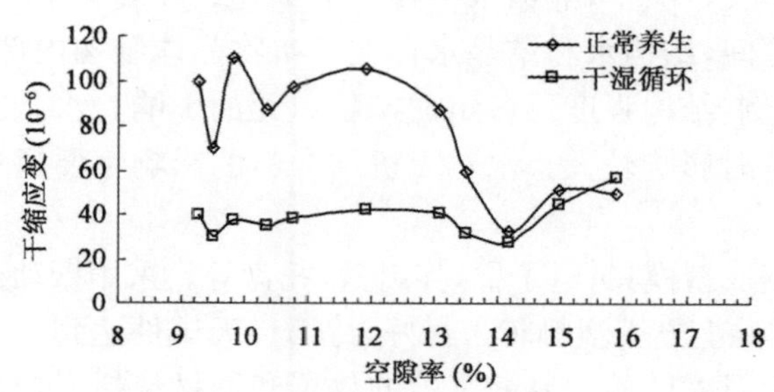

图 4-36 不同养生条件下空隙率与干缩应变的关系

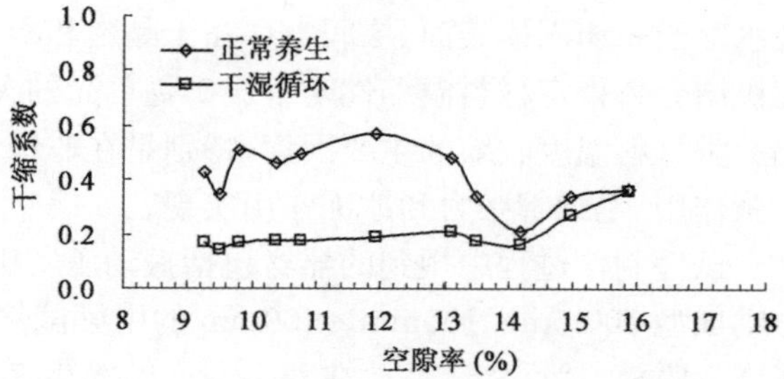

图 4-37 不同养生条件下空隙率与干缩系数的关系

图 4-39 为空隙率与强度的关系，可以看出空隙率为 13%～14%时材料的强度也最大。水泥稳定级配碎石存在抗干缩的最佳空隙率 13%～14%，且不受养生时干湿循环的影响。

综上所述，级配碎石设计中应考虑以下原则：

(1)结合材料的干缩特性和强度特性，其最佳的填充系数范围应在 0.8～1.4，$P_{4.75}$的变化范围在 21%～32%，$P_{0.075}$=2.5～3.6%。

(2)单纯的嵌挤结构不能改善材料的干缩性能，骨

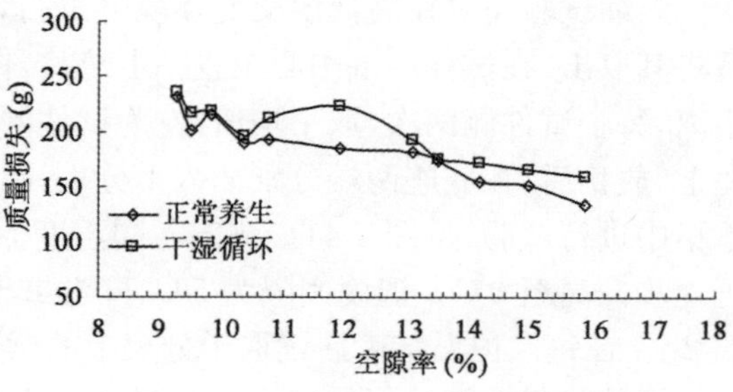

图 4-38 不同养生条件下空隙率与质量损失的关系

架—密实结构才能增强水泥稳定材料抗干缩性能，抗干缩性能与材料空隙大小和分布有关。

(3)空隙率小的水稳级配碎石在养生初期干缩大，空隙率大的在养生后期干缩大。

(4)从强度和干缩性能考量，水泥稳定级配碎石存在最佳空隙率13%～14%，且与养生时干湿循环无关。

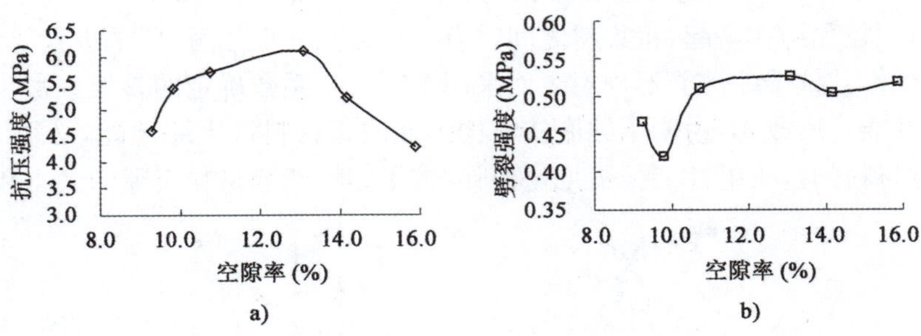

图4-39 水泥稳定级配碎石的抗压强度和劈裂强度与其空隙率的关系曲线

a)抗压强度与空隙率；b)劈裂强度与空隙率

4.7 水泥稳定级配碎石的温缩性能

半刚性材料抗裂特性的另一项研究重点是其温度收缩，这一特性不仅影响到基层自身的温度开裂，而且在与荷载耦合作用下对路面结构开裂的影响十分重要。因此，同样在确定标准试验方法与评价指标基础上，采用振动成型方法，对水泥稳定级配碎石温缩的影响因素进行系统的试验研究，从而提炼基本原则指导材料设计，进一步明确填充系数的合理范围，为定量化设计半刚性材料奠定基础。

4.7.1 测量温度收缩的试验方法

由固、液、气三相材料组成的半刚性材料，其外观胀缩性是三相在降温过程中相互作用，使无机结合料稳定材料产生体积收缩，即温度收缩。一般气相大部分与大气贯通，在综合效应中影响较小，可忽略；原材料中砂粒以上颗粒的温度收缩系数较小，粉粒以下的颗粒温度收缩性较大。无机结合料稳定料内部广泛分布有大空隙、毛细孔和胶凝孔。自由水存在于大空隙中，毛细水存在于毛细孔和胶凝孔中，结合水存于一切固体表面，层间水存在于晶胞和凝胶物层间，结构水和结晶水存在于矿物晶体结构内部。无机结合料稳定材料温缩性受组成矿物单元的含量比例、结构强度及各组成矿物单元的影响。水是影响此类材料温度收缩的主要因素，特别是在非饱水状态时影响较大。水对无机结合料的影响主要通过扩张作用、毛细管张力和冰冻作用实现。

试件制作过程中用到的器材包括振动压实机，钢制成型模具，电子秤，拌料盆，托盘等。采用振动机振动成型100mm×100mm×400mm的中梁试件后，试件上方用塑料布密封好，待第二天试件达到一定强度后脱模，然后将试件放在养生室标准养生7d，进行温缩试验。温缩试验的仪器和器材包括温控冰柜，高精度电子尺、钢尺、垫片、胶水、记号笔、千分表，钢制承托底座等。

温缩试验需要在高低温交变环境下进行，本试验在温控冰柜中进行，见图4-40。在试件养生结束后将其取出，在试件两端中心位置粘上垫片(作为千分表的触点)，然后用高精度电子尺测出试件两端的距离，每个试件测两次，取平均值，左为试件的标准长度。随后将试件放置于已经涂好防冻油的钢制底座上，放稳后，在底座两端分别插入千分表，测量试件温缩形变量。做好前期准备后，将这组试件放置于冰柜中进行试验，见图4-41。测定不同温度下的收缩情况。冰柜温度首先从0℃逐步降到－20℃，然后再逐步升高至0℃。温度间隔为5℃，降温或升温速率为0.1℃/min，每次降温或升温至节点温度后恒温2h。在每次恒温结束后读取千分表上的读数并记录。

评价材料温缩性能的指标是温缩系数，即单位温度变化条件下混凝土的线收缩系数，单位为℃。半刚性基层承受的温差与收缩主要是均匀温差与均匀收缩，即外部约束应力占主要比重。

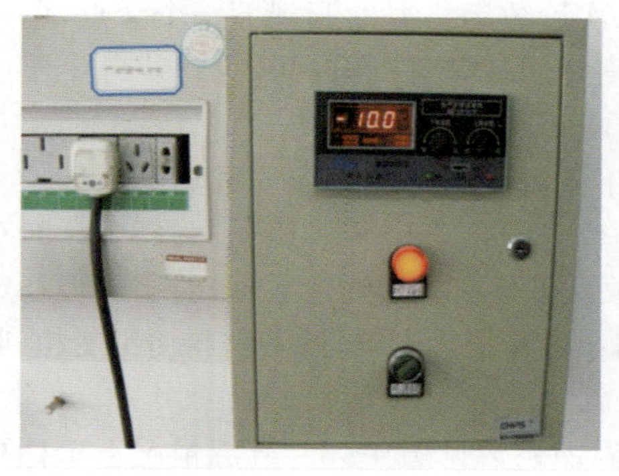

图 4-40 温控装置

图 4-41 置于冰柜中的试件

本试验一个需要注意的地方就是千分表所测得的形变量问题。正常情况下，在试验温度逐渐下降的过程中，试件应该发生低温收缩，千分表读数逐渐减小。但是在试验中发现，千分表上的读数随着温度的降低是逐渐增大的，看似试件膨胀使得千分表读数逐渐增大。实际上千分表上的读数只是一个相对值，它并不是试件真正意义上的收缩或膨胀形变量。由于千分表是被强制固定在模具上，而在冰柜的低温环境中，钢制底座也发生低温收缩，千分表随之向内侧相向运动。但是水泥稳定基层材料试件的温缩形变小于钢制底座的温缩形变，所以相对于钢制底座，试件是逐渐膨胀的，这也就是千分表上的读数逐渐增大的原因。钢制底座的线膨胀系数 $\alpha_{钢}$ 为 12×10^{-6}℃。在计算温缩应变 ε_T 的时候还需要有以下数据——5℃温差内测得形变量、钢制底座夹板间距离以及试件平均长度。

4.7.2 材料特性对水泥稳定级配碎石温缩特性的影响

4.7.2.1 单档材料

选择 2～3cm、1～2cm、0.5～1cm 的三种规格集料，以及砂砾；采用振动方法对各档材料进行成型，计算其干密度，测定其视密度，计算出各单档集料空隙率。采用的水泥剂量分别为 3%、4%和 5%，振动方法确定最大干密度和最佳含水率，以最大干密度的 98%制备梁型试件，单档混合料振动标准如表 4-13 所示，单档混合料空隙率计算结果如表 4-14 所示。

单档混合料振动标准　　表 4-13

类型	最大干密度(g/cm³)			最佳含水率(%)
	水泥 3%	水泥 4%	水泥 5%	
砂	1.85	1.87	1.88	2.6
0.5～1cm	1.92	1.95	1.97	2.8
1～2cm	1.88	1.90	1.92	2.3
2～3cm	1.89	1.91	1.93	1.9

单档混合料空隙率　　表 4-14

类型	视密度(g/cm³)			干密度(g/cm³)			空隙率(%)		
	水泥 3%	水泥 4%	水泥 5%	水泥 3%	水泥 4%	水泥 5%	水泥 3%	水泥 4%	水泥 5%
砂	2.76	2.79	2.82	1.81	1.83	1.84	34.2	34.2	34.2
0.5～1cm	2.90	2.93	2.96	1.88	1.91	1.93	35.1	34.8	34.9
1～2cm	2.89	2.92	2.96	1.84	1.86	1.89	36.4	36.4	36.1
2～3cm	2.90	2.93	2.97	1.84	1.85	1.88	36.6	37.0	36.6

按照前述标准试验方法制备试件，在试件两端适当位置粘上垫片，并用高精度电子尺量取试件长度。将试件放置于钢制底座上固定好，两端插入千分表，将表调零。随后将试件连同底座一同放入冰柜

当中，0℃恒温，直至千分表读数稳定。在之后的过程中，每次读数后将温度调到下一个节点，但处于节点温度时，保证恒温 2h，然后读数。继续这种操作直至温度经历从降温到升温的变化。各个温度节点为 0℃、－5℃、－10℃、－15℃、－20℃、－15℃、－10℃、－5℃、0℃。

将千分表读数和试件长度经过数据处理，求出试件在不同温度下的温缩应变和温缩系数。将温缩系数绘制如图 4-42 所示，从左至右分别为 0～－5℃、－5～－10℃、－10～－15℃、－15～－20℃折线图。从图 4-42 可以看出，随着温度的等间隔降低，温缩系数几乎是在持续线性下降，对于水泥稳定级配碎石材料，其温缩系数与温度变化成正比；材料类型对温缩系数有很大影响，随着材料由细变粗，收缩系数大幅度下降，下降的幅度接近 30％。

从－20℃升温至 0℃的过程中，各类试件不同温度下温缩系数见图 4-43。升温情况下单档材料的温缩特性变化规律与降温基本相同，差别只在于稳定升高，测出的是温胀应变。可以看出，随着温度的升高，其温缩系数在线性增加，材料越粗，其温缩系数越小。

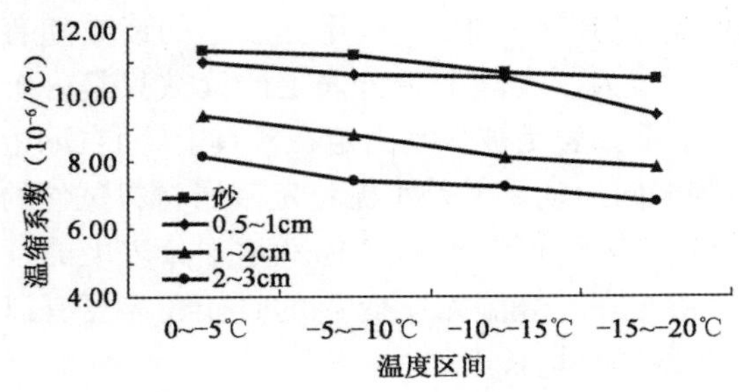

图 4-42 降温过程中单档材料的温缩特性图

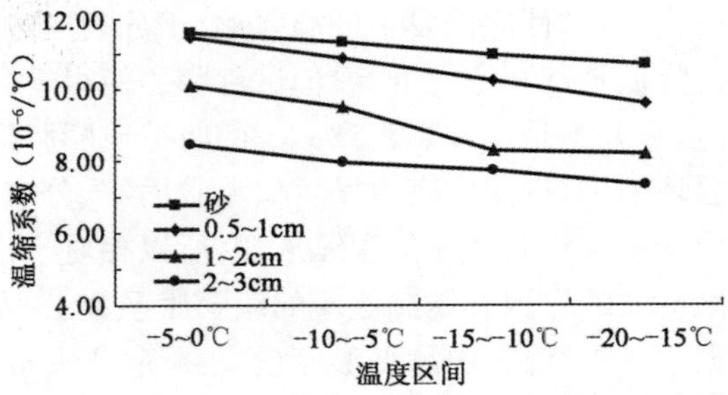

图 4-43 升温过程中单档材料的温缩特性图

最终确定的单档材料的温缩系数是将降温过程与升温过程取平均值后得出的，并且求出在整个 0～－20℃的温度范围内材料的温缩系数。各类材料的温缩系数绘制见图 4-44。

通过比较可以发现，砂温缩系数最大，2～3cm 粗集料温缩系数最小。引起梁型试件收缩变形主要有两个因素，一是石料的颗粒本身，其收缩的大小与岩石的种类有关，二是由水泥与细集料反应形成的胶浆，其温缩性大于岩石。2～3cm 和 1～2cm 的单档集料 4.75mm 的通过率基本为 0，因而骨架之间是嵌挤结构，颗粒与颗粒之间仅为薄薄的水泥浆，其温缩系数是石料温缩占主导，故温缩系数较小；而 0.5～1cm 和砂的 4.75mm 通过率大，在粗颗粒间形成了较厚的水泥砂浆，因而其收缩系数(应变)是粗颗粒和水泥砂浆温缩应变的累计，因而温缩系数大。另外，通过本次试验可以看出，在温度降低过程中，材料温缩系数在减小。这主要因为低温时混合料内部空隙已基本闭合，收缩主要由混合料的集料、凝胶体等引起，但这些原材料和胶结物本身的温缩系数较小，因此梁式试件温缩系数随着温度的降低而逐渐降低。

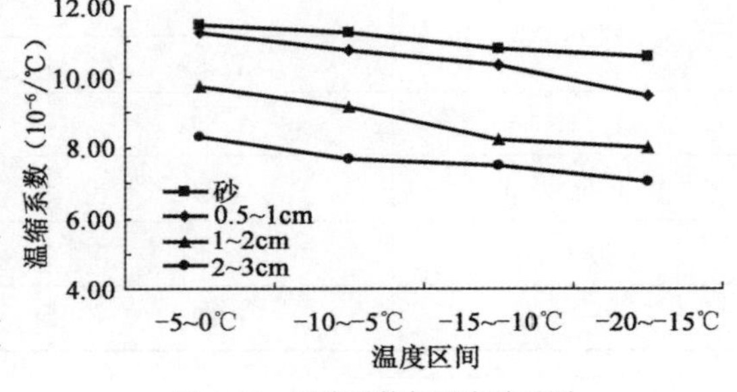

图 4-44 温缩系数与温度关系图

4.7.2.2 水泥剂量

对材料进行振动压实标准试验，得出不同水泥剂量对应的最大干密度和最佳含水率，如表 4-15 所示。然后保证最佳含水率，制作出水泥剂量不同的试件。

振动压实标准结果 表 4-15

水泥剂量(％)	最佳含水率(％)	最大干密度(g/cm^3)
2	4.9	2.223
3	5.1	2.240
4	5.2	2.251

续上表

水泥剂量(%)	最佳含水率(%)	最大干密度(g/cm^3)
5	5.3	2.258
6	5.4	2.269
7	5.5	2.275

按照标准试验方法进行试验，各个温度节点为 0℃、－5℃、－10℃、－15℃、－20℃、－15℃、－10℃、－5℃、0℃。各类材料的温缩系数绘制如图 4-45 所示。可见随着水泥剂量的增加，温缩系数持续增加，且在不同的温度区间内其增长规律基本相同；当水泥剂量超过 5%时，温缩系数的增加具有加剧的趋势，水泥剂量每增加 1%，水泥稳定级配碎石温缩系数平均增长率为 0.2；在降温初期，温缩系数最大，不同水泥剂量的水泥稳定级配碎石的温缩系数，随着温度等间隔降低而在等间隔的减小，在－15～－20℃时，温缩系数最小，温度对温缩系数的影响为 0.07/℃。

从－20℃升温至 0℃的过程中，各类材料的温缩系数绘制如图 4-46 所示。升温过程的温缩系数与降温下的规律基本相同，数据的波动性略大。水泥剂量每增加 1%，水泥稳定级配碎石温缩系数的平均增长率为 0.16。

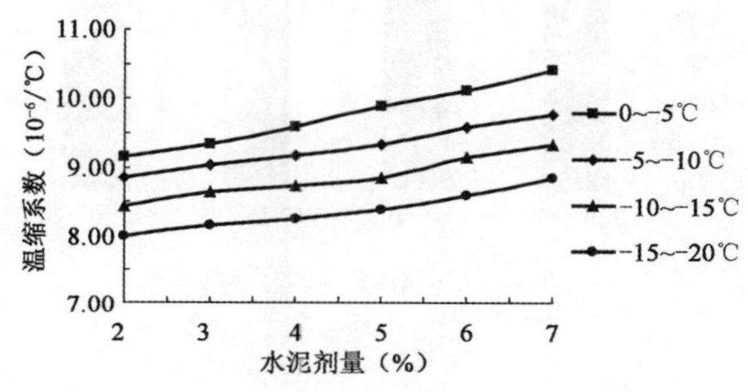

图 4-45　降温过程中温缩系数与水泥剂量关系图

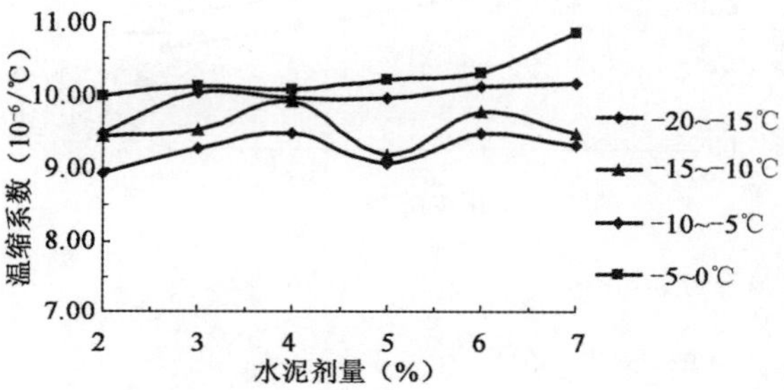

图 4-46　升温过程中温缩系数与水泥剂量关系图

不同水泥剂量的水泥稳定级配碎石温缩系数绘制如图 4-47 所示。

试验结果显示，随着水泥剂量增加，材料的温缩系数不断增大，特别是水泥剂量超过 5%时，温缩系数的增加具有加剧的趋势。这主要是因为随着水泥剂量的增加，混合料中因水泥水化而生成的胶结物增加，占混合料总质量的比重增大，胶结物本身的温缩对混合料总体的收缩影响效应增大，因此混合料表现出较大的温缩系数，在基层材料配合比设计时，相关规范要求水泥剂量不应大于 6%，但从水泥剂量对温缩的影响上看，水泥剂量不应超过 5%；水泥剂量对温缩系数的平均贡献率为 0.19/(1%水泥)。

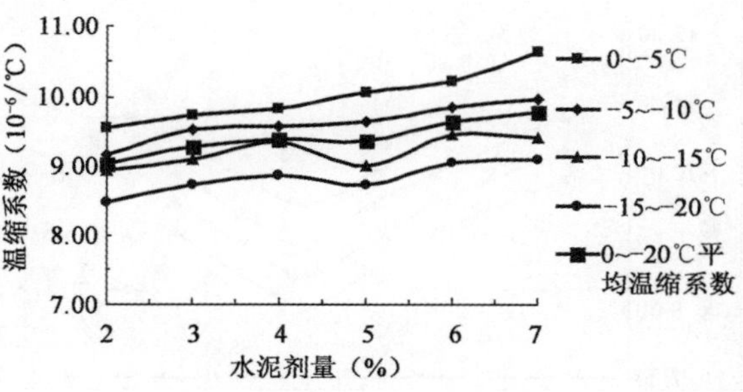

图 4-47　温缩系数与水泥剂量关系图

4.7.3　工艺参数对水泥稳定级配碎石温缩特性的影响

4.7.3.1　压实度

水泥剂量 7%，压实度取 92%、94%、96%、98%、100%。降温过程和升温过程中的温缩系数与压实度关系分别见图 4-48 和图 4-49。在整个 20℃温度范围内的温缩系数与压实度关系见图 4-50。可见混合料温缩系数随压实度增加而减小。这主要是由于压实度越大，材料越密实，在级配类型、水泥剂量和含水率均相同的条件下，密实材料在温度影响下收缩较小。

图 4-51 为不同温度区间温缩系数单位压实度温缩系数的下降率，在温度较高和温度较低时下降率

略大，温度在中间状态下降率较小，在 0～－20℃的温度区间，平均下降率为 0.14×10^{-6}。

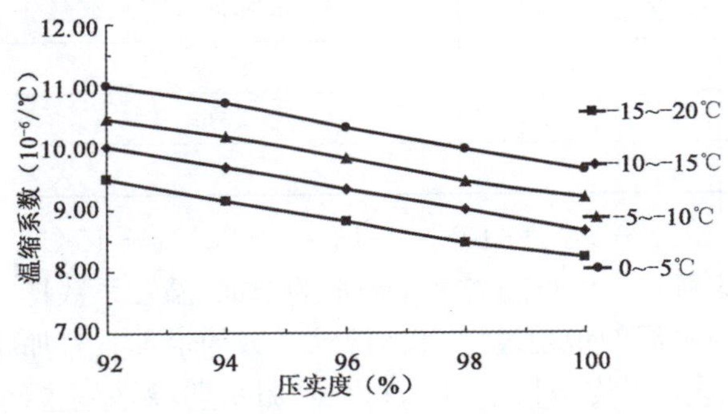

图 4-48　降温过程中压实度不同时的温缩特性图

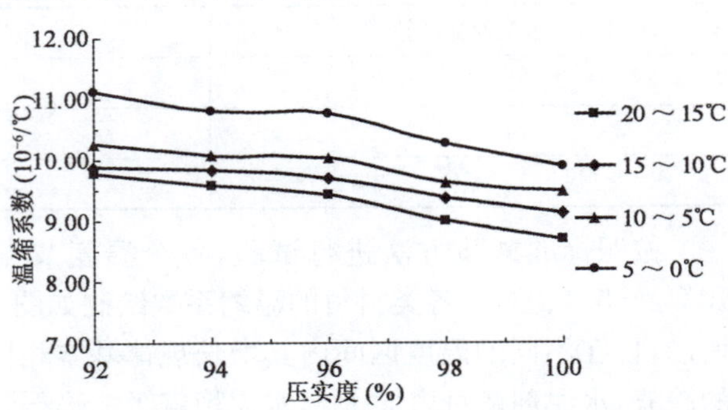

图 4-49　升温过程中压实度不同时的温缩特性图

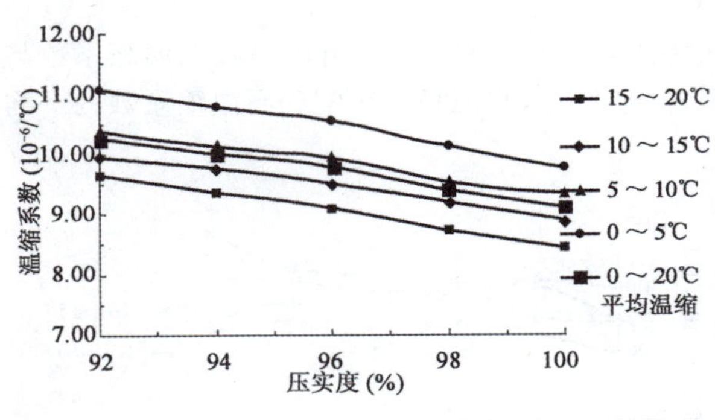

图 4-50　压实度不同时的温缩特性图

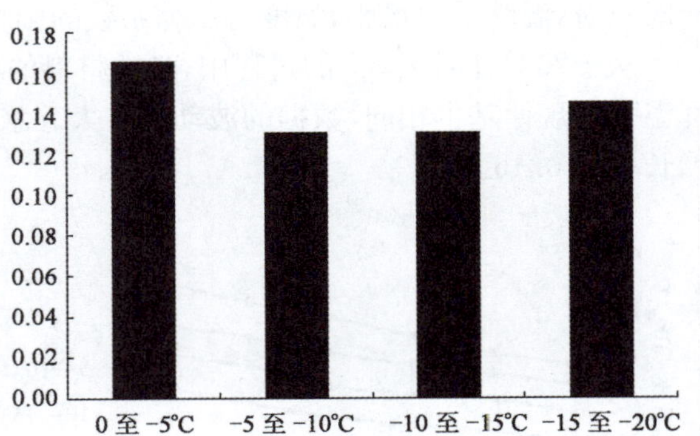

图 4-51　不同温度区间单位压实度下温缩系数的下降率

4.7.3.2　含水率

试件含水率对其收缩特性具有很大影响，为保证试件能容纳多的水分，水泥剂量均选用 7%。振动成型方法制作含水率不同的六个试件。降温过程和升温过程中温缩系数与含水率关系分别绘于图 4-52和图 4-53。整个 20℃温度范围内材料的温缩系数见图 4-54。

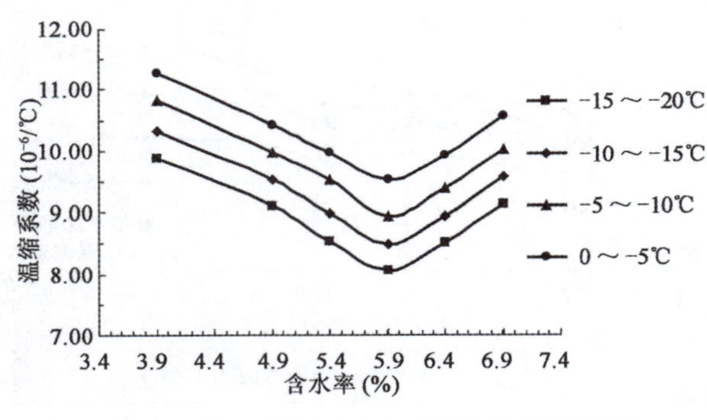

图 4-52　降温过程中含水率不同时的温缩特性图

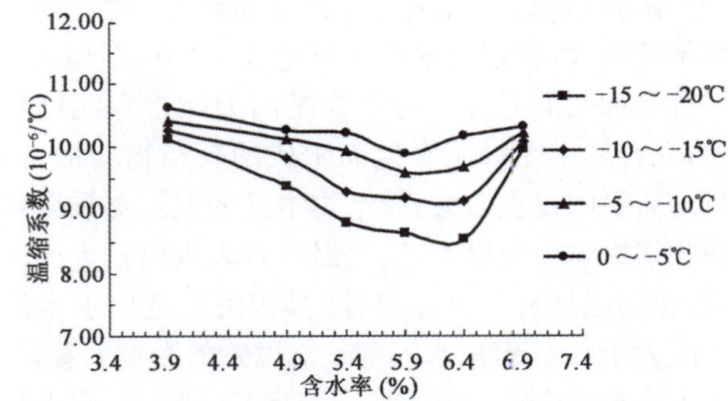

图 4-53　升温过程中含水率不同时的温缩特性图

试验结果显示，混合料含水率在最佳含水率附近时，材料的温缩系数最小。随着含水率偏离最佳含水率，温缩系数都有所增大。当含水率大于最佳含水率时，温缩系数的增加幅度具有急剧增加的趋势，因此施工中应控制含水率不大于最佳含水率。

4.7.4　基于抗温缩的水泥稳定级配碎石填充系数设计

通过对影响水泥稳定级配碎石干缩性能的因素分析，应注意以下原则：

(1)随着材料由细变粗，材料的温缩系数逐渐减小，增加粗集料用量，对提高抗温缩性能有利。

(2)随着水泥剂量的增加，材料温缩系数不断增大，特别是水泥剂量超过 5%时，温缩系数有迅速增加的趋势。水泥剂量对温缩系数的平均贡献率为0.19/(1%水泥)。

(3)最佳含水率附近，材料的温缩系数最小；当含水率大于最佳含水率时，其温缩系数有急剧增加趋势，因此施工中含水率应不大于最佳含水率。

(4)混合料的温缩系数随着压实度的增加而减小，每提高一个单位压实度可降低温缩系数 0.14×10^{-6}。

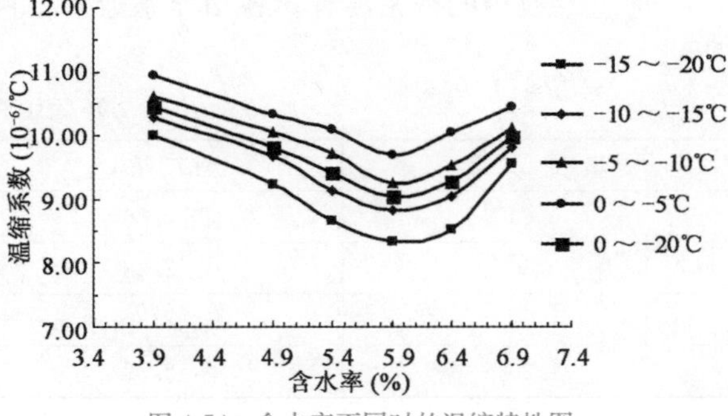

图 4-54 含水率不同时的温缩特性图

4.7.4.1 典型级配的选择

温缩试验所用的级配和材料与干缩试验相同；对粗集料分别进行振动压实、插捣、振动台振动三种试验，确定粗集料空隙率依次为 42.6%、34.2%、30.5%；细集料为采用泰勒公式 $n=0.6$ 计算的结果，通过振动压实标准试验确定细集料最大干密度2.10g/cm³，最佳含水率 8.0%。以三种空隙率为基础，填充系数为 0.6～1.4，采用振动压实法，填充系数为 0.6～2.6 进行级配优化，结果见表 4-16。通过振动压实标准试验，确定每种填充系数对应的最佳含水率和最大干密度见图 4-55。可以看出随着填充系数提高，最佳含水率和最大干密度均增加；当填充系数小于 2.0 时干密度增加很快；当填充系数大于2.0 时趋于平缓。

不同填充系数的级配 表 4-16

	通过下列筛孔(mm)的质量百分率(%)										
填充系数	0.6	0.8	1.0	1.2	1.4	1.6	1.8	2.0	2.2	2.4	2.6
31.5	100	100	100	100	100	100	100	100	100	100	100
26.5	90.9	91.4	91.8	92.2	92.6	92.9	93.2	93.5	93.7	93.9	94.2
19	70.1	71.7	73.1	74.4	75.6	76.7	77.6	78.6	79.4	80.1	80.9
16	50.6	53.2	55.6	57.7	59.7	61.5	63.0	64.6	65.9	67.1	68.4
13.2	35.0	38.5	41.6	44.4	46.9	49.3	51.4	53.4	55.1	56.8	58.4
9.5	24.6	28.6	32.2	35.5	38.4	41.2	43.6	45.9	47.9	49.8	51.7
4.75	16.8	21.2	25.2	28.8	32.1	35.1	37.7	40.3	42.6	44.6	46.7
2.36	12.6	15.9	18.9	21.6	24.0	26.3	28.3	30.2	31.9	33.5	35.0
1.18	9.8	12.4	14.7	16.8	18.7	20.5	22.0	23.5	24.8	26.0	27.3
0.6	7.0	8.8	10.5	12.0	13.4	14.6	15.7	16.8	17.7	18.6	19.5
0.3	4.7	5.9	7.0	8.0	8.9	9.7	10.5	11.2	11.8	12.4	13.0
0.15	3.3	4.1	4.9	5.6	6.2	6.8	7.3	7.8	8.3	8.7	9.1
0.075	1.9	2.4	2.8	3.2	3.6	3.9	4.2	4.5	4.7	5.0	5.2

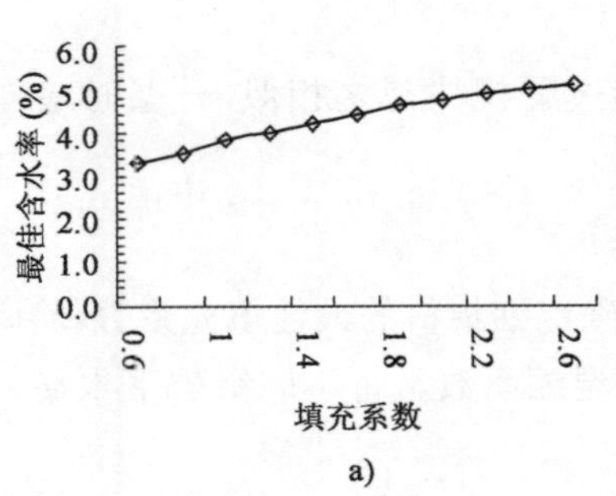

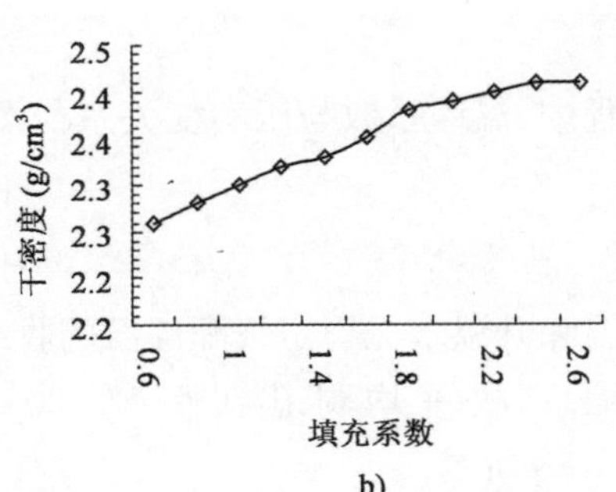

图 4-55 不同填充系数下的最佳含水率和最大干密度

a)最佳含水率；b)最大干密度

通过各粒径的视密度计算各填充系数下材料视密度，再计算各个填充系数材料的空隙率，如表 4-17 所示。

不同填充系数的空隙率 表 4-17

填充系数	干密度(g/cm³)	视密度(g/cm³)	空隙率(%)
0.60	2.26	2.69	15.9
0.80	2.28	2.69	15.0
1.00	2.30	2.68	14.2
1.20	2.32	2.68	13.5
1.40	2.33	2.68	13.1
1.60	2.35	2.67	11.9
1.80	2.38	2.67	10.8
2.00	2.39	2.67	10.4
2.20	2.40	2.66	9.8
2.40	2.41	2.66	9.5
2.60	2.41	2.66	9.3

4.7.4.2 不同填充系数的温缩性能试验

根据用料比例、细集料填充系数和材料的物理指标，在压实度为 98%下振动成型各级配试件，养生 7d 后，进行温缩试验。降温过程温缩系数与填充系数的关系绘于图 4-56。可以看出，随着温度区间降低，温缩系数呈逐渐降低趋势；填充系数为 1.0 时，各温度区间的温缩系数最小；在填充系数大于或小于 1.0 时，温缩系数均呈增加趋势。

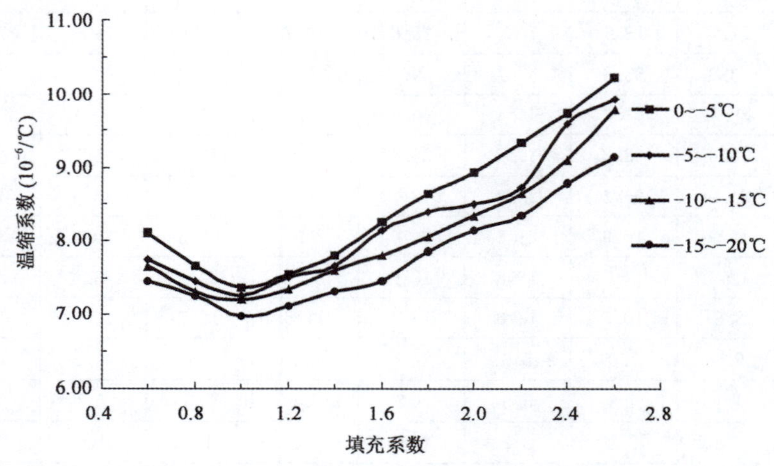

图 4-56 降温过程中填充系数与温缩系数的关系

升温过程中，温缩系数与压实度关系如图 4-57。升温过程规律与之相似，升温时最佳填充系数处在 1.2～1.4。

4.7.4.3 基于抗温缩的水泥稳定级配碎石填充系数范围

根据降温和升温水泥稳定级配碎石的收缩特性，可以确定细集料的最佳填充系数，将降温过程与升温过程的温缩系数取平均，求出在整个负 20℃范围内材料温缩系数。将不同级配下水稳材料的温缩系数绘制如图 4-58 所示。

在两种温度变化过程下填充系数在 1.2 左右时的试件温缩应变较小，证明填充系数在这个范围的级配相比其他级配来说温缩性能更加的优良，若以降温初期 0～－5℃时的温缩系数为控制指标，暂取

9×10^{-6}/℃作为控制，可以得出最佳的填充系数应在 0.6～1.8，此时 $P_{4.75}$ 的变化范围在 17%～38%，$P_{0.075}$＝2.0%～4.2%。基于抗温缩的级配范围见图 4-59。

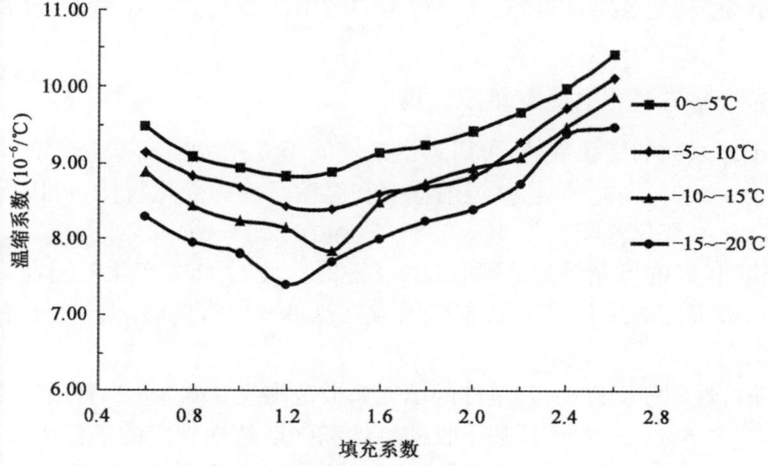

图 4-57　升温过程中填充系数与温缩系数的关系

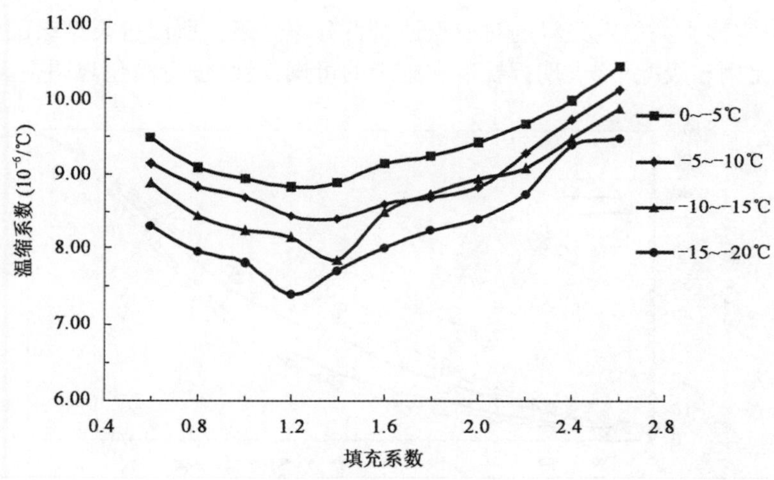

图 4-58　细集料填充系数与温缩系数的关系图

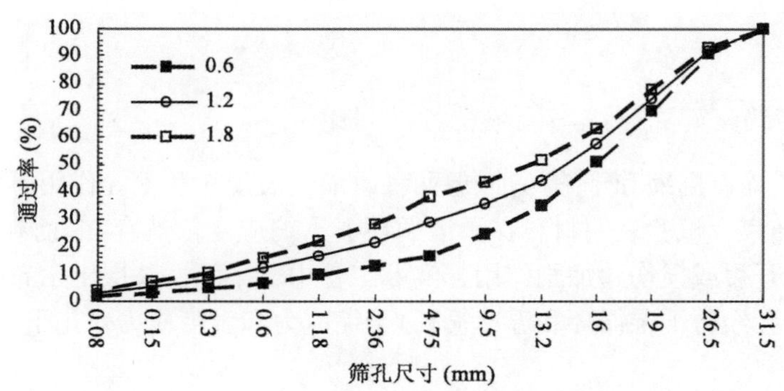

图 4-59　基于抗温缩的水泥稳定级配碎石最佳级配范围

4.8　水泥稳定级配碎石的工程应用

对于骨架—密实型的工程应用，首先必须确定填充系数的合适范围，从而指导实际的材料设计，并提炼相应的设计原则，以指导施工工艺的组织安排。国内关于半刚性基层级配范围和路用性能的研究很多，但对水泥稳定级配碎石的研究很少。因此，结合干缩与温缩研究基本结论，结合级配碎石结构性试验研究结果，确定适宜的填充系数范围，构建完善的体积设计方法。进一步将骨架—密实型水泥稳定级配碎石，应用于“齐泰”高速公路，以检验此套技术的适用性及其实际效果，作为后续完善技术体系的基础。

4.8.1 基于抗干缩与温缩的适宜级配范围

从干缩应变和干缩系数的变化规律，可以得出最佳的填充系数应在 0.6～1.4，此时 $P_{4.75}$ 变化范围在 17%～32%，$P_{0.075}$ =2.0%～3.6%。从温缩应变和温缩系数的变化规律，可以得出最佳的填充系数应在 0.6～1.8，此时 $P_{4.75}$ 变化范围在 17%～38%，$P_{0.075}$ 在 2.0%～4.2%。

从抗压强度来讲，较好的填充系数范围应在 0.8～2.2，此时 $P_{4.75}$ 变化范围在 21%～43%，$P_{0.075}$ 在 2.5%～5%。基于劈裂强度的最佳填充系数范围应在 0.6～1.8，此时 $P_{4.75}$ 变化范围在 17%～38%，$P_{0.075}$ 在 2.0%～4.2%。

结合材料的收缩特性和强度特性，其最佳的填充系数范围应在 0.8～1.4，$P_{4.75}$ 的变化范围在 21%～32%，$P_{0.075}$ 在 2.5%～3.6%，图 4-60 是基于收缩特性和强度特性确定的最佳级配范围。应该指出，抗裂型级配只是结合收缩性能和强度获得的最佳级配，其级配上下限较窄。并且，这一级配范围的下限即填充系数为 0.8 时的级配曲线在 9.5mm 处的累积通过百分率在《公路沥青路面设计规范》(JTG D50—2006)中基层骨架密实型水泥稳定集料的对应点通过百分率之下。所以抗裂型级配应用于工程实践，需考虑集料自然生产比例和级配情况、现行规范和施工的可操作性，进行简化与调整。

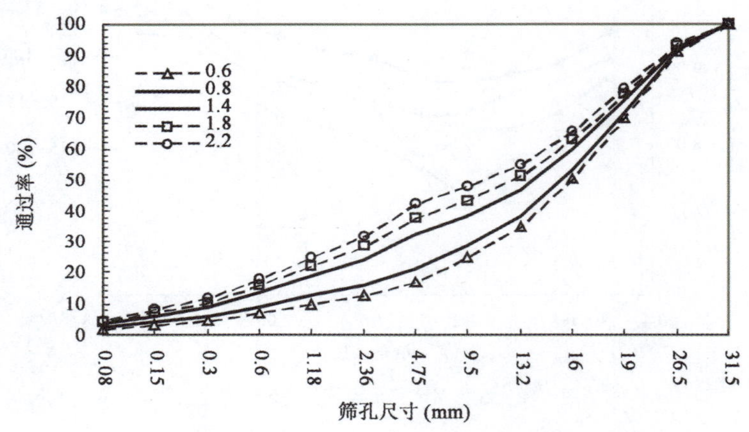

图 4-60 基于收缩特性和强度特性确定的最佳级配范围

4.8.2 水泥稳定级配碎石干缩与温缩特性的对比

半刚性基层材料收缩有温缩和干缩两种，但两种收缩发展规律和主导作用不同，一般认为干缩发生在基层铺筑后至养生结束。试验表明材料在干湿循环下干缩应变依然存在，而在养生期半刚性基层经历多次干湿循环，对其开裂或损伤起加剧作用。实际工程中若半刚性基层土工布或者草帘养生，养生期内反复洒水养生，基层会经历干湿循环和温冷循环，干缩应力和温度应力作用下基层内部可能产生损伤或者微裂纹。

图 4-61 和图 4-62 为两种收缩应变和收缩系数的对比。各填充系数的温缩应变均大于干缩应变，干缩应变为温缩应变的 45%；干缩系数则是温缩系数的 1/20，但这并不能说明半刚性基层裂缝由服役期温缩产生。在养生初期，基层的抗拉强度很低，在急速失水后更易产生损伤或开裂，只是有些微裂纹肉眼难以观察；因此基层养生期出现的微裂纹由干缩和温缩共同导致。进入服役期后，温度循环下微裂纹扩展，若干年的温度循环使裂纹逐渐加宽，直至达到厘米级，使半刚性基层产生结构性的破坏。

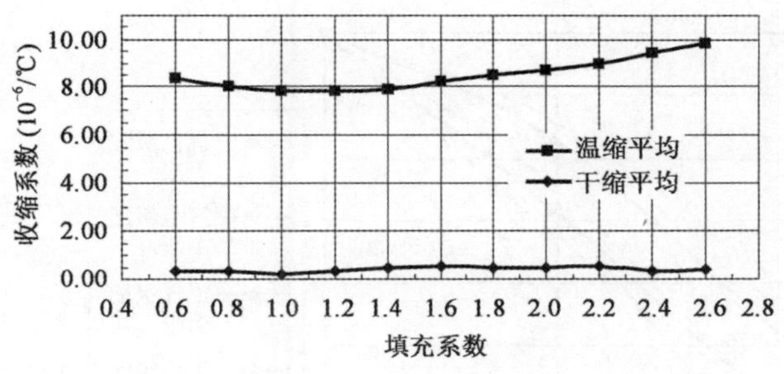

图 4-61　水泥稳定级配碎石的温缩系数和干缩系数对比

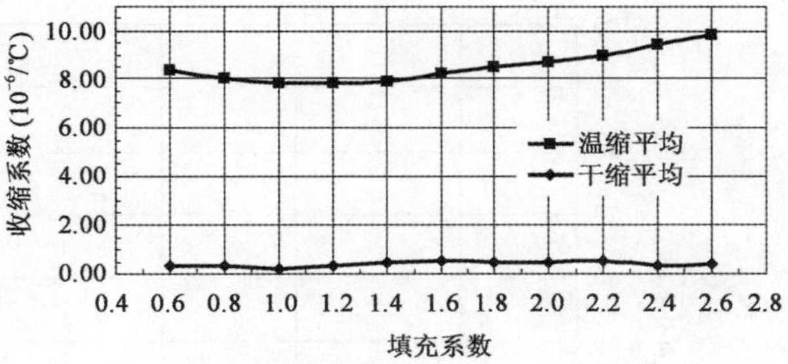

图 4-62　水泥稳定级配碎石的温缩应变和干缩应变对比

4.8.3　配合比设计

齐泰高速公路全长约 140km，是齐白公路黑龙江省境内段，连接齐齐哈尔和泰来的一条高速公路。所经地区属东北西部润干冻区，北温带大陆性季节气候，冬冷夏热，温差较大，年平均降雨量为 386mm，属于 II-1 和 II-2 沥青路面温度分区。属中等交通等级。

行车道结构组合如下：

上面层：5cm 中粒式沥青混凝土（AC-16）；

下面层：7cm 中粒式沥青混凝土（AC-20）；

基层：20cm5％水泥稳定级配碎石；

底基层：30cm6％水泥稳定砂砾；

封层：25cm 天然砂砾、砂砾石灰土或 3％水泥稳定砂砾；

中湿潮湿路段分别设 20cm、30cm 天然砂砾垫层。

齐泰高速公路所处区域沥青路面遭受较为严重的反射裂缝和温缩裂缝。所以对于基层水泥稳定碎石的设计，需要考虑材料的收缩特性。开展原材料筛分、密度、压碎值等原材料试验，然后按照体积设计法设计级配碎石，同时使其满足工程级配的要求，然后使用最少的水泥剂量来提供水泥稳定级配碎石的早期强度，来满足设计强度要求。工程级配是结合现行公路沥青路面设计规范中骨架密实型水泥稳定集料级配范围和抗裂型级配范围给出的。如此设计，是为了既满足行业规范，又考虑到改善水泥稳定碎石的收缩性能。

4.8.3.1　确定工程级配

表 4-18 给出了现行公路沥青路面设计规范中骨架密实型水泥稳定碎石的级配范围和抗裂型级配范围。可以看出，抗裂型级配范围太窄，对于工程材料的普适性差；而且抗性型级配下限在 9.5mm 处超出沥青路面设计规范规定下限。由于各个料场加工石料的级配组成差异大，为兼顾技术性和经济性，采用的工程级配如图 4-63 所示，下限基本和沥青路面设计规范重叠，主要压缩上限以增加粗集料用量。

各种级配范围汇总　　表 4-18

通过下列筛孔(mm)的质量百分率(%)						
筛孔尺寸	沥青路面设计规范		抗裂型级配		工程级配	
	下限	上限	下限	上限	下限	上限
31.5	100	100	100	100	100	100
19	68	86	71.7	75.6	71.7	83
9.5	38	58	28.6	38.4	38	50
4.75	22	32	21.2	32.1	22	32
2.36	16	28	15.9	24	16	24
0.6	8	15	8.8	13.4	8.8	13.4
0.075	0	3	2.4	3.6	2.4	3.6

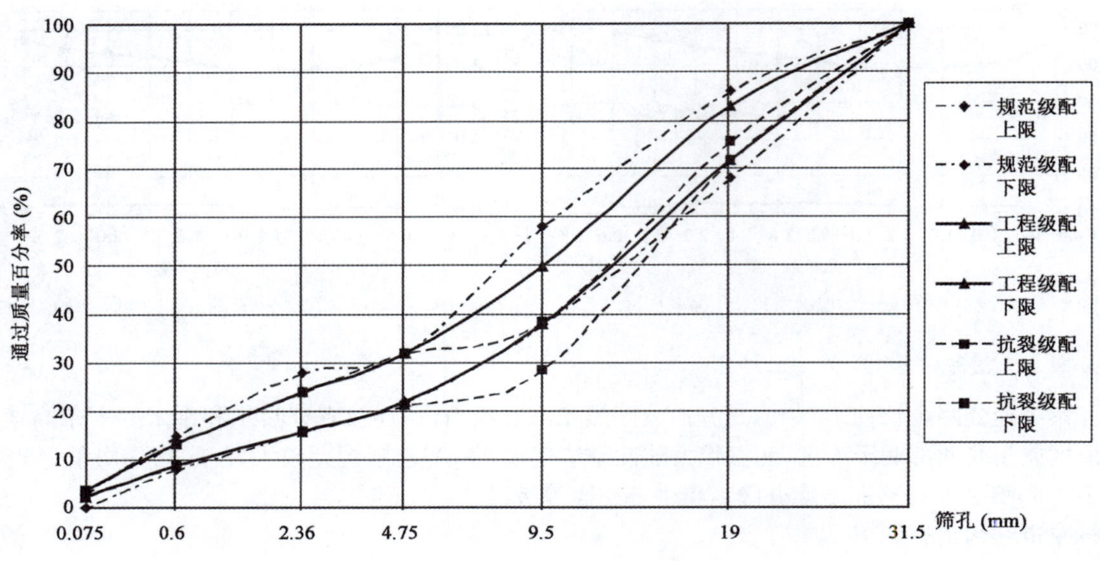

图 4-63　级配对比图

K 值按照下式计算：

$$K=\frac{\dfrac{P_{4.75}}{\rho_x(1-V_x)}}{\dfrac{100-P_{4.75}}{\rho_c(1-V_c)}(V_c-\omega(1-V_c)\rho_c)} \tag{4-14}$$

式中：$P_{4.75}$——4.75mm 的通过百分率，%。

由于粗集料的振实含水率在 1.5%左右，所以 $V_c-\omega(1-V_c)\rho_c\approx V_c$，所以将式 4-14 简化为：

$$K=\frac{\dfrac{P_{4.75}}{\rho_x(1-V_x)}}{\dfrac{(100-P_{4.75})V_c}{\rho_c(1-V_c)}} \tag{4-15}$$

前期试验结果表明，粗集料振动工艺下空隙率在 34%～36%，细集料的空隙率约为 16%～0.20%。将齐泰公路基层粗细集料密度分别取平均值后，可以计算出来工程级配的填充系数。应用正交方法计算填充系数，计算参数和结果列于表 4-19 中。可以看出，工程级配限定混合料填充系数在 0.7～1.2。

工程级配对应填充系数　　表 4-19

$P_{4.75}$(%)	V_x	V_c	K
22	0.16	0.34	0.7
		0.35	0.7
		0.36	0.6
32	0.16	0.34	1.2
		0.35	1.1
		0.36	1.1
22	0.18	0.34	0.7
		0.35	0.7
		0.36	0.6
32	0.18	0.34	1.2
		0.35	1.1
		0.36	1.1

续上表

$P_{4.75}$(%)	V_x	V_c	K
22	0.20	0.34	0.7
		0.35	0.7
		0.36	0.7
32	0.20	0.34	1.2
		0.35	1.2
		0.36	1.1

注:根据齐泰全线基层料场石料密度,经加权平均后获得计算工程级配所需细集料和粗集料的表观相对密度分别为 $\rho_x=2.53$、$\rho_c=2.68$。

4.8.3.2 目标配合比级配调试

工程级配被限制在骨架密实级配范围内。为便于工程人员操作,应用传统的级配设计方法,调整各标段料场各种规格料的比例(表 4-20),使它们符合工程级配对于级配碎石的要求。各标段级配碎石目标配比曲线见图 4-64,对应的填充系数列于表 4-21 中,表中粗细集料空隙率取各自范围中值,即 35%和 18%;粗细集料的表观相对密度按照各档料在级配中的权重加权平均获得。

各料源掺配比例　　表 4-20

标　段	D1			D2		D3	D4	D5	D6
料场	海通	振兴	龙江	哈拉海	兴隆	振兴	海通	白城	玉石
掺配比例 $A:B:C:D$	22∶30∶20∶28	25∶20∶25∶30	33∶20∶17∶30	30∶34∶10∶26	28∶30∶12∶30	24∶26∶23∶27	25∶25∶23∶27	25∶35∶12∶28	25∶25∶25∶25

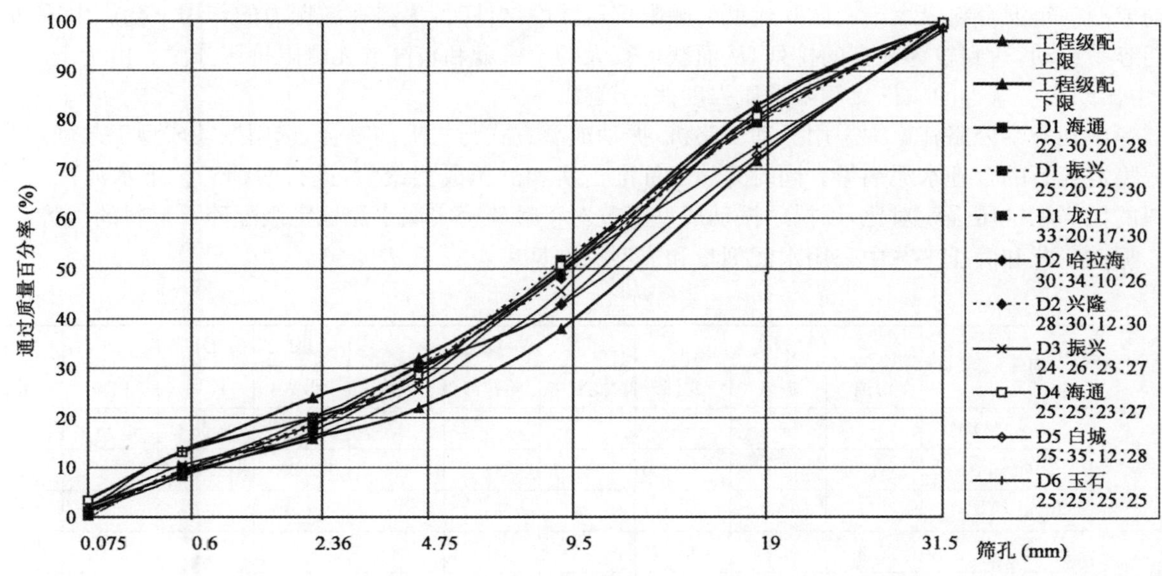

图 4-64　各标段基层级配曲线

对比表 4-20,可见除 D6 标段外,各级配的填充系数基本在 0.9～1.0。D6 标段细集料的表观相对密度明显小于其余标段细集料密度,而粗集料密度略小于其余标段粗集料密度,所以 D6 标段细集料密度测定时可能存在了一些误差,不具有代表性。

考虑 D1～D5 标段填充系数与工程级配上下限对应填充系数的关系,可见填充系数可以方便快捷的评价各级配是否在工程级配上下限走向内。D6 标段作为对比样本,将填充系数定在 0.6。通过后续裂缝调查,评价水泥稳定级配碎石填充系数对于基层乃至沥青面层裂缝的影响。

各标段级配对应填充系数 表 4-21

标段	料源	$P_{4.75}$(%)	ρ_x	V_x	ρ_c	V_c	K
D1	海通	29.5	2.50	0.18	2.73	0.35	1.0
	振兴	29.5	2.56	0.18	2.74	0.35	1.0
	龙江	29.6	2.49	0.18	2.60	0.35	1.0
D2	哈拉海	30.6	2.58	0.18	2.62	0.35	1.0
	兴隆	30.9	2.60	0.18	2.66	0.35	1.0
D3	振兴	25.9	2.46	0.18	2.75	0.35	0.9
D4	海通	28.6	2.62	0.18	2.71	0.35	0.9
D5	白城	30.2	2.56	0.18	2.64	0.35	1.0
D6	玉山	20.1	2.39	0.18	2.61	0.35	0.6

4.8.3.3 水泥稳定级配碎石强度试验

为保证水泥稳定材料的力学性能，沥青路面设计规范规定：中等交通量的高速公路水泥稳定材料7d无侧限抗压强度不得小于2.5～3.5MPa。齐泰公路设计文件中选取3.0MPa作为标准。

确定水泥稳定类材料最大干密度和测定其无侧限抗压强度的标准击实和静压成型与实际施工存在不同。实际施工中集料周围的约束弱于标准击实和静压成型，钢模的存在给集料之间的相互错动和排序带来困难。同时，集料在标准击实或静压成型下，被击碎或者出现裂纹的比例很高。在裂纹和破碎面处，由于没有或存在很少的水泥浆，黏结力几乎为零。所以这种方法成型出的试件，很多情况下，虽然干密度较大，但无侧限抗压强度却较小。

振动成型实际上是模拟的实际施工中振动压路机对于无机结合料稳定材料的振动冲击压实作用。振动成型确定混合料最大干密度和成型无侧限抗压强度试件时，集料在激振力的作用下会产生振动，相互间容易错动，达到较为优良的排列，从而获得较大的干密度和较高的无侧限抗压强度。由于击碎率很小，由振动成型获得的试件无侧限抗压强度往往较高。

考虑到齐泰公路施工中采用振动压路机，振动成型方式与之更加吻合，选用振动成型工艺确定基层水泥稳定碎石的合理水泥剂量。同时开展了标准击实和静压成型试验，进行两种工艺下水泥稳定碎石材料的无侧限抗压强度对比，以揭示振动成型工艺对于骨架密实型水泥稳定级配碎石材料的优势。

振动工艺和静压工艺中采用水泥剂量和成型标准见表4-22和表4-23。

振动击实标准和无侧限抗压强度汇总 表 4-22

水泥(%)	项目	D1			D2			D3	D4	D5	D6
		海通	振兴	龙江	龙江	哈拉海	兴隆	振兴	海通	白城	玉石
3	w^1(%)	—	—	—	—	—	—	7.5	5	—	7.5
	γ^2(g/cm³)	—	—	—	—	—	—	2.22	2.13	—	2.16
	$R^3_{c_{0.95}}$(MPa)	—	—	—	—	—	—	2.9	3.0	—	3.4
4	w(%)	7.3	6.8	7.5	7.5	8	8	8	5.5	7.5	7.8
	γ(g/cm³)	2.2	2.33	2.17	2.16	2.06	2.12	2.22	2.22	2.23	2.19
	$R_{c_{0.95}}$(MPa)	3.2	4.1	4.6	3.2	3.8	4.3	3.3	3.6	3.7	3.9

注：①w代表最佳含水率，下同，γ代表最大干密度，下同；

②$R_{c_{0.95}}$代表考虑了95%保证率之后的无侧限抗压强度值，下同。

由于石屑偏粗，D1、D2标段的合成级配中细料占的比例相对较少。如前所述，标准击实和静压成型时，由于存在集料被击碎（标准击实）或挤碎（静压成型）的情况，试件存在潜在破坏点（裂缝和击碎面），得到的无侧限抗压强度很低。其余标段细料比例相对多些，细料在标准击实和静压成型过程中能够在粗集料之间起到缓冲作用，石料发生击碎和挤碎的比例要小些，整体强度要高些。

静压击实标准和无侧限抗压强度汇总 表 4-23

水泥(%)	项　目	D1			D2			D3	D4	D5	D6
		海通	振兴	龙江	龙江	哈拉海	兴隆	振兴	海通	白城	玉石
3	w(%)	6.2	—	—	8.0	—	—	7.0	5.0	—	7.0
	γ(g/cm³)	2.12	—	—	2.13	—	—	2.23	2.19	—	2.23
	$R_{c_{0.95}}$(MPa)	0.46	—	—	1.1	—	—	2.8	2.4	—	2.6
4	w(%)	6.5	6.5	8.5	8.5	8.5	8.5	7.5	5.5	7.0	7.5
	γ(g/cm³)	2.16	2.28	2.16	2.16	2.10	2.18	2.27	2.29	2.20	2.23
	$R_{c_{0.95}}$(MPa)	1.19	4.1	2.7	1.09	1.85	2.2	3.6	3.7	2.6/2.0	3.9

对比表 4-22 和表 4-23 可见，相同水泥剂量下，振动成型试件的无侧限抗压强度要比静压成型的试件强度高得多。如前所述，由于骨架密实型结构的石料在静压成型过程中被挤碎的比例很高，从而破坏石料之间的嵌挤作用，产生了受压下潜在的破坏(裂缝或挤碎面)。而振动成型下集料受到激振力的作用，产生上下左右的振动，容易形成良好的骨架，同时还不易被击碎。

由此可见用标准击实试验和静压成型方法获得试件的无侧限抗压强度用来评价骨架密实型结构的强度是不匹配和不适宜的。振动成型方法很好地模拟了水泥稳定材料振动碾压的过程。因此应用振动成型方法获得的强度来评价水泥稳定级配碎石配合比设计的合理性。

值得特别关注的是，达到相同的无侧限抗压强度，振动成型工艺可以比静压成型工艺使用的水泥剂量至少 1%。水泥剂量的下降直接引起水泥稳定级配碎石收缩性能的改善。

按照骨架密实原则设计的级配碎石，掺加少量水泥结合料，在振动成型工艺下形成良好的骨架密实结构，具有较高的早期稳定；并且在使用中后期，大的内摩阻角提供了良好的嵌挤作用，可保证在水泥结合料逐渐丧失黏结作用之后基层仍具有较高的抗剪切强度和良好的稳定性。

所以，考虑到材料的强度、收缩特性和长期稳定性，决定采用振动成型工艺作为配合比设计的标准工艺，设计水泥剂量定在 4%。根据《公路路基施工技术规范》(JTG F10—2006)规定，厂拌法施工的水泥剂量需要在设计水泥剂量基础上提高 0.5%，故施工水泥剂量为 4.5%。

4.8.3.4 配合比确定

振动成型试件无侧限抗压强度结果满足设计文件要求，所以初步调试的目标配合比是合适的。故采用图 4-64 的配合比，施工水泥剂量为 4.5%。确定的配合比，各档集料的比例均匀，基本与现阶段料场加工工艺生产出的集料自然级配吻合，能够充分地就地取材，做到经济性和技术性的有机结合和能效统一。

4.9 竣工后第一年春季路面裂缝调查

众所周知，沥青路面越冬后开裂，与其所经历的极端低温和温度下降速率有关。根据气象资料齐齐哈尔和泰来地区 1958～2008 年温度最低的三个月份，1 月、2 月和 12 月的极端和平均低温汇总在表 4-24中。

齐泰公路所处地区低温情况 表 4-24

月　份	极端最低气温(℃)		平均最低气温(℃)	
	齐齐哈尔	泰来	齐齐哈尔	泰来
1	−40	−35	−24	−22
2	−35	−35	−20	−18
12	−35	−35	−21	−19

为配合裂缝调查,在对齐泰高速公路沿线自然状况调查的基础上,考虑泰来县气象站的位置与环境条件,决定在 K129＋900 附近设立试验区。该位置通风良好,又无遮挡设施,距离齐泰高速公路主线约 150m,保证试验区路面环境条件与主线非常接近,保证采集的温度数据与主线路面结构温度场一致。

温度场试验路总厚 420mm,沥青混凝土面层 120mm(上面层 40mm 的 AC16,下面层 80mm 的 AC20),与主线沥青层厚度相同;水泥稳定级配碎石基层 150mm,天然砂砾垫层 150mm。

路表及路面结构层内设置温度传感器探头,路表、基层顶部、基层底部设测点。摘取 2010 年 1 月 20 日至 2 月 18 日观测到的温度场数据,绘制成图 4-65。

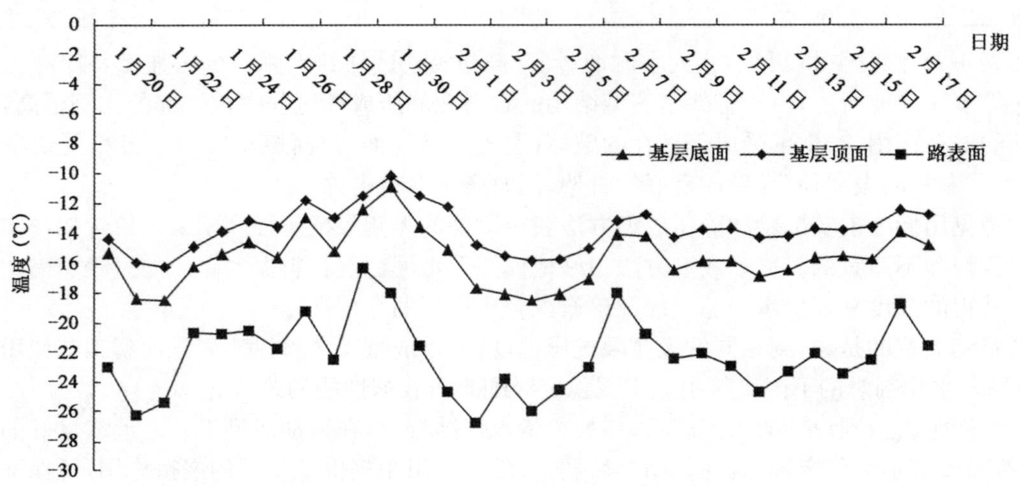

图 4-65 2010 年 1 月 20 日至 2 月 18 日采集的路面温度场

2010 年 3 月底按照齐泰标段划分,各标段选取约 2km 的路段开展裂缝调查。调查结果列于表 4-25 中,对应的路面开裂绘制成图 4-66。

齐泰高速公路典型路段开裂调查　　表 4-25

起讫桩号		距离(m)	裂缝数(条)	平均条数(条/100m)	平均间距(m)
K2＋300～K4＋000	上行	1700	54	3.2	31.5
	下行	1700	51	3.0	33.3
K39＋000～K41＋000	上行	2000	73	3.7	27.4
	下行	2000	53	2.7	37.7
K50＋000～K52＋000	上行	2000	65	3.3	30.8
	下行	2000	46	2.3	43.5
K84＋000～K86＋000	上行	2000	53	2.7	37.7
	下行	2000	56	2.8	35.7
K102＋000～K104＋000	上行	2000	41	2.1	48.8
	下行	2000	49	2.5	40.8
K130＋000～K132＋000	上行	2000	94	4.7	21.3
	下行	2000	82	4.1	24.4

选取数据的二月份路表平均最低温度为－26.8℃,较泰来历年空气平均最低气温大约低 7℃。实际上,空气极端最低温度要比路表极端最低温度略低。因此,2009 年冬季至 2010 年春季期间,齐齐哈尔地区经历多年来最严寒天气。温度场试验路的面层厚度和主线相同,基层顶面的温度就可以反映主线基层的温度。同一天内基层顶面的最低温度较路表高出 6～8℃。

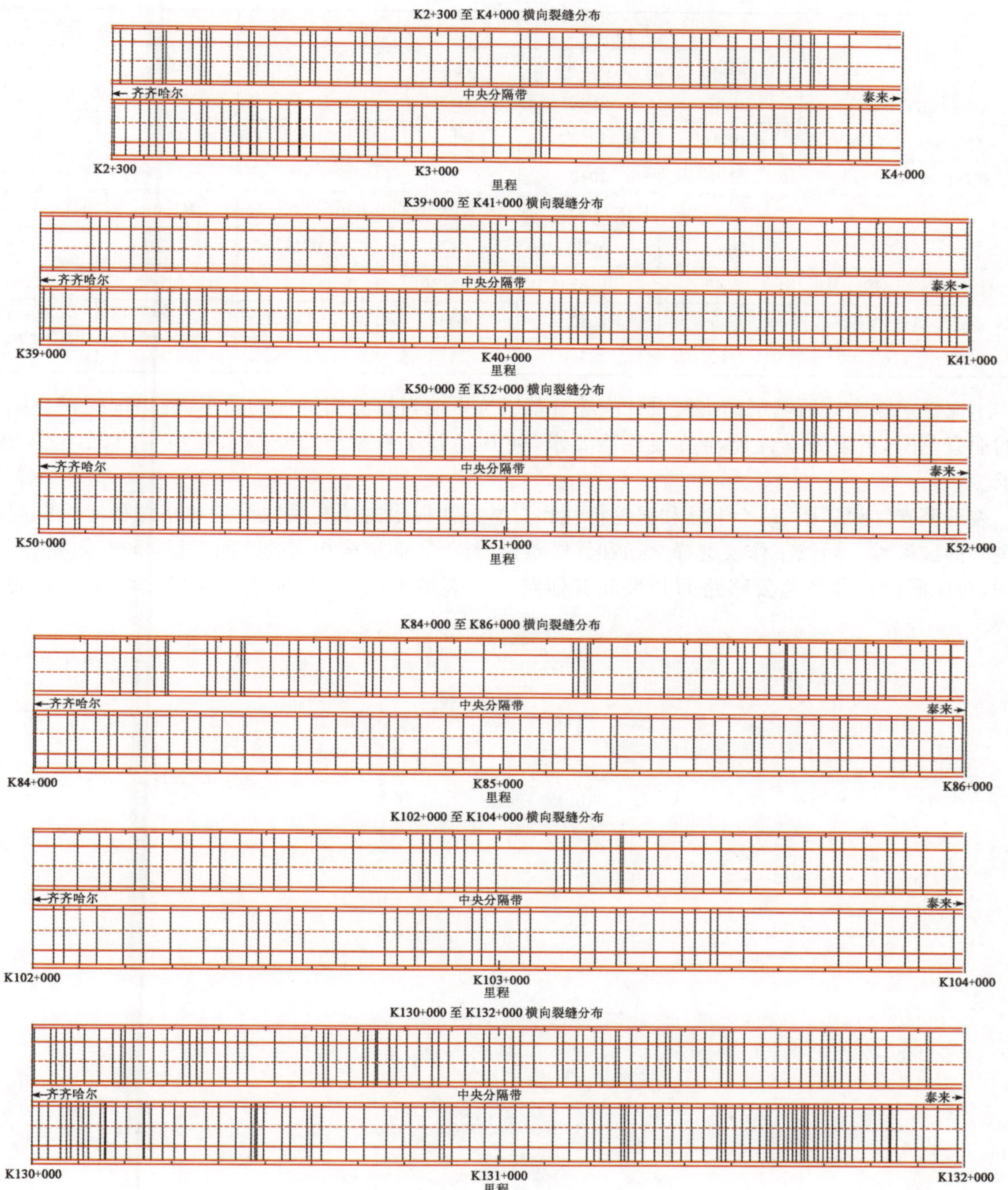

图 4-66 齐泰公路典型路段竣工后第一个春季的开裂情况

此外，沥青路面材料特性也影响调查结果。

表 4-26 汇总了全部调查路段下面层沥青混合料（AC20）和上面层沥青混合料（AC16）低温小梁弯曲试验结果。从表中可以看出，全线沥青混合料的极限拉应变相对较小，沥青混合料自身的低温抗裂能力低。而且恰逢极端低温气候，因此调查获得的沥青路面裂缝中应有相当比例的面层温缩裂缝，而与基层开裂无关。

虽然如此，有些路段如 K102＋000～K104＋000 开裂间距依然达到 40m 以上。说明如果施工控制良好，水泥稳定级配碎石基层具有发挥低温抗裂性能好的优势。

各调查路段沥青混合料低温性能 表 4-26

项 目	K2+300～K4+000		K39+000～K41+000		K50+000～K52+000	
	AC20	AC16	AC20	AC16	AC20	AC16
抗弯拉强度(MPa)	10.87	12.57	10.87	10.16	10.87	8.87
弯曲劲度模量(MPa)	4971	4228	4971	3467	4971	3012
破坏应变 (10^{-6})	2210	3042	2210	3003	2210	2987
项 目	K84+000～K86+000		K102+000～K104+000		K130+000～K132+000	
	AC20	AC16	AC20	AC16	AC20	AC16
抗弯拉强度(MPa)	12.66	9.87	11.24	11	8.84	10.41
弯曲劲度模量(MPa)	5243	3020	5446	3838	3655	3299
破坏应变 (10^{-6})	2442	3351	2163	2863	2462	3155

水泥稳定级配碎石基层的抗裂设计应综合基层抗干缩与抗温缩特性的要求，提出级配碎石填充系数的适宜范围，平衡力学性能与抗裂性能要求，使其达到了骨架—密实型水泥稳定级配碎石的性能要求。

裂缝调查结果表明，基于干缩和温缩特性和力学特性提出的填充系数设计的水泥稳定级配碎石具有良好的抗裂性。后续工作要选择交通和气候条件相近、路面结构相同的路面工程，开展连续多年裂缝观测，对比研究齐泰高速公路路面开裂和其他路面开裂情况，进一步证实水泥稳定级配碎石的抗裂优势。

5 寒冷地区双层沥青混凝土路面配合比设计与施工技术

5.1 概述

为适应国民经济发展的要求，我国通过“七五”期间大量研究，成功地提出了半刚性基层的结构形式并在全国广泛使用.如今半刚性基层沥青路面已经成为我国高等级公路沥青路面的主要结构类型。半刚性基层的强度和承载力较高，板体性、抗冻性、水稳性好等优点为实现“强基薄面”的结构提供了可靠保证，为公路建设与经济发展起到了巨大作用。但“强基薄面”的设计方法适用条件应为沥青层小于15cm，使用寿命较短(15年内)的过渡式路面，随着高速公路的功能要求越来越高，“永久式路面”与“基层终身无大修”应成为新时期的路面结构设计的方向。

在我国相关规范中半刚性基层层底拉应力累计轴载换算年限与沥青路面设计年限相同，高速公路均为15年。按此理解15年后路面基层也应达到破坏状态，路面维修必须挖除整个结构，这是不现实的，因此设计年限有必要加长。从这一角度出发柔性基层具有明显的优势，随着荷载的重复作用，结构会越来越稳定。从半刚性基层与柔性基层的力学特性来看，半刚性材料受湿度、温度、施工延迟的影响较大，因而变异性大；柔性基层则不受这些条件影响或影响较小，同时柔性基层排水性好，较好地调节了路面的湿度状态，保证了沥青路面的稳定工作状态。

近年来工程人员通过总结经验教训，纠正了片面追求平整度忽视压实度的做法，目前压实度的控制已经得到的普遍重视。但从目前的做法看，为强调压实，不少单位不仅提高混合料设计的击实标准，同时施工中又增加压实遍数，提高压实机具的吨位，有些矫枉过正，造成沥青路面的人为损伤，这类损坏在近两年的路面损坏中成为主要原因。尤其是沥青混合料使用骨架密实型级配后，必须研究合理的压实工艺与组合，同时也应建立新的材料强度标准。目前的沥青混合料标准是建立在传统的连续密级配基础上的，集料不会出现应力集中现象，材料的形状决定了压实破坏的大小，而骨架密实型混合料压实时集料受力集中，其强度不足将导致大量压碎，除要求针片状外，应提高集料的强度。同时在重载交通条件下必须提高原材料的强度标准。

在工程中室内试验方法与施工方法不一致，造成压实标准过高。如压实工艺包含了搓揉(轮胎式压路机)、振动(振动式压路机)、冲击(静压)，而室内采用传统的冲击击实工艺；同时室内外的压实功也不易确定。

5.1.1 沥青路面病害及其影响因素

黑龙江省各高速公路路面病害调查数据显示，车辙和裂缝是沥青路面主要的两种病害形式，一些路段车辙病害占总病害量的70%以上，裂缝所占比例也高达15%以上。其他形式的病害还有:纵向裂缝、网裂和沉陷、水损坏、桥面铺装损坏等。防治与控制路面车辙与裂缝两类病害，必须通过路面材料设计与结构的合理组合来解决。

沥青路面使用性能不仅取决于沥青混凝土材料的物理力学性能，而且与气候状况、水文地质、车辆荷载以及结构组合等因素有着密切关系。目前黑龙江省沥青路面面临的主要问题包括:①高温车辙与低温开裂的矛盾突出；②沥青路面水稳定性与高温稳定性的认识不足；③压实度与平整度的矛盾依然存在。这些问题在全国范围内或多或少，或严重或轻微的普遍存在着。这些根本性问题必须开展大量的理论性基础研究工，无法在短期内得到有效解决。因此消化吸收国内外成功的沥青路面设计与施工经验，加强施工质量的过程控制成为解决问题的主要技术途径。

(1)低温开裂

黑龙江省位于东北亚中心地带、我国东北端，是全国纬度最高的省份，属于典型的中温带大陆季风气候，夏季短促而炎热、冬季漫长而寒冷，气候条件比较恶劣(表 5-1)。由于气候因素导致的沥青路面病害主要包括：低温开裂、冻胀翻浆、冻融破坏以及高温车辙等，因此深入分析该省气候特征、明确设计参数对解决各种病害具有十分重要的意义。

黑龙江省主要气象观测站 40 年气温统计分析　表 5-1

站　名	气　温				最高、最低气温98%保证率		冻结指数(℃)(10 年)	
	最低气温		最高气温					
	多年平均	标准差	最热 7d 多年平均	标准差	最高	最低	平均	最大
漠河	−47	3	29	2	33	−53	3573	4148
塔河	−42	3	29	2	33	−48	3081	3705
呼玛	−42	3	30	2	34	−48	2827	3323
黑河	−37	3	30	2	34	−43	2450	2843
嫩江	−40	3	30	2	34	−46	2518	3077
北安	−38	2	30	2	34	−42	2417	2875
富裕	−35	3	31	2	35	−41	1950	2434
齐齐哈尔	−32	3	31	2	35	−38	1700	2246
拜泉	−35	3	30	2	34	−41	2125	2592
伊春	−39	2	30	2	34	−43	2196	2572
泰来	−30	3	32	2	36	−36	1536	2139
绥化	−36	3	30	2	34	−42	1978	2487
佳木斯	−34	3	31	2	35	−40	1721	2117
依兰	−32	3	30	2	34	−38	1693	2117
哈尔滨	−34	3	31	1	33	−40	1623	2140
鸡西	−30	2	31	2	35	−34	1524	1957
牡丹江	−32	3	31	2	35	−38	1517	2060
绥芬河	−31	2	29	2	33	−35	1586	2009

低温开裂是黑龙江省沥青路面主要病害之一，其影响因素包括材料因素和气候因素两个方面。材料因素包括沥青脆点、针入度指数、沥青混合料的低温劲度、沥青用量以及沥青层厚度等；气候因素包括最低气温与降温速率。从目前国内外的研究与应用来看，极端最低气温是低温开裂设计的主要参数。

(2)车辙

沥青路面的车辙从形成原因来看，分为三类：高温流变型、结构型、压密型。其中结构型车辙是柔性基层沥青路面的主要病害，是车辆荷载作用下柔性材料与土基所产生的永久变形。压密型车辙是由于压实度不足引起的，在行车荷载的作用下二次压密形成。而高温流变车辙主要是混合料的高温稳定性不足，在行车荷载作用下混合料产生剪切流动变形而引起的。半刚性基层沥青路面可以排除结构型车辙的存在。而压密型车辙取决于压实度，片面追求平整度而忽视压实度的做法，一度为这类车辙的存在提供了空间，随着人们对平整度与压实度关系认识的不断深入，这类车辙将会有较大改善。从黑龙江省来看，重载作用下沥青混合料高温稳定性不足成为车辙形成的主要原因。提高沥青混合料的高温稳定性要从沥青与沥青混合料的高温稳定性入手，采用改性沥青和严格控制混合料的配合比设计可以解决这类车辙问题。要做好这项工作必须详细掌握黑龙江省高温状况与重载的程度，主要包括连续 7d 最高气温与轮胎气压。一般认为，在高温范围内，沥青混合料的温度每上升 5℃，其变形将增加 2 倍，即每增加1℃，变形量将增加20%。

(3)水损害

沥青路面水损害的关键在于表层透水与中下面层存水，从技术指标来看主要是空隙率的控制问题，但实际上受高速公路沥青路面设计原则的影响。

由于表面层抗滑与平整度的要求，往往采用开级配的混合料，这就为透水提供了内在条件，目前国内已不建议使用原AK(A或B)型抗滑级配，各地结合实际情况提出了AC-K型级配，如江苏、山东以及哈双路等。这种级配强调了连续密级配，空隙率要求一般为2%～5%；另一方面又通过调整粗细集料的比例提高路面的构造深度，使其满足路面抗滑要求，这些级配的应用均取得了较好的效果。

对国内高速公路进行调查发现，中面层水损害较严重，而中面层的永久变形是车辙的主要来源。因此根据国内工程的经验，建议将密实性与抗车辙同时考虑，目前国内基本趋于中面层采用改性沥青，建议使用骨架密实型级配。并在结构中强调防排水的必要性，这些措施为防治沥青路面早期损害起到了重要作用。从施工角度来看，目前也较为注重压实度与路面功能的关系，注重施工各个环节的质量控制。

路面结构稳定性受道路冻深和路基冻胀的影响较大，而决定性因素是冻结指数。从冻结指数来看，黑龙江省属于重冰冻地区，境内有南北两大山区、东西两大平原，中低山、丘陵占全省土地面积的47%；台地漫岗占14%；平原占39%。因此黑龙江省大部分地区地下水位高，道路冻深大，在路面结构组合中必须考虑冻胀与防冻厚度要求。

从现有路面结构来看，基本均满足最小防冻厚度的要求，而对不均匀冻胀量的控制明显不足，这也是路面产生早期纵向裂缝的主要原因。根据国内外研究成果，沥青路面不匀冻胀量应满足表5-2的要求。

满足路面结构要求的路基容许总冻胀值(mm)　　表5-2

路面类型 / 道路等级	沥青混凝土路面	水泥混凝土路面
高速、一级公路	50	20
二级公路	60	30

5.1.2　影响沥青路面性能的荷载因素及交通量等级划分

对现状实际轴载谱以及变化规律进行深入的调查分析，结合未来区域经济发展、路网情况和车辆载重等情况，科学预测，计算预期的车辆累计标准轴载次数，依此进行路面结构设计和厚度计算。

国外交通量的分级，多采用日平均货车或大型车分级，如澳大利亚、法国、德国、日本等，也有用累计当量轴次(万次)进行交通量分级，如美国沥青协会AI、南非等，一般分为四至七级或更多。我国过去多以累计当量轴次(万次)表征交通量的大小，鉴于考虑多种性能指标，以及对材料、混合料设计、结构设计等方面技术要求，有必要增加以货车为主划分交通量等级的方法。根据国家干线公路交通调查资料，经综合分析，考虑黑龙江省汽车交通量构成比例，建议将黑龙江省交通量简化为轻、中、重交通三个等级，经厚度计算检验，交通等级划分对路面厚度计算的影响基本适当。

据调查重载、超载车多的公路发现，其轮胎接地压强可达0.8～1.1MPa，相应的接地面积也有一定增加。对运煤、运建筑材料的公路以及大型车辆为主的公路，设计人员要根据实测汽车的轴重、轮胎压力、当量圆直径资料，适当提高荷载参数。

交通量根据表5-3的规定可划分为三个等级。设计时可根据累计标准轴次N_e(万次/车道)或每车道、每日平均大客车及中型以上的各种货车交通量(辆/日/车道)，选择一个较高的交通等级作为设计交通等级。

高等级公路交通等级分级标准 表 5-3

交通等级	BZZ-100kN 累计标准轴次 N_e(万次/车道)	大客车及中型以上的各种货车(辆次/日·车道)
轻交通	<300	<600
中等交通	300～1200	600～1500
重交通	>2500	>1500

5.2 结构组合分析与合理厚度

目前，多数高速公路沥青面层多采用三层式结构，这种结构是为增加面层厚度以应对日益繁重的交通，避免一些病害如反射裂缝迅速恶化；但在一些交通量小轴载低的地区，同传统的路面结构设计理念被广泛采纳，路面结构也为三层。

但是从实际使用情况看，三层式沥青面层在使高速公路早期损害发生时间推迟和损害严重程度降低方面并未产生明显的效果。全国范围内水损害和车辙仍旧未能得到全面控制。因此，针对中轻交通可尝试采用双层式沥青面层结构，在材料设计方面采用骨架密实型沥青混合料级配设计，提高沥青混凝土在半刚性基础上承受和传递荷载的能力，减少了车辙的发现。双层式沥青路面的优势是可以实现分阶段设计和施工，以双层式沥青路面应对中轻交通，待交通发展至重交通时可在沥青面层之上加铺一个沥青层，或者在沥青路面运营一定年限后加铺一个沥青层。

预防沥青路面早期损坏不能只关注变异性最大的材料与施工控制环节，应在进一步规范材料与工艺设计的同时，注重结构厚度与组合设计，从设计体系上降低早期损害的可能性。因此有必要对高速公路各沥青混凝土结构层进行系统的试验研究，考虑结构、材料与工艺的一体化设计，采用合理的技术措施，严格控制混合料配合比设计与施工管理，以保证高速公路沥青路面的施工质量。

5.2.1 结构组合设计

轮载作用于路面表面，其竖向应力和应变随深度而递减，因而应根据各层材料的强度和模量的要求也应随深度而相应减小。因此路面各结构层应按强度和模量自上而下逐层递减。这样既能充分发挥各结构层材料的能力，又能充分利用当地软质材料充当路面结构的底基层或基层，从而达到降低工程造价的目的。

采用强度和模量按深度递减的规律组合路面时，还应注意各相邻结构层之间的模量不能相差过大。沥青路面应力与应变分析表明，上下两层模量相差过大时，上层底面将产生较大的拉应力(拉应变)，这时为避免其超过材料本身的疲劳弯拉强度(或拉应变)而出现疲劳开裂，就必须增加以上各层的厚度，从而使路面结构设计不合理。

根据经验与应力分析，基层同面层的回弹模量比不应小于0.3；土基与半刚性基层的模量比应为0.08～0.40；半刚性层与其下层的模量比应为1.0～2.5，这样路面结构一般不会出现过大的拉应力(拉应变)。但这些只是参考值，它会随着整体性结构层的抗弯拉能力而变化，目前由于改性沥青混凝土或贫混凝土基层抗弯拉能力较传统结构材料有较大提高，因而结构层的组合范围会更大一些。

5.2.2 层间接触条件

沥青路面应力与应变分析表明，路面结构设计中层间结合条件对设计结果有较大影响，尤其是对拉应力(包括剪应力)，滑动状态下基层层底拉应力比连续状态可提高1～2倍。而设计中采用什么样的层间接触条件取决于施工条件和材料特性。如果路面按滑动状态设计就显得过于保守，路面厚度更厚。原则上路面设计时应采取相应工程措施尽量保证各层的连续结合，但实际情况并不能保证各结构层间处于连续状态。

为此设计中各结构层的层间接触状态可根据具体情况按以下原则确定：

(1)沥青结构层的层间应采取相应工艺措施尽量保证连续接触，设计时按连续状态设计。

(2)整体性材料与粒料或土基之间均按连续状态设计。

(3)半刚性基层与沥青层之间应采取相应措施保证层间连续,并按连续状态设计。若经论证有可能产生滑动时,可按半滑动或滑动验算。

5.2.3 双层式面层结构

沥青路面一个很重要的优点就是沥青路面适宜于分期修建。传统的高等级公路的路面,采用的都是三层式路面结构,而本设计提出的“一次设计、分期修建”的改造思想,无论是对高等级公路修建,还是维修、养护和管理,都有着非常重要的意义。

(1)双层式面层结构的优点

从以上分析中可以看出,相对于传统的三层式面层结构,如采用“一次设计、分期修建”的思想,先修建两层沥青混凝土面层,可有效防止沥青混凝土的老化,延长道路的使用寿命,还可以防止沥青路面各种病害的发生,节约大修和翻修的费用,节省施工队伍施工作业的时间,缩短施工工期,带来可观的经济效益。无论是从结构功能、使用功能,还是从施工工艺、经济性等方面来说,双层式路面结构都有着无可比拟的优越性。先修建的双层式路面结构,可以等交通量增长以后,再将表面层洗刨掉一定厚度,然后加铺一层混凝土面层结构,最终形成三层式的路面结构。这样一来,不但可以有足够的结构层来承担道路荷载,满足道路的各种使用功能的要求,确保道路的使用寿命,还可以节约大量的投资成本,给投资者带来大量的经济效益。

(2)双层式面层结构的缺点

对于双层式沥青混凝土的表面层来说,不仅要具备上面层的功能特点,将来加铺后,还必须具备中面层的功能特点,这就对该层混合料提出了严格的要求。为了保证道路的结构性、行使舒适性、整体性和耐久性等要求,就必须对该层的材料选择、混合料的级配设计以及施工工艺等进行严格的设计。如果设计不合理或者施工质量达不到要求,则会给道路带来严重的早期损害,接着还会发生一系列的破坏,不但会延误施工工期,影响行车安全,还会带来巨大的经济损失。如此一来,如何选择合适的材料,设计合适的级配,采用合理的施工工艺,使该层能满足不同结构层功能的要求,就成为本设计的重点内容。

如交通量分级属于中交通,可考虑沥青路面结构层的分期修建方案,设计年限可适当调整,并预留加铺层高程。路面结构在确定时应附上结构设计方案的技术经济比较。

(3)双层式路面结构合理厚度

从路面设计角度,5cm 中粒式沥青混凝土+7cm 中粒式沥青混凝土和 4cm 细粒式沥青混凝土+8cm中(粗)粒式沥青混凝土双层式结构都可以满足要求。考虑到区域交通量的现状与增长趋势,沥青面层宜采用 5cm+7cm 双层式结构,以便于若干年后加铺一层 AC13 或者 SMA13。如若选择 4cm+8cm 的结构,为了满足公称最大粒径与结构层最小厚度关系的要求,上层只有采用 AC13 或者 SMA13,如此则不便于后期加铺新结构层。

本文以黑龙江省齐泰公路沥青面层为例,介绍双层式沥青路面材料设计、施工控制和质量评价。齐泰公路所处地区虽然交通量小,但是超载现象普遍存在。因此采用中粒式沥青混凝土 AC16(上面层)和 AC20(下面层),同时按照骨架密实原则开展材料设计以应对重载交通的要求。另外,车辙主要产生在沥青路面中面层。出于应对交通的需要或者养护维修的需要,运营若干年后适宜加铺密实防水抗滑耐久的细粒式沥青混凝土,此时 AC16 作为中面层。所以,采用双层式沥青路面结构应对中轻交通,开展骨架密实型沥青混合料级配设计应对当前的重载和若干年后的繁重交通,能够节约公路建设的一次性投入,为后续加铺工作带来便利。

5.3 骨架密实型沥青混合料级配设计

上下面层均采用改性沥青,按照国家现行行业设计规范和施工技术规范《公路沥青路面设计规范》(JTG D50—2006)、《公路沥青路面施工技术规范》(JTG F40—2004)的原材料性能参数和控制标准,应用现行试验规程《公路工程沥青及沥青混合料试验规程》(JTJ 052—2000)、《公路工程集料试验规程》(JTG E42—2005)开展试验,选择沥青、石料和填料。

为了保证填料和沥青有充分的化学反应,良好的结合,通过掺加消石灰控制填料中钙镁(CaO+MgO)含量不低于16%。

为了便于生产过程中控制配合比,对于碎石加工要求如下:AC20的石料生产,料场加工石料筛筛孔由上之下依次为27mm、20mm、10mm、6mm和3mm;AC16的石料生产,料场加工石料筛筛孔依次为20mm、10mm、6mm和3mm。运至施工标段的石料规格,AC20为2~3cm、1~2cm、0.5~1cm、3~5mm石屑、0~3mm石屑;AC16为1~2cm、0.5~1cm、3~5mm机制砂、0~3mm机制砂。

原材料的性能试验结果在此不予列出,以下开始骨架密实型沥青混合料级配设计。

5.3.1 黑龙江省调整型级配

黑龙江省内的道路工作者综合国内外级配设计理念和各种级配的特点,考虑当地的气候条件和交通荷载条件等道路运营的外界条件,在现行《公路沥青路面施工技术规范》(JTG F40—2004)的基础上提出了AC20调整型级配,见表5-4。

AC20调整型级配范围 表5-4

级配类型	通过下列筛孔(mm)的质量百分率(%)											
	26.5	19	16	13.2	9.5	4.75	2.36	1.18	0.6	0.3	0.15	0.075
AC20	100	92~100	72~92	58~80	43~62	33~36	27~40	20~32	14~25	10~18	5~14	3~10

在齐泰公路AC20和AC16配合比设计时,主要考虑了以下因素:①满足现行规范级配和AC-20黑龙江省调整型的级配范围要求;②考虑美国Superpave的范围及限制区;③满足符合齐泰公路实际情况的工程设计级配范围;④满足马歇尔试验的各项技术指标的要求;⑤施工控制的波动性;⑥使沥青路面密实、不透水、高温稳定性、水稳定性及外观较好;⑦便于摊铺(离析现象小)、碾压(不产生过大的推挤);⑧经济合理。

齐泰公路共6个标段,根据多年的经验,在工程设计级配范围内各标段初步调试上下面层沥青混合料所用各档石料和矿粉的比例分别列于表5-5和表5-6;合成级配分别列于表5-7和表5-8,对应的级配曲线分别见图5-1和图5-2。

齐泰公路上面层AC16目标配合比集料用料比例 表5-5

标　段	1~2cm	0.5~1cm	0~5mm机制砂	3~5mm机制砂	0~3mm机制砂	矿　粉	料　场
D1	28	44	22	—	—	6	玉泉
D2	36	23	—	10	26	5	阿荣旗
D3	40	23	—	6	25	6	国军
D4	28	29	—	10	27	6	东河口
D5	34	24	—	10	26	6	乌兰浩特
D6	29	30	—	12	23	6	东河口

齐泰公路下面层AC20目标配合比集料用料比例 表5-6

标　段	2~3cm	1~2cm	0.5~1cm	3~5mm石屑	0~3mm石屑	矿　粉	料　场
D1,D2,D3	8	50	6	—	30	6	国军
D4	5	38	19	11	21	6	东河口
D5	8	32	18	16	20	6	乌兰浩特
D6	5	29	24	12	25	6	东河口

齐泰公路上面层 AC16 目标配合比　　表 5-7

标　段	通过下列筛孔(mm)的质量百分率(%)										
	19	16	13.2	9.5	4.75	2.36	1.18	0.6	0.3	0.15	0.075
D1	99.9	97.7	87.5	75.1	44.3	28.7	23.4	17.7	11.7	7.3	5.4
D2	100	98.9	86.5	68.9	42.7	27.5	20.1	13.4	8.7	6.8	4.9
D3	100	100	90.2	68.2	42.5	28.6	21	14.1	9.6	7.7	5.6
D4	100	89.7	79.9	72.8	43.6	31.6	22.3	18.3	13.5	9.8	7.8
D5	100	95.2	85	69.2	43.8	29.3	23	17.3	12	9	6.4
D6	100	91.7	84.6	72.8	44.4	28.5	23.4	17.4	11.8	7.7	5.7

齐泰公路下面层 AC20 目标配合比　　表 5-8

标　段	通过下列筛孔(mm)的质量百分率(%)											
	26.5	19	16	13.2	9.5	4.75	2.36	1.18	0.6	0.3	0.15	0.075
D1,D2,D3	100	93.4	89.4	80.9	57.9	37.2	25.3	18.1	13.6	9	6.9	5.6
D4	100	93.4	79.8	67.1	58.2	38.3	26	18.7	15.5	11.9	8.9	7.2
D5	100	93.7	87.7	77.9	63.1	43	24.4	19.2	14.7	10.6	8.3	6.1
D6	100	94.9	83.6	71.4	65.9	43.5	28.4	23.7	17.2	11.1	6.7	4.7

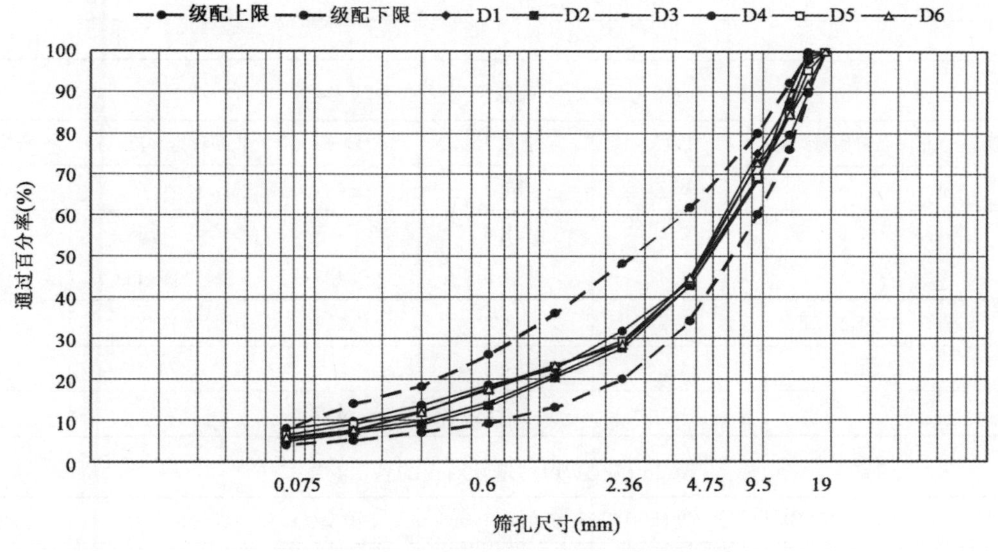

图 5-1　齐泰公路上面层 AC16 目标配合比设计曲线

5.3.2　确定最佳沥青用量

齐泰公路所经地区属东北西部润干冻区，北温带大陆性季节气候，冬冷夏热，温差较大，年平均降雨量为 386mm，属于 2-1 和 2-2 沥青路面温度分区。中等交通等级。综合气候、交通等条件，为了兼顾高温抗车辙能力和低温抗裂性能，配合比设计时宜适当减少工程最大粒径附近的粗集料用量，减少 0.6mm以下部分细粉的含量，使中等粒径集料较多，形成 S 型级配曲线，并取中等偏高的设计空隙率。

通过马歇尔稳定度、流值、沥青混合料体积指标确定各层混合料的最佳沥青用量。AC16 和 AC20 马歇尔试验技术标准见表 5-9。根据技术标准，确定的两种沥青混合料的最佳沥青用量，在该沥青用量下的沥青混合料各项参数分别汇总于表 5-10 和表 5-11。

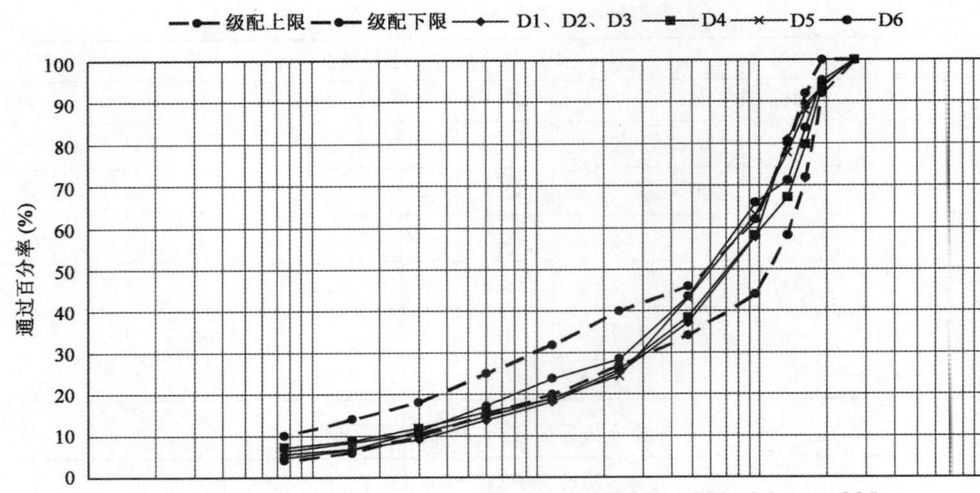

图 5-2 齐泰公路下面层 AC20 目标配合比设计曲线

密级配沥青混凝土混合料马歇尔试验技术标准 表 5-9

混合料类型	空隙率(%)	稳定度,≥(kN)	流值(mm)	设计空隙率 VMA,≥(%)			VFA(%)
				2	3	4	
AC-16	2～4	8	2～4.5	11.5	12.5	13.5	55～70
AC-20	2～4	8	2～4	11	12	13	65～75

AC16 最佳沥青用量及对应的各项参数 表 5-10

标　段	最佳沥青用量(%)	稳定度(kN)	流值 0.1mm	空隙率(%)	沥青饱和度(%)	密度(g/cm³)
D1	4.8	16.7	33.9	4.5	70.0	2.368
D2	4.9	12.4	34.6	4.5	69.1	2.365
D3	4.9	11.4	33.0	4.5	67.1	2.350
D4	4.6	11.7	33.8	3.9	70.2	2.333
D5	4.5	14.2	33.2	3.1	74.1	2.412
D6	4.8	11.1	34.5	4.0	73.8	2.312

AC20 最佳沥青用量及对应的各项参数 表 5-11

标　段	最佳沥青用量(%)	稳定度(kN)	流值 0.1mm	空隙率(%)	沥青饱和度(%)	密度(g/cm³)
D1,D2,D3	4.9	11.4	33.0	4.5	67.1	2.350
D4	4.6	11.7	33.8	3.9	70.2	2.333
D5	4.5	14.2	33.2	3.1	74.1	2.412
D6	4.8	11.1	34.5	4.0	73.8	2.312

5.4 骨架密实型沥青混合料路用性能评价

对用于高速公路和一级公路的公称最大粒径等于或小于 19mm 的密级配沥青混合料，需在配合比设计的基础上进行各种使用性能的检验。本文将上下面层沥青混合料需要检验的各项性能的技术要求列于表 5-12。

齐泰公路上下面层各项使用性能技术要求　　表 5-12

技术参数	车辙动稳定度，≥	冻融劈裂试验的残留强度比(%)，≥	−10℃，50mm/min 加载速率下低温弯曲试验破坏应变(με)，≥	渗水系数，≥(mL/min)
技术要求	2400	75	2800	120

表 5-13 和表 5-14 分别给出了上面层和下面层沥青混合料的路用性能试验结果。可见，两种混合料的高温稳定性和水稳定性都很好。上面层 AC16 的低温抗裂性能也能满是要求。下面层 AC20 低温弯曲破坏应变低于 2800με，这与地产材料多为玄武岩，颗粒组成较粗，混合料中沥青胶浆占混合料比重小有关。沥青混合料的低温开裂主要由沥青胶浆之间的黏结力来抵抗。双层式沥青路面结构，下面层在极端气温或者大的降温速率下，由于上面层的覆盖，受到的影响要相对于上面层小些；再者，双层式结构的下面层主要任务是承受车辆荷载作用而不出现大的流动变形或者压密，因此 AC20 能满足设计要求。防止压密主要是通过沥青路面施工过程中的碾压来控制，防止大的流动变形就需要沥青混合料的骨架嵌挤作用来实现。同时表 5-14 表明 AC20 设计级配具有良好的高温稳定性。所以接受 AC20 级配。

AC16 各项路用性能试验结果汇总　　表 5-13

标　段	动稳定度(次/mm)	冻融劈裂残留强度比(%)	低温弯曲破坏应变(με)
D1	3948	96.0	3042
D2	5721	96.3	3003
D3	4380	90.8	2987
D4	>6000	96.2	3351
D5	5457	96.2	2863
D6	>6000	92.7	3155

AC20 各项路用性能试验结果汇总　　表 5-14

标　段	动稳定度(次/mm)	冻融劈裂残留强度比(%)	低温弯曲破坏应变(με)
D1，D2，D3	>6000	82.2	2210
D4	4750	92.6	2442
D5	5759	90.6	2163
D6	>6000	88.5	2462

5.5 沥青混合料施工工艺及质量控制

5.5.1 拌和

沥青混合料拌和时间应以混合料拌和均匀为宜，所有矿料颗粒全部裹覆沥青结合料为度，并经试拌确定。间歇式拌和机每锅拌和时间以 30～50s 为宜(其中干拌不得小于 5s)，使用黏稠度大的改性沥青可适当延长拌和时间，但应防止拌和时间过长和沥青提前老化。图 5-3 为沥青混合料拌和站。

图 5-3　沥青混合料拌和站

沥青混合料出场温度是由沥青和集料加热温度来确定的，矿粉不加热，拌和站控制温度应通过油门调整，不得采用改变冷料速度和调整引风来控制温度，改性沥青混合料出场温度应为 180℃～190℃，沥青加热温度为 165℃～175℃，集料加热温度为 190℃～220℃。

保证沥青能均匀地裹在矿料颗粒表面，沥青混合料颜色均均一致，粗细集粒不离析，无花白料现象，无结团成块或出现严重的粗细料分离现象。如不符合要求时不得使用，并应及时调整。

5.5.2 运输

装满沥青混合料的自卸汽车，应不间断地将沥青混合料运到现场，等候摊铺。改性沥青混合料运到摊铺现场时的温度应不低于 170℃。卸车时在后轴轮胎与摊铺机接触前 10～30cm 处停车，空挡等候摊铺机推动前进，严禁撞击摊铺机。

沥青混合料应采用自卸汽车运到工地(图 5-4)。车厢内应清洗干净，防止污染沥青混合料，车厢底板及围壁在装料前途一层隔离剂，常用柴油∶水＝1∶3 喷刷，但不要有游离油水渍存在底部。从拌和机幸运料车上放料时，应每卸一斗混合料挪动一次汽车位置，以减少粗细集料的离析现象。当沥青混合料卸完后，仍有黏结在车厢内的混合料剩余物，应在指定的地点倾倒。运输车辆上应有覆盖设施，用以保温、防雨、防污染，以保证混合料质量。

图 5-4　沥青混合料运输

5.5.3 摊铺

摊铺机应安装有活动可调的熨平板或整平组件，如图 5-5 所示。为保证摊铺熨平质量，应充分发挥熨平板的自振压实效果。摊铺机在操作前应预先把熨平板加热至不低于 100℃，因初铺路段拌和机、运送车辆、摊铺机的盛料斗、送料刮板、螺旋送料器等都是冷的。如果熨平板加热温度过低，铺筑的沥青混合料前十几米内，会因温度降低，熨平板自振压实效果不良，摊铺的路面呈现边缘高中间低的现象，影响路面铺筑质量。

选择沥青混合料摊铺温度，要考虑沥青品种及强度等级，改性沥青混合料正常施工情况下温度应控制在 165～180℃内，最低不低于 150℃。低温施工或大风天气时温度应控制在 170～185℃内，最低不低于 160℃。施工气温低于 10℃，不宜摊铺热拌沥青混合料。

图 5-5　沥青混合料摊铺机

沥青混合料的松铺系数和松铺厚度，必须是从摊铺试压实际施工中测得。因沥青混合料类型不同，施工机械的性能不同，施工工艺不同，松铺系数和松铺厚度不会相同。因此，必须在每天开铺后 5～15m 范围内，进行虚铺厚度的测试，以利路面摊铺厚度和横坡度得到准确控制。

在摊铺过程中，应随时检查摊铺的松铺厚度 H 值及路拱、横坡等，并用使用的混合料总量与面积校验平均厚度，如不符合要求时，应根据铺筑情况及时进行调整。

沥青混合料必须缓慢、均匀、连续不间断地摊铺。摊铺过程中不得随意变换速度或中途停顿。摊铺速度应根据拌和机产量，施工机械配套情况及摊铺层厚度、宽度经计算确定的。

在摊铺过程中，摊铺机螺旋送料器应不停顿地转动，两侧应保持不少于送料器高度 2/3 的混合料，并保证在摊铺机全宽度断面上不发生离析。熨平板在按所需厚度固定后，不得随意调整。摊铺机中途停机后，沥青混合料温度下降，如再起步，摊铺层易起波浪，严重影响路面平整度。

5.5.4 碾压

碾压沥青混合料分为初压、复压、终压三个步骤进行，如图 5-6 所示。应严格控制沥青混合料的碾压温度。初压应在混合料摊铺后较高温度下进行。改性沥青混合料初压温度最低不低于 150℃，复压温度最低不低于 140℃，终压温度最低不低于 120℃。

(1)初压。采用两台 25t 轮胎式压路机,碾压遍数不少于两遍,碾压时应将驱动轮面向摊铺机。前端压面不能压在一个横断面上形成阶梯状,再进行下一段初压。

(2)复压。采用双钢双振相当于 DD130 压路机两台,初压后紧接着进行复压,碾压遍数 3～4 遍,使其达到要求的压实度,跟随 3m 直尺连续检测碾压平整度,当发现摊铺和碾压过程中造成的凸埂时,应及时采用振动压路机顺埂振压。

(3)终压。复压后紧接进行终压,用相当于 DD110 双钢轮压路机静压 1～2 遍,消除轮迹。

通车后的齐泰高速公路沥青路面见图 5-7。

图 5-6 沥青混合料碾压工艺

图 5-7 通车后的齐泰高速公路沥青路面

归纳双层式沥青路面应对中轻交通的优势,开展骨架密实型沥青混合料级配设计应对当前的重载和若干年后的繁重交通。结合齐泰高速公路建设工程沥青面层沥青配合比的设计和施工,采用中粒式沥青混凝土 AC16(上面层)和 AC20(下面层),同时按照骨架密实原则开展材料设计,并验证得到上下面层沥青混合料均具有良好的高温稳定性和水稳定性,上面层具有良好的低温抗裂性。并在施工过程中对普遍关心的平整度、压实度和渗水性能加以检测和控制,确保获得良好的沥青面层。

6　寒冷地区大跨度预应力混凝土连续箱梁特大桥施工组织设计

6.1　工程简介

嫩江特大桥，位于齐白公路齐齐哈尔至泰来(省界)高速公路上，起止里程桩号为K72＋383.67～K73＋816.19，桥梁全长1432.52m。主桥全宽26m，双向4车道，设计时速100km/h；全桥跨径布置为：预应力混凝土简支转连续箱梁19×30m＋预应力混凝土连续箱梁(85m＋3×128m＋85m)＋预应力混凝土简支转连续箱梁10×30m。混凝土总量：86523.15m^3，用钢总量：12252.56t。

齐齐哈尔至泰来段公路位于东经123°38′00″～124°28′00″和北纬46°12′59″～47°44′00″之间，路线走向基本为自北向南。公路自然区划为II_3区，即东北西部润干冻区。项目所在区域属于平原区地形，地势起伏不大，地表多为农田及湿地，间有部分沙丘。

嫩江特大桥所在地区为松嫩平原区，地面开阔，起伏较小，平均海拔高度为135～169m。线位处土地基本为水田、耕地，嫩江泛滥区内多为湿地、草地。

沿线地表层土壤以粉砂土、淤泥质黏土为主，一般土层厚度为40～80cm，以下为细砂或砂性土、低液限黏土，地下水位较高。嫩江特大桥桥位处地层为第四系松散沉积地层，以淤泥质亚黏土、细砂为主要构成。

特大桥所处地区河漫滩冲积层内含有丰富的水资源，主要为地表水和地下水。地表水主要为河水和洼地滞水，主要河流为嫩江、托力河、泰来小河子，农田灌溉的水渠分布较多；地下水主要有两层：第一层为第四系孔隙潜水，主要富含于砂层中；第二层为承压水，富含于细砂中。地下水埋深0.5～4.0m。地下水的来源有两个方面：一是靠大气降水渗流供给；二是汛期地表水供给。地下水在一年内的最高水位是7～9月份，在汛期漫浸冲积层达到水饱和。

据对河水和地下水水质进行的试验分析结果表明，两者对于正常的混凝土不具破坏力。

嫩江特大桥所处地区风沙较大，风有“一年刮两次风，一次一百八十天”之称。年气温条件为：五一正式进入正温(日平均气温5℃以上)、十一正式进入负温(日平均气温5℃以下)，年正常施工日历天数为153d。

桥涵设计标准如下。

设计荷载：公路-I级；

桥面净空：嫩江特大桥2×(0.5m防撞护栏＋净11.75m＋0.5m防撞护栏)＋0.5m分隔带，总宽26.0m；

设计洪水频率：$P=1/300$。

6.2　施工进度计划安排

6.2.1　安排工程进度原则

(1)根据现场自然条件、工程特点、工程总量及施工工艺，合理配置生产要素，进行科学计划和安排，精心组织施工，在确保安全、质量的前提下，满足设计文件对工期的要求。

(2)实事求是，量力而行，采取先进成熟的技术、工艺及能满足工程需要且配套齐全的施工设备，尽量缩短工期。

(3)合理安排施工工期,并组织均衡生产,提高设备、器材利用率,做到少投入、多产出,确保分项工程工期及总工期目标的实现。

6.2.2 总体进度计划(图 6-1)

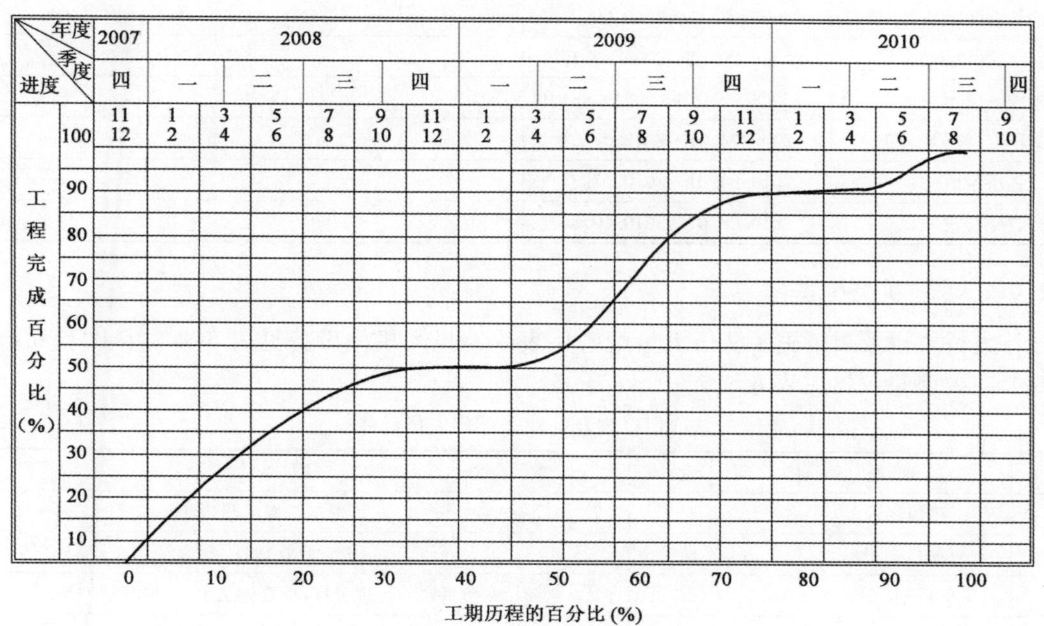

图 6-1 工程进度图

按设计文件要求:2008 年 3 月至 2009 年 8 月可以完成主梁 0 号、1 号块施工;2009 年 9 月至 2010 年 7 月完成全桥合龙,如此计划安排无法保证整体竣工日期(2010 年 9 月 30 日),所以调整计划为 2008 年年底完成主桥箱梁 0 号块、1 号块、2 号块,2009 年年底完成主桥箱梁合龙,如不采取保温措施将无法完成。原因如下:

(1)2009 年 9 月至 2010 年 7 月有效施工期为 135d,而实际施工所需工作日为 160～225d(主桥连续箱梁分 0～14 个节段施工,每个节段施工周期为 10～15d)。

(2)根据历年气象资料显示,7 月份气温不满足设计文件要求的(5～15℃)合龙温度。

本项目的筑岛围堰等施工准备工作已于 2008 年 2 月底完成,钻孔桩工程在采取加温措施的保障下,于 2008 年 3 月 5 日正式开始,计划 2008 年 9 月底完成 0 号块、1 号块、2 号块的施工。但在实际钻孔过程中发现在高程 70.25～80.25m 存在不同胶结程度的强度及施工难度相当于软石的地质层,与设计图纸给定的中砂、细砂等地质资料在施工进度和难度上存在较大差异,成孔时间由试桩的 3～4d 增加到实际的 8～10d,导致钻孔桩施工计划滞后,从而影响 2008 年的总体施工计划安排,如不采取保温措施施工,2008 年将无法完成 0 号块、1 号块、2 号块及 2009 年年底合龙的整体工期目标。

6.2.3 分项工程进度计划

嫩江特大桥主桥及引桥施工进度安排见表 6-1。

嫩江特大桥主桥及引桥施工进度安排　　表 6-1

主 桥 项 目	进 度 安 排	引 桥 项 目	进 度 安 排
施工准备	2007.11.15～2008.02.29	基础	2008.03.01～2008.07.20
钻孔桩施工	2008.03.01～2008.06.20	墩柱	2008.04.20～2008.08.10
承台	2008.06.21～2008.07.25	盖梁	2008.05.20～2008.09.10

续上表

主 桥 项 目	进 度 安 排	引 桥 项 目	进 度 安 排
墩身施工	2008.07.26～2008.08.30	预制梁	2008.06.01～2008.09.20
0号块、1号块、2号块施工	2008.09.01～2008.11.15	箱梁架设	2008.06.20～2008.10.10
中孔合龙段施工	2009.09.21～2009.09.30	桥面系及附属工程	2009.04.01～2009.07.31
次边孔合龙段施工	2009.09.11～2009.09.20	—	—
边孔合龙段施工	2009.09.01～2009.09.10	—	—
左幅3号～14号块施工	2009.03.01～2009.07.31	—	—
右幅3号～14号块施工	2009.04.01～2009.08.31	—	—
主桥桥面	2010.04.01～2010.07.31	—	—
收尾验收	2010.08.01～2010.09.30	—	—

6.2.4 人员、机械配备

嫩江特大桥主桥及引桥施工队伍人员配备见表6-2，投入机械设备见表6-3，材料试验和检测用设备见表6-4，主要测量仪器见表6-5。

项目经理及各业务部门人员配备　　表6-2

序　号	名　称	人　数	职　能
1	项目经理	3	负责本工程协调、管理
2	项目书记	3	负责党政管理、后勤管理
3	项目副经理	10	负责协助经理工作，负责施工生产、现场管理等
4	项目总工	3	负责施工技术管理
5	工程技术部	18	工程技术管理
6	安全部	6	安全管理、监督、检查
7	质检部	6	质量监督、检查、处理质量问题
8	测量队	12	控制测量，主要构造物的施工监控测量，监督指导各施工队的测量
9	试验室	9	原材料的试验，提供施工配合比，进行成品检验，监督指导各流动试验室工作
10	计划统计部	6	计划、统计、计量、合同、调度
11	财务部	6	财务管理、经济核算、费用控制
12	设备物资部	9	设备、物资采购及管理
13	环保部	6	文明施工及环境保护
14	办公室	6	秘书、劳资、公务、后勤
合计		91	

嫩江特大桥投入的主要施工机械　　表6-3

机 械 名 称	规 格 型 号	额定功率(kW)、容量(m^3)或吨位(t)	数　量　(台)	计划进场时间
挖掘机	CAT330	1.7m^3	1	2007.11
挖掘机	ZX330-HHE	1.3m^3	6	2007.11
装载机	ZL30B	1.8m^3	2	2007.11
装载机	ZL30B	1.8m^3	2	2007.11
装载机	ZL50G	3m^3	2	2007.11
压路机	CAT	18t	2	2007.11
自卸汽车	CQ3262BL294	18t	6	2007.11

续上表

机械名称	规格型号	额定功率(kW)、容量(m^3)或吨位(t)	数量（台）	计划进场时间
推土机	TY220	220HP	2	2007.11
推土机	TY220	220HP	1	2007.11
反循环钻机	GPS25	1～2.0m	36	2008.02
旋转钻机	GM-25	96kW	4	2008.02
振动沉拔桩锤	CZ60A	60t/60kW	1	2008.02
振动沉拔桩锤	CZ135A	135t/75kW	2	2008.02
水泥混凝土拌和站	HZS30	$30m^3/h$	2	2008.03
水泥混凝土拌和站	HZS50	$50m^3/h$	5	2007.12
混凝土搅拌运输车	PY5310GTB8	$7m^3$	2	2008.02
混凝土搅拌运输车	J6	$6m^3$	6	2008.02
平板拖车	CQ4190TF2	30t	1	2007.11
汽车起重机	QY50	50t	2	2007.11
汽车起重机	QY35	35t	3	2007.11
汽车起重机	QY20	20t	4	2007.11
混凝土输送泵	HBT60	$60m^3/h$	2	2008.02
混凝土输送泵	HBT60	$60m^3/h$	2	2008.02
龙门吊	自制	100t	6	2008.04
千斤顶	YCW400	400t	8	2008.08
千斤顶	YCW200	200t	8	2008.05
千斤顶(单根)	QC-25	—	6	2008.05
高压油泵	ZB10/500	50MPa	18	2008.05
灰浆搅拌机	UJ200	3kW	3	2008.05
灰浆泵	VB-3	5.5kW	3	2008.05
压浆机	5MPA	5MPa	6	2008.05
变压器	ST-315	315kVA	3	2007.11
变压器	ST-630	630kVA	1	2008.03
变压器	ST-800	800kVA	1	2007.11
变压器	ST-400	400kVA	1	2007.11
锅炉	2t	—	4	2007.11
空压机	$12m^3$	—	4	2008.06
发电机	200kW	200kW	7	2008.03
发电机	75kW	75kW	3	2008.03
切筋机	GJ40-2	5.5kW	8	2007.11
弯筋机	WJ40-1	3kW	10	2007.11
交流弧焊机	BX3-300	20kW	40	2007.11
钢筋对焊机	VAI-100	100kW	3	2007.11
污水潜水泵	WQX30-22-5.5	7.5kW	4	2008.02
吸砂泵	—	50kW	4	2008.06
三级潜水泵	7.5kW	7.5kW	144	2008.06

嫩江特大桥投入的主要材料试验、质检仪器设备　　表 6-4

项　　目	仪器设备名称	规 格 型 号	单　　位	数　　量
水泥	电动抗折试验机	DKZ-5000	台	3
	行星式水泥胶浆搅拌机	JJ-5 型	台	3
	水泥净浆搅拌机	NJ-160	台	3
	水泥胶砂试体成型振动台	ZT96	台	3
	新水泥雷氏煮沸箱	FZ-31	台	3
	水泥混凝土恒温养护箱	SYB-40B 型	台	3
	水泥细度负压筛分析仪	FSY-150A	台	3
	水泥专用天平	SWP-1 型	台	3
混凝土砂石	混凝土渗透仪	HS-40 型	台	3
	砂浆渗透仪	SS-15 型	台	3
	混凝土单轴卧式强制式搅拌机	SJD30-60	台	3
	砂浆搅拌机	UJZ-15	台	3
	混凝土振动台	YD-12	台	3
	砂石含水率快速测定仪	PW-1	台	3
	混凝土回弹仪	HT-225WB	台	3
	水泥稠度仪	—	台	3
	砂浆稠度仪	LS-145	台	3
	混凝土水泥试体标准养护箱	YH-40A	台	3
	混凝土水泥恒温恒湿养护箱	YH-40B(数显制冷)	台	3
	砂浆凝结时间测定仪	2KS-100	台	3
试模、筛具及量具	混凝土试模	1003 联三	台	180
	混凝土试模	1003	台	180
	砂浆试模	7.073 联三	台	90
	新标准石子筛	ϕ300 2.5-100	套	3
	新标准砂筛	ϕ300 0.16-10	套	3
	水泥筛	ϕ200 0.08-0.9	套	3
	架盘天平	1000g	台	3
	电子天平	1200g/0.1g	台	3
	分析天平	628A	台	3
试验机类	液压式万能材料试验机	WE-1000KN	台	3
	压力试验机	YE-2000B	台	3
钢筋、钢绞线及锚具试验设备	钢筋标距仪	—	台	3
	钢筋锈蚀仪	PS-6	台	3
	洛氏硬度仪	—	台	3
	电动抗折试验机	VKZ-5000	台	3
其他试验仪器	泥浆比重计	NB-1	台	9
	泥浆黏度计	160 型	台	9
	泥浆含砂量测定仪	NA-1	台	9

本工程主要的测量、质检仪器设备表 表 6-5

仪器设备名称	规格型号	单位	数量
全站仪	托普康 332N	台	3
水准仪	索佳 C30	台	6

6.3 施工方案及施工方法

6.3.1 分项工程施工方案

(1)桥梁基础

基础为钻孔桩、承台基础。陆地钻孔桩施工采用正、反循环钻孔;承台采用大块钢模板浇筑混凝土。水中钻孔桩施工采用筑岛、然后插打钢护筒,再上钻机进行钻孔桩施工;承台施工需根据地质、地形、水文等情况采取沉井和井点降水的方法进行施工。

(2)桥梁墩、台身

墩、台身施工采用大块定型钢模板分节浇筑。墩、台身钢筋、模板采用汽车吊方式完成垂直提升。混凝土采用罐车水平运输、吊车垂直提升配合串筒入仓或泵送入仓,插入式振捣器分层振捣。

(3)桥梁上部

上部结构有连续梁、简支转连续箱梁。连续梁采用挂篮进行悬臂浇筑,钢筋模板采用塔吊、汽车吊提升,混凝土罐车运输混凝土,混凝土输送泵入仓。简支转连续箱梁采用制梁厂预制,龙门吊架设方法施工。

(4)钢筋、混凝土

所有混凝土在拌和站集中拌制,混凝土罐车运输、汽车吊或输送泵输送入模。钢筋在钢筋加工场集中加工,现场绑扎成型。

6.3.2 分项工程施工顺序

(1)钻孔桩基础

复核图纸→技术交底→平整场地(筑岛)→测量放样→护筒埋设→钻机就位→泥浆制备→钻孔→清孔→检查→下放钢筋笼→灌注水下混凝土→拆除护筒→清理桩头→桩基检测。

(2)下部

测量放样→绑扎钢筋→立模→浇筑(系梁、承台)墩、台身混凝土→拆除墩、台身模板→养生→搭设支架→绑扎钢筋→预埋构件→立侧模→浇筑墩、台帽混凝土→拆除模板→养生。

(3)预制、安装预应力箱梁

场地平整→制作台座→底模清洗→涂脱模剂→在底模上绑扎底板、腹板及隔板钢筋→安装波纹管→安装内模→安装侧模及端模→绑扎顶板钢筋→浇筑混凝土→养生→拆模→养生→张拉→移梁至存梁场→压浆→封端→运梁→安装→浇筑横隔板→负弯矩张拉→浇筑湿接缝。

(4)主桥连续梁

审核图纸→技术交底→搭设扇形托架→0 号块、1 号块、2 号块施工→拆除模板及托架→安装挂篮→悬臂段施工(搭设支架、边跨现浇段施工)→合龙段施工。

6.3.3 分项工程施工方法

6.3.3.1 钻孔桩施工

主桥施工采用反循环 250 型及 220 型钻机施工。北引桥钻孔桩采用反循环回旋钻机成孔、南引桥采用旋挖钻成孔的方法进行钻孔灌注桩的施工。

回旋钻钻孔桩施工顺序为：测量放样→筑岛→安设护筒→钻机就位→安装、设置泥浆供应循环系统→钻进→清孔→安设钢筋骨架→灌注水下混凝土→拔除护筒。

(1)施工准备

首先进行施工场地准备和测量放线，具体内容如下：

施工前应进行筑岛施工，根据泰来水文站提供的资料，近五年桥位处的汛期常水位高程最高为139.50m。把筑岛的高程定为140.00m。用草袋围堰筑岛：北引桥筑岛采用从附近取土直接筑岛，主桥20号、21号、22号筑岛采用挖掘机从桥位附近取土，自卸翻斗车运送到岛位上，用装载机平整。23号岛位处在江中心，将装土的编织袋装入铁丝网中，用船运到江中抛入筑岛位置，在江中心用船吹砂筑岛，直达筑岛高程。筑岛尺寸以能满足施工作业面为原则，所有筑岛边坡均用草袋围护，边坡1∶0.5～1∶1，防止雨水、汛期洪水冲刷岛面。钻机位置处平整夯实，同时对施工用水、泥浆池位置、施工便道等作统一安排。

利用设计给定的导线点、水准点，用全站仪精确定出桥墩的桩位中心位置。用三角网复测无误后，然后沿平行于桥位中心线的前后方向和横向两侧设置牢固的桥墩基础中线控制桩，桥梁桩位必须反复校核，护筒埋置后，再次进行校核，确认无误后进行“十”字栓桩，为钻头对中、钢筋骨架对中等后续工序创造条件。

(2)埋设钢护筒

护筒采用14mm钢板卷制而成，护筒直径分别比桩径大0.4m，护筒埋设深度随地质情况和水位情况而定。主桥护筒长12m，均用振拔机插打护筒，南、北引桥护筒长均为4m，埋设护筒时用沟机将桩位3.0m左右的土挖除后，安放护筒，用挖掘机下压护筒至高出地面40cm为度，检查护筒的位置和竖直度，满足施工规范的要求后，夯填黏土至护筒底角处，然后用挖掘机回填整平。埋设护筒时要注意护筒中心要与桩中心重合，不得超过规范要求，并注意护筒的垂直度。

(3)造浆

在主桥每个主岛下游挖设一个长20m、宽10m、深3m的泥浆池，在引桥两孔之间挖一个长15m、宽10m、深3m的泥浆池，泥浆池设在桥墩台空地处，以便吊车及混凝土运输车站位。泥浆池分为制浆池、储浆池、沉淀池，沉淀池用来储备泥浆和沉淀钻渣，通过泥浆泵、钻孔循环管路供应泥浆；泥浆经常取样试验，以保证其性能指标稳定，保证顺利钻孔。因孔位多处于砂层，泥浆易流失，故应严格控制泥浆指标并备有两个孔体积的泥浆储备，而且要在孔口储备黏土，以防泥浆流失无法控制。在灌注水下混凝土过程中，可将孔内排出的泥浆储存在储浆池中，经测试将部分优质泥浆回收到储浆池中，用于其余钻孔桩施工。

在现场配制泥浆，用草袋围槽，铺多层塑料布防止泥浆渗出，四周用草袋铺成1∶1的斜坡，配制泥浆指标符合相关桥涵施工技术规范要求。

在开钻前，先配备泥浆，泥浆的各项技术指标对成孔的质量有极其重要的作用。调制的泥浆及循环净化的泥浆应根据钻孔方法和地质情况采用不同的性能指标。

(4)成孔

开钻前对护筒、钻机、桩位进行检查验收，合格后再开钻。

钻机就位后要保持水平，钻杆轴线和桩中心线一致，并做好原始记录。达到设计要求深度后，对孔深，孔位进行检查，填写终孔检查记录。

钻进过程中，应保证水头高度，孔内、外水头差控制在2m以上。保证泥浆的各项指标，防止塌孔。

钻进过程中，根据不同的地质情况，随进尺难易调整钻机转速、钻进速度及泥浆相对密度和黏度，防止塌孔。在黏土中钻进时，用一挡转速，放松起吊钢丝绳，自由进尺。在砂类土中钻进时，宜用一、二挡转速，并控制进尺；在砂、黏土地层中使用三翼圆笼钻锥，在砂岩层中钻进可换牙轮钻头、滚刀钻头。

在钻进过程中不得中途长时间停钻，必须停钻时要提升钻头，严禁钻头滞留孔内，防止塌孔、埋钻头。

成孔后质量检测标准见表 6-6。

成孔质量检测标准 表 6-6

项　目	允许偏差
孔的中心位置(mm)	50
孔径(mm)	不小于设计桩径
倾斜度(%)	<1%
孔深(mm)	不小于设计规定
沉淀层厚度(mm)	符合设计要求
清孔后泥浆指标	相对密度 1.06～1.10,黏度 17～20Pa·s,含砂率<4%,胶体>98%

(5)钻孔事故预防和处理

钻孔灌注桩因钻孔时间长,容易造成塌孔,同时因为地质复杂,或孔位范围内构成地质层的土软硬不一,可能造成偏孔。施工过程中,须采取积极有效的措施进行预防和处理。

事故预防措施:在钻孔过程中,始终保持孔内泥浆水头,保持护筒内的泥浆顶面高出地下水位 2.0m 以上,为防止出现缩孔和塌孔现象,应及时、连续补充泥浆。

塌孔处理:若在孔口塌孔,回填后重新埋护筒再钻;若在孔内坍塌,首先在坍塌位置回填片石与黏土混合物到塌孔位置以上 1.0～2.0m;若塌孔严重时则全部回填,待回填物密实后再进行钻进。

钻孔偏斜处理:提起钻杆,回填片石与黏土到偏斜处,待密实后再进行钻进。

(6)清孔

孔深达到设计要求时,迅速清孔,不得停歇过久,以免泥浆钻渣沉淀增多,造成清孔困难。

清孔采用抽浆法,当泥浆比重、孔底沉淀层厚度符合设计要求,同时满足施工规范的要求时,停止清孔。清孔后泥浆指标相对密度为 1.03～1.1;黏度为 17～20Pa·s;含砂率<4%,胶体率<98%。

(7)泥浆排放控制

为满足环保要求,泥浆及钻渣处理应予以高度重视,泥浆回收利用,桩位处钻渣汽运至指定地点填埋。

(8)钢筋施工

钢筋施工在钢筋加工场地分段制作,运至现场后吊入孔内,并在孔口焊接接长。焊接采用单面焊接,焊缝长度满足施工技术规范的要求,并将接头错开 35 倍钢筋直径。为使钢筋骨架有足够的刚度以保证在运输和吊放过程中不产生变形,每隔 2m 用 ϕ28 的钢筋设置一道加强箍筋。在箍筋上设 ϕ12 护壁钢筋,以保证钢筋保护层的厚度。

钢筋骨架吊装入孔前应检查孔径、孔深、孔型、垂直度,以保证钢筋骨架安装优质、快速完成。

钢筋骨架的制作与安装分段进行,骨架分段长度,根据吊车起吊净空和钢筋长度分节。制作采用胎具成型,主筋与架立箍筋要焊接,箍筋与主筋采用点焊固定,在钢筋骨架内设置支撑钢筋,以保证钢筋骨架的截面形状与顺直,保证骨架在运输和就位时不变形。

在钢筋场地用吊车将钢筋骨架吊起放在平板车上,用 ZL50 铲车运到施工现场,用吊车下放钢筋笼。均采用两点吊的方式:第一吊点设在骨架的下部,第二吊点设在骨架长度的五分之一处。起吊时,先提第一吊点,使骨架稍提起,再与第二吊点同时起吊。待骨架离开地面后,第一吊点停止起吊,继续提升第二吊点。随着第二吊点的不断上升,慢慢放松第一吊点,直到骨架同地面垂直,停止起吊。解除第一吊点,检查骨架是否顺直。下放钢筋笼进入已清孔内,当骨架下降到第二吊点附近的加劲筋接近孔口时,用型钢穿过加劲筋的下方,将骨架临时支撑于孔口,吊来第二节骨架采用机械连接或焊接的方式进行连接,把各个连接点互相错开。接头完成,稍提骨架,抽去临时支托,将骨架徐徐下降,如此循环,使全部骨架降至设计高程,在最上面一段接引笼,引笼的挂环焊接在孔口的型钢上。钢筋骨架在下放过程中注意防止碰撞孔壁,如放入困难,则查明原因,不得强行进入。钢筋骨架放入后的顶面和底面高程符合设计要求，其误差不得大于±5cm。

为了防止混凝土浇筑过程中钢筋骨架上浮，骨架顶面四周用钢筋和护筒焊接。

(9)灌注水下混凝土

水下混凝土灌注时坍落度控制在20cm±2cm，初凝时间不小于6h。混凝土采用在搅拌站集中拌和，南引桥和22号、23号采用混凝土输送泵运输，用储料斗集中混凝土入孔的方法进行施工。北引桥和20号、21号采用混凝土运输车运输，直接放入储料斗里灌注的方法进行施工。

采用直升导管法灌注水下混凝土，导管采用卡口式，中间节长2m，最下端节长6m，漏斗下配长1m的上端节导管。直径30mm，壁厚10mm。

导管在使用前首先进行拼接、水密、承压、接头、抗拉试验。水密试验时的水压不小于井孔内水深1.3倍的压力，进行承压试验时的水压不小于导管壁可能承受的最大内压力。

钻孔桩混凝土在拌和站集中拌和，由混凝土搅拌运输车运输。灌注混凝土前将钻孔桩灌注平台安置好，并检查其是否完好，同时将灌注机具如储料斗、溜槽、漏斗等准备好。根据孔深及储料斗高度，选择不同长度的导管做试拼组合，在每节导管上进行编号，用高压水泵进行充水压力试验。导管在吊入孔内时，其位置居中、轴线顺直，稳步沉放，防止卡挂钢筋骨架和碰撞孔壁。

灌注混凝土前，对孔底沉淀层厚度进行检验，如果不符合规范及设计要求，必须进行二次清孔，使孔底沉渣厚度符合规定，认真做好灌注前的各项检查记录并经监理工程师确认后进行灌注。

灌注首批混凝土时，导管下口至孔底的距离控制在25～40cm，且使导管埋入混凝土的深度不小于1m。首罐混凝土经计算确保埋深，利用冲球方法浇灌首批混凝土，以后浇筑混凝土直接将混凝土运输车运来的混凝土放入导管内进行灌注，混凝土输送泵运来的混凝土直接接入导管的入口进行灌注。灌注过程中，注意观察导管内混凝土下降和孔内水位升降情况，及时测量孔内混凝土面高度，导管提升时应保持轴线竖直和位置居中，逐步提升，如导管卡挂钢筋骨架，可转动导管，使其与钢筋骨架脱离。当导管提升到接头露出孔口以上一定高度后，可拆除1节或2节导管，拆除导管时，暂停灌注，先取走漏斗，重新系牢孔口的导管。挂上起吊设备，松动接头，然后起吊导管，徐徐放在地上，然后重新将漏斗插入孔口的导管内，校正好位置，继续灌注。在灌注过程中，当导管内混凝土不满，含有空气时，后续混凝土要徐徐灌入，不可整斗地灌入漏斗和导管。混凝土接近桩顶时，改用储料罐倾倒以提高漏斗高度。灌注开始后应连续地进行，尽量缩短拆装导管时间，一般不得超过15min，不准中途停工；灌注过程中经常用测锤探测孔内混凝土面位置，及时调整导管埋深，导管的埋深控制在2～6m。当混凝土面接近钢筋骨架底部时，为防止钢筋骨架上浮，采取以下措施：

①使导管保持稍大的埋深，放慢灌注速度，以减少混凝土的冲击力。

②当孔内混凝土面进入钢筋骨架1～2m后，适当提升导管，减少导管埋置深度，增大钢筋骨架下部的埋置深度。

为保证桩顶质量，桩顶加灌0.5～1.0m高度。同时指定专人负责填写水下混凝土记录。全部混凝土灌注完毕后，对处于桩顶以下的整体性钢护筒，立即拔除。

(10)桩头处理与无破损检测

对于超灌的桩头混凝土采取人工清除。清除时用力适度，先凿好桩的周边，再逐层剥离，以防止对桩基非清除部分造成损坏和扰动，保证截面处的混凝土具有良好的质量。

桩基检测：超声波法。检测过程中，监理工程师始终在现场旁站，检测结果用检测报告形式反映。无破损检验确定桩身质量不符合设计要求时，可进一步采取钻芯取样检查。确有问题时及时与设计单位联系，采取原位复桩等技术措施，保证使用功能。确认无断桩、短桩且满足设计要求后，再进行下道工序施工。

6.3.3.2 旋挖钻机钻孔

(1)钻具

该钻机主要由主机、动力头、钻杆、钻头组成(图6-2)。根据实际地层情况，钻头主要采用螺旋钻和搭砂筒钻头。

(2)钻进

钻孔时，驱动液压马达，使钻头作顺时针旋转，钻头与钻杆在其自重作用下旋转进入待钻地层，将土体转入搭砂筒后提升钻头到地面，并不断注入泥浆，再驱动钻头作逆时针旋转，排除筒中渣土。如此反复作业，完成成孔工序。

(3)旋挖钻孔桩施工顺序

①场地准备：平整场地、清除杂物。由于钻机自重较大，场地需夯压密实。

②测量桩位：与普通钻孔桩要求相同。

③钻机就位：钻机为自行式，可直接驶入并将钻头中心直接对位，再精确调整机架的垂直度后，将钻头精确定位。

④压入钢护筒：利用钻机专用卡具将底节钢护筒卡放在已钻3～5m的成孔中，利用钻杆、动力头自重和压拔油缸压入钢护筒，压入困难时采用振动锤打入。

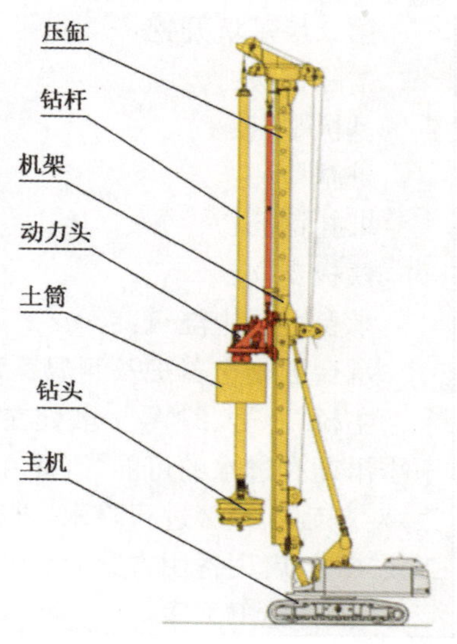

图6-2 钻机示意图

⑤造浆：泥浆采用纯碱与无固相泥浆（新型钻孔液）配制成护壁浆替代泥浆作为护壁，首先将水与少量纯碱在搅拌罐中搅拌均匀，注入挖好的泥浆池中，将泥浆池内pH值调至8～10。当池内水达到一半时，然后水与无固相泥浆按万分之五的比例在搅拌罐中搅拌均匀，注入泥浆池中，使泥浆的黏度达到要求（砂层35s、土层20～25s）。在泥浆池横向放两根钢管，用气泵往钢管中注入气体，使泥浆池中液体流动通畅，泥浆池浆液充分搅拌两小时方可使用。

⑥钻进：护筒以下部分采用泥浆护壁方式，注意保持孔内外水头差及泥浆比重、稠度等满足孔壁稳定的要求。当钻进到设计高程时，经监理工程师同意，即可终止钻进，用淘渣筒无进尺淘渣5～10min。钻进时进尺不宜过快，钻机一定要保持水平，防止扩孔。

⑦成孔质量检查：由于本钻机具有较高的垂直度控制系统和刚性较大的钻杆及导向系统。其孔径、垂直度、孔底残渣等均可满足规范及验收标准要求（检查方法同普通钻机成孔）。

⑧安放钢筋笼、安装导管、灌注水下混凝土：与普通钻机施工相同。但由于本钻机成孔速度极快，钢筋笼制作、安装、水下混凝土灌注必须与之相适应，否则，不能充分发挥该钻机的工作效率。

6.3.3.3 承台施工

(1)工程概况

主桥20号、21号、22号、23号墩承台为水下承台，其结构形式为：3110cm（长）×1510cm（宽）×320cm（高）棱柱承台。现施工水位为133.081m，20号、21号、22号、23号筑岛顶面高程为140.00m，20号、21号墩承台底面高程为128.857m和128.853m，22号、23号墩承台底面高程为126.855m和126.853m。基坑挖深为11.143m、11.147m、13.145m、13.147m。

(2)施工工艺和设备的选择

根据设计图纸、地质资料及水文资料，承台施工时采用双层环形井点降水、明挖基础施工，分两层进行基坑开挖。根据实测水文资料，嫩江水面水位为133.081m（封冰层），为全年的最低水位，承台施工工期为2008年7月1日至2008年8月5日，根据水文站提供的资料，7月至8月间嫩江特大桥桥位处常水位为139.50m。因此最深的降水深度为12.647m+1m（安全深度）=13.647m。

22号和23号降水高度基本一致，以22号墩为例。

(3)施工进度计划安排

根据生产要素的配置情况，各项主要工程施工进度安排如下。

井点降水施工：　　2008.05.30～2008.06.30

第一层基坑开挖：　　2008.07.01～2008.07.04

第二层基坑开挖：　　2008.07.05～2008.07.09
凿除桩头：　　2008.07.10～2008.07.14
基坑平基：　　2008.07.15(一天时间)
桩基检测：　　2008.07.16～2008.07.17
绑扎钢筋：　　2008.07.18～2008.07.23
模板支立：　　2008.07.24～2008.07.28
承台混凝土浇筑：　　2008.07.29～2008.07.30
承台混凝土养护及测温：　　2008.07.31～2008.08.05

主桥20号、21号主墩处在江边滩地上，22号、23号主墩处在江心，地下水非常丰富，水位较高，且雨季汛期有过水的可能，因此在挖基过程中注意防水，主墩承台的基坑开挖采取环形一级井点降水方案，对基础开挖区进行降水，进行基础中心水位测定，满足高度要求后进行下一道工序施工；当达不到施工要求时，启用备用方案，采用现浇沉井隔水方案配合井点降水方案同时进行处理。

(4)各施工工序

①测量放样　利用全站仪准确放出桥梁中心点，并校准承台的纵、横向轴线，且将轴线控制桩延长到基坑外固定，视水文地质情况放好开挖边桩。

②井点降水　承台施工时采取井点降水，先进行井点降水试验，测出在实际地质条件下的渗透系数及相应的有效半径，再进行下一道井点的布置设计，以及方便以后嫩江大桥其他承台井点降水施工。

③基坑开挖　承台基坑分两层采用挖掘机开挖，开挖剖面如图6-3所示。首层开挖至筑岛顶面以下4m位置处，在基坑周围设置平台(4m宽)，给小型设备及小型材料提供堆放空间，随后进行第二层基坑开挖，至设计高程后，采用人工清基、整平基底。根据施工规范及实际情况，将上层基坑边坡设为1∶1，下层基坑边坡设为1∶1，承台边预留100cm作为作业空间。凿桩头施工，桩头要凿除预留部分无残余松散层和薄弱混凝土层，凿至密实混凝土为止，同时要保证嵌入承台内部的钢筋长度和桩基混凝土高度符合设计要求，并在桩基检测完成后按照设计图纸，将桩嵌入承台部分的钢筋笼绑扎完成。

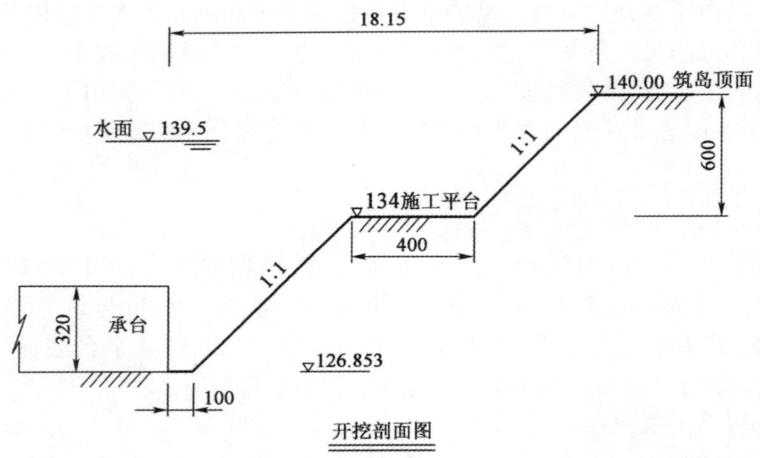

图6-3　承台基坑开挖剖面图(尺寸单位：cm，高程单位：m)

④验基签证　当基坑开挖到设计高程后，及时邀请监理工程师按承台质量检验标准(表6-7)检查基础的平面位置、高程及基底情况。

承台的质量检验标准　　表6-7

项　目	允许偏差(mm)	项　目	允许偏差(mm)
混凝土强度(MPa)	符合设计要求	平面尺寸	±30
轴线偏位	15	顶面高程	±20

⑤钢筋绑扎　钢筋的下料和制作在钢筋加工棚内进行，承台钢筋采用现场绑扎方式制作，其要求按施工技术规范的有关规定执行，钢筋的焊接长度不小于10d。在加工钢筋完成后要按照设计要求进行墩台身钢筋的预埋，相邻钢筋的高差不小于100cm，最小外露承台顶面长度为150cm。

⑥模板支立　采用组合钢模拼装成大块模板，在钢模外侧沿承台水平主筋方向加六层水平梁(两根槽钢)，间距60cm，底层水平梁距基坑底面20cm，在水平梁与模板中间设竖向梁(两根槽钢)，间距为60cm；水平梁设内拉钢筋(20mm钢筋)与承台主筋相连；在主筋与模板间采用小块钢筋作为垫块来保证混凝土的保护层，同时起到固定模板的作用。基坑检验合格后，立即立模进行混凝土施工，避免基底暴露时间过长。

⑦降温水管及测温孔安装　在钢筋安装过程中，安装降温水管；在完成承台钢筋安装后，安设测温孔。

⑧混凝土浇筑　承台混凝土为泵送混凝土，浇筑均采用汽车泵输送入模，浇筑过程中，采取分层一次浇筑，每层厚度30cm，当浇筑到混凝土埋过冷却管道时，进行混凝土降温。

⑨降温施工　降温施工从混凝土浇筑过程中开始，保证混凝土内部温度差最大不超过规范要求的25℃。

⑩拆模　当承台混凝土达到拆模强度后，即可拆除模板，对称回填土方后进行下一道工序施工。

(5)井点降水方案设计

①基坑总涌水量计算

根据地质资料显示，主桥桥墩承台处于粉细砂层，其结构形式为：3110cm(长)×1510cm(宽)×320cm(高)棱柱承台。

根据设计图纸、地质资料及水文资料，承台施工时采用一级环形井点降水、明挖基础施工，分两层进行基坑开挖。承台施工工期为7月1日至8月5日，预计水位为139.50m，因此最深的降水深度为12.647m+1m(安全深度)=13.647m。

22号和23号降水高度基本一致，以22号墩为例采取以下降水方案。

以下对22号桥墩的井点降水方案进行设计及验算。

桥墩承台井点降水方案，根据承台所处地层的渗透系数(粉细砂层取$K=10$)以及本工程要求施工周期短的特点，采用一级环形井点群降水方案。井孔采用钻机钻进成孔，孔径为1000mm；降水井管采用$d=600$mm钢筋笼外套钢丝网及井底布；井管与井壁间采用级配良好的碎石进行回填，碎石最大不超过20mm。

确定井点管的埋设深度H_a(轻型井点如图6-4所示)。

井点管的滤管在透水层内，埋深H_a可按以下公式计算：

$$H_a = h_1 + h_2 + \Delta h + r/m$$

式中：H_a——井点的水泵轴至井点滤管底的深度，m；

h_1——井点的水泵轴至未抽水前的地下水位的高度，m；

h_2——原地下水位至基坑底的高度，m；

r——基坑底中心至井点管中心的距离，m；

m——井点抽水后的水力坡降线的坡比，对环形井点群轻型井点，m可用10～15，为了安全起见，取10；

Δh——抽水后的地下水位距基坑底面的安全深度，一般为0.5～1.0m；

l——滤管长度，m。

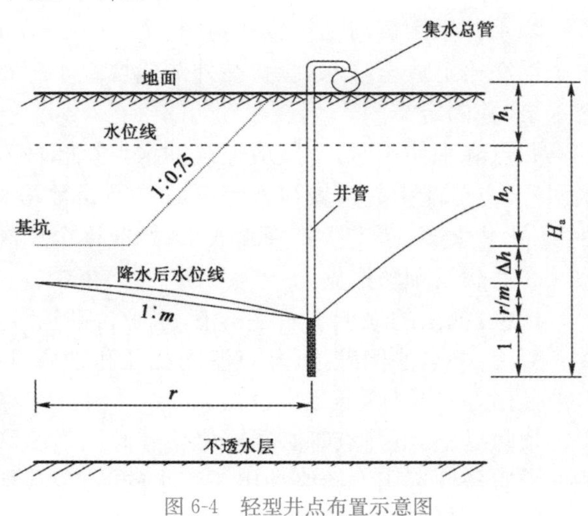

图6-4　轻型井点布置示意图

可计算出 $H_a=17.24\text{m}$。

可知井管处为无压水层，基坑总涌水量 Q 可根据无压非完全井群计算公式进行计算，公式如下：

$$Q = 1.366K(2H_0 - S)S/(\lg R_0 - \lg r)$$

式中：H_0——有效含水层厚度，可根据表 6-8 查出，m；

R_0——$R+r$，R 可根据经验公式 $R=2S(HK)^{0.5}$ 计算，$R=514.35\text{m}$；当井群为不规则图形时，$r=(F/n)0.5$ 经计算确定 r 取 17.9m。

无压非完全井有效层厚度 H_0 计算公式见表 6-8。

H_0 与 S' 关系 表 6-8

$S'/(S'+1)$	0.2	0.3	0.5	0.8	1.0
H_0	$1.3(S'+1)$	$1.5(S'+1)$	$1.7(S'+1)$	$1.85(S'+1)$	$2.0(S'+1)$

注：S'为井管内水位降低值。

可计算出：

$$H_0=1.85(S'+1)=30.4\text{m} \qquad Q=4285.31\text{m}^3/\text{d}$$

单根井点出水量 q 的计算如下。

由于地层为细砂层，单根井点出水量 q 可按以下公式进行计算：

$$q = 65\pi dlK^{1/3}$$

式中：q——单根井点出水量，m^3/d；

d——滤管外径，m；

l——滤管长度，m；

K——渗透系数，m/d。

可计算单根井点出水量 $q=131.916\text{m}^3/\text{d}$。

确定井点管的数量 n：

$$n=1.1Q/q$$

可求得 n 数量为 36 根，其最小间距为 3.63m，其井点布置见图 6-5。

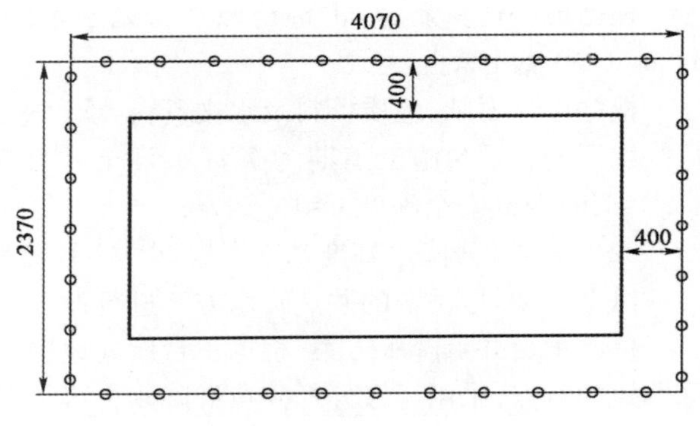

图 6-5 轻型井点布置示意图(尺寸单位：cm)

所设的井管最大的抽水能力 $Q_0=36\times131.92=4749.12\text{m}^3/\text{d}$。

安全系数 $k=Q_0/Q=4749.12/4285.31=1.1$，故可判定方案可行。

抽水设备的确定：抽水设备采用 7.5kW 潜水泵，泵流量为 $50\text{m}^3/\text{h}$。

②井点降水方案的具体施工过程

降水井采用黄河钻机成孔，孔径 $D=1000\text{mm}$，井管采用 $\phi12$ 钢筋制成钢筋笼，外裹钢丝网及井底布。钢筋笼下放至降水井后，在外侧壁填筑小碎石作为滤料，采用吊车下放潜水泵，井底用钢丝绳吊住潜水泵，并固定牢固。

井点降水使用时，一般应连续抽水，时抽时停，滤网易堵塞，使得出水混浊；同时由于中途停抽，地下水回升，也可能引起边坡塌方等事故。须经常检查并采取措施，在抽水过程中，还应检查有无堵塞"死井"。死井太多，严重影响降水效果时，应逐个用高压水反复冲洗拔出重埋。

③通病及预防措施

现象：抽出的地下水始终不清，水中含砂量较多，基坑附近地表沉降较大。

原因：井点滤网破损，井点滤网孔径和砂滤料粒径较大，失去过滤作用。土层中的大量泥沙随地下水被抽出，滤层厚度不足。

预防措施：下井点管必须严格检查滤网，发现破损或包扎不严密应及时修补，井点滤网和砂滤料应根据土质条件选用。始终抽出浑浊水的井点，必须停止使用。

安全质量保证措施：抽水设备的电器部分必须采取防止漏电的保护措施，严格执行接地接零和使用漏电开关三项要求，施工现场电线应架空布设，用三相五线制；严禁非机械工操作现场机械；夜间施工应保持足够的亮度；应建立健全质量保证体系，及时做好相关施工记录。

质量要求：基坑周围井点应对称、同时抽水，使水位差控制在要求限度内；井管安放应力求垂直并位于井孔中间，井管顶部应比自然地面高 0.5m；井管与土壁之间填充的滤料应一次完成，从井底填到井口下 1.0m 左右，上部采用不含砂石的黏土封口；每台水泵应配置一个控制开关，主电源线路要沿深井排水管路设置；大口井成孔直径，必须大于滤管外径 30cm 以上，确保滤管外围的过滤层厚度；滤管在井孔中位置偏移不得大于滤管壁厚。

(6)沉井施工

备用方案采用沉井配合井点降水进行施工。根据地质资料显示，主桥桥墩承台处于细砂层，承台施工前先进行降水处理，如果降水效果好，地下水位可降到承台基坑开挖线以下则不需要进行沉井施工，如果基坑开挖到底部出现渗水现象则采用沉井施工作为隔断，以便进行承台施工。以下对 22 号桥墩的沉井隔水方案进行设计。

22 号墩承台拟采用的沉井设计如下：沉井井壁为 C20 钢筋混凝土，井壁高度为 2m，井壁厚为 80cm；中间采用三道横向支撑，结构尺寸为 100cm×60cm，采用 C30 混凝土浇筑；刃脚部分采用钢筋加固包有角钢刃脚，高度为 100cm；井壁钢筋配筋布置为：纵向 4 道@25cmΦ16mm 双层钢筋网片，内支撑内部纵向钢筋 Φ16mm 分两层布置，共 8 根。

(7)大体积混凝土施工措施

主墩的承台属于大体积混凝土施工，因此必须对裂缝加以控制和预防。措施如下。

①设计合理的混凝土配合比

水泥：宜选用低热度的矿山水泥，用量一般控制在 370kg/m^3 以下；砂、石：砂选用中、粗砂，石子选用 0.5～3.25cm 的碎石；外加剂：适量掺入粉煤灰及缓凝型减水剂，以减少水泥用量和水灰比，延长混凝土的初凝时间，最大限度降低水泥的水化热，从而降低混凝土的升温峰值。

②蓄热保温

蓄热保温的目的在于通过保温措施，提高混凝土的表面温度，从而减少混凝土内外温差，使结构物降温速度减慢，防止开裂。承台施工结束后，要立即用塑料薄膜对混凝土表面进行覆盖，并在薄膜上层覆盖草袋。下层薄膜用来防止水分蒸发，上层草袋用于蓄热，使混凝土表面已升高的温度不易散失，有效地减少混凝土的内外温差。

6.3.3.4 系梁施工

(1)基坑施工

基坑开挖：钻孔桩施工完毕后，测出基坑大样，并拴桩牢固。

基坑开挖采用挖掘机开挖，并辅以人工清底找平，基坑的开挖尺寸根据承台的尺寸、立模及各项操作的要求、设置排水沟及集水坑的需要等因素确定，基底四周预留出 1m 的工作面。挖至距系梁底面 0.3m时，停止挖掘，由人工进行最后的清除和平整基坑底面。

基坑的开挖坡度以保证边坡的稳定为原则，因河床附近地表多为砂类土，为防止坑壁发生松散塌落等现象，坑壁坡度采用 1∶1.5，并根据具体情况采取加固坑壁措施，如挡板支撑、混凝土护壁、草袋围堰等。

基坑开挖前应先做好地面排水，在基坑顶缘四周向外设排水坡，并在适当距离设截水沟，且应防止水沟渗水，以免影响坑壁稳定。坑底边缘处要设置排水沟，并在基坑底角位置上开挖一个深为 0.4m 的土坑作为集水坑。坑底渗水过多或遇雨天施工时，在集水坑内设置水泵排水。

基底的处理：基坑底面挖至系梁底设计高程后，再继续下挖 5cm，并夯实。采用人工配合空压机风镐凿除桩头，将灌注桩顶 0.5m 范围内掺杂有泥浆或其他杂物的多余混凝土部分凿除，凿除时应注意不能损坏桩顶钢筋，达到设计高程要求时清理桩头表面，使其表面平整。在基坑底浇筑厚 5cm 的 C20 混凝土垫层作为系梁施工的工作平台。

基坑开挖注意事项：

①基坑开挖前应做好地面排水工作，防止地面水向基坑流动而影响坑边稳定。

②基坑边缘应尽量减小静荷载，基坑内挖出的弃土应立即运走；动荷载应距基坑边缘 2m 以外，静荷载距坑边不小于 1m。

③基坑开挖过程中应注意观察基坑边缘顶面地面是否有裂缝、坑壁有无松散塌落现象，否则应立即采取挡土板等加固措施进行加固。

④基坑施工不可延续时间太长，自基坑开挖到完成，应连续不断地进行。

(2)钢筋施工

①重新测量放样：基坑开挖处理完成后，经监理工程师验收合格后，重新测设基础尺寸，然后用全站仪、钢尺精确放出大样。

②钢筋施工采用场地预制，用车运至施工现场，绑扎成型。严格按照施工规范和图纸进行现场绑扎，严禁漏绑。特别注意预埋钢筋的位置及加固，防止浇筑混凝土时跑位。在钢筋与模板之间设置混凝土垫块，垫块与钢筋扎紧，并相互错开，同时根据设计图纸预埋墩柱钢筋。

(3)模板施工

系梁模板采用 A3 钢板制作，钢模板使用前要除锈、刷油，检查模板有否变形。做好后，用吊车吊装，人工配合立模，钢模外侧用纵横向钢带斜撑加固，内侧通过对拉螺栓及内撑进行加固，以保证模板有足够的强度、刚度和稳定性。模板接缝处填塞泡沫条或双面胶条，防止因漏浆而影响混凝土外观质量。支立完毕的模板要有良好的稳定性，以保证混凝土的外形尺寸准确，模板安装后按中心线和顶板高程进行校正，经监理工程师验收合格后，进行下道工序的施工。

(4)混凝土施工

浇筑混凝土前，对模板、钢筋、预埋件进行检查，模板内的杂物、积水和钢筋上的污垢应清理干净。混凝土严格按照试验配合比准确计量，混凝土采用混凝土搅拌站集中拌和，输送泵水平运输，用溜槽运送混凝土至浇筑部位。为确保施工质量，采用斜向水平推进法施工，混凝土一次浇筑完成，浇筑时水平分层，每层 30cm，应在下层混凝土初凝前浇筑完成上层混凝土。现场安排足够的振捣人员，采用插入式振捣器振捣，并划定每个人的振捣区域并满足衔接区的振捣要求，严格按规范振捣，保证混凝土浇筑质量。振捣器移动间距不超过振捣器作用半径的 1.5 倍，并与侧模保持 5～10cm 距离，插入下层混凝土应达到 5～10cm；每一处振捣完毕后，边振捣边徐徐提出振捣棒；并避免振捣棒碰撞模板、钢筋及其他预埋件。浇筑过程中，设专人负责检查支架、模板、钢筋和墩柱预埋钢筋的稳定情况，发现问题，立即处理。浇至设计高程后，振捣时观察混凝土不再下沉，表面泛浆，水平有光泽即可缓慢抽出振捣棒，防止混凝土内产生空洞。停止浇筑混凝土，并对承台顶面进行抹平处理，保证承台外观，同时对墩柱预埋筋范围内的混凝土进行拉毛处理。

混凝土浇筑完成后，对系梁顶面进行修整。抹平定浆后，再一次收浆压光(墩柱处应拉毛)，表面使用土工布覆盖，洒水养护，养护时间不少于 7d。混凝土强度达到 2.5MPa 时进行拆模。模板拆除 3d 后回填透水性材料，并夯实。

6.3.3.5 墩、台身施工

(1)圆柱式墩身

①测量放样　利用全站仪测设出各墩中心的精确位置，并使用钢尺进行校核，拴桩加固。

②钢筋施工　墩柱钢筋采用场地预制成型、运至施工现场、绑扎成型、吊车整体吊装就位的方式进行施工。钢筋骨架的绑扎要求严格按照施工图纸和规范要求进行，严禁漏筋。骨架绑扎的过程中要注意钢筋成品的几何尺寸符合设计要求。

施工时，先调整桩基础顶面钢筋位置，把墩柱钢筋骨架主筋分根与桩基础钢筋搭接焊接，要求焊缝满足规范要求，外缠箍筋。为确保保护层厚度，在钢筋骨架的上、中位置设置保护层支顶定位钢筋，用电焊加固，使模板与钢筋骨架的相对位置满足设计要求。

③模板施工　模板安装采用人工配合吊车进行。安装前将墩柱模板按相应墩柱高度在现场地面上组装成型，并用双面胶条粘贴，使模板缝隙严密，以免漏浆影响混凝土的外观质量。模板面清理干净，均匀涂刷优质脱模剂。模板支立前，在基础上模板的位置，摊铺一层砂浆，然后用吊车整体吊起，套入钢筋骨架，落在桩顶找平砂浆面（或系梁顶面）上，然后挂上地锚拉线，用全站仪或垂球找正中点位置及校正垂直度，检校完毕后将拉线上的导链锁好固定，防止拉线松动造成墩柱的中心位置改变。模板支立完毕后，应仔细检查模板的中心位置及竖直度是否满足规范要求，同时检查相邻两柱的间距。

④混凝土浇筑　混凝土在拌和站集中拌和后，用搅拌运输车水平运输至浇筑现场，混凝土入模坍落度控制在 8cm。用吊车配吊斗起吊入模，因混凝土下落高度超过 2.0m，混凝土浇筑采用串筒下料，防止混凝土因高空坠下导致离析，串筒要居中放置，混凝土自由倾落高度不得超过 2m，串筒出料口下面混凝土堆积高度不得超过 1m。同时，在浇筑的过程中避免混凝土浆迸溅到模板上，保证集料分布均匀。

使用手持插入式振捣器振捣，振捣要求做到不漏振不过振。混凝土的振捣分层捣固，每层高度控制在 50cm 以内，保证上下层混凝土接合良好，振捣棒插入下层混凝土 5cm，振捣棒至模板的距离控制在 10cm 左右。混凝土振捣时，必须掌握好振捣时间，振至混凝土不再显著下沉，不再出现气泡为止，严防漏振。每一处振捣完毕后边振捣边徐徐提出振捣棒，振捣过程中避免振捣棒碰撞模板、钢筋。浇筑混凝土时，经常观察模板、堵缝等情况。混凝土浇筑比设计柱顶高程高出 3cm，待顶部混凝土初凝后，清除表面混凝土灰浆。

墩柱模板拆除后，使用塑料薄膜覆盖墩柱混凝土表面，并设专人使用高压水泵对墩柱进行保水养生，保证墩柱始终保持湿润状态，待养生龄期达到 7d 后拆除塑料薄膜。

（2）桥台肋板施工

桥台肋板模板均采用异型大块钢模板，模板采用对拉筋固定，挂导链校正。其他施工工艺与墩柱相同。在承台顶面适宜位置搭设与墩柱高度相适合的钢管施工脚手架，作为绑扎钢筋等工作的施工平台。

（3）主桥实体式墩身施工

按主桥墩身及过渡墩的结构尺寸，主桥墩身分为两节进行施工，第一节墩身完成到破冰体位置。

①脚手架施工　在结构的四个外侧面采用 LDJ 圆扣式多功能脚手架拼装施工脚手架，脚手架基础坐落在承台上，在支架的下部微调螺旋坐落在枕木上，由下部微调螺旋进行高程控制，杆件长度可自由增加 30～60cm，高程控制更加精确。上设爬梯，铺木板供人员行走。

柱距与排距均为 0.9m，步距为 0.6m，为保证结构的稳定性，剪力撑采用外径 ϕ48mm，壁厚 δ3.5mm，长 6m 钢管，采用旋转扣件与圆扣式脚手架立杆连接，剪力撑间距为 3.0m 间隔布置，剪力撑与立杆夹角为 45°。

②测量放样　使用经纬仪、钢尺在承台的顶面测放出破冰体及实体墩身大样，用墨线加以标识。

③钢筋施工　钢筋在场地制作，现场绑扎。主筋的连接采用机械连接接头的方式，由于主筋较长，可以将绑扎成型的钢筋固定在脚手架上，水平箍筋的绑扎应交错进行。预埋件须保证加工质量和预埋件位置准确。施工中注意预留斜拉托架和主梁临时支座的预埋件和预埋筋。

钢筋绑扎完成后，按施工图纸设置墩身冷却管道，要求管道密封严密不漏水。

④破冰体砌筑　破冰体料石采用定型加工的方式制作，运至现场以人工配合吊车的方法在施工脚手架上直接砌筑；砂浆采用拌和站机械搅拌、翻斗车运至现场使用。

⑤模板安装　混凝土采用一次性浇筑成型的方案，模板采用 A3 钢板制作大块模板，钢模板使用前要除锈、刷油，检查模板有否变形。模板使用吊车和地锚拉线手拉葫芦进行就位安装，用来微调模板顶口尺寸及平面位置。钢模外侧用纵横向钢带、斜撑加固，内侧通过对拉螺栓及内撑进行加固，以保证使模板有足够的强度、刚度和稳定性。模板接缝处填塞泡沫条、双面胶条，防止因漏浆而影响混凝土外观质量。

⑥混凝土拌和、运输、浇筑、养护　混凝土采用混凝土搅拌站集中拌和，混凝土搅拌运输车和输送泵联合运送混凝土入模。浇筑混凝土前，对模板、钢筋、预埋件进行检查，模板内的杂物、积水和钢筋上的

污垢清理干净。混凝土浇筑采用串筒下料，防止混凝土因高空坠下导致离析，混凝土自由倾落高度不得超过 2m，串筒出料口下面混凝土堆积高度不得超过 1m。同时，在浇筑的过程中避免混凝土浆迸溅到模板上。

使用手持插入式振捣器振捣，振捣要求做到不漏振不过振。混凝土的振捣分层捣固，每层高度控制在 50cm 以内，保证上下层混凝土接合良好，振捣棒插入下层混凝土 5cm，振捣棒至模板的距离控制在 10cm 左右。混凝土振捣时，必须掌握好振捣时间，振至混凝土不再显著下沉，不再出现气泡为止，严防漏振。每一处振捣完毕后边振捣边徐徐提出振捣棒，振捣过程中避免振捣棒碰撞模板、钢筋。浇筑混凝土时，经常观察模板、堵缝等情况。待混凝土强度达到 2.5MPa 时，用人工凿除主筋内侧混凝土表面的水泥砂浆和松弱层，经凿毛处理的混凝土面，在浇筑下一层混凝土时，用水冲洗干净。

混凝土浇筑完成后，冷却管通水降温，避免混凝土由于水化热引起内外温差过大产生温度裂缝。设专人使用高压水泵对墩柱进行保水养生，保证墩柱始终保持湿润状态。

6.3.3.6 盖梁施工

(1)过渡墩盖梁、引桥盖梁施工

引桥盖梁采用无支架(摩擦箍)方法施工，过渡墩盖梁采用落地满堂红支架施工。

①测量放样　根据地面设置的控制点，将盖梁中心线控制点打在桥墩中心，用全站仪放出盖梁的横纵中线，用墨线弹出横纵十字线。

②设置盖梁底板　过渡墩用碗扣支架、可调螺旋脚搭设承重平台，上铺找平型钢，上铺盖梁底模；引桥墩身盖梁在墩身浇筑、养生达到强度后，使用摩擦箍按照一定的高程，卡在墩柱上，摩擦箍上横向放置贝雷片，每侧比盖梁长出 2m 作施工工作平台，上面铺槽钢支撑盖梁底模。

盖梁底板面板采用 $\delta=5$mm 厚 A3 钢板制作，下设加固肋板，根据墩柱上的纵横轴线在槽钢上铺设斜坡木支架及钢制底板，用水准仪调整底板高程，用槽钢与横梁之间的木楔调整底板高程。

③钢筋施工　盖梁钢筋在加工场地预制成型，运至现场，就地铺设平台大片成型，整个盖梁钢筋骨架在现场按常规施工方法安装成型，用吊车整体吊起，放到盖梁底板放样位置，与墩柱钢筋以电焊加固，用地锚拉线调整相应位置后固定，松开拉线，调正箍筋间距及保护层厚度后，根据横纵中线在钢筋骨架顶面放出临时支座及永久支座垫石预埋筋位置及其他附件，进行支座垫石钢筋焊接安装。

④模板施工　盖梁侧模采用钢制大块模板，面板采用 $\delta=5$mm 钢板，钢框架加固，上下对拉，底板和侧模以帮包底的形式连接，接缝处以塑料密封条密封，避免漏浆，加固平面尺寸用钢筋支顶控制。模板支立前在现场涂刷优质脱模剂后用吊车吊装以人工扶模配合安装，待侧模支立完毕，通过外框架上下用对拉筋进行固定，用经纬仪跟踪采用地锚拉线，手动葫芦找正，同时用水准仪调整顶面高程及支座垫石高程，调整结束后，用水冲洗底板。

⑤混凝土施工　盖梁混凝土采用在集中搅拌站拌和，搅拌运输车水平运输，用吊车配吊斗起吊入模，人工手持振捣棒均匀分层振捣，人工手持大抹子找平，塑料布覆盖保湿养生的方法施工。

待混凝土强度达到 2.5MPa 时，可以拆侧模，达到设计强度 100%时，再拆底模。

(2)桥台台帽施工

桥台台帽待桥头路基填筑完成后，在路基上测设出台帽横纵轴线，根据台帽的大小浇筑一层厚度为 10cm 的 C20 水泥混凝土垫层，在混凝土垫层上进行钢筋及模板施工。

其他工艺与桥墩盖梁施工工艺相同。

6.3.3.7 预应力混凝土简支转连续箱梁施工

北、南引桥预制场各设龙门吊两套，一套跨径 35m，高 14m，定点吊装重量 100t，用于移梁；另一套跨径 34.5m，高 10m，最大吊装重量 100t，用于支拆模板和混凝土浇筑，均用 6 组贝雷桁片拼装。

(1)梁底制作

梁底换填 50cm 砂砾垫层，并用水撼实后在上面浇筑 50cm 厚基础钢筋混凝土，同时预埋连接钢筋，

在基础上立模板，并预埋角钢，浇筑梁底混凝土，在角钢上焊接 5mm 钢板做梁底。在梁端 2m 范围内加深换填深度至 100cm 并设钢筋网，加强梁底两端的承载能力。梁底按设计要求设置抛物线反拱，有效消除箱梁在施加预应力后的上拱。

(2)模板施工

箱梁侧模采用整体式钢模板，由 5mm 钢板制作，外面用 80mm 槽钢做肋，支撑采用 100mm 的槽钢做框架，模板长度按箱梁横隔板位置进行分节。在箱梁侧模制作时，严格按规范控制模板的平整度、顺直度，几何尺寸等。横隔板及梁头模板均采用钢板制作，横隔板、梁头模板与梁体模板拼接处，黏接胶条，并用螺栓连接。箱梁模板支拆时，由场地内龙门协助完成。

箱梁外模见图 6-6，箱梁内模见图 6-7。

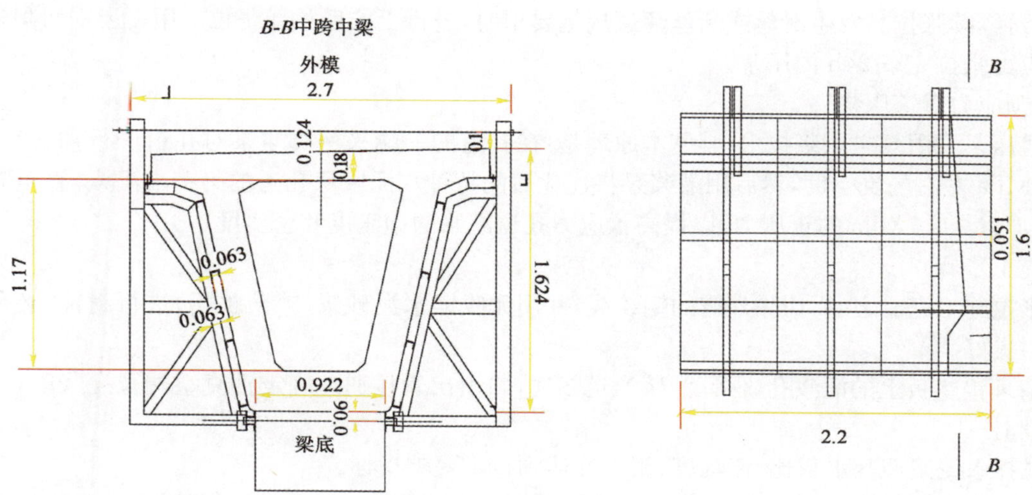

图 6-6 箱梁外模(尺寸单位:m)

芯模采用钢模板和方钢管加勾头螺栓做支撑，其中钢模板采用 30cm×150cm 的组合模板，在边角及变截面处采用异型钢模板。也可采用木方做框架，木制面板外包镀锌铁皮的组合。

(3)钢筋施工

箱梁钢筋在钢筋预制场下料弯制，按箱梁横隔板，分节制作成箱梁钢筋骨架，在梁底板上绑扎成型。在箱梁钢筋的绑扎过程中，将预应力孔道坐标架，按设计尺寸绑在骨架内；钢筋的弯制、绑扎，严格按相关桥涵施工技术规范执行。对张拉垫板、加强螺旋筋等的位置，要严格控制。安装钢筋时预埋设计要求的各种预埋件，并保证位置准确。

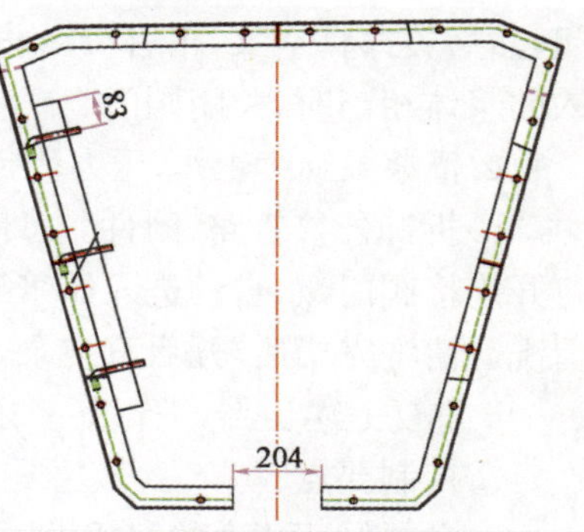

图 6-7 箱梁内模(尺寸单位:cm)

(4)预应力管道定位

主梁孔道采用塑料波纹管。施工时，根据钢筋骨架设预应力孔道坐标架，将波纹管按设计位置固定，接头采用专用接头连接。

(5)混凝土浇筑

箱梁混凝土采用分层浇筑，首先浇筑底板，然后浇筑箱梁腹板和顶板混凝土。混凝土集中搅拌，采用混凝土运输车运送，龙门吊机配合吊斗浇筑，附着式振捣器为主，插入式振捣器为辅。混凝土分层浇筑在内模两侧对称均匀进行，以保证内模受力均衡，不因混凝土的浇筑及振捣而移位。混凝土浇筑完成后，箱梁顶面抹平，并作拉毛处理。箱梁混凝土浇筑完成后，及时清理预应力孔道，保证预应力孔道畅通。箱梁养护采用洒水并覆盖土工布的方法，并不少于 7d。

(6)预施应力

预应力钢绞线张拉前，对张拉机具进行检校，确定千斤顶和张拉油泵的对应关系和不同预应力施加时的油泵的油表读数，同时绘制张拉管理曲线，确定预应力张拉的初步施工参数；并进行预应力损失试验，找出影响预应力损失的因素及影响参数，以便正确指导预应力张拉工艺，使预应力的施加接近设计张拉控制值。

箱梁混凝土强度达到设计强度100%后，质检员下达张拉通知单方可进行钢绞线的张拉工作。将钢绞线切好并成束，穿入预应力孔道内。张拉前检查张拉设备是否完好。预应力钢束张拉采用双指标控制，即张拉力和延伸量控制，以张拉力为主，用延伸量校核。张拉顺序为0→初应力σ_{con}(持荷2min锚固)，张拉时，严格按照设计图纸的张拉顺序进行，一片箱梁两个腹板对应的两束钢绞线同时张拉。张拉过程中，注意使每根钢绞线受力均匀，在达到初应力时做伸长量记录，在达到σ_{con}时，测量实际伸长量，并与计算值相核对，当实际伸长值与理论伸长值之差大于±6%时，立即停止张拉，查明原因并采取措施调整后，再继续张拉。发生滑丝或断丝超过规范要求时，进行更换后重新张拉。用无齿锯切割多余钢绞线。预应力张拉完毕24h内压浆。

(7)预应力管道压浆

管道压浆采用真空压浆技术，其基本原理是：在孔道的一端采用真空泵对孔道进行抽真空，使之产生−0.1MPa左右的真空度，然后用灌浆泵将优化后的特种水泥浆从孔道的另一端灌入，直至充满整条孔道，并加以≤0.7MPa的正压力，以提高预应力孔道灌浆的饱满度和密实度。

①施工步骤

a. 张拉施工完成之后，切除外露的钢绞线，并用无收缩水泥砂浆(或防护帽)进行封锚，必须保证孔道的密封良好。

b. 清理锚垫板上的灌浆孔，保证灌浆通道畅通，与引出管接通。确定抽真空端及灌浆端，安装引出管、球阀和接头。

c. 搅拌水泥浆使其水灰比、流动度、泌水性达到技术要求指标。

d. 启动真空泵抽真空，10min后真空度应能达到−0.08～−0.1MPa，并保持稳定。

e. 启动灌浆泵，当灌浆泵输出的浆体达到要求稠度时，将泵上的输送管接到锚垫板上的引出管上，开始灌浆。注意：灌浆过程中，真空泵保持连续工作。

f. 待抽真空端的透明钢丝管中有浆体经过并进入储浆罐时，关闭连接在真空泵与储浆罐之间的阀门，然后关掉真空泵，稍后(15s内)打开储浆罐上的排气阀门，当水泥浆从排气阀顺畅流出，且稠度与灌入的浆体相当时，关闭阀门。

g. 灌浆泵继续工作，压力达到0.6 MPa左右，持压1～2min。关闭灌浆泵及灌浆端阀门，完成灌浆。

h. 拆卸外接管路、附件，立即清洗钢丝透明管和储浆罐、阀等。清洗时，关闭真空泵上的排气阀门，打开连接阀门，水自动进入储浆罐进行清洗。关闭排气阀门，水在注满储浆罐后会进入钢丝透明管进行清洗。清洗完毕后，开启真空泵，把钢丝透明管内的积水除干。

i. 重复上述步骤，进行下一条孔道的灌浆工作。

②控制要点

a. 必须保证孔道的密闭性、干燥性、畅通性。

b. 起动灌浆泵前应先将进水阀打开，打开水阀后就应立即起动真空泵。停机前应先将进水阀关闭，再向进气口放入较高压力气体，使泵内水液基本排去，再停机。

c. 输浆管应选用高强橡胶管，抗压能力≥2MPa，使其负压灌浆时不易破裂，连接要牢固，不得脱管。

d. 浆体进入灌浆泵之前应通过1.2mm的筛网进行过滤。

e. 搅拌后的水泥浆必须做流动度、泌水性试验，并浇筑浆体强度试块。

f. 灌浆工作宜在灰浆流动性下降前进行(约30～45min内)，孔道一次灌注要连续，中途换管道时段内，继续起动灌浆泵，让浆体循环流动。

g. 灌浆孔数和位置必须做好记录，以防漏灌。

h. 储浆罐的储浆体积大于1倍所要灌注的一条预应力孔道的体积。

i. 锚板上灌浆孔位置应位于上方。

(8)封锚

压浆后对需要进行封锚部分进行混凝土的施工，将梁头钢筋绑扎固定好，封锚混凝土端面做到竖直，不超长。当孔道压浆强度达到设计要求时，即可移梁。

(9)箱梁安装

箱梁为简支转连续形式，预制箱梁全部采用跨墩龙门安装。用贝雷片拼装两套 30m 跨径的龙门架。用预制场地的定点龙门吊将预制箱梁吊起，平移到跨墩龙门的运梁平车上，用卷扬机带动运梁平车，缓慢地将预制梁运送到待安装的孔位上，用跨墩龙门将预制梁吊装到位。

箱梁采用龙门吊机安装就位，主要操作程序如下：

①检查支座垫石的高程、平整度，设置临时支座并安装好永久支座。

②牵引运梁线上的运梁平车，将梁运送到待安装桥孔处。

③将梁吊起，梁底部高于支座垫石顶面 50cm 左右，对正后缓慢下落就位。

④经检查，如达到安装质量标准，则可进行梁体横向连接加固，如达不到安装质量标准，应进行调整或起吊重新就位。

(10)简支转连续施工

箱梁安装合格后，铺设墩顶连续段底模并连接墩顶连续段预留钢筋。绑扎现浇横梁钢筋，支立侧模，设置接头板束波纹管并穿束。在日温最低时，浇筑连续接头混凝土、中横梁混凝土及负弯矩束范围内桥面板，待混凝土强度达到设计强度后，对称张拉负弯矩区预应力钢束，并压注水泥浆，张拉顺序先两侧后中央。墩顶连续接头施工完成后，浇筑剩余部分桥面板湿接缝混凝土，最后拆除一联内临时支座，完成体系转换。

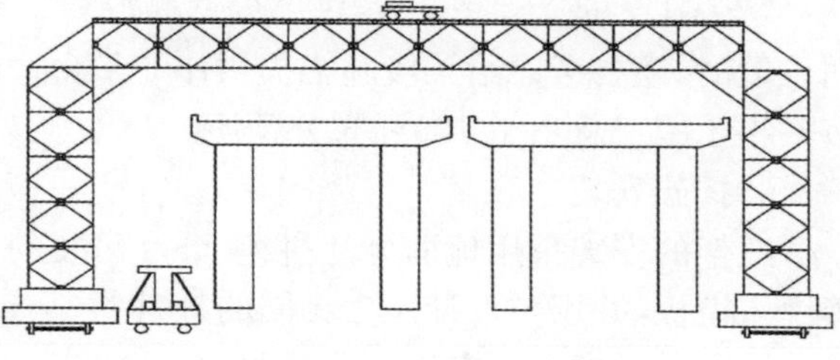

图 6-8 跨墩龙门安梁示意图

跨墩龙门安梁示意图见图 6-8。

6.3.3.8 主桥连续箱梁施工

(1)总体施工顺序

主桥连续箱梁采用悬臂浇筑法施工。施工分为如下几个阶段：在主墩墩顶和墩旁托架上浇筑 0 号块、1 号块、2 号块，悬臂浇筑 3 号至 14 号块，在落地支架上浇筑边跨直线段、合龙段施工及体系转换，高程线形控制贯穿连续梁施工始终。

①0 号、1 号、2 号梁段施工主要程序如下：

安装墩旁托架→托架加载预压测试，推算 0 号、1 号、2 号梁块托架弹性挠度值→安装底模、外模并调整至立模高程→绑扎底板、腹板、横隔板钢筋，安装腹板纵向、竖向预应力管道及各种预埋件→安装内模→绑扎顶板钢筋，安装顶板纵向、横向预应力管道和各种预埋件→浇筑混凝土并养生→预应力施工。

②3 号梁段(挂篮悬臂浇筑的第一个梁段)挂篮悬臂施工主要程序如下：

挂篮安装调试→挂篮加载预压测试，推算挂篮弹性挠度值→安装底模、外模并调整至立模高程→底板、腹板普通钢筋和纵向、竖向预应力孔道安装(包括各种预埋件)→安装内模→顶板普通钢筋和纵向、横向预应力孔道安装(包括各种预埋件)→浇筑混凝土并养生→预应力施工→挂篮前移。

③4 号～14 号梁段挂篮悬臂施工主要程序如下：

挂篮前移→安装底模、外模并调整至立模高程→底板、腹板普通钢筋和纵向、竖向预应力孔道安装(包括各种预埋件)→安装内模→顶板普通钢筋和纵向、横向预应力孔道安装(包括各种预埋件)→浇筑混凝土并养生→预应力施工→挂篮前移。

④合龙段施工主要程序如下：

箱梁合龙及体系转换，是控制全桥受力状态和线形的关键工序，因此，必须严格控制合龙顺序和工艺。全桥分三个合龙阶段，第一阶段边跨合龙，第二阶段次边跨合龙，第三阶段中跨合龙。

a. 边跨合龙　主墩单T即将完成时，安装落地支架并按不小于施工总重量120%充分预压后，施工边跨现浇直线段。拆除边跨挂篮，安装边跨合龙段吊篮模架，对称支撑在悬臂端及边跨现浇梁段上。先在T构的两悬臂端分别安装平衡重。安装合龙段钢支撑，按照设计要求对部分合龙束进行张拉锁定，每束张拉力为设计张拉力的50%。之后进行立模、绑扎钢筋和预应力管道等工作。根据施工控制要求，选择一天中温度最低并且较稳定的时间，开始浇筑边跨合龙段混凝土，同步逐渐卸除等量平衡重。待混凝土龄期达到7d并且达到90%设计强度后张拉顶、底板预应力束。张拉顺序为：先张拉长束后张拉短束，合龙束补拉到设计吨位。拆除吊篮和边跨落地支架，更换支座，完成边跨合龙。

b. 次边跨、中跨合龙　两端挂篮拆除。先在T构的两悬臂端分别安装平衡重。安装合龙段钢支撑，并安装吊篮模架，对称支撑于悬臂端，部分张拉合龙束，每束张拉力为设计张拉力的50%。之后进行立模、绑扎钢筋和预应力管道等工作。根据施工控制要求，选择一天中温度最低并且较稳定的时间，开始浇筑合龙段混凝土，同步逐渐卸除等量平衡重。待混凝土龄期达到7d并且达到90%设计强度后张拉顶、底板预应力束。张拉顺序为：先张拉长束后张拉短束，合龙束补拉到设计吨位。拆除吊篮，更换支座，完成次边跨中跨合龙。

(2)施工工艺

①墩旁托架

墩旁托架是为承托0号块部分钢筋混凝土重量、1号块和2号块全部钢筋混凝土重量及施工荷载而设置的，还要考虑给梁段施工提供作业平台，并且要有足够的强度、刚度和稳定性。托架安装完成后，按不小于施工总重量120%充分预压。

②托架安装

托架的安装采用地面分片拼组、分片吊装的方法安装。首先在支立墩身模板时将牛腿和连接型钢等埋入模板，并用与设计尺寸相同的杆件将其连接为一整体，以保证其位置、高程的准确，减小安装误差。拆除墩身模板后在地面分片组拼，然后用吊车将其吊于墩侧与预埋件连接在一起，同时连接横向杆系，最后安装纵、横分布梁及底模桁架。

托架结构图见图6-9。

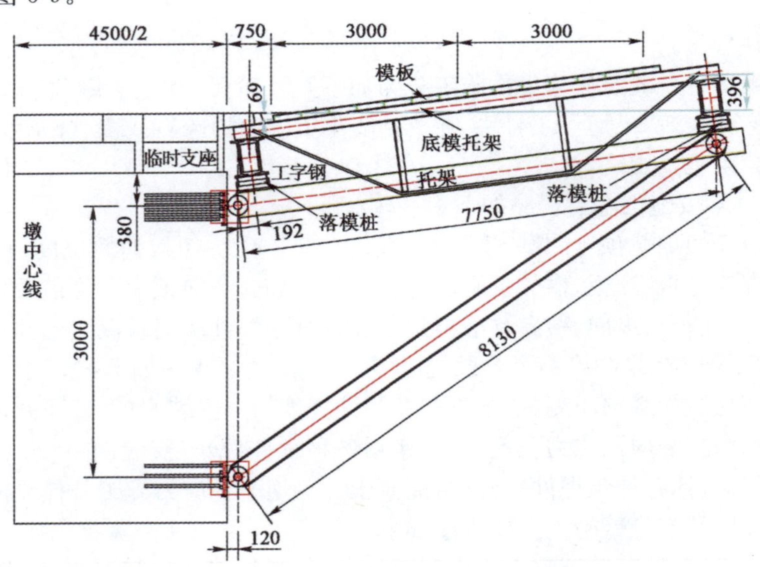

图6-9　托架结构图(尺寸单位:cm)

③托架预压

由于托架在安装过程中，各杆件与螺栓、结点板之间存在一定的间隙，在荷载作用下，除弹性变形外还将产生部分非弹性变形，所以必须对托架进行荷载预压，以验证托架的强度、刚度和抗倾覆稳定性，消除非弹性变形，同时测出弹性变形，绘制出荷载—变形曲线，以找出托架分别对应于承担(托架理论上应分摊的 0 号梁段钢筋混凝土重量＋施工荷载、1 号、2 号梁段全部钢筋混凝土重量＋施工荷载)两种荷载情况的托架下沉量，以便为确定 0 号块、1 号块、2 号块底模预拱度提供依据。荷载预压测试分为加载和卸载两个阶段，分别测试出两个阶段的托架变形量，注意墩旁两侧托架同步对称加载和卸载。

④结构形式

托架采用三角形托架，单墩单侧设两片，托架由上弦杆、下弦杆、托架预埋件及落模筒等组成。

单侧两片间距为 5620mm，沿墩身中心对称布置，上弦杆长 7750mm，下弦杆长 8130mm，均采用[28 焊接而成。

单侧设计承载荷载为 440t。托架上现浇箱梁混凝土 0 号块、1 号块、2 号块、3 号块采用三角挂篮悬浇施工。

⑤施工流程

托架预压具体工作流程为：安装预埋件→组装三角托架→安装落模筒→铺挂篮底横梁→安装挂篮底模桁架→准备监测措施→对称加载模板等重物并记录其相应变形→对称加载混凝土等重物并记录其相应变形→对称加载至最终荷载并记录其相应变形→在变形稳定后记录最终变形量→对称卸载至模板加混凝土等重，记录其回弹变化量→对称卸载至模板等重，记录其回弹变化量→对称卸完模板等重物，记录其最终回弹变化量→统计出预压结果→根据结果调整相应底模高程，铺底模，准备下一道工序施工。

⑥荷载计算

由于预压主要检验托架的稳定性及相应的变形，在进行荷载计算时，托架及底模桁架自重不予计算；同时 0 号块混凝土其受力作用点主要集中在墩顶部分，也不予考虑；此预压主要是计算 1 号块、2 号块施工时所产生的荷载。

⑦施工及安全要求

主桥托架预压主要检验托架的稳定性及相应的变形量，施工过程中有以下要求：预压前，须做好监测准备工作。加载时，对加载重量进行精确控制，偏差不得超过 50kg；做好重量记录工作。两托架进行对称均衡加载，加载偏差不得超过 2000kg。单侧荷载中心与两片托架中心相符，不允许存在单片托架受力过大的现象存在。加载完成一级荷载时，须静压 2～3h，测量其变形量。卸载时，须对称卸去荷载物，卸载偏差不得超过 2000kg。卸载时，做好分级的监测记录工作。加载及卸载过程中，要做好安全工作，施工人员必须戴安全帽、配安全带，在墩顶部位挂安全网。

⑧施工方法

a. 加载方法　采用吊车吊装钢材进行加载，每次吊重不得超过 2000kg，对称对两侧托架进行加载。每次吊装后对加载物进行加固处理，防止其相对滑动。

加载位置为距墩身表面 1m 至 6.75m 范围内，不允许超过托架节点位置，同时加载中心与墩身中心相符，不允许偏载于单片托架。

b. 监测方法　采用在墩顶精确设水准点，预压过程中采用高精度水准仪进行监测。

监测点设置在单片托架上弦杆远离墩身端头，共设 4 个监测点。根据监测结果绘制加载与变形曲线图。

⑨挂篮设计图

本桥悬臂灌注施工的主要设备采用三角形挂篮(图 6-10)。

⑩挂篮构造与作用原理

挂篮由三角形主桁架、行走系统、外模、内模、底模、锚固装置、吊挂装置、工作平台组成。它是施工梁块的承重结构，又是施工梁块的作业工具。挂篮首先在预应力施工已经完成的 0 号块、1 号块和 2 号块上安装(待 0 号块、1 号块和 2 号块的纵向、横向、竖向预应力束按设计要求施工完成后开始安装)，挂篮安装调试完成后进行 3 号块施工。当 3 号块混凝土浇筑完成达到设计张拉强度后，按设计要求进行

3 号块预应力束施工，待 3 号块预应力束施工完成后开始对称地向前移动挂篮到 4 号块，进行 4 号块施工。如此循环前进，直至悬臂梁浇筑完成。

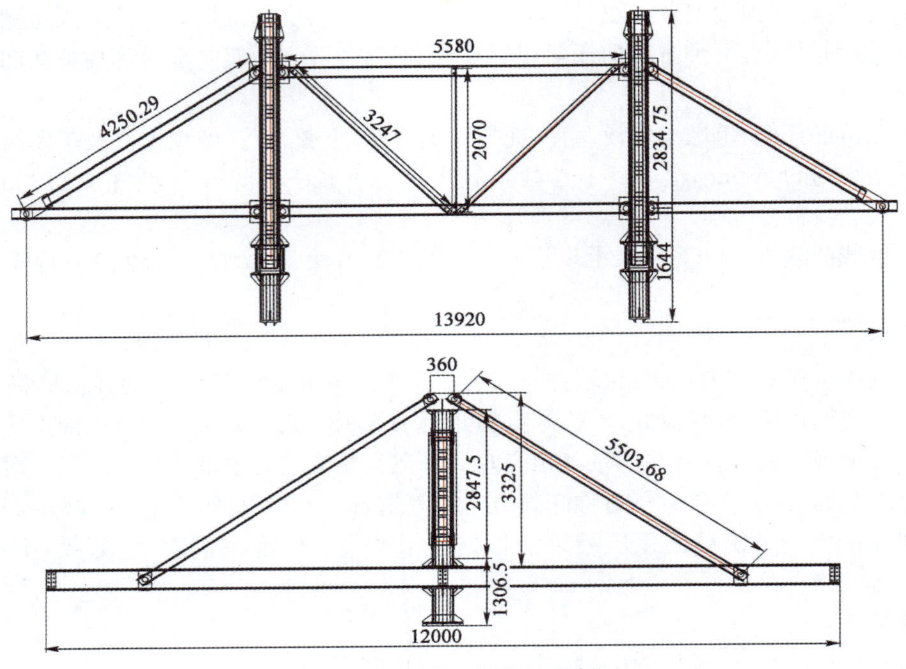

图 6-10　三角形挂篮示意图(尺寸单位：cm)

a. 三角形主桁架　三角形主桁架是悬臂承重结构，由底梁、立柱、斜拉杆、横拉杆、横连上下梁、挑梁平斜杆和横连拉杆组成。各杆件用销子连接成一整体。施工过程中主桁必须锚固可靠，竖向精轧螺纹钢筋锚固时，每个连接器必须旋入 6cm，接入连接器前在 6cm 处做出明显标记，以保证两根精轧螺纹钢筋旋入长度。

b. 行走系统　行走系统由牵引导链、前支座、滑移轨道、轨枕、主桁固定锚组成。前移轨道采用 43 钢轨底作为滑动面，轨枕间距为 60cm，钢轨穿过轨枕槽固定可靠，前移过程中主桁尾部必须有四个固定锚，换锚过程中主桁必须保证 3 个固定锚，尾部固定锚两侧与上一成形梁段连接，保证挂篮前移过程中固定锚的竖直度及平衡度。前移就位后主桁尾部设 4 个固定锚方可进行节段施工。

c. 外模　外模由[8 槽钢、∠63×63×6 角钢、δ5mm 钢板组焊而成。模板上口采用拉杆对拉固定，下口用丝杠固定在底模架上。挂篮前移过程中外模随滑移梁及挂篮一同前移就位，滑移梁后端锚固于上一梁段拖轮组上，就位后前移拖轮组至本节段前端下一滑移位置锚固。外模就位后滑移梁前端悬吊于前横梁锚固，后端锚固于上一节段混凝土锚固。

d. 内模　内模由内模架和组合钢模板组成。由于受顶板及腹板齿板影响，内模架采用可调高、拆除形式桁架，施工梁段有顶板齿板时调整内模架高度施工；施工梁段有腹板齿板时采用摘除两侧内模架施工，施工过程中顶板、腹板均有齿板时，采用调高＋拆除侧架方式施工。内模的锚固及滑移通过内模滑移梁实现，单侧内模设两根滑移梁，用以悬吊内模及部分节段施工荷载。挂篮前移时内模滑移梁随挂篮滑出，内模拆除后，锚固滑移梁，内模由滑移梁滑出锚固，进入下一梁段施工。

e. 底模　底模由底模架和底模板构成。底模架由[28 槽钢组焊而成，底模板由∠63×63×6 角钢和 δ5 钢板焊接而成。挂篮前移时底模通过吊挂装置悬吊在挂篮前横梁及后挑梁上。节段施工时，底模悬吊在前横梁底模吊带及上一梁块混凝土后锚上，其后端由后锚装置固定在已施工完的梁底板上，底模跟着三角桁架一起前移，就位后调整锚固于上一梁块底板及前横梁上，提供挂篮施工作业平台及承载平台。

f. 锚固装置　锚固装置分三角桁架锚固装置和底模后锚装置两种。三角桁架锚固装置由梁顶竖向预应力钢筋、连接器、Φ25 精轧螺纹钢筋锚杆、锚固梁组成，其作用主要是将三角桁架锚固在梁顶面上。底模后锚装置由 Φ32 精轧螺纹钢筋锚杆、锚固梁、千斤顶组成，主要是将底模后架固定在梁底板上。

g. 吊挂装置　吊挂装置由前横梁吊带及后挑梁吊带组成。前横梁吊带共由 10 根吊带组成，底模吊带 4 根，由 2 根 Φ32 主带及 2 根 Φ32 附带精轧螺纹钢筋组成，采用垫板螺母锚固，负责底模前移及锚固底模之用；外模滑移梁吊带 4 根，由 Φ32 精轧螺纹钢筋吊带组成，采用垫板螺母锚固，负责外模滑移及锚固之用；内模滑移梁吊带 2 根，由 Φ32 精轧螺纹钢筋吊带组成，采用垫板螺母锚固，悬挂在三角形架前横梁上，负责内模前移及锚固之用。后挑梁吊带由 2 根底模前移吊带组成，采用 Φ32 精轧螺纹钢筋、垫板、螺母锚固，负责底模前移悬吊之用。节段施工过程中，底模后端锚固于上一梁块混凝土底板上；外模和内模滑移梁锚固于上一梁块混凝土顶板上。

h. 工作平台　工作平台有前横梁工作平台、张拉工作平台、滑移梁工作平台、底模后锚工作平台四种，前横梁工作平台提供前横梁 10 根吊带的调整、拆除及锚固工作平台；张拉工作平台提供腹板张拉工作平台；滑移梁工作平台提供外模滑移梁换锚及安拆工作；底模后锚工作平台提供底模后端锚固工作平台。均由[8 槽钢和 Φ16 圆钢加工而成，步板采用 δ40 木板。

⑪挂篮预压测试

a. 测试目的　通过加载预压试验测试出挂篮的抗弯刚度，以便推算出所有梁块施工时的挂篮弹性挠度值，在浇筑过程中对立模高程进行修正。

b. 测试方案　挂篮采用在地面利用千斤顶施加应力的方式进行。

每片主桁在地面拼装后进行抗弯刚度的测试。将两片主桁对称置于混凝土面上，采用 Φ32mm 精轧螺纹钢将两片桁架连接成整体。加压采用 250t 液压千斤顶，模拟设计荷载，加压分级进行，第一次加压 50kN，然后每次加压 100kN，直至达到设计荷载。测试该挂篮在应力作用下的变形及其线形方程关系，并观察构件有无塑性变形，经反复加载、卸载，取得在弹性范围的变形模量。

预压试验结束后，根据所测得数据画出挂篮的弹性变形曲线及非弹性变形范围值以指导施工。施工过程中尽可能消除非弹性变形并获得高程监控数据。

⑫挂篮安装调试

在 0 号块、1 号块、2 号块纵向、横向、竖向预应力钢筋张拉完成后，将箱梁顶面清理干净，开始安装挂篮。对称的两套挂篮同时安装，同时前移。

a. 将经过加载试验测试的挂篮主桁运至墩下，按图组装，做好吊装准备。

b. 在 1 号块、2 号块顶面测量放样，按 60cm 间距铺放轨枕横梁，将 43 钢轨反向贯穿于各个轨枕横梁中，利用 43 钢轨轨底作为滑动面，挂篮前支座与滑动面接触部位加垫四氟滑板以减小滑动摩擦阻力。

c. 吊装主桁，单片吊装，将前支座卡槽对准滑轨滑动面，在立柱前后两侧各用两台导链控制其空间位置，用同样方法安装另一片主桁，调整两片主桁的间距和位置，调平纵梁。主桁后端各加设四个 Φ25 精轧螺纹钢筋固定锚，做好连接悬吊系统的准备工作。

d. 安装横梁系统和悬吊系统。

e. 安装底模、侧模，并将其与悬吊系统连接，同时安装工作平台，底模后吊点锚固于 2 号块底板。

f. 调整底模立模高程，校正加固底模、侧模。

g. 待 3 号块底板与腹板钢筋、纵向与竖向预应力管道、各种预埋件安装完成后，安装 3 号块内模，将内模后吊点锚固于 2 号块顶板，前端悬吊至上横梁，校准、加固内模，完成挂篮安装，继续安装顶板钢筋、纵向与横向预应力管道、各种预埋件，浇筑 3 号块混凝土。

⑬挂篮前移

挂篮前移是在纵向预应力筋张拉完成后开始的，包括安装延长滑道，拆除底模、外侧模，前移挂篮及底模、外侧模板，拆除内模，前移内模等工序。

a. 安装滑道　先将箱梁顶面清理干净，清除梁块顶面腹板部位竖向预应力筋上的杂物，然后测量放样，铺放滑道，并使轨顶高程与主桁底面轨顶一致，将 43 钢轨滑道反向贯穿于轨枕横梁上，然后安装导链，前端挂在滑轨上，后端安放在主桁滑道的拉环上。

b. 松开模板　首先，拆下外侧模及吊架锚杆，而后再拆除底模后锚，放松底模后横梁及各前吊杆，使底模离开梁底10cm左右，再拆下内模滑梁前、后吊杆，使内模滑移梁和内模之间纵向自由活动，内模待挂篮前移完成后再拆。

c. 前移挂篮　将挂篮主桁的四个固定锚两侧互相连接并将最后一个锚点两侧拉在挂篮尾部混凝土表面处，以保证挂篮前移过程中主桁后锚的竖直度及稳定性。拉前移导链，在挂篮前移过程中要及时更换尾部失效锚点。换锚时禁止挂篮前移，移动过程中保证有四个固定锚，换锚时应有三个固定锚。两侧主桁必须同步进行，严格禁止左右主桁前移不同步现象。

d. 后端锚固，校正底、侧模板　挂篮前移就位后调整施工控制高程，尾部设够四个固定锚，安装挂篮后锚杆与腹板竖向预应力钢筋相连，连接器旋入长度必须保证每侧6cm，精轧螺纹筋在旋入前必须做出明显标记以保证旋入长度，旋紧锚具螺母将挂篮固定。然后校正底模纵向位置及高程，安装底模后锚杆并紧固，完成后收紧前吊带。校正侧模方法与底模相同，但需先在两侧模的前端上方翼板位置用型钢卡住，限制其相对位置，再调整其方向，待轴线、高程调好后，紧固后锚，并用安装在侧模外底部的千斤顶支撑牢固。

e. 前移并校正内模　底模、侧模校正加固完成后，修整其表面，涂抹脱模剂。安装下一梁块的底板与腹板钢筋、纵向与竖向预应力管道、各种预埋件等。完成后前移内模，此时内模用临时支撑支在上一梁块内，调整内模滑移梁高度，使内模脱离上一梁块结构，悬吊于滑移梁上，安装导链，前端挂在内模滑移梁端头，后端挂于内模桁架。拉导链前移内模就位，调整高程锚固，安装内支撑、拉杆，安装顶板钢筋、管道及其他预埋件，完成本块混凝土准备工作，混凝土施工后进入下一工作循环。如此循环直至14号块施工完成进入合龙段施工准备工作。

⑭边跨现浇直线段支架

边跨现浇段位于主桥19号墩、24号墩，左、右幅共4个现浇段。现浇段长20m，19号墩支架平均净高16m(为提高整体稳定性，左、右幅2个现浇段可做横向剪力撑连接)。原地面经平整，铺设10cm厚砂层后压路机振动碾压密实，上面铺设20cm×20cm×1395cm条形钢筋混凝土支座提供支架基础。支架为碗扣式(内径ϕ42mm、外径ϕ48mm)满堂红支架，横桥向以90cm间距布置，底板下部对应腹板位置间距调整为每侧5排60cm间距，横桥向共19排。顺桥向从19号墩(24号墩)旁厚底板断面位置处布置60cm间距12排，第13～26排间距调整为90cm，排架竖向步距均为120cm，横、纵桥向每4排设剪力撑，底板下部支架顶托上布设11排[160mm槽钢纵向支撑，槽钢排距按照支架排距布置。

两侧翼板下部每侧布设4排纵向落叶松方木，截面10cm×12cm，位置对应支架布置。横向分布落叶松小方木截面为8cm×10cm，间距45cm。底模、侧模为大块钢模板，端模、内模为竹胶板。支架、模板施工完成后取纵向坡度最小(24号墩)侧现浇段进行全断面满载预压，精确测量支架下沉量用以指导其他现浇段高程预抬值。预压方式为水压法，底模侧模安装完成后，支立两侧端模。至此现浇段形成一个上部开口的箱形空间，于箱形内壁挂设大块无缝军绿帆布，帆布必须接缝时做防漏处理。侧模、端模支撑牢固可靠后注水预压，观察支架稳定性，测量支架下沉量，记录整理相关变形数据用以指导施工。

图6-11为19号墩单侧现浇支架图。

⑮钢筋、预应力孔道安装

安装程序：安装底板和腹板(包含隔板)钢筋→安装底板和腹板纵向预应力管道→安装腹板竖向预应力管道和预应力筋→安装底板和腹板预埋件→监理工程师检查→内模就位校正→安装顶板钢筋→安装顶板纵向、横向预应力管道→安装顶板预埋件→监理工程师检查→进入下一道工序。

a. 钢筋制作与加工如下：

施工准备时，应组织技术人员详细复核设计图纸，对设计各部分图纸综合考虑，全面细致，重点注意一些容易遗漏的问题诸如箱梁预应力齿板、槽口、箱梁通风孔及泄水管、防撞护栏、伸缩装置、交通工程等预埋件的安装以及挂篮(包含底模、内模后吊点)后支点等预埋件的安装。为此，应绘制每个梁块预埋件图纸，图纸内容包含预埋件类型、数量、位置(诸如是在顶板、底板还是腹板，具体尺寸等)，避免遗漏。

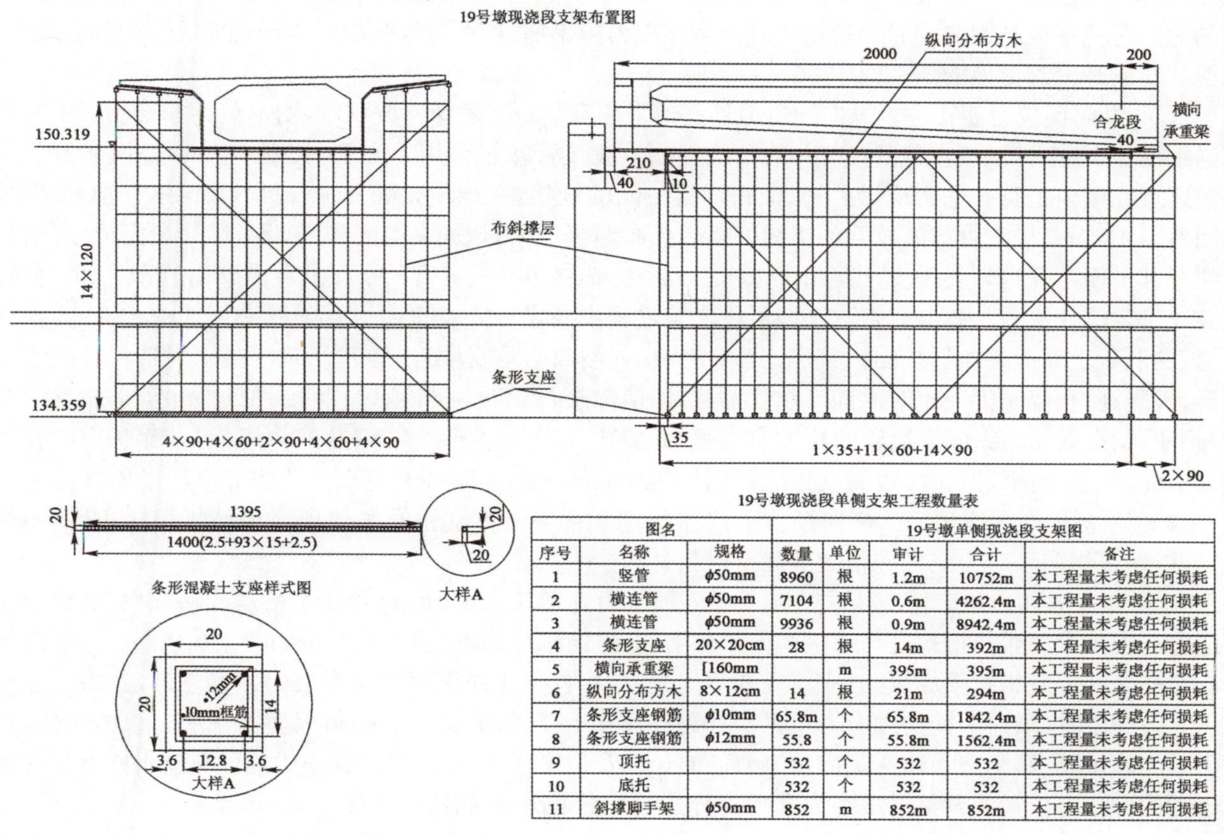

图名			19号墩单侧现浇段支架图				
序号	名称	规格	数量	单位	审计	合计	备注
1	竖管	φ50mm	8960	根	1.2m	10752m	本工程量未考虑任何损耗
2	横连管	φ50mm	7104	根	0.6m	4262.4m	本工程量未考虑任何损耗
3	横连管	φ50mm	9936	根	0.9m	8942.4m	本工程量未考虑任何损耗
4	条形支座	20×20cm	28	根	14m	392m	本工程量未考虑任何损耗
5	横向承重梁	[160mm		m	395m	395m	本工程量未考虑任何损耗
6	纵向分布方木	8×12cm	14	根	21m	294m	本工程量未考虑任何损耗
7	条形支座钢筋	φ10mm	65.8m	个	65.8m	1842.4m	本工程量未考虑任何损耗
8	条形支座钢筋	φ12mm	55.8	个	55.8m	1562.4m	本工程量未考虑任何损耗
9	顶托		532	个	532	532	本工程量未考虑任何损耗
10	底托		532	个	532	532	本工程量未考虑任何损耗
11	斜撑脚手架	φ50mm	852	m	852m	852m	本工程量未考虑任何损耗

图 6-11　19 号墩单侧现浇支架图(尺寸单位:cm)

核对钢筋和预应力管道之间的位置关系有无冲突,核对钢筋配料表和料牌,核对成品钢筋的种类、直径、形状、尺寸和数量,如有错漏应纠正增补。

绑扎形式复杂的结构部位时,应先研究钢筋就位顺序,并与相关工种研究模板安装、预应力管道安装、预埋件和绑扎钢筋等的配合次序和施工方法,减少绑扎困难,避免返工和加快进度。

如有预应力管道与普通钢筋位置发生干扰,可适当调整普通钢筋的位置,但需征得监理工程师和设计代表同意并认可,禁止随意取消或截断受力钢筋。

绑扎时应注意同一截面内钢筋焊接接头,受拉区不超过断面 50%,受压区不受限制;钢筋绑扎接头受拉区不超过 25%,受压区不超过 50%。

安装钢筋时,应保证钢筋位置、混凝土保护层厚度符合设计要求,特别是顶板、底板横筋应严格定位,不得上浮或下沉。设计中未注明保护层厚度时,一般受力钢筋不小于 3cm,不大于 5cm;厚 30cm 以内结构,保护层厚度不小于 2cm,箍筋或不计应力的次要钢筋,不小于 1.5cm,采用不小于混凝土强度的水泥砂浆垫块支垫。

钢筋骨架应绑扎结实,并有足够刚度,不允许有松脱、开焊和变形。

安装钢筋骨架时应保证其在模中的正确位置,不得倾斜、扭曲,并不得变更保护层的规定厚度,灌注混凝土过程中安装钢筋骨架时,不应妨碍灌注混凝土的正常进行,避免造成混凝土施工接缝。

钢筋安装就位后,应详细检查并做记录,如有差错,应立即纠正。

b. 预应力筋(孔道)施工如下:

· 竖向预应力筋。在绑扎底板钢筋时,用 φ8 定位钢筋将底部钢垫板焊接固定在底面钢筋上;在腹板钢筋绑完后,将波纹管、螺旋筋套入下垫板内;在顶板顶面将上垫板直接固定在顶板钢筋上,此时,形成孔道;从上端穿入预应力筋,底部旋紧螺母,上部螺母最后旋入,为保证其轴线位置,可在焊接垫板时,先用沿轴线通焊的一根辅助钢筋作为坐标轴，以控制安装精度；先焊垫板最后穿预应力粗钢筋的目的，是为了避免垫板与钢筋同时焊接定位时产生预应力粗钢筋过电，造成张拉时断筋现象，因为竖向预应力钢筋断筋是无法更换的。

• 纵向预应力筋孔道。纵向预应力筋孔道采用真空压浆的塑料波纹管，用定位钢筋网格固定在普通钢筋上，其坐标以校正好的模板为参照物控制。波纹管接长采用接头管，长度 30cm。波纹管穿过端模通过在端模上打孔来实现，为了保证在两梁块间的顺接，在端模孔处另加长度 30cm 接头管，两梁块间各留 15cm。接头管与波纹管的接缝处要用胶布缠裹严密，以防漏浆。锚垫板通过螺栓定位于端模，注意其平面与孔道切线垂直。其角度以木楔调整。锚垫板与波纹管的衔接处缝隙要塞严密，以防漏浆。波纹管定位完成后，内穿内衬管，在混凝土浇筑过程中要设专人负责内衬管随时来回抽动，防止渗浆固结，在混凝土完成终凝后抽出。其作用为：增大纵向波纹管本身刚度，防止浇筑混凝土时造成波纹管变形、破裂；防止浇筑混凝土时纵向波纹管漏浆，即使渗浆，也不影响孔道通过性。在纵向波纹管内穿一根 $\phi6$ 钢筋，$\phi6$ 钢筋随纵向波纹管的接长而接长，并露出波纹管端部。$\phi6$ 钢筋的作用是：在穿长束时作为牵引绳，便于穿钢绞线。波纹管孔道定位钢筋每 50cm 布置一道，在起弯点及曲线部位适当加密。

• 顶板横向预应力筋。横向预应力筋张拉端和锚固端应交错布置。顶板钢筋骨架应牢固、不变形，以保证横向预应力定位网格的准确定位。

• 预应力孔道施工精度要求。在所有的预应力孔道施工中，可能会发生相互抵触现象，如纵向预应力筋在顶板的张拉槽口处与顶板横向预应力筋、竖向预应力筋之间或者顶板横向预应力筋与竖向预应力筋之间位置相互矛盾，这时应体现如下优先原则：首先保证纵向预应力束的位置准确，其次是竖向预应力筋位置，最后为横向预应力束。若三者位置发生抵触，应首先调整顶板横向预应力束的坐标，若仍不能满足要求，则适当改变竖向预应力筋的长度及位置，但应保证竖向预应力筋的移动是在其轴线上进行的。孔道位置的调整以最小为原则。若三者互不干扰，控制其安装偏差±5mm。

• 注意事项。在普通钢筋焊接施工中，应对已成形的波纹管采取保护措施；为防止焊渣烧穿，可在焊接作业面周围的波纹管上铺卷防火布。

⑯混凝土施工

箱梁 0 号块混凝土是箱梁混凝土浇筑方量最多的部位，设计要求必须一次浇筑完成，并且要求混凝土的初凝时间必须大于块件浇筑时间，因此，考虑 0 号块混凝土初凝时间在 13h 以上。

挂篮悬臂浇筑 3 号～14 号块，根据设计要求，悬臂浇筑梁段全部要求一次浇筑完成，并且要求混凝土的初凝时间必须大于块件浇筑时间，因此，考虑 3 号～14 号块混凝土初凝时间为 3～4h。

挂篮悬臂浇筑施工，应随时保证悬臂平衡。每一梁块施工过程中出现大风预报、不良天气情况或意外情况应暂停施工，停工时两悬臂端不得出现不平衡荷载，并应采取措施保证挂篮的牢固性和稳定性。

挂篮悬臂浇筑混凝土的施工顺序应全部从挂篮前端向后端浇筑，使挂篮前期挠度大，后期挠度小，前期出现的腹板变形在后期浇筑过程中完全弥补。

合龙段在浇筑混凝土前先检查钢筋的焊接和刚性支撑的焊接是否完好，对预应力束管道必须逐根通检确保通畅，并将箱体内非设计荷载清除干净，待监理工程师检查合格后，则可以进行合龙段混凝土的浇筑。合龙段混凝土施工选择在一天中气温最低并且较稳定的时间段进行，合龙时温度应为 5～15℃。混凝土浇筑时间控制在 3h 以内。

合龙段混凝土应采用微膨胀混凝土，确保合龙段施工质量，减少压缩变形对 T 构的影响。

a. 混凝土原材料和配合比如下：

混凝土配合比设计和原材料的选择根据设计规定（主桥施工图设计说明中有关混凝土“耐久性设计”要求）和规范要求进行。

• 混凝土原材料。坚持水泥质量复试，控制在出厂后 40d 或进场后 45d 进行第二次复试，质量不合格时禁用，二次复试后每 10～15d 再复试一次；选用优质砂，细度模数为 2.6～2.9，视密度为 2.59。严格控制碎石材质、级配，碎石选用当地优质闪长岩加工而成，按颗粒 0.5～1.0cm、1.0～2.5cm 的级配

严格筛选堆存，以确保混凝土弹性模量达到指标，配料时严格自动计量；原材料总碱含量指标满足 C60 高强度等级混凝土的要求；粗、细集料符合相关规范的要求；施工现场地下水符合 JGJ 63—89 规范要求时，可作为混凝土拌和用水；根据梁部混凝土要求流动度大、和易性好、初终凝时间长、早期强度高的特点，选用高效减水剂，并根据试验选定。

· 配合比选定。以坍落度、抗压强度、弹性模量控制配合比选择。

· 坍落度。采用混凝土输送泵方法：18～22cm；根据气候条件作适当调整。

· 抗压强度。3d 抗压强度＞55MPa；7d 抗压强度＞60MPa；28d 强度＞69MPa。

b. 混凝土的生产和运输如下：

混凝土由拌和站集中拌制，采用混凝土罐车进行水平运输，采用混凝土输送泵泵送入模。

c. 梁块混凝土浇筑如下：

· 准备工作。由于梁体高度较大，混凝土自由落体高度大于 2m，所以要搭设混凝土入底板的滑槽、漏斗，安装腹板串筒，搭设顶板卸料平台，然后用净水冲洗模板表面，特别在气温较高时要洒水使模板和钢筋降温，在做以上工作的同时，检查混凝土的拌和、运输、振捣等机械(具)是否齐备，运转是否正常。

· 浇筑底板。底板混凝土以滑槽、漏斗入模，入模后人工摊平，用 50 振捣棒振捣。浇筑顺序由中线向两侧进行，混凝土采取分层浇筑，每层厚度为 30～50cm，并在倒角、张拉齿板处、锚垫板下加强振捣，以防出现蜂窝、麻面等现象。底板混凝土浇筑完成后用抹子将顶面抹平。

· 浇筑腹板(隔板)。腹板混凝土以扁串筒入模，并分层浇筑，分层厚度以 40cm 为宜；振捣棒移动距离(即插入间距)不得超过振捣棒振动半径的 1.5 倍；插入下层的深度以 10cm 为宜，不得超过 20cm。在腹板内侧模上每隔 1.5m 左右开设观察窗口，以利于观察混凝土的振捣情况，待混凝土浇筑至窗口下缘时将之封严，腹板混凝土浇筑至翼板根部为止。

· 浇筑顶板。顶板混凝土浇筑顺序是从两腹板分别向中线及梁边对称浇筑，混凝土直接由输送泵管入模，并辅以人工摊平，顶板混凝土浇筑完成振捣结束后，用木抹子将表面抹平拉毛，并预埋两根 30cm 长的钢筋，外露混凝土表面 1cm 左右，作为测量观测点的预埋件。

· 注意事项。浇筑底板、腹板混凝土时，切勿使顶板、腹板内的钢筋、波纹管等受到混凝土的污染；振捣混凝土时，注意振捣棒远离预应力管道，以免损伤波纹管，造成孔道漏浆或堵塞；操作人员要站在工作平台上，不得踩踏预应力管道和其上的钢筋，造成钢筋骨架变形或移位；混凝土浇筑过程中，要安排专人负责对预应力管道的内衬管来回抽动，以预防由于预应力管道漏浆握裹内衬管造成内衬管拔不出来；混凝土浇筑完成后拔出内衬管，及时用高压水冲洗预应力管道；张拉齿板处、倒角处、锚垫板下要特别加强振捣；混凝土浇筑前，必须对拌和站、混凝土搅拌运输车、混凝土输送泵等设备进行详细检查，确保设备都处于完好状态，检查混凝土原材料是否储备充足，并落实好天气情况、电力情况等，以保证混凝土浇筑连续进行；混凝土浇筑过程中，设专人看模，发现漏浆、跑模等情况及时处理；视天气情况及模内钢筋和波纹管疏密情况等及时调整施工配合比。

d. 制作试件及混凝土养护如下：

浇筑每一梁块混凝土须做 15 组以上试件，其中 3 组与梁体同时养生，用来控制何时达到张拉强度，另外 12 组在标准条件下养护，用来测定混凝土在 3d、7d、28d 的抗压强度和弹性模量。试件制作均采用标准试模和标准振动台制作。

混凝土浇筑完毕并终凝后，及时养护，养生工作设专人负责，确保在混凝土养生时限内混凝土任何表面长期处于湿润状态，以利强度上升。顶板覆盖土工布并洒水湿润；在模板拆除前，内模腔内洒水，保证混凝土面相对湿度大于 90%；拆除模板后，混凝土外围土工布，箱内继续洒水养护，养护时间不少于 14d，避免混凝土开裂。同体养护顶板试件放置在顶板上，腹板、底板试件放在箱体内。

⑰预应力施工

纵向预应力管道采用真空压浆用塑料波纹管成孔，横向预应力管道采用扁平金属波纹管成孔，竖向预应力管道采用 ϕ50 金属波纹管成孔。

a. 预应力管道

所有纵向预应力管道必须设置塑料内衬管时才允许浇筑混凝土，内衬管外径可比波纹管内径小3～4mm，内衬管应插过梁块接缝。在混凝土初凝时，应及时拔去内衬管。内衬管应有足够强度以保证拔管不断。

纵向预应力管道必须采用真空压浆波纹管，预应力管道应有一定的强度，管壁严密，不易变形。

所有管道与管道之间的连接以及管道与喇叭管的连接应确保其密封性。对于纵向预应力管道，由于在梁块分块浇筑过程中需不断接长，被接管与接管交叉段应布置在待浇梁块内，不允许跨过梁块接缝布置。横向、竖向预应力波纹管应采用整根，不得接长。

所有预应力管道的定位必须准确牢固，定位钢筋的设置必须满足预应力管道位置的偏差要求，不得大于相关规范要求。

在每一梁块混凝土浇筑后应立即检查每根管道是否漏浆和堵管。

在穿钢绞线前应用高压水冲洗和检查孔道。

管道轴线必须与垫板垂直。

每批预应力波纹管道均应按规定抽样检查其咬口紧密性和管道密封性。

b. 预应力筋

预应力钢绞线下料、编束、穿束应按有关规定对每批钢绞线抽检强度、弹性模量、截面积、重量、延伸量和硬度，对不合格品严禁使用，同时应就实测的弹性模量和截面积对计算延伸量作修正。检查每捆钢绞线有无不均匀初应力，存在不均匀初应力的钢绞线禁止使用，应予退货。

·下料。预应力筋下料用砂轮锯切割，不允许使用电弧或氧弧切割。钢绞线下料长度为预应力管道长度＋1.8m；预应力筋下料后要彻底除锈，距两端头1.5m范围要加强除锈，以防止张拉时滑丝，减小回缩量。

·编束。钢绞线编束要保证各股钢绞线平行，不得缠绕，每1.0～1.5m用3～5根22号铁线绑扎，距端头2.0m范围每0.5m绑扎一道。钢绞线编束后，将端头用气焊焊在一起，使中心一根外露焊头4～8cm，然后用砂轮打磨端头，使之成卵圆形，以免穿束时戳坏波纹管，造成堵孔。

·穿束。穿束前先用大于钢绞线束直径0.5～1.0cm的通孔器疏通预应力管道，待通孔器无阻碍地顺利通过管道全程后方能穿束，同时穿束前须用压缩空气吹净管道内的水分和砂、石等杂物，穿束时先将导线穿过孔道与预应力束连接在一起，以导线牵拉为主，以推送为辅，穿束后检查预应力筋外露孔口情况，保证两端外露相等，并满足张拉要求，最后散开预应力筋端头，并进一步除锈，准备安装锚具、千斤顶。

·高强精轧螺纹粗钢筋。高强精轧螺纹粗钢筋进场验收，除应具有合格证外，还应对外观、外形尺寸和机械性能进行抽验。外观检查每20t钢筋抽查2根，表面不得有裂纹、机械损伤、氧化浮皮、结疤、劈裂现象。另外，需对每批次(但不大于50t)取两组试件，每组3根，每根长度不小于500mm，且在未进行处理与加工时取样。尺寸合格后，用这两组试样进行拉力试验和冷弯试验。以上各指标全部合格才能使用。锚具(YGM25锚)也应进行外观检查，另外锚具应逐个进行洛氏硬度检验，合格者贴上标识后使用。锚具拉力试验应为钢筋拉断，不能出现螺纹连接剪断或挤压破断。

以上各项目均检验合格的粗钢筋要选择专门场地存放，场地要求防雨，粗钢筋支点间距不大于3m，以避免损伤螺纹。由于全桥粗钢筋长度型号较多，需统一编号存放，以免用错。

c. 锚具和垫板

应抽样检查夹片硬度。应逐个检查锚具有无损伤及垫板喇叭管内有无毛刺，对有损伤或有毛刺者应予退货，不准使用，严禁使用不合格品。

锚头平面必须与钢束管道垂直，锚孔中心要对准管道中心。

锚垫板下混凝土局部应力较大，空间小，应特别注意对锚下混凝土的振捣，锚垫板与管道必须垂直。

穿束前应清除喇叭管内的漏浆和杂物。

d. 预应力筋张拉

梁体预应力筋张拉分为纵向钢绞线、横向钢绞线和竖向ϕ25高强精轧螺纹钢筋三向预应力。对同一梁块而言，张拉顺序为先纵向预应力，然后横向、竖向预应力。为保证受力均匀性，在施工完 $n+1$ 号梁块后，再张拉 n 号梁块的横向、竖向预应力。

合龙段的张拉：合龙段混凝土强度达到设计要求的张拉强度后，开始进行合龙段预应力钢筋张拉。张拉顺序：先张拉纵向预应力束，然后张拉横向预应力束和竖向预应力钢筋；对于纵向预应力束，先张拉长束而后张拉短束，合龙束补拉到设计吨位，横向应对称进行，且应采用两端张拉。

预应力筋张拉采用张拉力和伸长值双控方式。张拉力控制为主，伸长值控制为辅。

· 张拉前的准备工作。

千斤顶、油泵和油压表均已配套标定合格。钢绞线、锚具、夹片、锚垫板已按规定检验合格，准许使用。预应力孔道内的杂物已清除干净，孔道通畅，预应力筋已按要求穿入孔道。梁块混凝土强度已达到设计要求的张拉强度。布设测量梁段挠度的观测点，计算预应力筋的理论伸长值，并经复核无误。

· 纵向钢绞线张拉工作。

纵向钢绞线束在横向断面上应对称张拉，同时每根钢束应两端对称张拉。

纵向钢绞线张拉程序如下：初张拉→持荷 2min→量测延伸量 L_1→张拉至设计吨位 P→持荷 2min→量测延伸量 L_2。

安装工作锚：安装前用机油或柴油等将锚环和楔片逐个清洗干净，其表面不得残留铁屑、泥沙、油垢等，然后将钢绞线平行地逐个穿入锚环，注意钢绞线不得交叉和穿乱，先安装中心或内圈锚环孔的楔片，然后安装外圈锚环孔楔片，最后用套管或小锤适当用力将楔片敲入锚环孔，注意楔片间缝隙要均匀，其端头要在同一平面上，否则要将之取下重新安装。

安装限位器，先检查锚环是否有外伤或卷边，若有则用锉刀将之修复，然后安装限位器，注意钢绞线平行穿入限位器各孔。

安装千斤顶于孔道中线对位，注意大、小油缸油管不要接混。

按第一步安装工具锚，为使工具锚卸脱方便，在工具锚环与楔片之间缠垫塑料布并涂少量黄油等润滑剂，对于短束还可安装两个工具锚环。

初张拉：在张拉工作开始之前应分别从两端采用千斤顶对钢束进行松动张拉，以确保钢绞线在管道内平行顺直且滑动自由。采用与钢绞线颜色反差较大的颜料在钢绞线上标注出一个平面，在任何步骤下量测伸长量均应量测该平面距锚垫板之间的距离，不得以油缸伸长值代替伸长量。仔细检查千斤顶、油路等连接正确无误后，开动油泵进入初张拉，注意要有 2～3 人扶正千斤顶使工作锚环准确进入锚垫板的限位槽内，待油表读数达到初张拉应力 P_0 时持荷 2min，测量该平面（在钢绞线上标记的平面）至锚垫板之间的距离 L_1 和工具锚楔片外露量 Δ_1。

张拉：进一步检查千斤顶和油路，然后两端千斤顶同时加载，每 5MPa 互相通报一次油压表读数，使两端油压表读数在张拉过程中随时保持一致，直到两端达到张拉力 P，持荷 2min，测量该平面（在钢绞线上标记的平面）至锚垫板之间的距离 L_2 和楔片外露量 Δ_2，这时钢绞线实际伸长值为 $\Delta L=(L_2-L_1)-(\Delta_1-\Delta_2)$，检查实际伸长值与理论伸长值之差是否符合规范要求的±6%范围。

回程、退楔：两端封锚完成后，大缸同时回程到底，然后用小锤轻轻敲打工具锚环，取下楔片，并逐个检查是否有损坏，将无损坏的楔片安装在下一束的工作锚环内。最后依次取下锚环，拆除千斤顶、限位器。

割断多余钢绞线，以砂轮锯切割为宜，钢绞线外露锚环达 3～5cm 即可。

对于较长的钢绞线束：由于其伸长值远大于两千斤顶大缸额定张拉行程，所以必须进行倒顶张拉。倒顶张拉第一次张拉的初张拉应力为 0.2σ，第一次张拉的终张拉应力为 $\sigma/(m+1)$（m 为倒顶次数，σ 为设计张拉应力），依此类推，倒顶张拉的第 n 次张拉的初张拉应力为 $(n-1)\sigma/(m+1)$，终张拉应力为 $n\sigma/(m+1)$，$(n=2,3,4,\cdots,m+1)$。将倒顶张拉的几次张拉伸长值累加即为该束钢绞线的实际伸长值。倒顶张拉过程中要严格控制千斤顶的大缸行程，不得使其超过额定张拉行程。

· 钢绞线张拉的质量要求。

顶锚后量测两端伸长量之和不得超过理论计算值的±6%；

钢束回缩量不得大于 6mm；

夹片外露量不得小于 5mm；

钢绞线外露的切割处距锚具表面 3～5cm。

张拉过程中出现下列情况之一者，须更换锚具或钢绞线重新张拉：锚环内楔片错牙在 10mm 以上者；锚环内楔片断裂两片以上者；锚环有裂纹损坏者；切割钢绞线或压浆时发生滑丝或断丝。

·横向钢绞线张拉。

横向钢绞线张拉方法与纵向钢绞线基本相同，不同的是纵向钢绞线采用两端张拉，横向钢绞线为单端交替张拉。

·竖向 25mm 高强精轧螺纹钢筋张拉。

每根竖向 25mm 高强精轧螺纹钢筋必须是通长整根，不得接长。

竖向预应力筋张拉程序：安装工作锚→安装千斤顶→安装连接器、张拉杆→安装工具锚（双锚）→初张拉（1MPa）→张拉至锚下控制应力持荷 2min→测量伸长值，拧紧工作锚→大缸回程→拆除千斤顶。

在张拉过程中，注意螺纹钢与张拉杆旋入连接器的深度要相同并等于连接器长度的一半，脚撑下垫板要高度一致，并且水平，工具锚处要安装双锚具，以保证张拉安全。

认真对待张拉过程中的对中问题，应使千斤顶张拉持力点与高强钢筋中心、锚垫板中心在一条直线上，如牵引中发现高强钢筋横移的现象，应立即回油调整，重新张拉。

所有竖向预应力粗钢筋必须采用两次张拉的方式，即某梁块竖向预应力粗钢筋由一个张拉班组张拉完毕后，过 10d 后，再由另一个独立的张拉班组重新进行张拉操作，弥补由于工艺和设备原因导致的有效预应力不足。

张拉后螺帽旋紧不准采用扳手斜向拧紧，而必须采用竖向套筒配合水平测力扳手施工，确保锚固应力。

每轮张拉完毕并经监理工程师认可后，采用不同的颜色在钢筋上做出明显的标记，绝对避免漏拉及漏压浆。最后一轮张拉完成后，应在 24h 内压浆。

高强钢筋应保持对称张拉。

张拉伸长量的量测应量测张拉前、后钢筋头距锚垫板上某固定点的竖向距离。

e. 滑丝、断丝的处理及 QC-25 型千斤顶的使用

在预施应力过程中，难免发生滑丝、断丝现象，所以必须认真操作，仔细观察，及时处理。

钢绞线滑丝和断丝的原因：钢绞线表面有水泥浆等杂物或锈蚀严重；钢绞线有暗伤；楔片安装时端头不齐，每两个楔片间缝隙不均；锚垫板偏斜过于严重；孔道中出现台阶；工作锚与工具锚之间钢绞线不平行；工具锚楔片未经敲击。

处理办法（即如何使用 QC-25 型千斤顶）：QC-25 型千斤顶是专门用来张拉单根钢绞线的一种千斤顶，最大张拉力 250kN，最大行程 200mm。如果预施应力过程中发生滑丝，可以用 QC-25 千斤顶张拉滑进的那根钢绞线，张拉力以不大于超拉力为原则，在张拉过程中楔片被带出，将之取下更换，并张拉至单根钢绞线的锚下控制应力顶锚；断丝则按上述步骤逐根张拉钢绞线取下楔片，更换钢绞线后重新张拉。

f. 预应力孔道压浆

压浆是连续梁施工的关键工序，直接影响着连续梁的使用寿命。本桥预应力管道压浆方法为真空压浆法，孔道压浆应在预应力筋张拉完成后 24h 内完成。纵向预应力管道压浆应从下至上进行。其操作程序如下：

·清洗孔道。锚外多余预应力筋割掉后，观察确无滑丝等异常现象后，即可开始清洗孔道，先用高压水冲洗管道，将管道内的铁锈、污水等冲出，然后用高压风清吹管道，将预应力管道内的水吹净，直至出风口无水雾喷出为止。

·安装压浆器具。依次安装密封盖、压浆嘴、压浆阀，并将压浆管道与压浆机、进浆阀连接在一起，使进浆阀和出浆阀为开通状态。

·拌制灰浆。先加水，然后倒入水泥和减水剂，在加入水泥和减水剂之前开动拌和机，拌和时间不少于 3min。水泥浆倒入存浆罐时要经过小于 5mm 的过滤网筛滤。注意预先计算管道所需灰浆数量，压注前至少备足所需灰浆的 1.5 倍的数量。

·抽制真空。启动真空泵，将管道抽成真空，压力为－0.1MPa。

·压注灰浆。起动压浆泵开始压浆。待出浆阀溢出的稀浆变成浓浆时，关闭出浆阀，并保持0.4～1.0MPa的压力2～5min，然后关闭进浆阀，最后压浆泵回浆，卸掉压浆管。

·拆卸压浆器具。待灰浆达初凝后(一般为1～4h)，拆除压浆阀、压浆嘴、密封盖等，并清洗干净，以备下次使用。

由于纵向预应力管道较长，为保证压浆效果，孔道内浆体饱满，在纵向预应力管道上每隔一定距离设置压浆排气管。

(3)合龙段施工关键工序控制

①配平衡重

为保持混凝土浇筑过程中梁体平衡，需要在T构的两悬臂端分别安装平衡重。测量人员对合龙段配重前后梁体进行位移观测，并做好原始记录。

所有配重物必须保证在平衡配重的前提下加载。合龙段混凝土施工时，同步减载，浇筑完成后，配重应正好减载完成。

中跨合龙时，在两个悬臂端加1/2合龙段重量的配重，随着合龙段混凝土的浇筑两边等效减载，混凝土浇筑完毕时合龙段两侧配重刚好卸完，养生混凝土至设计强度。

②合龙锁定措施

在合龙段混凝土浇筑前后，由于环境温度变化，会产生混凝土的胀、缩，直接影响合龙段混凝土的受力状态，而混凝土在凝固过程中受拉或受压均会破坏其强度增长，严重者将使梁段报废。为避免这种情况发生，需在混凝土浇筑前采取临时锁定措施，将两T构相对固定。

安装合龙段钢支撑：开始进行合龙段钢支撑锁定前，应实测悬臂端位置。悬臂端实测与理论高程差、两悬臂端相对高差及悬臂端梁体轴线横向偏差应满足规范要求，并要求合龙时两悬臂端相对高差不大于1cm，轴线偏差不大于1cm。

临时锁定钢束：按照设计要求，对部分合龙束进行张拉锁定，每束张拉力为设计张拉力的50%。待混凝土浇筑完成、其强度达到设计要求时，再将合龙束补拉至设计吨位。

(4)现场施工控制

由于连续梁在施工中已完成结构(悬臂施工阶段)的状态是无法事后调整的，所以在施工前和施工过程中的控制对成桥后的结构应力状态是否接近设计有着十分重要的作用。这就需要对每一梁块的施工过程严格控制。

①技术控制

确保现场技术监控的力度，保证施工每个环节都有技术人员、监测人员现场值班指导。

a.严格执行技术标准。施工前，组织相关技术人员、技术工人认真学习标准、规范和施工图纸，组织现场操作人员、技术工人进行刚构梁的工前培训，使主要施工人员熟知标准、理解规范，施工中做到按要求操作。

b.严格自检程序。技术、监测人员对每一道工序进行现场技术指导的同时，检查每道工序的施工质量，填写检查表格，至所有工序都经监理工程师检查合格后，才能进行混凝土的施工，切实做到以工序质量保证工程质量，实现施工过程的可追溯性。

c.积极收集施工资料，开展联合攻关。在施工过程中，对前期汇总的资料，应及时上报设计、监理、监控单位，对前期施工中存在的问题进行专门分析，确定改进办法，增大技术控制人员范围。

②试验控制

加强原材料的检验试验工作。

强化施工中的计量管理，对自动计量装置、张拉千斤顶等直接对工程质量有重要影响的仪器设备定期标定，确保检测手段有力。

确保工地控制试验的准确，对预应力孔道摩阻系数、混凝土弹性模量等指标进行现场实际测试，以便对理论计算结果进行修正。

③测量控制

对各个施工阶段的施工过程应进行动态监控，动态监测整个主梁施工过程中各个梁块中线位置及节点高程，考虑施工过程中各种施工因素差异，并根据施工控制计算挠度值与实测各个梁段节点挠度偏差值大小和方向采取相应措施，及时调整待浇梁块立模高程，使成桥梁体曲线与设计曲线尽可能保持一致。

a. 施工前参考数据的确认。包括：混凝土的实测弹性模量和干重度；挂篮、托架的实测抗弯刚度及荷载—变形曲线；预应力钢材的实测弹性模量和截面积；孔道摩阻系数和偏差系数、锚口摩阻损失值；各个梁块混凝土浇筑时的时间及温度，合龙段混凝土浇筑时的温度和时间。

b. 测点的布设。在各梁块端部顶面混凝土中预埋钢质测点桩；各模板转角处设置测点；立模高程测量；每浇筑一个梁块混凝土，均测量 0 号块墩顶高程；测量在本梁块混凝土浇筑前、混凝土浇筑后、张拉后的高程及已施工完成各个梁块的高程；合龙时，测量合龙段临时锁定前、浇筑混凝土前后及合龙束张拉前后的高程，以及与其相关的各梁块高程；选择 12 号块、7 号块连续测量一天不同时段（每两小时为一时段）的高程。

各梁块测量及模板调校时间在清晨进行，用 NA2 高精度水准仪测量。

c. 数据记录及处理。每次测量分别记录时间、温度、工况（浇筑混凝土前、后和张拉前、后）及观测值，形成梁块高程测量表；将梁块的高程测量表和第一项有关数据汇总后在每一个梁块立模前反馈给设计单位，按照监测设计单位提供的立模高程进行下一节段的立模。

d. 确定立模高程的因素。长期徐变后本节段的设计挠度值；每节段修正后的挂篮弹性变形值；该梁段施工前已张拉梁段累计发生的位移量。

（5）施工安全保证措施

①结构安全

所有临时结构设施方案（如墩旁托架、挂篮、落地支架等）必须经审批后实施。

挂篮、墩旁托架、落地支架等主要结构必须经加载试验测试合格后方可使用，测试荷载为设计荷载的 1.2 倍以上。其加工制作所用材料及工艺必须严格把关，并设专人负责定期检查维护。挂篮前移应有防倾覆措施。

②施工安全

项目经理是安全第一责任人，专职安全员全面负责现场安检及指导协调。

专人负责大型起重设备的使用、养护维修工作，项目部主管设备人员同设备驾驶员是第一责任人，前者定期对设备进行检查，后者随时掌握机械状况，发现问题及时维修保养，塔吊设专人指挥。

分别与每个施工人员签订安全责任状，分阶段、分专题进行安全交底。

加强施工现场的安全防护措施：悬浇作业全部在高空进行，挂篮工作平台四周必须挂设不低于 1.5m的安全网。挂篮前移前应检查滑道锚固效果，并用钢丝绳作预防性的捆绑后方可进行。高空作业人员必须佩戴安全帽、安全带等防护用品，否则不允许上桥。

每个 T 墩上单独设漏电保护开关，非电工人员不准私自接线，电工人员经常检查线路，防止漏电。

预应力张拉班组人员应固定，在张拉过程中必须在千斤顶后面设置挡板，张拉作业时，千斤顶后方严禁站人；高强精轧螺纹钢筋张拉后未压浆前不得随意踢碰，防止崩断伤人。

（6）关键技术措施

①箱梁防开裂措施

在悬浇梁施工中，采取以下几项施工技术措施，防止梁体开裂。

采用电脑自动计量设备，严格管理混凝土的配合比，杜绝由于混凝土原材料计量问题，引起混凝土开裂现象发生。

当混凝土强度达到设计强度的 60%以上时，对已浇梁块端面进行凿毛，确实保证露出新鲜的混凝土面，避免出现由于新旧混凝土接头不良引起的裂纹。

严格控制预应力筋的坐标及张拉力，保证梁体的受力状态与设计一致，避免由于梁体内力的不合理分配，引起混凝土开裂。对预应力筋的坐标，采用三维坐标方法，张拉力严格按设计要求施工，张拉时采用应力和伸长值双控。

合龙段施工时，采用钢支撑及临时锁定措施。混凝土浇筑选择在昼夜气温最低时进行，消除由于温度变化使合龙段产生裂纹的可能性。

②大跨度桥梁悬臂施工的线形控制措施

大跨度悬臂浇筑施工中梁体线形的控制不仅关系到桥型的美观与否，更关系到桥梁受力，因此，线形控制历来是悬浇施工的关键控制项目。线形控制技术复杂、难度大，影响因素多，需要考虑诸如挂篮弹塑性变形、挂篮及梁体自重、施加预应力、混凝土收缩与徐变、温度应力、地基沉降、体系转换等各个方面能否准确预计并及时调整，关系到施工的成败。施工中密切配合监控单位监控测量，并采取以下技术措施进行线形控制。

a. 墩顶 0 号块和边跨梁段均是采用支架来支承其梁体、模板及施工活载等重量，支架在加载后将产生弹性变形和非弹性变形，直接影响梁段的高程，对其采取的控制方法是对支架进行等效预加荷载来消除其非弹性变形，测出其弹性变形；在安装模板时，预抬高底模，抬高值与弹性变形值相等。弹性变形大的支架对其进行预加载，混凝土施工时边浇混凝土边卸载，使梁段高程在混凝土施工过程中始终与设计相同。

b. 对挂篮进行等效预加载消除其非弹性变形，测定其弹性变形，具体控制方法与墩顶 0 号块及边跨直线梁段相同。

c. 严格控制混凝土质量及张拉质量。对预应力施工进行系统的质量管理，在施工中，加强对预应力筋加工质量的控制，及时定期校正张拉机具，严格遵守张拉的操作程序，利用图表及其对比分析控制张拉质量。认真按照设计及现行施工技术规范的要求选定混凝土的原材料，在混凝土施工过程中准确控制混凝土的配合比和坍落度等技术参数，进而使混凝土的龄期强度、弹性模量符合设计要求，以保证实测各梁块挠度与理论值相符，以达到线形控制的目的。

d. 精确测量，科学分析。利用微机和线形控制软件对影响梁块挠度的有关因素进行计算，作为线形控制的理论依据。用高精度水准仪（型号为 N1005A）进行连续梁的施工水准测量，将测量值反馈到微机内进行分析，按其分析结果进行下一步调整梁段的预留挠度值，使连续梁的线形控制真正实现“动态”控制。

· 中线测量。在 0 号块顶和隔墙上都埋上钢板，用全站仪测定出 T 构的中心，T 构的其他悬浇梁块以此中心点为准进行测量。

· 高程测量。在每个 T 构的 0 号块顶设临时水准基点，各基点均由全站仪测定给出，经过高精度水准仪复核。

· 各梁块立模高程的测量。梁底为半立方抛物线，因此每一梁块的立模高程不同，但各 T 构同号梁块的立模高程相同；同时立模高程的确定也是一个综合复杂的问题，影响立模高程的因素很多，如梁块自重、挂篮重量、施工荷载等，施工中由专人负责，全面掌握，测量结果要及时反馈到负责人处，以确定后续梁块的立模高程；为提高测量精度，全桥高程测量均用高精度水准仪，必要时辅以普通水准仪；施加预应力前后的测量是梁挠度控制的关键，根据测量结果与理论值的比较确定立模高程，检查梁块混凝土及预应力施工的质量。

· 各梁段的测量内容及测量时间：校正模板，设底模观测点；浇筑混凝土前进行全面检查及观测点的复查；浇筑混凝土后、预施应力张拉前，测量观测点的变化；设挠度观测点；施加预应力后测量观测点；挂篮到位后测量观测点；T 构合龙前后对所有梁段块的观测点定期进行测量，以观察由于混凝土的收缩和徐变引起的 T 构梁挠度的变化。

6.3.3.9 低温施工方案

(1)低温施工进度计划

为了保证主桥的总体工期，在 2008 年主桥箱梁需要完成到 2 号块，同时在 2009 年 3 月开始必须进行箱梁的施工，以确保主桥箱梁于 2009 年合龙。由于北方地区的气候特点，在进入 10 月后，大气温度逐渐降低，同时在 3～4 月大气温度较低，大气日平均温度连续 5d 稳定低于 5℃时需要进行低温施工。

①嫩江大桥低温施工进度计划安排总体工期

a. 2008 年 10 月 10 日～11 月 25 日；

b. 2009 年 3 月 1 日～4 月 30 日。

②主要工程量

a. 2008 年，0 号～2 号块：3513.12m^3；

b. 2009 年，3 号～6 号块：2227.36m^3；

c. 低温施工工程量总计：6240.48m^3。

(2)低温施工方案

悬浇箱梁 0 号～2 号块在托架上施工，3 号～6 号块在挂篮上施工，除需要满足正常的规范要求外，还要满足低温施工的要求。

①混凝土搅拌。拌和站设 1 台 2t 蒸汽锅炉，用来给拌和站及砂石等材料加热保温。将搅拌站使用保温棚覆盖，同时拌和站搭设一座储存砂石料的保温大棚。保温棚高使用轮扣脚手架做框架，外罩一层彩条布和一层棉苫布，并包裹严密不透风，保温棚使用蒸汽锅炉加热。砂石料场设在棚内，混凝土在保温棚内拌制。搅拌混凝土前将施工所用材料一次性全部备到保温棚内，以保证材料的入罐温度，混凝土施工材料在棚温条件下(15℃以上)进行拌制。对拌和用水加热，同时控制水温不超过 80℃。保证混凝土出罐温度在 20℃以上。派专人负责监测暖棚内材料和拌和用水温度及混凝土出罐温度，各项材料及混凝土出罐温度必须满足规范要求。

②混凝土运输。混凝土水平运输采用混凝土搅拌运输车，混凝土运输车搅拌罐使用专用的棉苫布包裹，以减少混凝土运输过程中的热量损失，同时避免搅拌罐空罐时罐内结冰，运输过程预计温度损失 8.8℃。混凝土垂直运输使用混凝土输送泵，为避免温度大量损失，将混凝土输送泵用保温棚覆盖，在保温棚内设置蒸汽排管，混凝土输送泵管使用棉苫布与蒸汽管道包裹在一起。在浇筑前，先对保温棚混凝土输送泵管预热，待保温棚及混凝土输送泵温度达到 15℃以上时，再进行混凝土浇筑。实时测量混凝土入模温度，保证混凝土入模温度达到 10℃以上。

③混凝土浇筑。钢筋绑扎完成后混凝土施工前，使用棉苫布等材料把整个箱梁施工段包裹严密不透风，暖棚内使用蒸汽排管进行加热，浇筑前暖棚内温度预先加热到 5℃以上，以保证钢筋、模板、新旧混凝土结合面的温度，减少混凝土浇筑过程中的温度损失。

④混凝土养护。混凝土浇筑完毕后，对暖棚四周进行封闭，使用蒸汽锅炉对暖棚进行加热养生。暖棚内悬放 10～15 支温度计，使温差控制在较小的范围内，当压降强度达 45MPa 时温度不低于 10℃，并每天记录 4 次温度，以便随时调整养生温度。派专人监测暖棚内的温度及湿度，待同体混凝土试块强度达到 90%以上时，张拉、压降使暖棚蒸汽的蒸发量逐渐减少，使暖棚内温度缓慢下降，暖棚内降温速度不大于 5℃/h。当暖棚内外温度相等时，方可拆除暖棚。

(3)质量保证措施

①混凝土搅拌前，提前将所需的集料、水泥备入搅拌站暖棚，上料前详细测量集料温度，并根据集料温度计算拌和用水需用的温度，检查集料，不能有冻结块，如发现集料有冻结现象，需将集料再次加热后再进行上料，但不得加热水泥。严格控制混凝土用水的加热温度，确保混凝土出罐温度不低于 20℃，同时拌和用水不得高于 80℃，以防影响混凝土强度。

②全过程监控混凝土的温度，并做好记录。其中包括集料及拌和用水的温度、混凝土自搅拌机倾出时的温度及入模时的温度。每一工作班应至少检查 3 次，并做好交接班记录。

③严格监控室内外环境温度，每昼夜定时定点测量 4 次，并做记录。当遇气温骤降时，不应进行混凝土浇筑施工。同时对已浇筑完的混凝土采取保温措施。

④养护时派专人随时监控暖棚内的温度，调节蒸汽的蒸发量，使暖棚内的温度保持在 10℃以上。注意混凝土的升温速度不得大于 10℃/h，降温速度不得大于 5℃/h。

(4)计算过程

①混凝土运输过程中的温度损失

$$T_s = (at + 0.032n)(T_0 - T_d) = (0.92 \times 0.25 + 0.032 \times 2)(15 + 10) = 8.8(℃)$$

式中：T_s——混凝土运输至成型的温度损失，℃；

a——水泥及集料的比热，0.92kJ/kg·K；

t——混凝土运输至成型的时间，0.25h；

n——混凝土倒运次数；

T_0——混凝土自搅拌机中倾出时的温度，15℃；

T_d——室外气温，−10℃。

②拌和站材料暖棚预热热功计算

由于拌和站材料暖棚面积最大，以拌和站材料暖棚热功计算为例。拌和站材料保温大棚尺寸为50m×24m×5m，热功计算大气温度为−10℃的条件下棚内温度达到20℃。

a. 大棚热负荷。大棚热负荷主要由大棚与室外空气的温差传热量和冷风渗透热量两部分组成，大棚与室外空气的温差传热量按下式计算：

$$Q_1 = KA(t_n - t_w)$$

式中：K——大棚四壁与室外空气间的传热系数，W/m²·℃；

A——大棚四壁与空气接触面积，m²；

t_n——大棚内的设计温度，t_n=10℃；

t_w——室外的设计温度，t_w=−10℃。

传热系数 K 可由下式求得：

$$K = 1/[(1/a_n) + (\delta/\lambda) + (1/a_w)]$$

式中：a_n——大棚四壁的内表面空气对流换热系数，W/m²·℃，对于一般建筑的外墙，a_n=8.7W/m²·℃（采暖通风设计手册），由于本工程中的外墙是用棉毡代替，其热阻远小于墙体，因此棉毡布内表面温度较低，从而导致室内气温与棉毡布内表面温差增大，故取 a_n=10 W/m²·℃；

a_w——大棚四壁的外表面空气对流换热系数，W/m²·℃，对于一般市区内的建筑：a_w=23.3W/m²·℃（采暖通风设计手册），由于本工程在野外，空气风速远大于市区内的空气风速，而 a_w 与风速的0.8次方成正比，因此为设计安全起见，取 a_w=30W/m²·℃；

δ——棉苫布的厚度，毛毡 δ=0.015m，棉苫布 δ=0.005m；

λ——毛毡的导热系数，《采暖通风设计手册》中给出 λ=0.08W/m·℃。棉毡布由棉毡制成，因此其 λ 值也取0.08W/m·℃。

故：

$$K = 2.61\ \text{W/m}^2\cdot℃。$$

暖棚的总温差传热量为：

$$Q_1 = KA(t_n - t_w) = 2.61 \times 1940 \times (10+10) = 101.27(\text{kW})$$

$$A = 1940\text{m}^2$$

《采暖通风设计手册》规定，冷风渗透热量可按温差传热量的比例进行估算，对于高度为4.5～10m的工业厂房，其冷风渗透耗热量占围护结构温差传热的25%～35%。由于棉毡的透气性比砖混墙体和门窗缝隙大，而且室外空气流速较高，室内外温差也大，施工人员进进出出，更利于冷风的进入。因此本设计中取冷风渗透耗热量占围护结构温差传热的50%。

故：

$$Q_2 = 0.5 \quad Q_1 = 50.64\text{kW}$$

暖棚的总耗热量为：

$$Q_h = Q_1 + Q_2 = 151.91\text{kW}$$

b. 采暖设备的散热量。热源采用蒸汽排管，排管使用外径4.8cm钢管制作。排管长1m，宽0.6m，钢管之间距离为15cm，一个排管的散热面积为 A_p=0.93m²，每个排管之间使用胶管连接在一起。

$$Q = K_p A_p (t_p - t_n)$$

式中：Q——排管的散热量，W；

K_p——排管的传热系数，《采暖通风设计手册》中给出 $K_p = 14.3\text{W/m}^2 \cdot ℃$；

t_p——蒸汽温度，℃；

A_p——排管的散热面积，m^2。

当 $Q > Q_h$ 时，暖棚内温度可达到设计要求，取 $Q = Q_h = 151.91\text{kW}$，计算得 $A_p = 118\text{m}^2$，所以一座拌和站暖棚加热需用 127 个排管。

6.4 工程质量管理及保证措施

6.4.1 质量保证体系

6.4.1.1 组织机构保证

项目经理部成立全面质量管理领导小组，各施工队成立全面质量管理小组，实现项目经理对质量管理总负责制，总工程师分管主抓。

6.4.1.2 质量管理控制保证

施工中拟建工程实施全过程的质量控制，要突出质量的事前控制，重点强调质量的过程控制，做好工程质量的事后控制。

(1)事前控制

施工前，对桥梁范围内的地质、水文情况进行详细调查，按照下列内容进行原材料检验，见表 6-9。

原材料检验 表 6-9

检测项目		检查控制内容
材料	钢筋	出厂证明书、机械性能检验
	水泥	出厂证明书、强度等级验证、物理性质
	砂、石	级配、含泥量
工艺	钢筋工程	制作安装的数量、位置、间距、长度，保护层及焊接质量
	模板工程	中心偏位、高程、直顺度、平整度、垂直度
	混凝土工程	配合比、坍落度、密实性、外观

(2)施工过程质量控制(略)

(3)事后控制

分项、分部工程完工后，注意成品及半成品的保护工作，避免施工期间发生破坏。在整个工程完工后，定期回访，发现问题及时维修。

6.4.1.3 创优措施保证

(1)创优规划

质量方针：争创行业一流，奉献满意工程。

质量目标：本工程质量目标为优良工程。

(2)创优措施

建立创优领导责任制：项目经理对创优工作全权负责并进行组织、落实、决策；各施工队队长严格贯彻执行创优规划，领导、检查、督促本管段创优工作。做到分级负责，逐层保证。

建立工程质量创优奖励基金和创优保证金制度，把工程创优与经济效益密切相结合。

6.4.2 工程质量保证措施

6.4.2.1 建立质量责任制

建立健全工程质量责任制，做到领导工程施工者管好质量，指导工程施工者负责质量，供应材料者

确保质量，施工操作者保证质量，检查者核定质量，把质量管理的每项工作、每个环节具体落实至每个部门、每个人身上。

6.4.2.2 建立施工图纸学习与会审制度

实行施工图纸学习与会审制度，使全体技术人员及有关职能部门充分了解和掌握图纸的内容和要求，确保施工顺利和工程质量优良。

6.4.2.3 建立技术交底制度

制定技术交底制度，使参与施工的技术人员及工人了解所担负的工程任务的技术特点、施工方法、施工程序、质量标准、安全措施等，对重点部位、薄弱环节编写具体的施工作业指导书，以确保工程质量。

施工过程中工程质量管理及保证措施见图 6-12。

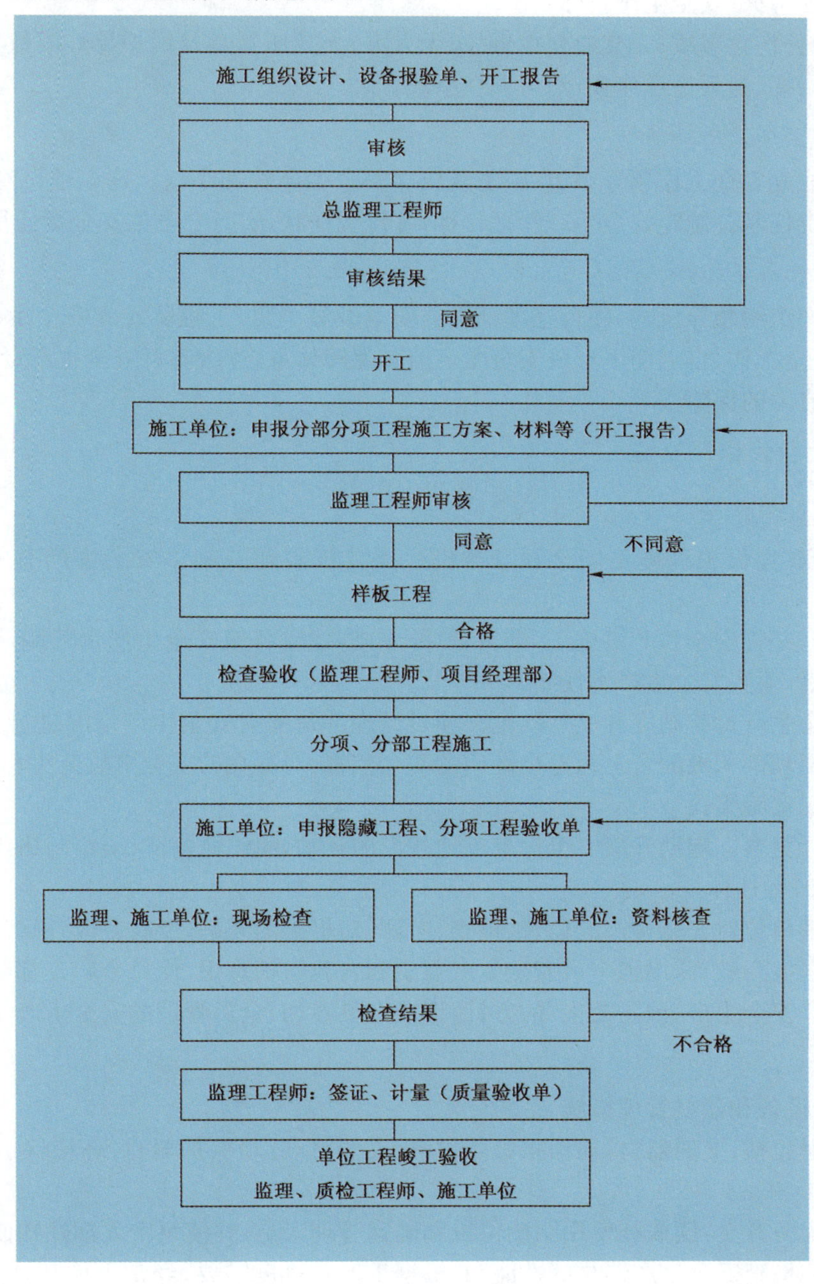

图 6-12 施工过程中工程质量管理及保证措施

6.5 安全生产保证体系及保证措施

6.5.1 安全生产保证体系

6.5.1.1 安全生产方针

在施工过程中,将严格按照国家《建设工程施工安全管理条例》及各分项工程的安全作业指导书的规定,始终贯彻"预防为主,安全第一"的方针,对施工全过程实施有计划、系统化的安全生产管理,树立全员安全意识,为确保施工期间的人身、设备及环境安全提供可靠保障。

6.5.1.2 安全目标

实现"四无、三消灭"安全生产目标。

"四无":无因公伤亡事故、无交通死亡事故、无火灾、无受压器具及锅炉爆炸事故、无重伤事故;"三消灭":消灭违章指挥、消灭违章作业、消灭惯性事故。

6.5.1.3 安全生产保证体系

项目经理部成立安全工作领导小组;施工队成立安全生产管理小组。建立项目经理、施工队长、班长三级安全管理责任制。制定安全生产管理目标,签订责任状,实行全方位安全责任目标管理。

6.5.1.4 安全施工组织机构

成立安全生产组织领导机构,项目经理部设立安全领导小组,工程队成立安全生产小组,设专职安全员,专职负责安全工作,自上而下形成安全生产监督保障体系,逐级签订安全生产责任状,使安全工作在组织上得到强有力的保障。

6.5.2 安全生产保证措施

6.5.2.1 制度保证措施

严格执行国家《建设工程施工安全管理条例》、黑龙江省建筑施工安全生产有关规定,确保安全生产。

根据"管生产,必管安全"和"谁施工,谁负责"的原则,建立各级安全生产责任制,分级管理,层层签订安全生产责任书,落实安全生产责任制。

严格执行安全生产检查制度和奖惩制度。项目经理部每周对安全生产情况进行一次抽查,每月一次大检查。项目经理部积极配合上级安全部门的安全监督,对存在的安全事故苗头和隐患及时处理,并根据安全检查情况实施奖罚。

开展安全达标竞赛。定期开展安全标准工地建设的活动,组织队与队、班组与班组之间的安全达标竞赛活动,做到100%达标。

随时接受监理单位对安全生产的监督、检查、考评,对提出的问题,及时整改,确保安全生产。

广泛进行安全生产教育,增强全员安全生产意识和自我防护意识,使每个职工都明确各自的安全责任,认真贯彻执行"安全生产、预防为主"的方针,形成全员参加、全员管理的安全生产氛围。

6.5.2.2 安全生产具体措施

(1)安全生产设备和器材管理措施

安全生产器材包括:交通器材;通信报警器材;灭火器材;劳动保护器材;环境保护器材及医疗保健器材等。

对上述器材配备齐全,摆放和使用明确位置和确定管理人员,并使每个人都熟知使用方法。

定期和不定期检查安全生产器材的性能,并根据生产及进度需要,经常更换和补充所需器材,确保能正常使用。

设备物资部负责上述器材的管理，并将其管理情况作为物资管理报告内容之一。

(2)施工安全用电措施

建立电气安全管理和经济责任制度，由专业电工负责电器的安装和使用管理，专职安全员负责巡视监督检查。

用电施工组织设计由专业人员负责编制，内容包括配电装置及其电容量、供电线路的走向和现场照明的设置，生活、生产设施用电负荷情况，编制有针对性的电器安全技术规定。

施工现场装备行业统一规定的标准电源箱。电器线路和用电设备安装完成后，由安全部门验收合格后进行使用。

经常对用电设备进行安全检查、测试，每周测试一次开关、接地电阻的接触和安全情况，并有书面记录，发现问题及时纠正。

专业电工持证上岗。电工有权拒绝执行违反电器安全规程的工作指令，安全员有权制止违反用电安全的行为，严禁违章指挥和作业。

6.5.2.3 机械设备安全保证措施

机械设备操作人员(或驾驶员)必须经过专门训练，熟悉机械操作性能，经专业管理部门考核取得操作证或驾驶证后操作。

机械设备操作人员和指挥人员严格遵守安全操作技术规程，工作时集中精力，谨慎工作，不擅离职守，严禁酒后驾驶。

机械设备发生故障后及时检修，决不带故障运行，不违规操作，杜绝机械和车辆事故。

机械操作人员做好各项记录，达到准确、及时，严格贯彻操作制度，认真执行清洁、润滑、坚固、防腐、安全的十字作业法。

6.5.2.4 物资材料安全保证措施

工地设物资、配件仓库，统一进行管理，做到分门别类储放，标牌清楚，并配备足够的消防器材。

仓库设专人负责保管、看护，值班室内设报警装置。

6.5.2.5 施工现场作业安全保证措施

施工时按业主要求设专职安全员，身着安全背心，手持红、绿色指挥旗，佩带安全员服务胸卡上岗，疏通交通并负责指挥车辆和清扫保洁，自觉服从建筑工程安全监督站的安全监督，并按照安全监督部门要求，切实做好工程、车辆机械和施工人员的安全工作。

施工时做好各种临时支撑设施的受力验算，挂好安全网。

所有现场施工人员一律着施工标志服或标志帽，特种作业人员佩戴专门的防护用具。

对于被允许的参观者或检查人员进入施工现场时，佩戴安全帽，非施工人员不得进入施工现场。

所有现场作业人员和机械操作手严禁酒后上岗。

合理安排施工组织计划，采取有效措施保证施工和运营安全，必要时疏通现有交通流。在本工程现场周围配备、架立并维护一切必要而合适的标志牌，以便为施工人员和公众提供安全和方便。施工路段(道口)按交通规则规定设置警示标志，所有标志的尺寸、颜色、文字与架立地点，均以使监理工程师满意为原则。

施工场地安装夜间照明设施，方便行人行走。

在有风的季节里，施工现场悬挂防火旗，落实防火安全措施。

施工时注意对地下管线的保护，确保设施免受破坏。

6.5.2.6 生活区的安全保证措施

所有施工人员的宿舍、办公室设计合理、牢固稳定，生活区内配备足够的消防器材和洗浴设施，设专人管理。

生活用水妥善管理，保证饮水卫生。

食堂保持清洁，腐烂变质食物及时处理，食堂人员定期体检。

6.5.2.7 特种作业安全措施

(1)起重施工安全措施

起重作业施工前认真做好施工组织方案的研究，起重设备经检查、维修、试吊，确认达到作业条件后施工。

起重驾驶员持证上岗，严禁非专业人员操作。

吊运、安装等施工中设专人指挥，注意相互联系配合。在起重作业区外，设立警戒线及标志，严禁非作业人员进入。

在重物或起重臂下严禁站人。不准超力矩起吊重物，也不得仰角超过限度起重施工。

在风力超过6级时，停止作业。

在起重机作业上方有架空线时，将重臂降低，以免碰撞，并保持一定的距离。同时积极与有关部门协商，实行断电施工。

设专人定期检查起重设备，及时进行维修和养护，确保机具设备的施工安全。

(2)高空作业安全措施

高空作业人员要系安全带，穿防滑鞋，高空作业按规定挂安全网。

悬空作业的吊笼、平台等使用前进行严格检查，脚手架、排架、基底承重、临时支撑等经过验算符合要求后使用。

(3)悬浇梁安全措施

采用起重机整体吊装钢筋时，吊体重量、起吊高度、起重机位置、扒杆倾角等参数必须经过准确计算，以免出现吊装不到位、起重机前倾等事故。在钢筋下落调整方位时，施工人员必须佩戴安全帽和安全带，站在底模外侧作业。

位于同一T构上的两套挂篮的移位必须同步，位移差不得大于40cm；移动时，挂篮后部应设置保险导链，移动速度不超过10cm/min。

各悬浇梁段的底板与腹板钢筋分块吊装、浇筑混凝土以及拆除挂篮必须均衡作业，确保T构两侧的不平衡重不大于5000kg。

挂篮中的施工用动力、照明电线必须由电工敷设，并经常清理检查，以消除漏电、短路隐患。

每套挂篮应配备消防器材，以防止电焊作业等原因可能引燃防雨遮晒篷布、安全网等易燃物而出现的火灾。

悬浇施工过程中，必须安排专人经常检查挂篮锚固螺杆、前后吊带杆等关键受力杆件的使用情况，加强起重用千斤顶、导链、钢丝绳等机具设备的维修养护，发现问题，及时处理。

施工人员上挂篮前，必须经过培训。工作时间不得推搡打闹，严禁酒后上桥作业。

随着悬臂的伸长，特别在夏季，箱体内应及时安装通风、降温、照明设备，以改善施工人员的工作环境。

6.6 文明施工及环境保护

6.6.1 文明施工

(1)经理全面负责施工过程中的文明施工及环境保护管理，针对本工程建立文明施工责任制，并组织实施。

(2)经常开展文明施工教育，环境保护教育，讲究职业道德，树立良好的企业形象。

(3)严格按施工平面布置图设置临时设施和摆放施工设备、堆放材料并挂牌标识，现场的生活区及施工区要规范合理。

(4)施工现场在醒目处设置施工标牌，并在标牌上标明工程项目名称、工程简介、开竣工日期、建设单位、设计单位、监理单位和施工单位的名称及工程负责人姓名等。

(5)施工现场设置“五牌一图”，即：工程概况牌、安全纪律牌、安全标语牌、文明施工制度牌、道路指示牌和施工平面图。

(6)施工现场布设合理的施工进出道口，道口宽度控制在5m以内。道口适当位置处摆放花木盆景，美化工地。

(7)宿舍内物品摆放整齐统一，从床单、被褥到洗漱用品统一配发，做到空气清新、窗明几净。狠抓食堂卫生，食堂配置纱门、纱窗及纱罩，食堂和厕所保持规定的距离。设置水冲式厕所，并做好厕所的保洁工作。施工场地内设置带盖垃圾桶，不乱倒生活垃圾。

(8)施工现场内张贴宣传标语，设置黑板报并经常更换内容，施工现场入口处悬挂宣传标语横幅。

(9)施工管理人员及作业人员穿戴整齐，行为文明，佩戴统一的工作卡，工作卡上标明姓名、职务、身份及编号，在现场期间一直佩戴在胸前。所有机械及设备都醒目地注上单位的名称。

(10)坚持职工上、下班穿换服装制度，每人配备衣服专用柜，注重仪容整洁，树立良好的现代企业工人形象。

(11)加强施工现场管理，施工道口处由着装整齐的安全员负责看管。周围居民和闲杂人员谢绝进入施工区域，外部任何单位和个人不准进入工地。

(12)施工期间，与交通管理部门协商，确定工程材料的运输路线和运输时间，大宗构件和大型设备的运输安排在夜间进行，以减轻对交通干道造成的交通压力。

(13)驻地建设应满足科学管理、文明施工的要求，庭院整洁、布局规范、摆放有序，有良好的社会治安状态，职工精神状态良好。完工后，及时拆除所有工地围栏、安全防护设施和其他临时设施，并将工地及周围环境整理清洁，做到工完、料清、场地净。

6.6.2 环境保护

6.6.2.1 环境保护体系

根据国家《环境保护法》、黑龙江省关于环境保护的有关制度对环境保护的要求，结合本项目的实际情况，建立适合本项目的环境保护体系。

6.6.2.2 环境保护保证措施

本工程采取有效的环境保护措施，避免施工期间造成的扬尘、排污、噪声等污染周边环境，保护土场以外的土地及绿色植被。

遵守国家现行的有关环境保护的法律，坚持“以防为主、防治结合、综合治理、化害为利”的原则，采取有力措施，防止污染和破坏自然环境，同时认真了解当地的环保法规，并且严格遵守和执行。

成立环境保护领导小组，定期对施工现场周围环境进行检查，一经发现有人为破坏生态环境行为，立刻制止，无偿恢复原貌，并且视情节轻重，给予罚款处罚。

(1)文物保护

施工时如发现文物古迹，不得移动和收藏，保护好现场，防止文物流失，并暂停工作，立即报告文物管理部门，进行妥善处理；在沿线具有文化、历史意义的遗址两侧不能取土。

(2)防止水土流失

防止场地积水；在施工期间始终保持工地的良好排水状态，预制场修建临时排水渠道，并与永久性排水设施相连接，且不得引起淤积和冲刷。

(3)防止冲刷与淤积

采取有效预防措施，防止施工占地或临时用土受到冲刷；采取有效预防措施，防止施工中开挖的土石材料对河流、水道、灌溉渠或排水系统产生淤积或堵塞；完善施工中的临时排水系统，做到最大限度地减少水土流失及水文状态的改变；施工中不论出于任何需要，未经监理工程师的书面同意，不得干扰河流、水道或现有灌溉或排水系统的自然流动。

(4)防止和减轻水、大气污染

①防水排水。施工废水、生活污水不得直接排入江中、农田、耕地、灌溉渠和水库。不得排入饮用水源。

施工区域和砂石料场,在施工期间和完工以后,进行妥善处理,以减少对河道,溪流的侵蚀,防止沉渣进入河道或溪流。

冲洗集料或含有沉积物的操作用水,采取过滤、沉淀池处理或其他措施,做到达标排放。

施工期间,施工物料如水泥、油料、化学品等堆放应严格管理,防止在雨季或暴雨期将物料随雨水径流排入地表及附近水域造成污染。

②防止施工机械漏油,禁止机械在运转中产生的油污水未经处理就直接排放,或维修施工机械时油污水直接排放。为减少施工作业产生的灰尘,随时进行洒水或采取其他抑尘措施,使不出现明显的降尘。

易于引起粉尘的细料或松散料,予以遮盖或适当洒水润湿。运输时用帆布、盖套及类似遮盖物覆盖。

运转时有粉尘发生的施工场地设置防尘设备,作业人员配备必要的劳保防护用品。

(5)减少噪声、废气污染

各种临时设施和场地,如堆料场、加工厂、拌和厂等距居民区不小于300m,而且设于居民区主要风向的下风处。

使用机械设备的工艺操作,应尽量减少噪声、废气等的污染;建筑施工场地的噪声应符合《建筑施工场地界噪声限值》(GB 12523—1990)的规定,并遵守当地有关部门对夜间施工的规定。

(6)保护绿色植被

①施工期间尽量保护公路用地范围之外的现有绿色植被。若因修建临时工程破坏了现有的绿色植被,负责在拆除临时工程时予以恢复。

②施工期间工程破坏植被的面积应严格控制,除了不可避免的工程占地、砍伐以外,不应再发生其他形式的人为破坏。

③现有公用设施的保护

对于受本工程影响或正在受影响的一切公用设施与结构物,在本工程施工期间采取一切适当措施加以保护。

靠近公用设施的开挖作业,通知有关部门,邀请有关部门代表在施工时到场,并将上述通知与邀请的副本提交监理工程师备查。

(7)场地清理

施工结束后,在规定的期限内及时拆除一切合同规定必须拆除的施工临时设施和生活设施,清除施工区和生活区及其附近的施工废弃物,按批准的环境保护措施计划进行植被或土地的有效恢复。

7 大跨度预应力混凝土连续箱梁裂缝控制技术

7.1 概述

7.1.1 我国大跨度预应力连续桥梁发展现状

预应力混凝土连续箱梁桥具有结构刚度大、行车平顺舒适、伸缩缝少和养护简单等一系列优点。从20世纪70年代开始，我国公路上开始修建大跨度预应力混凝土箱梁桥，进入20世纪80年代后，预应力连续箱梁桥和预应力箱梁连续刚构桥得到了迅猛发展，现已成为我国大跨度桥梁的主要桥型之一。目前我国高等级公路上已修建了大量的大跨度预应力箱形截面桥梁，主跨径达100m以上的桥梁数以百计，200m以上的也已超过了30座。国外已建成的部分大跨度应力混凝土箱梁桥见表7-1。

国内外已建成的部分大跨度预应力混凝土箱梁桥　　表7-1

序　号	桥　名	跨度(m)	跨径组合(m)	国　别	竣　工　年
1	Gateway	260	145+260+145	澳大利亚	1986
2	虎门大桥辅航道桥	270	150+270+150	中国	1997
3	Stolma	301	94+301+72	挪威	1998
4	Raft Sunder	298	86+202+298+125	挪威	1998
5	元江大桥	265	58+182+265+194+70	中国	2003
6	宁德下白石大桥	260	145+2×260+145	中国	2003
7	苏通大桥辅航道桥	268	140+268+140	中国	2007
8	重庆石板坡长江大桥复线桥	330	87.75+4×138+330+133.75	中国	2005

六库怒江桥(图7-1)位于云南省怒江傈僳族自治州州府六库，跨怒江，于1991年3月竣工，是当时国内跨度最大的预应力混凝土连续箱梁桥。采用3跨变截面箱形梁，分跨为85m+154m+85m，箱梁为单箱单室截面，箱宽5.0m，支点处梁高8.5m，跨中梁高2.8m。

图7-1　云南六库怒江桥

南京长江二桥北汊桥为预应力混凝土连续箱梁桥，桥长2172m，主跨为90m+3×165m+90m(图7-2)，该跨径为当时亚洲最大。设计荷载：汽—超20，挂—20，桥面宽32m。盆式橡胶支座吨位达6500t。于1997年10月6日开工，2001年3月26日建成通车。

图 7-2 南京长江二桥北汊桥

洛溪桥位于广东省广州市南郊，跨珠江，是我国建造的第一座预应力混凝土连续刚构桥（图 7-3）。桥总长 1916.04m，主桥布置为 65m+125m+180m+110m，长 480m，宽 15.5m。由单箱组成，跨中梁高 3m，墩顶梁高 10.0m。悬臂浇筑施工，主孔桥墩采用双壁式薄壁空心墩，于 1988 年 8 月建成通车。

图 7-3 广东省洛溪桥

黄石长江大桥位于湖北省黄石市，主桥长 1060m，分跨为 162.5m+3×245m+162.5m，5 跨预应力混凝土连续刚构桥（图 7-4），桥宽 20m。跨中梁高 4.1m，墩顶梁高 11.0m，1996 年建成。

图 7-4 湖北黄石长江大桥

代表我国预应力混凝土连续刚构桥设计施工水平的虎门大桥辅航道桥于 1997 年建成通车（图 7-5），主跨为 270m，打破了 1985 年由澳大利亚门道 Gateway 桥（主跨 260m）保持 PC 连续刚构跨度达 12 年之久的世界纪录。

重庆石板坡长江大桥复线桥为刚构—连续梁组合体系。正桥桥跨布置为 87.75m+4×138m+330m+133.75m（一联）。主跨 330m 刚构采用钢—预应力混凝土组合体系（图 7-6）。2005 年底建成通车，超过挪威 1998 年建成世界第一的斯托尔马桥(主跨 301m)和世界第二的 Raft Sunder 拉夫特桥(主跨 298m),而成为世界上跨度最大的连续刚构桥梁。

图 7-5 虎门大桥辅航道桥

图 7-6 重庆石板坡长江大桥复线桥

从以上桥例可以看出,我国在预应力混凝土桥梁方面的起步虽然较晚,但经过 30 多年的迅猛发展,无论在建设规模和发展速度上已取得了令全世界瞩目的成就。上述桥梁的修建,标志着我国预应力混凝土桥梁的设计、施工工艺与技术水平已跨入世界先进行列。

7.1.2 我国大跨度预应力连续桥梁存在的问题

根据相关设计规范,预应力混凝土梁桥作为全预应力和部分预应力 A 类构件,在施工和运营阶段是不允许出现裂缝的。然而,由于设计、施工和运营管理等方面存在不足和缺陷,在过去的 30 多年中,预应力连续梁、连续刚构桥箱梁的腹板、顶板、底板、横隔板以及锚固齿板等部位普遍出现了不同形式的裂缝(图 7-7~图 7-9)。有些裂缝在施工期间就已经出现,有些经过一段时间运营后开始出现。这些裂缝对结构的安全性、耐久性和正常使用产生了十分不利的影响。

图 7-7 箱梁腹板裂缝

图 7-8 箱梁顶板纵向裂缝

图 7-9 横隔梁裂缝

当结构出现裂缝后，一方面降低了结构的整体刚度，使结构变形过大、下挠；另一方面将对混凝土结构的耐久性带来严重影响。

混凝土开裂后，氯离子、水分、氧气等侵蚀性化学物质将侵入混凝土内部，导致钢筋或预应力筋的腐蚀。钢筋锈蚀一方面减弱了钢筋与混凝土之间的黏结力，使桥梁的刚度、强度降低；另一方面，由于锈蚀膨胀，导致裂缝进一步发展，提供了使侵蚀破坏作用逐步升级、混凝土耐久性不断下降的渠道，形成混凝土结构耐久性进一步退化的恶性循环，就有可能导致结构耐久性的最终破坏，降低了桥梁的使用寿命，并对桥梁的安全性造成极大的威胁。

预应力混凝土连续箱梁桥存在的大面积开裂现象，一方面，说明了在大跨径预应力混凝土连续桥梁的设计、施工和所用材料上，存在着缺陷和不足的环节；另一方面，使得工程界对预应力混凝土箱梁桥的应用产生了怀疑，一定程度上影响了预应力混凝土箱梁桥在公路建设中的进一步推广和应用。

混凝土桥梁裂缝是桥梁工程施工中容易产生和难以防范的一个重要问题，如处理不当，将直接影响桥梁的工程质量，并有可能导致严重的后果。桥梁裂缝成因复杂、多样，涉及原材料质量、混凝土配合比、混凝土生产质量控制、设计、施工、使用等诸多因素，必须具体问题具体分析，正确把握问题的实质，合理采取相应对策加以防治。

因此，加深对预应力混凝土箱梁桥开裂问题的研究，通过采用现代化的计算工具及计算方法，融入最新的研究成果，反思早期大跨径预应力混凝土箱梁结构分析方法、设计方法、设计理论和施工方面的不足，对提高桥梁的使用寿命和使用性能，对今后的设计提供有益的借鉴，以避免类似问题的出现，是十分紧迫和有意义的。

7.2 箱梁裂缝调查统计分析

2007 年，在国家“863”计划和交通运输部西部交通科技项目的资助下，交通运输部公路科学研究院对全国公路系统主跨大于 60m 的近 180 座预应力混凝土箱梁桥的裂缝进行了调查与统计分析。调查涵盖了 20 世纪 80 年代以来所建的桥梁，桥梁跨径从 60m 到 270m。根据调查结果，箱梁几乎全都存在开裂现象，在役公路预应力混凝土箱梁桥的开裂呈现出明显的普遍性开裂特征。

箱梁裂缝绝大多数总是集中分布在顶板、底板、腹板和横隔板的某些部位。调查发现共 7 类具有普遍性的裂缝(表 7-2)，分别是：

①腹板斜向、竖向、水平向裂缝。

②顶板纵向、斜向和横向裂缝。

③底板纵向、斜向和横向裂缝。

④横隔板竖向、横向、斜向和过人孔周围辐射状裂缝。

⑤锚下劈裂裂缝。

⑥沿纵向预应力束孔道的裂缝及层间裂缝。

⑦齿板局部区域裂缝。

预应力混凝土箱梁常见裂缝类型 表7-2

裂缝及常见位置	裂缝形态	裂缝及常见位置	裂缝形态
(1)底板横向裂缝：跨中附近底板及腹板		(7)顶、底板纵向裂缝：跨中附近厚度较薄的底板、全桥顶板、板中部、承托附近	
(2)顶板横向裂缝：桥墩部位顶板及腹板		(8)齿板局部区域裂缝：齿板与顶板、底板、腹板交界处，齿板侧面及前端纵向裂缝	
(3)腹板斜裂缝：$L/4$跨及梁端附近腹板		(9)锚下发散裂缝：钢束锚固处(梁端及齿板)	
(4)与底板横向裂缝贯通的腹板裂缝：剪跨区内的底板及腹板		(10)沿预应力管道裂缝：任何预应力管道，尤其是腹板管道弯曲段	
(5)底板层间横向裂缝：配有底板正弯矩束的跨中底板		(11)横隔板裂缝：横隔板过人洞周边、正上方、两侧	
(6)贯通腹板、底板的螺旋状裂缝：$L/4$～$3L/4$区域的底板及腹板			

(1)按箱梁部位划分的开裂统计

对预应力混凝土箱梁桥开裂各部位的统计结果列于表7-3。结果表明，箱梁各组成部位都出现了较高比例的开裂。其中腹板、顶板和横隔板是开裂的高发部位，底板出现裂缝的比例也较高。表7-4为对顶、底板和腹板开裂类型的统计。

箱梁各部位出现裂缝的比例(%) 表7-3

腹板裂缝	顶板裂缝	底板裂缝	墩顶横隔板裂缝	跨中横隔板裂缝	齿板裂缝
86.4	90.9	54.5	86.4	100	36.4

腹板和顶、底板位置不同裂缝出现的比例(%) 表7-4

腹板裂缝				顶板裂缝			底板裂缝		
梁端斜向	四分点斜向	水平	竖向	纵向	横向	斜向	纵向	横向	斜向
29.5	77.3	43.2	18.2	90.9	13.6	6.8	48.4	22.6	12.9

统计结果表明，腹板斜裂缝、水平裂缝，顶、底板纵向裂缝和横隔板裂缝是箱梁主要开裂形式。

(2)按纵向预应力布束方式划分的开裂统计

预应力混凝土箱梁桥的纵向预应力束布置是整个结构设计的核心内容之一，我国公路在役桥梁纵向预应力束布置主要有弯束布置和直束布置两种形式。这两种不同布束形式的设计思想差异主要体现在如何有效控制腹板主应力及其影响腹板的裂缝产生和开裂程度上。两种不同布束形式下的腹板开裂比较列于表7-5。

钢束布置与箱梁腹板的开裂 表 7-5

布置形式	弯束布置	直束布置
占总桥数的比例(%)	53.5	46.5
L/4 处腹板开裂比例(%)	73.9	95.0

由于直束布置对腹板应力的控制完全靠竖向预应力,故其腹板斜裂缝出现的比例很高,在采用直束布置的箱梁中出现跨度四分点斜裂缝的高达 95%,比弯束形式高近 20% 。当然采用弯束布置形式的梁中出现斜裂缝的绝对比例也不低,某种程度上与弯束的布置范围和方式有很大关系,换言之,弯束的具体布置仍然有优化的地方。另外箱梁梁端或多或少有一些底板钢束弯起,仅约 1/3 的箱梁出现梁端斜裂缝(参见表 7-4),表明梁端弯起对提供额外抗剪能力、控制斜裂缝的出现是有效果的。

(3)按横向预应力划分的开裂统计

在箱梁的构造尺寸与横向预应力设置方面的调查统计如表 7-6 所示。结果表明,没有设置横向预应力的箱梁 100%开裂。

横向预应力与顶板的尺寸关系 表 7-6

比例	设置横向预应力			无横向预应力		
	单箱单室	单箱三室	双箱单室	单箱单室	单箱三室	双箱单室
顶板宽度范围(m)	12～19.6	—	22	9～12.5	20.8	17.6
顶板纵向开裂比例	71%			100%		

我国设置横向预应力的箱梁宽度大约为 12m,而根据美国的规范箱梁大致是 9m。我国设置横向预应力的箱梁宽度较美国大 30%。即使设置了横向预应力的箱梁,顶板纵向开裂仍然高达 70%,表明横向预应力的设置、荷载效应计算方面还存在改进的余地。

(4)开裂严重程度的统计分析

为定性了解箱梁桥开裂的严重程度,根据调查箱梁裂缝性质、宽度、数量和发展变化状况,将开裂状况分成轻度、中度和重度 3 类,划分标准如下。

轻度开裂:腹板、顶板、底板、横隔板出现少量裂缝,缝宽小于 0.2mm,且已趋于稳定。

中度开裂:腹板、顶板、底板、横隔板、齿板裂缝数量较多或长度较长,缝宽小于 0.2mm,且已趋于稳定。

重度开裂:①腹板、顶板和底板均出现大面积开裂,或裂缝长度较长,缝宽大于 0.2mm;②腹板斜裂缝已在高度或厚度方向上贯穿腹板;③腹板裂缝与底板横向裂缝连通;④顶板出现纵向裂缝数量多,裂缝继续扩展;⑤顶(底)板受拉部位出现横向裂缝,裂缝持续扩展。

有关箱梁桥开裂严重程度的统计结果列于表 7-7～表 7-11。

表 7-7 统计结果表明,中度及重度开裂的桥合计有约 2/3,预应力混凝土箱梁开裂较为严重。从桥型来看,连续梁和连续刚构的开裂程度比例没有大的区别。

箱梁桥开裂程度的总体统计 表 7-7

类别	轻度开裂		中度开裂		重度开裂	
总百分比(%)	34		21		45	
桥型	连续梁	连续刚构	连续梁	连续刚构	连续梁	连续刚构
百分比(%)	34	33	22	17	44	50

从表 7-8 不同钢束布置的区分来看,开裂程度较轻的桥中,采用弯束布置的是直束布置的 2 倍。这表明以我国目前的施工水平,弯束布置在提供可靠的预抗剪力能力方面还是有一定效果的。

钢束布置与开裂程度的比较　　表 7-8

钢束布置	弯　束	直　束
轻度开裂的比例(%)	67	33

从表 7-9 按年份划分的轻度开裂统计的角度来看，1990 年～1999 年是预应力混凝土箱梁桥开裂问题集中的高发阶段，2000 年后，设计和施工上采取了一些措施，开裂严重程度有一定改善。

轻度开裂程度按年代划分的比较　　表 7-9

年　份	1980～1989	1990～1999	2000～2002
轻度开裂的比例(%)	30	16.7	87.5

从表 7-10 具体的按跨度划分开裂统计的角度来看，跨度分布两端(100m 以下和 150m 以上)的开裂程度较 100～150m 跨度段的严重。

轻度开裂程度按跨度划分的比较　　表 7-10

跨度(m)	60～99	100～149	150～199	>200
轻度开裂比例(%)	25	50	33.3	33.3

表 7-11 横隔板的设置间距与开裂关系的结果表明，仅 1/3 数量的桥设有中间横隔板。从开裂程度上来看，设中横隔板的箱梁中 46.7%的梁其开裂程度属于轻度，而同时 24.1%的不设中横隔板的桥属于轻度开裂，仅为前者的一半。

轻度开裂程度与横隔板的设置间距　　表 7-11

项　目	无中横隔板比例(%)	有中横隔板比例(%)
幅值范围	63.6	36.4
轻度开裂	24.1	46.7

(5)裂缝形态特征

裂缝形态包括裂缝的数量、长度、宽度、深度及方向要素，表 7-2 给出了受调查桥梁箱梁的裂缝基本形态。它们随桥梁跨径、断面形状和尺寸、预应力布置方式和强弱等而变，外界温度变化也会对其产生影响，其特征表现如下：

①通常情况下，腹板裂缝数量内侧多于外侧，裂缝宽度两端小、中间大。

②大多数类型的裂缝宽度在夏天宽、冬天窄。

③除沿预应力管道裂缝等施工期间产生的裂缝外，其他类型裂缝方向均与主拉应力方向垂直。

④在横桥向，裂缝形态的对称性表现差异较大，与桥梁的宽跨比、走向和运营偏载等有关。

⑤桥墩部位顶板、跨中部位底板的横向裂缝一旦出现，往往延伸至腹板，此类裂缝出现时间均为通车后。

⑥弯剪扭耦合裂缝一般数量少，宽度、长度大，有甚者裂缝贯穿底板，出现时间均为通车后。

⑦锚下劈裂裂缝均呈辐射状，裂缝宽度、长度都较小，预应力钢束张拉结束后即可发现。

⑧跨中横隔板 100% 开裂，裂缝数量多，宽度不大，此类裂缝多数在成形拆模后即可发现。

⑨沿预应力管道裂缝长度大、宽度小，多数断续延伸，直至锚固位置附近，在施工阶段就可以观察到此类裂缝。

⑩底板纵向裂缝数量少，常见的是 1～2 条，缝宽小，延续长度一般 2～3 个梁段。

⑪顶板纵向裂缝通常宽度小，断断续续延伸，绝大多数在运营阶段出现。

⑫弯剪裂缝的缝宽一般较大，腹板斜裂缝与底板裂缝连通，此类裂缝出现时间均为通车后。

⑬齿板局部区域裂缝通常一个齿板仅有 1～2 条，裂缝长度、宽度随齿板布置、与之交界的顶底板和腹板厚度、预应力强弱等而异，裂缝形状呈“一”字或“八”字形，在预应力筋张拉后即发现此类裂缝。

(6)箱梁裂缝调查结论

①预应力混凝土箱梁桥的开裂具有明显普遍性。从总趋势来看，大跨度预应力混凝土箱梁桥100%出现开裂现象，具有明显的普遍性，这其中以20世纪90年代修建的桥梁开裂最为严重，小于100m和大于150m的箱梁桥相对其他跨度开裂程度也较重，桥型间的开裂没有本质的区别。

②腹板斜裂缝和箱体纵向裂缝是最主要的开裂形式。从出现的频度来看，腹板斜裂缝、水平裂缝，顶、底板纵向裂缝和横隔板裂缝是主要的开裂形式，其中腹板斜裂缝对结构安全的影响程度最大。

③预应力混凝土箱梁开裂成因机理复杂，多数情况下几种裂缝同时出现，相互影响，并伴生梁体刚度降低、主跨下挠变形增加。调查中极少出现单一裂缝存在的情况，在中度和重度开裂桥梁中往往是多种严重的结构性裂缝并存，其开裂原因也相互耦合。

预应力混凝土箱梁开裂病害严重，形势严峻。公路在役大跨度预应力混凝土箱梁桥有相当大比例出现了较严重的开裂病害，已直接威胁桥梁的结构安全，形势紧迫，不容乐观。

7.3 箱梁开裂原因分析

7.3.1 常见裂缝的分类

混凝土结构的裂缝是由材料内部的初始缺陷、微裂缝的扩展而引起的。引起裂缝的原因很多，可归纳为以下两大类：

(1)由外荷载引起的裂缝，称为结构性裂缝，其裂缝的分布及宽度与外荷载有关。这种裂缝的出现，预示结构承载力可能不足或存在其他严重问题。如腹板斜裂缝、顶底板受弯裂缝、锚下局压裂缝等。

(2)由变形引起的裂缝，称为非结构性裂缝，如温度变化、混凝土收缩等因素引起的结构变形受到限制时，在结构内部就会产生自应力，当自应力达到混凝土抗拉强度极限值时，就会引起混凝土裂缝。比如沿预应力管道裂缝、顶板底板纵向裂缝、横隔梁裂缝、角隅裂缝等。

两类裂缝有明显的区别，危害效果也不相同。

调查资料表明，在两类裂缝中以变形引起的裂缝占主导的约占80%，以荷载引起的裂缝占主导的约占20%，有时两类裂缝融在一起。

对裂缝原因的分析是裂缝危害性评定、裂缝修补和加固的依据，若对裂缝不经分析研究就盲目进行处理，不仅达不到预期的效果，还可能潜藏着突发性事故的危险。

结构性裂缝与结构受力有关，或是由设计错误和施工方法不当所造成。

非结构性裂缝的产生受混凝土材料组成、浇筑方法、养护条件和使用环境等多种因素影响。

7.3.2 裂缝产生的原因分析

(1)混凝土材料性能不好引起的裂缝

目前在建的大跨径预应力混凝土桥梁中，常采用C50以上级别的高强度等级混凝土。但通过这些大型桥梁的建设、使用，发现目前使用的高强度等级混凝土存在如下问题：

①水泥强度等级低，用量大。由于受到工程造价、材料等因素的制约，高强度等级混凝土大多采用42.5级水泥配制。采用低强度等级的水泥配置高强度等级混凝土，加之施工工期的要求，必然要加大水泥用量，从而造成水泥用量过大，某些桥梁混凝土中的水泥用量达到了500～550kg/m^3。

②混凝土材料的控制指标较为单一。不少施工单位在配合比设计时，往往把强度作为唯一的控制指标，按规范要求或以往经验进行一组配合比设计，试配后强度达到要求就算完成了；若达不到要求，唯一的方法就是增加水泥用量，只重视混凝土的强度，而忽略了混凝土的收缩量、徐变性能、碱含量、氯离子含量等性能指标。水泥用量过多，往往导致混凝土早期收缩裂缝的产生和徐变增大，而且也相应增加了施工成本。

③由于水泥用量大，混凝土材料控制指标单一，导致混凝土的收缩变形较大，容易引起早期开裂现象。最常见的开裂表现为顶板纵向裂缝、底板纵向裂缝、沿管道纵向裂缝等，影响了桥梁的受力和安全

使用，降低了结构的耐久性。

④混凝土的后期徐变变形与水泥用量有关，水泥用量越大，其后期变形就越大，往往导致主梁跨中后期挠度过大，腹板、底板开裂，降低了结构的承载力和安全性。

混凝土的材料性能决定了桥梁的工作性能和耐久性。如果混凝土配合比设计不合理，即使设计再先进，施工再精细，管理再严格，也很难避免桥梁出现开裂、下挠等问题，就有可能导致结构耐久性的最终破坏，降低桥梁的使用寿命，并对桥梁的安全性造成极大的威胁。

(2)设计方面引起裂缝的原因分析

①目前在桥梁设计中广泛使用杆系有限元计算理论，在处理箱梁这种空间效应突出的结构时，在很多情况下将产生较大误差，如不能考虑温度场的空间分布、不能考虑荷载偏载影响等，对箱梁的剪力滞效应、扭转应力、畸变应力等不能准确计算。

②温度梯度会引起很大的应力，是导致连续梁桥出现裂缝的主要原因。目前在桥梁设计中，采用我国公路桥梁规范规定的温度模式。但由于我国不同地区的气候条件和地理环境差别较大，采用规范规定的统一温度模式与实际出入较大，导致不能从理论上准确分析温度作用下箱梁截面的应力分布规律及其对裂缝的影响。

另外，在施工过程中，由于太阳直接照射在箱梁顶板上，导致顶板的温度大大超过规范值，从而在箱梁内引起很大的温度应力，导致箱梁在施工过程中出现开裂。

③目前在进行桥梁设计时，很难对箱梁的细部(如锚固区，横隔梁，0 号块，顶板、底板、腹板的横向效应等)进行详细的分析，只是按照类似经验或构造要求进行设计配筋。实际上，这些部位应力分布复杂，仅凭简单的计算无法把握其真实的应力状态。

④混凝土的收缩、徐变是引起箱梁开裂的主要原因。但准确计算混凝土收缩、徐变的影响较为困难，主要在于混凝土的收缩、徐变参数较难确定，很难从理论上建立能够准确反映桥梁实际情况的徐变分析模型，不能准确地评估混凝土收缩、徐变对结构裂缝的影响程度。

⑤设计与施工脱节。在设计中未能考虑施工中实际存在的问题，如节段间龄期差导致的混凝土收缩差，施工期间的温度作用、模板的摩阻力等，未能在设计中采取有效措施，从而导致了箱梁的开裂。

⑥在大跨径预应力混凝土桥梁中，常常设置构造钢筋，主要是为了提高抗裂性，防止由于设计或施工原因、温度应力与局部应力、一些难以分析的因素(如计算时采用平截面假定，但很多区域并不适用，如截面突变处、孔道、槽口端部，很大的集中荷载、反力或后张预应力作用变向的区域、横隔梁或接缝处)等导致的裂缝。但目前箱梁中的构造钢筋普遍偏少，且大多沿用中小桥梁普通钢筋的配置方式，没有考虑大跨径桥梁箱形截面的受力特点。

⑦在施工过程中，太阳直接照射在箱梁顶板表面上，导致箱梁的温度梯度模式与规范规定的模式相差甚远。但由于设计阶段依据的是规范温度模式，因此，箱梁将受到与设计不符的温度作用，从而导致顶板预应力的设计不满足施工阶段的要求，使得箱梁在施工阶段即出现开裂现象。

(3)施工方面引起裂缝的原因分析

①箱梁裂缝尤其是早期裂缝的出现，与混凝土的施工工艺有很大关系。混凝土的拌制、浇筑、养护条件等对混凝土的性能有很大的影响，施工条件好、养护条件好的可以减少箱梁裂缝，减小后期挠度。

另外，由于高强混凝土水灰比小，在强度形成的早期需水量大，若施工中模板拆除较晚，将导致混凝土表面出现收缩裂缝。

②高强度精轧螺纹钢筋常作为桥梁结构的竖向预应力筋用于混凝土箱梁腹板中。由于对其锚固及锚固过程中的应力损失不能做到有效控制，导致竖向预应力不能满足设计要求甚至失效，这是目前箱形预应力混凝土结构腹板出现裂纹的主要原因之一。

③大部分设计文件及规范并未对竖向预应力的张拉时机作出明确规定。目前常见的做法是与纵向筋同步分段张拉，但分段张拉将在腹板产生间隔性的应力空白区，导致箱梁腹板的竖向应力分布不均

匀，从而可能产生主拉应力裂缝。

④纵向预应力效应对箱梁的开裂有较大影响，纵向预应力束中有效预应力的保持是减少开裂的关键。目前在施工过程中只是通过张拉力和伸长量对预应力束的张拉进行控制，预应力束内的有效预应力只是理论上的数值，无法确定预应力的真实损失情况。

⑤大跨径桥梁往往在墩顶段采取现浇混凝土的方式。该部位混凝土体积较大，其收缩变形也较大。但墩顶段支架一般是以托架的形式固定在墩柱上，不能自由变形，对箱梁混凝土的收缩变形具有限制作用，从而在混凝土内产生拉力，导致底板产生纵向或横向裂缝。

⑥支架变形引起的开裂。当支架刚度不足或未按规定进行预压时，在浇筑混凝土后，支架产生较大的变形，从而导致箱梁混凝土开裂。

⑦边跨直线段支架设计不合理引起的开裂。进行边跨合龙口的临时束张拉时，若边跨直线段支架不能纵向滑动，将在直线段内引起很大的拉应力，导致混凝土开裂。

7.4 箱梁裂缝控制的设计与施工技术

7.4.1 设计阶段需要考虑的问题

(1)箱梁空间效应的综合分析。针对目前常用的平面杆系法分析箱梁时无法分析局部应力的不足，采用解析法和三维有限元数值模拟法，能精确分析恒载、预应力、活载等作用下箱梁各部位的空间应力状态。根据理论分析的结果，对箱梁可能发生开裂的部位进行设计完善。

(2)箱梁温度场确定和温度效应分析。通过在箱梁全断面上埋置温度传感器，实测箱梁的空间温度场。采用三维空间单元，分析在实测温度场作用下连续梁桥箱梁截面的温度应力分布规律，及其对裂缝、变形的影响。在此基础上，根据计算出的温度应力，对设计中的不足和薄弱部分提出箱梁温度裂缝的防控措施，尤其是顶板预应力束的合理设置。

(3)顶板和底板的受弯裂缝、腹板主拉应力斜裂缝是由截面抗弯、抗剪能力不足引起的，主要与纵向预应力束不足或竖向预应力不足有关。通过前述对箱梁的各种作用效应的分析，从腹板厚度、箍筋配置、纵向钢束形式等方面提出防治措施。

(4)对箱形截面中常见的锚固区裂缝、墩顶及跨中横隔梁裂缝、角隅裂缝、0 号块裂缝等，采用空间有限元模型，进行整体或局部分析，确定其空间应力状态，明确裂缝产生的机理，提出防治措施，指导并完善设计。

(5)墩顶横隔梁的过人洞附近易发生开裂，尤其是在运营阶段。这主要与混凝土收缩、预应力束张拉、温度作用等引起的横向拉应力过大有关。在横隔梁内设置横、竖向预应力是避免这类裂缝的有效措施。但目前由于横、竖向预应力束设置的数量偏少(或不设)，导致在运营阶段横隔梁普遍发生开裂现象。为此，需要对墩顶横隔梁进行空间有限元分析，根据其应力状态设置横、竖向预应力束。

(6)加强箱梁的构造措施以减少裂缝。针对常见的沿预应力管道裂缝或顶板、底部、腹板的纵向裂缝等，从混凝土收缩、钢束保护层厚度、管道形状及位置、温度效应、泊松效应等方面，加强构造钢筋的配置。

(7)对于底板正弯矩钢束，由于钢束形状随截面高度变化，当张拉时，将产生向下的压力。当混凝土保护层较小或底板厚度较薄时，有可能发生底板混凝土的崩裂，导致表层混凝土剥落。另外，若钢束弯曲半径较小，也可能发生混凝土的局部崩裂或剥落现象。

7.4.2 高性能混凝土配合比设计

混凝土材料的性能决定了桥梁的工作性能和耐久性。对大跨径预应力混凝土桥梁而言，从裂缝控制的角度考虑，要求混凝土具有高强、低收缩、低徐变等特点，因此需要从原材料、混凝土控制指标、施工工艺等多方面，对高强、高性能混凝土的配合比进行优化设计研究。

为此，可在分析高强混凝土收缩机理的基础上，采用正交试验法，从强度和收缩量两方面，进行高性能混凝土的配合比设计。正交试验的因素水平和考察指标如下。

(1)因素水平：考虑水胶比、水泥用量、粉煤灰、硅粉、砂率、减水剂等因素，进行各影响因素水平的正交试验。

(2)试验考察指标：主要以强度和收缩量指标为主。另外还需综合考虑坍落度、初凝时间、终凝时间、成本等指标。

通过正交试验，确定混凝土强度和收缩量的主要影响因素和水平，在保证强度的前提下，以混凝土的收缩量为主要指标，进行混凝土的配合比优化，从而配制出高强度低收缩的混凝土。

7.4.3 混凝土施工工艺控制

混凝土原材料的质量以及混凝土的搅拌、运输、浇筑、养护等施工操作因素，以及施工环境、养护条件对高强、高性能混凝土质量的影响十分敏感，因此，必须有严格的质量控制与质量保证制度，从原材料质量、混凝土拌制运输、浇筑方法、浇筑顺序、振捣方式、养护方式、施工周期等方面，重视施工精度、施工质量、施工工艺对箱梁裂缝的影响，对模板支立、钢筋绑扎、混凝土浇筑、混凝土养生、拆模时机、现浇节段界面处理、施工龄期等施工工艺采取严格的控制措施。

(1)混凝土拌和工艺

严格控制搅拌时间，不得任意缩短，已拌好的混凝土不得中途加水。在全部混凝土卸出之前不得再投入拌和料，更不得采取边出料边进料的方法搅拌。

为提高高效减水剂的效率并减少坍落度损失，高效减水剂采用后掺法。采用强制式拌和机，配用电子计量的自动上料机，用水量采用以秒计的自动加水器计量，并扣除减水剂溶液和砂石料中的含水量。

采用二次投料工艺，其方法如下。

①第一次投料：投入经计量的碎石和砂，喷淋式洒水，搅拌1.5min。

②第二次投料：在搅拌机转动条件下投入经计量的水泥、粉煤灰和硅粉，喷淋洒水，搅拌1.5min，使各种原材料混合均匀。

③投入高效减水剂溶液，搅拌时间为45s。

在搅拌地点测混凝土坍落度，每台班每配合比不得少于一次并做好记录；同时，还应观察混凝土的黏聚性和保水性，并做好记录。

(2)混凝土浇筑

①在梁段混凝土浇筑前，需对立模高程、挂篮、模板、预应力筋管道、钢筋、预埋件、混凝土材料、配合比、机械设备、混凝土接缝处的处理情况进行全面检查，经签认后方准浇筑。

②相邻节段的连接界面需要凿毛并洗刷干净。浇筑混凝土前，界面需要洒水湿润。

凿毛要求：凿毛深度要求凿除已完成节段接缝表面上的浮浆，被凿混凝土表面露出新集料，保证后浇筑的混凝土与先浇梁段凿出的新面具有更好的黏结性能。各节段间接缝的凿毛处理情况应进行拍照并保留存档。

③箱梁可以采取全断面一次浇筑成型法，也可以采取两次浇筑法。两次浇筑时，第一次浇筑到腹板顶下50cm处，第二次浇筑腹板顶50cm和顶板。浇筑时，从箱梁一端向另一端推进，待浇筑到离另一端5cm左右时，改为从另一端往后浇筑。顶板混凝土采用由外及内的浇筑顺序。

④腹板混凝土严格按斜向分层、层厚30～50cm进行浇筑。浇筑完底板混凝土后应及时封堵底板顶，以防在浇筑腹板混凝土时混凝土过多地流向底板。

⑤悬臂浇筑时，应采用两悬臂端同时浇筑的方法，严格控制两端的浇筑速度，尽量保证两悬臂端的平衡。当采用单侧交替浇筑时，不平衡重量不得超出浇筑块重的1/3。

⑥确保顶板横向钢筋的混凝土保护层厚度不小于3cm，并在浇筑后立即用扫帚将混凝土面拉毛，以降低顶板表面水分的蒸发速度，避免顶板裂缝产生。

⑦加强混凝土的早期养护，并适当延长养护时间。箱梁底板顶存水养护，顶板、腹板、横隔板覆盖草袋洒水养护。炎热季节为防止刚灌完的混凝土水分干燥蒸发，可边用喷雾器补充水分边同时施工的方法。

⑧边跨现浇段浇筑顺序是：先浇筑靠近边墩处，逐段向合龙段靠拢。可采用二次浇筑：第一次浇筑箱梁的底板及部分腹板，第二次浇筑剩余腹板及顶板。

(3)混凝土振捣

①高性能混凝土因工作性高，易于流平和密实，因此不必强力振捣，可适当加大振点间距，缩短振捣时间。混凝土振捣棒的移动间距为40cm左右，时间以5～15s/次为宜，振捣时间过长，集料下沉，混凝土表面砂浆层过厚，容易产生裂纹。

②一般情况下宜采用高频振捣器，且垂直点振，不得平拉。

③每浇筑一层混凝土须振捣一次。混凝土的现场振捣严格按照规范进行，要求表面不泛浆，不再冒气泡，混凝土不再下沉。振捣棒应快插慢拔，使各部受力均匀，不得碰触预埋件、波纹管，并应避免碰撞模板、钢筋；也不得将振捣棒放在模板支撑、拉杆及钢筋骨架上。振捣时各振点要均匀排列，按顺序进行，不得漏振，插捣应插入到前一层混凝土不小于5cm深处，以保证浇筑层接茬处密实。

④混凝土浇灌1～2h后至初凝前，可对混凝土进行二次复振。

⑤抹压。在混凝土表面水基本收干前后，用木抹子磨平搓毛2～3遍，拍打液化混凝土，愈合裂纹。

(4)养护和拆模

养生的目的是减少混凝土内外温差，防止混凝土表面出现裂缝，增强混凝土内在强度。由于高性能混凝土的水胶比较低，混凝土自养能力差，水泥水化持续时间长，不仅需要保持内部水分不蒸发，还要从环境中补充水。因此，高性能混凝土对后期养护要求严格，养护持续时间长。

目前，国内混凝土养护普遍采用自然养护方法。但施工单位有时会忽视混凝土的养护，洒水、覆盖养护不能按规范要求及期限适时进行，且养护质量难以控制与管理，达不到自然养护要求的标准；或只注重初期养护，养护期短，不仅影响混凝土早期强度的增长，更重要的是由于混凝土表面水分急剧蒸发失散，造成混凝土表面干缩、龟裂、起毛。故应制定严格的质量管理制度，否则将严重影响混凝土整体质量以及其他性能的发挥，影响结构耐久性。

高强混凝土自然养护工艺如下：

①混凝土的养护用水应与拌制用水相同。

②常用覆盖物有麻袋片、草帘、锯末、砂、炉渣。不得采用包装过糖、盐或肥料的麻袋片。

③混凝土浇筑后(表面抹光后)立即进行雾化补水养护，并在表面立即覆盖清洁的塑料膜。可采用自动喷水系统和喷雾器，应使水呈雾状，不可形成水流，也不得直接以水雾加压于混凝土面。湿养护应不间断，不得形成干湿循环。

④混凝土初凝后撤去塑料膜，用土工布覆盖，洒水养生。覆盖物完全盖住混凝土表面，并予以固定妥当。

⑤混凝土终凝后，应尽早拆除内模，从箱室内开始保水养护，箱梁顶板覆盖土工布浇水养护。以能保持混凝土处于湿润状态为准。在一般气候条件(气温在15℃)下，混凝土浇筑后最初3d时，白天每隔2h浇水1次，夜间至少浇水2次。在以后的养护期中，每昼夜至少浇水4次。在干燥气候条件下，浇水次数适当增加。正温条件下浇水天数不少于7d。

⑥竖向构件，是采用麻袋、草片、竹帘等做成帘式覆盖物密贴包裹，在顶部用花管喷水养护，或采用养护剂养护。

⑦采用塑料布覆盖养护时，其敞露的全部表面应采用塑料布覆盖严密，并应保持塑料布内有凝结水。

⑧在高温情况下，钢模板安装后，由于温度很高，在浇筑混凝土前要对钢模板外侧进行洒水降温。

⑨混凝土表面浇筑完毕后，由于水化热反应，钢模板温度会很高，这时在钢模板外壁采用草袋覆盖或洒水降温。

7.4.4 预应力筋施工工艺控制

为保证预应力束的有效预应力达到设计要求，在施工中必须采取措施控制预应力束的损失。对纵向预应力束，除在张拉时采用双控外，还需要通过试验测定长钢绞线的摩阻损失，确定实际有效的预应力吨位和预应力筋的伸长量，为预应力效应的计算提供准确参数。对竖向预应力，需要通过试验，确定合适的张拉工艺。

另外，应按照设计文件或相关施工规范的要求，重视钢束的定位精度，防止钢束成折线形，确保预应力钢束的保护层厚度达到设计要求。

(1)管道安装

①管道定位准确，位置偏差要严格控制，每 50cm 间距设一道定位钢筋，对平弯、竖弯处的空间预应力管道应加密定位，定位间距为 25cm，严防上浮、下沉和左右偏移。普通钢筋与预应力管道有冲突时，移动普通钢筋，确保预应力管道位置正确。

②为了不使预应力管道损坏，一切焊接应在预应力管道埋置前进行，管道安置后尽量不焊接。

③纵向预应力管道设置内衬管，内衬管的直径比波纹管内径小 5～8mm，放进波纹管内还应长出 50cm，在混凝土终凝后及时拔出。

④管道铺设应平顺，不得有死弯。波纹管接头长度取 30cm，两端各一半，其中一半留做衔接的另一端，波纹管接头要用塑料胶布缠绕 3 层，以免漏浆。被接的两根波纹管接头应相互顶紧。

⑤竖向管道与竖向预应力筋、锚具在混凝土灌注前安装好，先组装在一起再安装就位，并用定位钢筋固定，管道上下两端密封；同时注意预留压浆通气孔；混凝土强度达到后，及时张拉、压浆，以防桥面上的杂物流入管道堵塞压浆孔。

⑥波纹管轴线必须与锚垫板垂直，喇叭管定位应精确。

(2)纵向预应力张拉工艺

①箱梁混凝土强度达到设计强度的 90%以上、且其弹性模量达到设计值时，方可进行张拉工作。

②预应力筋张拉时采用吨位和伸长量控制。实际伸长值与理论伸长值的差值应控制在 6%以内，否则应暂停张拉进行检查。

③施工顺序：校验千斤顶、油表→安工作锚→安千斤顶→工具锚→预拉→张拉至设计张拉力、记录伸长量→持荷 5min→锚固→回油→卸工具锚、千斤顶→压浆。

④张拉前对千斤顶及油表进行标定并配套使用。

⑤纵向预应力的张拉按照左右对称、先下后上、先纵后横的顺序进行。

⑥钢绞线一旦出现滑丝、断丝现象，重新穿束张拉。

(3)横向预应力张拉工艺

①为防止箱梁顶板出现纵向裂缝，张拉完节段的纵向预应力束后，随即张拉该节段内的横向预应力束，或两者同时张拉。

②横向预应力束的张拉工艺与纵向预应力束相同。

(4)竖向预应力筋施工工艺控制

①混凝土浇筑前，对竖向预应力钢筋管道的预埋设专人负责检查，检查内容包括：管道平直度、螺旋筋安放是否正确、锚垫板是否水平等，确保竖向预应力传力准确。

②为使腹板的竖向预压应力分布均匀，消除竖向预应力盲区，竖向张拉预应力的张拉距离滞后不小于两个施工梁段，即施工完 i 号节段后，张拉($i-2$)号节段的竖向预应力束。不允许一次张拉多个节段。

③竖向预应力钢筋张拉施工前，设专人将预应力筋、锚具及垫板上浮锈、油污、混凝土浮渣和灰尘清

除干净，并保证垫板表面的平滑，以消除不利影响，减小钢筋回缩和接缝压缩量，从而减少竖向精轧螺纹钢筋张拉锚固时的应力损失。

④为充分消除各种不利的压缩变形，减少应力损失，采用二次张拉工艺，张拉步骤为：

0→初始应力(10%σ_k)→设计控制应力(σ_k)→0 → 初始应力(10%σ_k)→设计控制应力(σ_k)持荷2min→扭矩扳手锚固。

⑤张拉到设计控制荷载后，使用经过检定的专用扭矩扳手，对螺帽进行拧紧锚固，均匀施加扭矩500N·m(在施工前由试验确定，以锚固时预应力筋内拉力达到设计吨位为准)。不得采用无扭矩控制的简易扳手进行锚固。

⑥每根钢束需做好张拉吨位和伸长量记录。

7.4.5 边跨现浇段支架工程

边跨进行合龙段的临时束张拉时，支架与梁底之间产生较大的摩擦力。若边跨直线段支架不能纵向滑动，将在直线段内引起很大的拉应力，导致混凝土开裂。因此，要求在浇筑混凝土前，应确保支架与梁底之间能相对滑动，目的是使边跨合龙时现浇段能随悬臂浇筑段自由伸缩，避免在混凝土内产生过大的拉应力。

为此，在边跨现浇段支架下，设置混凝土基础，基础顶面设置钢滚筒，使整个支架、模板、新浇筑混凝土能随悬臂段作顺桥向的水平移动(图 7-10)。

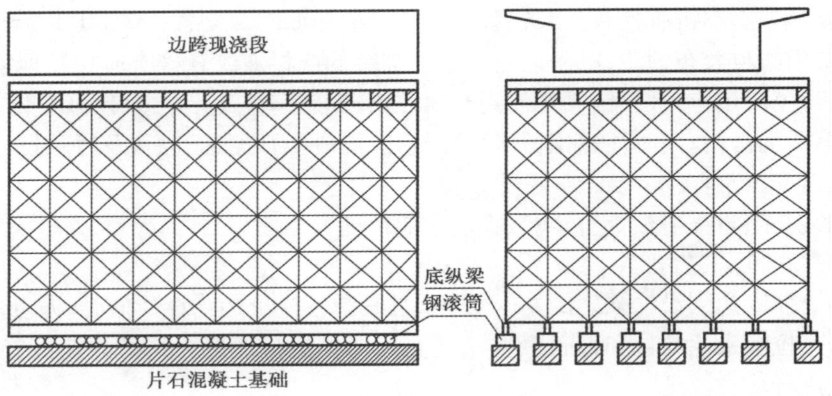

图 7-10 边跨现浇段支架

在现浇段施工时，为保证支架的稳定性，可先将钢滚筒限制住，使其不能移动。待合龙口的刚性支撑焊接之后临时束张拉之前，将其约束放开。

在进行边跨现浇段混凝土浇筑前，为减少或消除支架系统的非弹性变形及预测弹性变形值，便于准确控制梁底高程，必须对支架系统进行预压。由于梁体浇筑施工时恒载与部分施工荷载基本呈均布状态，所以采用堆砂袋法预压，压重按混凝土重量的120%考虑。砂袋在底模上按顺序堆放整齐，从中间向两端进行加载。第一次按60%压重，观测12h；第二次按100%压重，观测12h；第三次按120%压重，观测12h。通过测得的数据，调整顶托螺扣，精确确定底板高程。

7.5 箱梁早期裂缝防治措施

一般来说，若在设计阶段对恒载、预应力、活载等作用下箱梁各部位的空间应力状态进行了精确分析，并采取了合理的预应力束布置，箱梁由于车辆荷载等原因导致的结构性开裂基本是可以避免的。但大多数箱梁在施工阶段即出现了开裂现象。这除了与施工工艺有关外，在设计阶段对施工条件估计不足，未能采取有效的防止裂缝措施，也是造成箱梁早期开裂的主要原因。

本节结合齐泰嫩江桥主桥的设计和施工过程，针对常见的沿预应力管道裂缝或顶板、底部、腹板的纵向裂缝等早期裂缝，从保护层厚度、管道形状及位置、温度效应、泊松效应、混凝土收缩、构造钢筋的配置等方面,分析箱梁产生早期裂缝的原因,提出箱梁早期裂缝的防治措施。

7.5.1 高性能混凝土配合比设计

(1)混凝土的控制指标

混凝土的收缩是造成箱梁早期开裂的主要原因。若混凝土中水泥含量过大,使得混凝土收缩变形增大,当这种变形受到约束时将在混凝土内产生拉应力。拉应力超过了混凝土抗拉强度就会导致混凝土的开裂。因此,配制高强度、低收缩的混凝土是防治箱梁收缩裂缝的关键。

齐泰公路嫩江特大桥的主桥采用C60高强混凝土。为满足强度、工作性、收缩量小的要求,配制混凝土时其控制指标如下:

①通过现场观测和调查,确定施工泵送高度20m,泵车能够泵送混凝土最小坍落度为150mm,同时考虑桥梁施工时,坍落度超过230mm则箱梁承托附近无法成型,因此确定混凝土坍落度范围为180～200mm。

②混凝土拌和至浇筑完成需1h左右的时间,因此确定混凝土1.5h经时坍落度损失不大于30mm,初凝时间不低于2h,以保证整个浇筑过程顺利进行。

③连续梁悬臂施工要求3～5d张拉预应力钢绞线,7～10d为一工作周期。因此要求混凝土3d强度达到90%设计强度,7d强度达到100%设计强度。

④要达到尽量少出裂缝或不出裂缝的目标,要求混凝土具有较小的收缩值。为此,应尽量减小凝胶材料的用量,控制混凝土的收缩量。

(2)原材料选择

①水泥:高强度等级混凝土所用水泥应为42.5级及以上水泥,以降低单位水泥用量,减少收缩徐变。本设计采用52.5级普通硅酸盐水泥,具体性能指标见表7-12。

水泥物理性能　　表7-12

材料名称	初凝时间	终凝时间	用水量	安定性	细度	3d抗折强度	3d抗压强度
P.O52.5水泥	100min	155min	136ml	2(合格)	2.7%	6.15MPa	32.52MPa

②集料:高强度等级泵送混凝土接近于均质体,破坏时裂缝往往是贯穿粗集料、水泥砂浆基体,断裂面较平滑。因此应选择优质,表面无杂质、粉尘的反击式碎石,粒径为5～20mm。细集料的好坏直接影响混凝土拌和物的和易性,应选择干净、含泥少、优质、级配良好的河砂,细度模数为2.6～2.8。所选集料具体性能指标见表7-13。

碎石、砂子的物理性能　　表7-13

材料名称	相对表观密度(g/cm^3)	相对密度(kg/m^3)	含泥量(%)	压碎值(%)	细度模数
碎石(10～20mm)	2.732	1597	0.8	5.1	—
碎石(5～10mm)	2.680	1543	1.3	4.9	—
中砂	2.558	1672	0.6	—	2.73

③粉煤灰:主要起到以下三个作用。

a.粉煤灰较细,能填充集料及水泥之间的空隙,使颗粒级配更合理,达到较佳密实状态,同时需水较少,等量取代水泥,能够降低水灰比。

b.粉煤灰颗粒形状大多为球状,在集料间起着轴承作用,从而改善混凝土流动性。

c.有部分活性SiO_2、Al_2O_3在水泥碱性环境下,受到激发,出现胶凝性能。能够提高混凝土强度,降低水化热,坍落度损失小,增长后期强度,起到改性作用。

由于施工现场附近没有Ⅰ级灰,因此本设计采用Ⅱ级灰,细度15%,烧失量6%。

④硅粉:能够填充水泥颗粒间的孔隙,同时与水化产物生成凝胶体,与碱性材料氧化镁反应生成凝胶体。具有保水、防止离析、泌水、大幅降低混凝土泵送阻力的作用,能够提高混凝土早期强度。

⑤聚羧酸超高效减水剂：可以减小水灰比，提高强度，减少混凝土自身收缩。本设计采用北京奥通JFL-1型聚羧酸高效减水剂，含固量20%，减水20%～30%。

(3)正交试验设计

正交试验设计是利用"正交表"进行科学安排与分析多因素试验的方法。其主要优点是能从很多试验方案中挑选出代表性强的少数几个试验方案，并且通过这少数试验方案试验结果的分析，确定出最优方案。

本次正交试验设计步骤如下：

①因素—水平表：根据选用材料的物理性能以及以往的配合比设计方案进行混凝土试拌，确定因素—水平表如表7-14。

因素—水平表　　表7-14

水平	水胶比 W/C	水泥用量（kg/m^3）	砂率（%）	减水剂（与凝胶料比，%）	粉煤灰（与水泥用量比，%）	硅粉（与水泥用量比，%）
	A	B	C	D	E	F
1	0.28	400	34	2.1	15	4
2	0.30	415	36	2.3	20	6
3	0.32	430	38	2.5	25	8

②正交试验：根据水平一因素表确定选用L18(36)正交表，共18组配合比。每组配合比的坍落度及坍落度经时损失都能满足施工要求。将其在标准养生室养护，并测其3d、7d、28d抗压强度及其收缩量。

③试验结果分析：对3个强度指标及28d收缩量指标进行极差分析，得到如下结论：

水胶比是影响混凝土强度的最主要因素，其次为砂率，此两项应优先选择。由此确定水灰比为0.28，砂率为0.34%，减水剂为2.3%。

影响28d收缩量的因素大小依次为水泥用量、水胶比、减水剂、硅粉、粉煤灰、砂率。水泥用量、硅粉用量及水胶比越大，收缩量越大；粉煤灰及减水剂用量越大则收缩量越小，但粉煤灰用量大影响其早期强度。

水泥、粉煤灰、硅粉三者之和为凝胶料的总量，应综合考虑决定各自用量。本次设计考虑选用粉煤灰为II级灰，结合试验数据选择15%掺量。由试验分析可知硅粉掺量越多早期强度越大，后期强度越低，同时考虑硅粉的造价较高，因此硅粉的掺量定为4%。

由于粉煤灰和硅粉选用参量较少，因此水泥用量比数据分析最优用量略多，为420kg/m^3，胶凝材料总量为499.8kg/m^3。最后确定的最优配合比见表7-15。其3d、7d及28d的强度分别达到了57.5MPa、69.2MPa、89.8MPa，完全满足设计和施工的要求。

最优配合比（1m^3 混凝土各组分，kg）　　表7-15

材料	凝胶料			粗集料		细集料	聚羧酸高效减水剂	实际用水量	总水量
	水泥	粉煤灰	硅粉	5～10mm	10～20mm				
用量	420	63.0	16.8	479.8	719.7	606.5	11.5	130.7	139.9

采用最后确定的最优混凝土配合比，对齐泰公路嫩江桥箱梁混凝土进行了浇筑。现场浇筑情况表明，混凝土和易性、黏聚性良好，无离析、泌水现象；混凝土强度及弹性模量稳定；成型后结构表面无浮浆、空洞现象，满足内实外光的设计要求。

7.5.2 横隔梁裂缝分析与防治措施

按照以往桥梁的经验，墩顶横隔梁100%开裂，尤其是过人洞附近开裂严重。这种开裂一般在施工期间发生，在通车一段时间后，裂缝会发展得更加严重。

对横隔梁进行空间有限元分析(图 7-11),结果表明,墩顶横隔梁开裂主要与混凝土的收缩有关。当横隔梁混凝土收缩时,由于受到顶板、腹板和底板的约束,在横隔梁内将产生很大的横向和竖向拉应力,从而导致混凝土开裂。另外,悬臂施工时其他节段引起的内力(轴向力、弯矩)、桥面板温差、顶板横向预应力、腹板竖向预应力等也对导致横隔梁开裂有着较大的影响。在运营状态下,活载引起横隔梁内的应力较小,可以忽略不计。

与普通钢筋混凝土构件允许出现裂缝不同的是,钢筋混凝土构件的裂缝可以控制在一定的限度内,而横隔梁的裂缝是不断发展的,不能将其作为钢筋混凝土构件看待。尤其是墩顶横隔梁,不但要承受强大的支座反力作用,还起着提高墩顶箱梁整体刚度的作用。因此,必须采取措施避免开裂的发生。

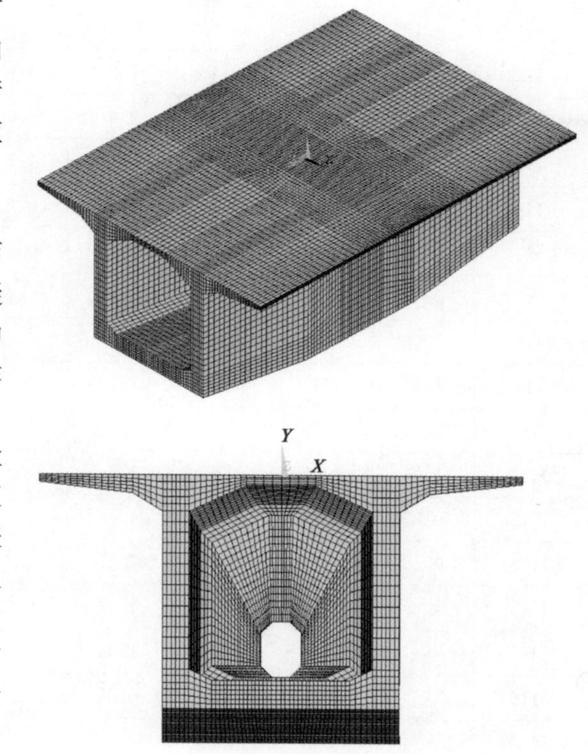

图 7-11 墩顶横隔梁计算有限元模型

表 7-16、表 7-17 列出分别考虑了在最大悬臂状态、混凝土收缩、桥面板温差、桥面板横向预应力、腹板竖向预应力荷载作用下,横隔梁的应力情况。表中,横向 0～2.125m 为从横隔梁竖向中心→腹板边缘。竖向 H1～H21 为从顶板下缘→底板上缘。表中应力以拉应力为正,压应力为负。在上述荷载作用下,横隔板横、竖向大部分区域均处于受拉状态,很有可能发生开裂。最大水平、竖向拉应力发生在过人洞上方及斜角处,此处可能发生竖向、横向开裂。

横隔板水平应力(MPa) 表 7-16

SX	0.000	0.213	0.425	0.638	0.850	1.063	1.275	1.488	1.700	1.913	2.125
H1	−0.69	−0.68	−0.60	−0.51	−0.35	−0.23	−0.12	−0.01	0.08	0.20	0.30
H2	0.18	0.02	−0.18	−0.47	−0.40	−0.37	−0.32	−0.26	−0.20	−0.11	−0.03
H3	1.41	1.30	1.32	1.49	0.80	−0.26	−0.37	−0.39	−0.34	−0.22	−0.18
H4	1.16	1.16	1.16	1.41	1.71	1.67	1.32	0.02	−0.30	−0.15	−0.08
H5	1.12	1.11	1.11	1.11	1.13	1.31	1.59	1.60	1.87	0.78	0.31
H6	1.07	1.07	1.04	0.99	0.95	0.90	0.83	0.88	1.69	1.40	0.70
H7	1.02	1.01	0.96	0.89	0.79	0.66	0.55	0.54	1.39	1.55	0.93
H8	0.98	0.96	0.90	0.80	0.66	0.54	0.45	0.39	1.36	1.61	0.98
H9	0.95	0.92	0.85	0.74	0.65	0.53	0.40	0.31	1.31	1.63	1.00
H10	0.95	0.93	0.88	0.80	0.69	0.54	0.39	0.27	1.29	1.65	1.01
H11	1.08	1.06	0.99	0.89	0.75	0.59	0.38	0.25	1.27	1.65	1.00
H12	1.32	1.26	1.13	1.01	0.83	0.60	0.38	0.23	1.24	1.64	0.99
H13	1.86	1.53	1.34	1.09	0.84	0.59	0.34	0.18	1.18	1.62	0.97
H14	过人洞		1.26	0.90	0.74	0.49	0.24	0.10	1.10	1.58	0.96
H15				0.49	0.43	0.26	0.10	0.00	1.02	1.53	0.93
H16				0.09	0.11	0.04	−0.04	−0.06	0.94	1.49	0.91
H17				0.00	−0.05	−0.06	−0.03	0.02	1.04	1.41	0.84
H18				−0.02	−0.01	0.07	0.19	0.45	1.51	1.11	0.56
H19				0.49	0.57	0.57	0.66	1.94	1.17	0.22	0.14
H20	0.51	1.41	0.46	−0.03	−0.22	−0.39	−0.83	−0.89	−0.72	−0.45	−0.20
H21	−0.40	−0.50	−0.69	−0.84	−0.98	−1.07	−1.06	−0.97	−0.80	−0.53	−0.30

横隔板竖向应力(MPa)　　表 7-17

SY	0.000	0.213	0.425	0.638	0.850	1.063	1.275	1.488	1.700	1.913	2.125
H1	1.12	1.06	0.89	0.73	0.60	0.50	0.38	0.25	0.09	−0.14	−0.41
H2	2.59	2.57	2.13	1.26	0.92	0.70	0.54	0.34	0.08	−0.27	−0.60
H3	1.57	1.68	1.94	2.42	2.00	1.11	0.72	0.42	0.08	−0.40	−0.88
H4	0.35	0.37	0.35	0.76	1.18	1.83	1.92	0.79	−0.05	−0.73	−1.21
H5	0.57	0.56	0.53	0.44	0.28	0.43	0.65	0.93	0.51	−1.29	−1.63
H6	0.76	0.74	0.70	0.63	0.55	0.43	0.24	0.24	0.91	−1.66	−1.94
H7	0.93	0.92	0.89	0.84	0.77	0.69	0.65	0.73	1.06	−1.53	−2.06
H8	1.06	1.06	1.04	1.00	0.96	0.91	0.90	0.97	1.31	−1.43	−2.08
H9	1.14	1.14	1.12	1.11	1.08	1.05	1.05	1.07	1.41	−1.45	−2.12
H10	1.15	1.15	1.16	1.15	1.13	1.11	1.10	1.12	1.43	−1.48	−2.18
H11	1.06	1.09	1.13	1.16	1.14	1.12	1.09	1.11	1.40	−1.53	−2.24
H12	0.83	0.96	1.10	1.12	1.11	1.07	1.05	1.06	1.35	−1.60	−2.31
H13	0.39	0.68	1.01	1.10	1.05	0.98	0.95	0.98	1.27	−1.69	−2.40
H14	过人洞		1.07	1.16	0.93	0.85	0.83	0.86	1.16	−1.78	−2.50
H15				1.34	0.81	0.70	0.69	0.73	1.04	−1.92	−2.61
H16				0.68	0.62	0.56	0.52	0.52	0.85	−2.05	−2.77
H17				0.05	0.30	0.33	0.26	0.19	0.48	−2.39	−2.94
H18				−0.29	0.03	0.05	−0.03	−0.20	−0.03	−2.82	−2.99
H19				0.12	−0.03	−0.06	−0.05	0.30	−0.38	−2.52	−2.85
H20	0.21	1.11	1.74	1.74	1.69	1.60	1.15	−0.02	−0.94	−1.86	−2.62
H21	0.41	0.53	0.54	0.43	0.33	0.19	−0.09	−0.54	−1.06	−1.79	−2.46

避免墩顶横隔梁开裂的有效措施，是在墩顶横隔梁内设置横向预应力、竖向预应力。横向预应力采用 13Φ15.2 钢绞线，布置形式见图 7-12。竖向预应力采用Φ25 竖向精轧螺纹钢(图 7-13)。

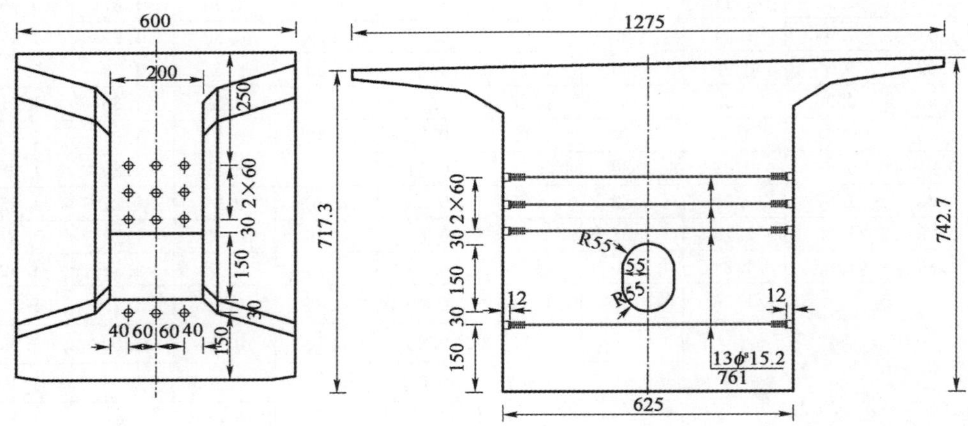

图 7-12　横向预应力钢筋布置图(尺寸单位:cm)

横隔梁在施加了横、竖向预应力后，除个别奇异点拉应力值较大外，横隔板基本处于受压或者拉应力值很小的状态，开裂可能性很小。而实际的结果是，横隔梁在施工期间及使用两年后，均未发生开裂现象。

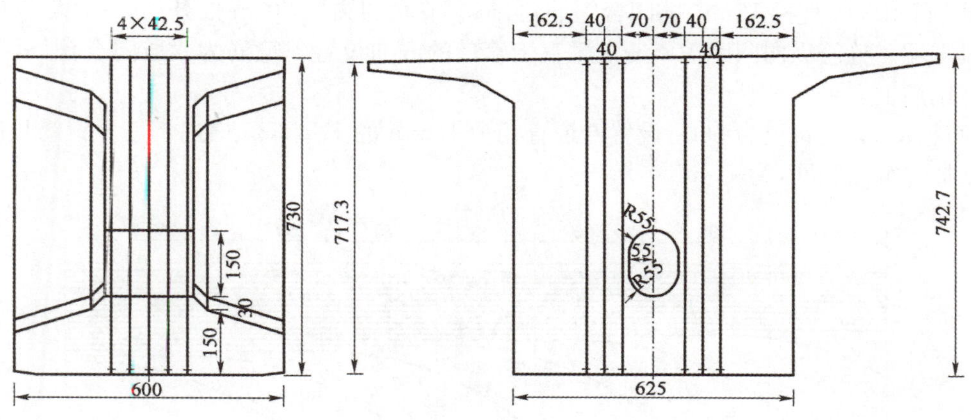

图 7-13　竖向预应力钢筋布置图(尺寸单位:cm)

7.5.3　腹板裂缝分析与防治措施

许多预应力混凝土连续箱梁桥,在施工期间即在腹板上出现了顺管道方向的裂缝,尤其在管道的弯曲段。经过对齐泰嫩江主桥箱梁的分析(图 7-14),认为产生裂缝的原因是:

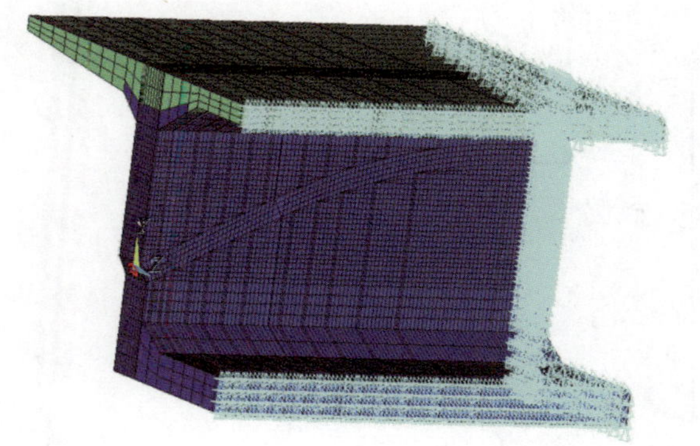

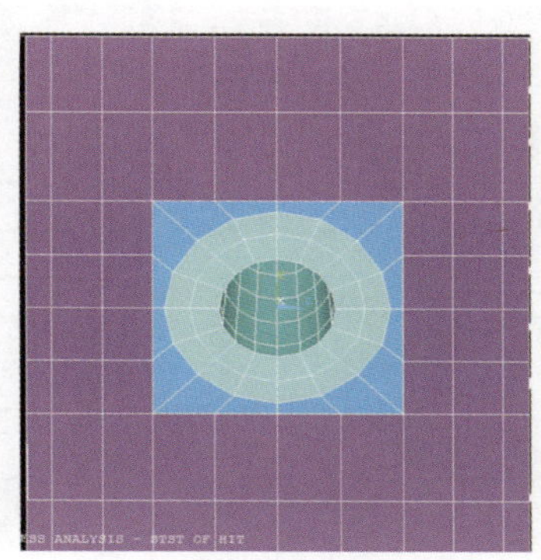

图 7-14　箱梁腹板分析有限元模型

(1)由于各阶段混凝土的龄期不同,将导致相邻节段间的混凝土存在收缩差。这种节段间混凝土收缩差的作用,导致腹板产生沿梁高方向的拉应力(－2.0～－3.0MPa)。

(2)纵向预应力束竖弯时,在弯曲部分的竖向分力作用是腹板沿管道开裂的主要原因之一(－1.5～－2.5MPa)。

(3)张拉顶板横向预应力时,腹板内产生沿梁高方向的拉应力(－0.5～－1.0MPa)。

(4)节段混凝土整体收缩的作用,使腹板产生沿梁高方向的拉应力,但该拉应力较小。

(5)纵向预应力束张拉后,箱梁因弹性压缩而缩短,而与其垂直方向由于混凝土泊松比影响,将在腹板产生横向拉应力,但该拉应力较小。

由于管道对腹板的削弱作用,当上述因素共同作用时,将首先在管道竖弯处开裂。

分析发现,最大拉应力发生在预应力管道的侧壁处。当该拉应力超过混凝土抗拉强度时,将在管道周围产生开裂。但是,由于管道周围并无钢筋,不能对裂缝形成有效的抑制作用,因此,裂缝将从管道壁向腹板的内侧和外侧扩展,最终使腹板形成通透性的贯穿裂缝。

由于该裂缝是从管道壁开始向外发展的,仅靠外侧的一层 Φ5 冷轧带肋钢筋焊接网无法控制裂缝的产生;另外,腹板内的 Φ16 箍筋也不能有效地控制裂缝。

实际工程中,对腹板采取如下加强措施(图 7-15):

(1)腹板原箍筋纵向间距由原来的 12.5cm 改为:后浇节段接缝处 150cm 范围内采用 10cm,其余采用 12.5cm。

(2)采用 HRB335 直径 12mm 的闭合箍筋，自每个节段的锚后 50cm 处开始，一直沿纵向束管道设置到该节段末端。箍筋纵向间距 10cm，沿垂直于管道的方向设置。箍筋为六肢闭合箍筋，绑扎或焊接在腹板原有钢筋上。

(3)在腹板横向，以管道为中心，设置 6 道直径为 16mm 的 HRB335 横向钢筋。钢筋长度为 82cm，纵向间距与加强箍筋相同，为 10cm。

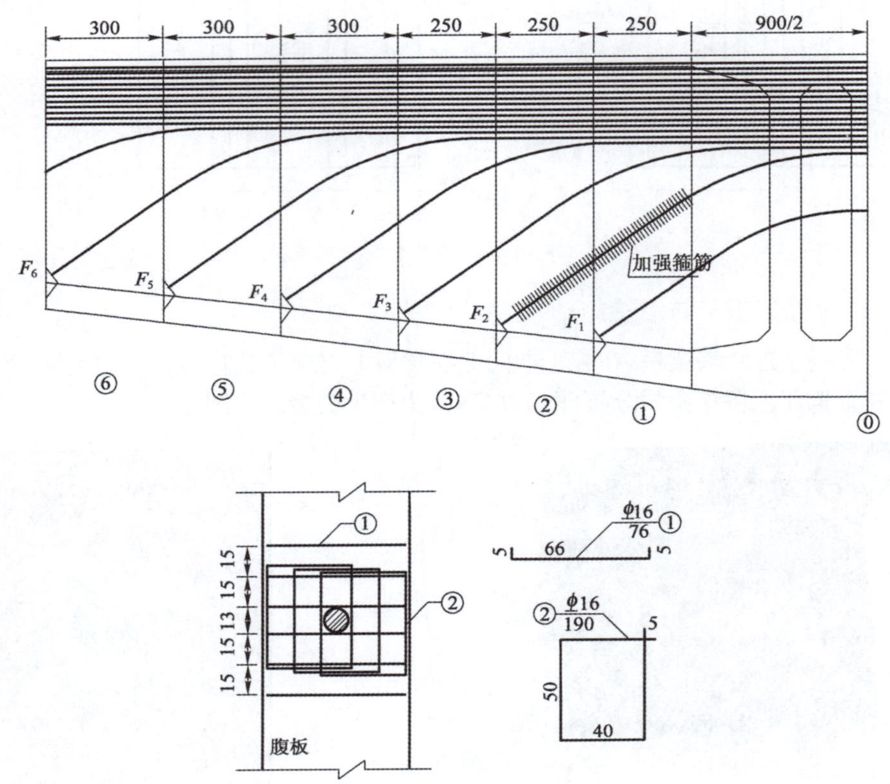

图 7-15 腹板加强箍筋构造图(尺寸单位:cm)

7.5.4 顶板裂缝分析与防治措施

在很多桥梁中，尽管设置了横向预应力，但顶板内仍然产生了顺桥向的裂缝。顶板纵向开裂的特征是，裂缝位于顶板中间厚度较薄的部分，一般不在顶板中心出现，而是在顶板的 1/4 处靠近承托附近出现。该裂缝与日照温差、混凝土收缩徐变、活载等有关。

对齐泰嫩江桥主桥箱梁进行了空间有限元分析(图 7-16)，认为导致顶板产生纵向开裂的原因是：

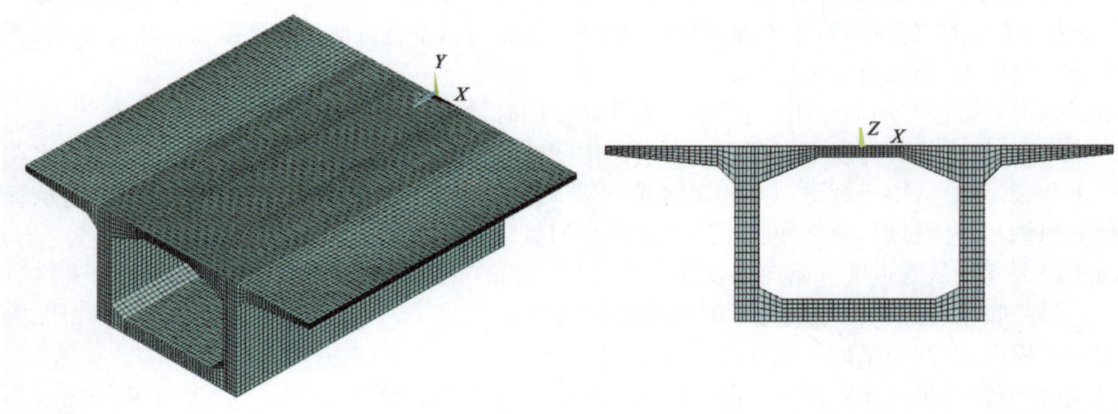

图 7-16 顶板有限元分析模型

(1)节段间龄期差导致的混凝土收缩差是引起顶板纵向开裂的主要原因,在节段接缝处产生的横向拉应力最大,在节段末端为零。

(2)桥面板日照温差的作用也是导致顶板纵向开裂的主要原因之一。

(3)顶板纵向预应力因平弯产生的横向分力作用,以及顶板横向预应力束的曲线形状对其影响较小,可以忽略。

(4)在活载作用下,若不考虑节段间混凝土收缩差、日照温差的作用,则采用原设计 3ϕj15.2 钢绞线即可满足要求。但若考虑这些因素的作用,顶板下缘拉应力较大(−4.13MPa),有可能产生纵向开裂。

实际工程中,采取如下措施:

(1)加强横向普通钢筋。顶板上、下缘所有横向筋,以及翼缘板下缘横向筋 N4(ϕ12),其纵向间距由原来的 12.5cm 改为。后浇节段接缝处 200cm 范围内采用 6～8cm 间距,其余采用 10cm 间距。

(2)改变张拉时机:将横向束与纵向束同步张拉,或先张拉横向束。

(3)加大横向预应力,由原来的 3ϕj15.2 钢绞线改为 5ϕj15.2 钢绞线,则在全部荷载作用下,顶板中心范围拉应力由−4.13MPa 减小为−1.84MPa,不会开裂。

7.5.5 底板裂缝分析与防治措施

国内修建的多座连续箱梁桥中,底板出现了严重的顺桥向开裂现象,尤其是当箱梁截面较宽时。该裂缝属于贯穿底板的通透性裂缝。主要由混凝土收缩、挂篮支架摩擦力等引起。

经过对箱梁截面进行空间有限元分析,得到如下结论:

(1)在相邻节段混凝土收缩差作用下,底板上缘产生−2.3～−3.0MPa 的拉应力,下缘产生−2.5MPa 的拉应力,均在底板中心附近,是产生底板纵向开裂的主要原因。其特点是,在节段接缝处最大,在节段末端为零。

(2)当节段混凝土产生收缩时,由于挂篮底模的约束作用,将在底板内产生横向的拉力,从而在底板内产生横向拉应力。

(3)其他荷载(如恒载、活载、预应力、温差等)产生的横向拉应力很小,小于−0.5MPa。

由于一般仅在底板的上缘和下缘配置两层横向钢筋,底板中间为素混凝土构件。当底板受到横向拉力时(接近于轴向受拉),将首先在没有钢筋的区域开裂(底板的中间部位),然后该裂缝向底板上缘和下缘扩展,最后形成通透性的贯穿裂缝。这种开裂在底板厚度较大的部位(如墩顶到 $L/4$ 范围)尤为严重。

在实际施工中,对所有的节段采取如下加强措施。

(1)底板上、下缘所有横向筋,其纵向间距由原来的 12.5cm 改为:后浇节段接缝处 150cm 范围内采用 10cm,其余采用 12.5cm。

(2)在 0～13 号节段的底板上下两层横向钢筋 N3 之间,再增设 1～2 层横向钢筋(根据底板厚度确定增加的层数),钢筋规格及间距与上下层钢筋相同(图 7-17)。

7.5.6 裂缝防治效果

裂缝防治采取的主要措施如下:

(1)进行了箱梁混凝土配合比正交优化试验,从混凝土强度、工作性、减小收缩量等方面出发,提出了混凝土的最优配合比。由于具有低收缩、低徐变的特点,有效地减少了混凝土的收缩变形,为避免箱梁早期裂缝的出现提供了有利条件。

(2)根据高强混凝土的特点,制定了详细的混凝土搅拌、运输、振捣、拆模、养护的施工工艺,保证了混凝土的施工质量。

(3)根据理论分析,在墩顶横梁处设置了横、竖向预应力束,避免了过人洞发生早期开裂现象。

(4)为防止腹板下弯束产生顺管道方向的裂缝,对腹板的普通钢筋进行了局部加强,避免了腹板早期裂缝的出现。

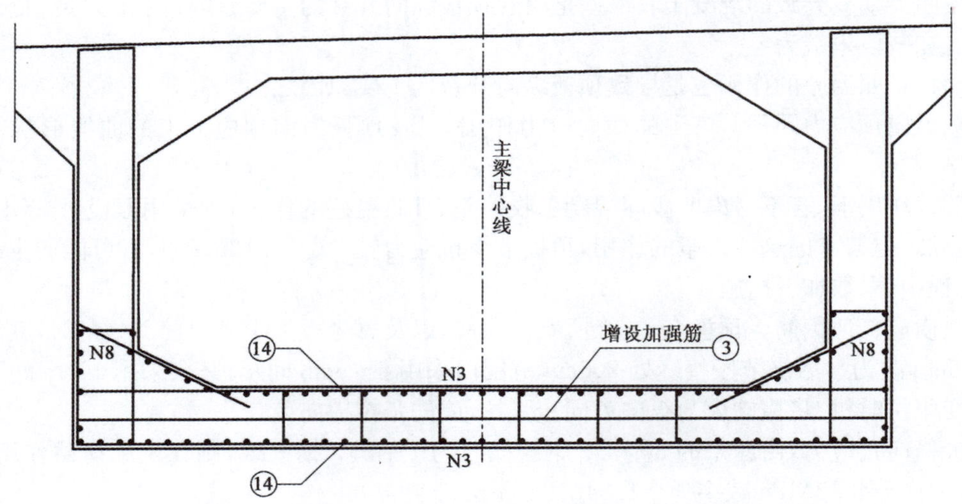

图 7-17　在底板厚度较大处增设横向钢筋

(5)根据理论分析的结果,对顶板的横向预应力筋、底板横向钢筋进行了修改,避免了顶板和底板的纵向开裂。

(6)制定了竖向预应力钢筋的张拉、锚固施工工艺,达到了控制竖向预应力筋应力损失的目的。

建成的嫩江大桥在悬臂施工阶段没有出现类似桥梁常出现的早期开裂问题,基本避免了腹板顺管道裂缝、顶板和底板纵向裂缝、墩顶横隔梁裂缝、锚固齿板裂缝的出现。在桥梁竣工近两年后,又对桥梁进行了外观检查,仍然没有发现类似桥梁普遍存在的开裂现象。

以上改进措施的实施,解决了大跨径预应力混凝土桥梁较易产生裂缝的核心问题,保证了施工质量和桥梁的使用安全,提高了桥梁的耐久性,延长了桥梁的使用寿命。另外,也为其他同类桥梁的建设积累了经验和提供了指导,避免在其他新建桥梁上产生相同的质量问题,从技术上保证了公路工程的进度和工程质量,进一步提高了桥梁的设计水平和建设水平。

8 沥青混凝土桥面铺装早期破损防控技术

8.1 概述

桥面铺装,其功能是保护属于主梁整体部分的行车道板不受车辆的直接磨耗,防止主梁遭受雨水的侵蚀,同时为车辆行驶提供良好的(如平整、抗滑等)表面功能。

桥面铺装主要有三种形式:一是普通水泥混凝土和沥青混凝土铺装;二是防水混凝土铺装;三是加贴式防水层的水泥混凝土或沥青混凝土铺装。

根据调查,近年来我国修建的桥面沥青混凝土铺装很多仅使用3~4年就出现了较严重的破坏,尤其是一些大桥和特大桥桥面沥青混凝土的铺装损坏往往更为严重。

近年来,虽然国内外针对桥面铺装问题开展了较多的研究工作,但可见到的研究成果和工程实际中所采用的技术措施并未能很好地解决上述问题,特别是寒冷地区预应力钢筋混凝土桥的沥青混凝土桥面铺装,各类损坏几乎成了工程通病。

因此,黑龙江省交通运输厅针对寒冷地区预应力钢筋混凝土桥的沥青混凝土桥面铺装存在的夏季高温稳定性差、冬季高寒沥青混凝土模量增高、抗疲劳性能差和防水性能不好等问题,于2009年3月,组织黑龙江省交通科学研究所、黑龙江省齐泰公路工程建设指挥部、哈尔滨工业大学和黑龙江省公路勘察设计院等单位组成课题组,开展了"寒冷地区沥青混凝土桥面铺装材料与技术研究"课题的研究工作。

课题组经过近两年的研究工作,通过对寒区桥面铺装沥青混凝土病害及工作环境的调查分析,桥面铺装沥青混凝土材料的试验研究以及桥面铺装技术的分析研究,通过筛选适合寒区桥面铺装温度工作环境、应力变形环境的沥青混凝土材料,分析了寒区沥青混凝土桥面铺装各类病害的成因,提出了寒区沥青混凝土桥面铺装结构与材料方案以及施工技术要求,经过在生产实践中的不断总结与完善,最终形成了寒冷地区预应力钢筋混凝土桥沥青混凝土桥面铺装的成套技术。进而提高了寒冷地区沥青混凝土桥面的使用寿命和使用品质。

8.2 桥面铺装主要病害与成因分析

目前,我国无论是水泥混凝土桥梁还是钢桥,其桥面铺装往往都不能令人满意,早期损坏成了质量通病 。黑龙江省也是一样,桥面铺装一般不进行特殊设计,桥面铺装多采用与路面相同的沥青混凝土,厚度一般多为8cm,分两层铺筑。由于桥面的工作环境(包括:受力、变形、温度等)与路面沥青混凝土面层的工作环境差异很大,普通沥青混凝土很难满足桥面工作条件要求,造成桥面铺装往往先于路面出现损坏。

课题组通过对黑龙江省部分公路桥面的使用状况的调查。初步分析和总结了寒冷地区沥青混凝土桥面铺装的主要损坏形式。

根据调查,黑龙江省沥青混凝土桥面铺装的主要损坏形式包括以下方面。

(1)桥面水泥混凝土铺装层表层损坏

很多桥面铺装的损坏是由于桥面水泥混凝土铺装层表层浮浆较厚、强度不足,在行车荷载反复作用下产生拉裂、压碎、起皮等破坏,进而引发了沥青混凝土铺装层产生裂缝,泛白浆,出现坑槽,有的甚至钢筋外露,最终导致桥面沥青混凝土铺装被破坏。

(2)桥面沥青混凝土铺装层的水损害

由于桥面铺装材料本身的性质、桥面构造、桥面排水以及桥面铺装施工压实等存在的问题,使水分容易进入到桥面水泥混凝土与桥面沥青层之间并存留,桥面铺装一旦有水渗入,渗入的水不易排出。在行车荷载反复作用下，承压水对沥青混凝土产生冲刷，造成桥面沥青铺装层与桥面水泥混凝土分离，桥面沥青混合料松散，进而出现坑槽，造成桥面铺装层损坏。图 8-1 为黑龙江省某桥面的水损害情况。

(3)高温病害

由于桥面的工作环境和条件的特殊性，使桥面铺装沥青混凝土的温度往往较路面更高，受力更集中，剪应力更大，荷载作用时间更长。桥面铺装更易产生推移、车辙等高温病害。

图 8-1　某桥面的水损害情况

8.3　桥面铺装结构与材料方案

为了减少或消除黑龙江省沥青混凝土桥面铺装的主要病害，首先要清除桥面强度不足的水泥混凝土表面浮浆，以防止桥面水泥混凝土铺装层表层在行车荷载反复作用下产生的损坏，可以采用铣刨(图 8-2)、凿毛(图 8-3)或喷砂抛丸(图 8-4)等方法。

图 8-2　铣刨

图 8-3　凿毛

其次是要做好沥青层与水泥混凝土铺装层之间的连接、防水和排水工作，最后是提高沥青混凝土铺装层材料的力学路用性能，特别是高温稳定性，以抵抗桥面更恶劣的温度和受力条件给沥青铺装层带来的负面影响。具体方案如下。

(1)特大桥、大桥桥面铺装方案

①清除桥面强度不足的水泥混凝土表面浮浆。清除的方法：用铣刨机对桥面水泥混凝土铺装进行铣刨，厚度为 0.5～1.0cm。

②注意桥面结构内部排水，在桥面边部纵向设排水槽(碎石盲沟)。

③桥面清扫。反复用空压机、高压吸尘器、高压水枪冲洗等方法，清除铣刨后残留在桥面的石屑、尘土等污染物。图 8-5 为齐泰桥面除尘效果局部图。

图 8-4　喷砂抛丸

图 8-5　齐泰桥面除尘效果(局部)

④防水、连接的黏层油喷洒。待桥面干透后，高温天气时，用5%SBS改性热沥青在水泥混凝土桥面铺装层上进行黏层油的喷洒，用量为0.8～1.2kg/m^2。

⑤铺2cm(1.5～2.5cm)多功能应力吸收层。

⑥铺4cm AC-10改性沥青＋聚酯纤维的沥青混凝土，聚酯纤维用量为混合料质量的0.3%。

⑦铺5cm AC-16改性沥青＋聚酯纤维的沥青混凝土，聚酯纤维用量为混合料质量的0.3%。

(2)中、小桥桥面铺装方案

①清除桥面强度不足的水泥混凝土表面浮浆。清除的方法：用铣刨机对桥面水泥混凝土铺装进行铣刨，厚度0.5～1.0cm。

②注意桥面结构内部排水，在桥面边部纵向设排水槽(碎石盲沟)。

③桥面清扫。反复用空压机、高压吸尘器、高压水枪冲洗等方法，清除铣刨后残留在桥面的石屑、尘土等污染物。

④防水、连接的同步碎石撒布。待桥面干透后，高温天气时，用5%SBS改性热沥青和0.3～0.6cm的石屑，在水泥混凝土桥面铺装层上进行防水、连接层的同步碎石撒布，沥青用量为1.2～1.5kg/m^2，石屑为满铺，并用胶轮压路机碾压两遍。

⑤铺5cm AC-10改性沥青＋聚酯纤维的沥青混凝土，聚酯纤维用量为混合料质量的0.3%。

⑥铺5cm AC-16改性沥青＋聚酯纤维的沥青混凝土，聚酯纤维用量为混合料质量的0.3%。

注意：要加强桥面各层沥青混凝土铺装层压实。钢轮压路机碾压时必须采用振动方式。

8.4 桥面铺装施工与技术要求

8.4.1 水泥混凝土桥面处理

(1)为保证桥面铺装质量，对水泥混凝土桥面表层浮浆采取铣刨处理(图8-6)，铣刨厚度为5.0～10mm，应注意铣刨的深度均匀，见图8-7。为保证铣刨质量，要求桥面水泥混凝土具有较好的平整度，且钢筋保护层厚度≥20mm。铣刨过程中要注意检查，防止出现漏铣刨的情况，如图8-8。

图8-6 完成铣刨施工的桥面

图8-7 铣刨效果细部图

图8-8 桥面局部漏铣刨

(2)沿桥面水泥混凝土铺装层两侧纵向设置排水沟，排水沟宽10cm、深3～5cm；排水沟距护轮带应小于10cm。无纵向排水坡度(或条件)的桥面不设排水沟。

(3)对铣刨后的水泥混凝土桥面进行清扫、吹尘和清洗(图8-9、图8-10)，确保黏结层施工时水泥混凝土桥面洁净、干燥。

图8-9　风力灭火机吹尘

图8-10　风力灭火机吹出的浮尘

(4)铺设桥面铺装层时必须确保水泥混凝土桥面完全干燥，严禁在潮湿条件下铺设防水黏结层及摊铺沥青混合料，防止混凝土中的水分影响层间连结效果。

8.4.2　SBS改性沥青防水黏结层

8.4.2.1　原材料的质量要求

(1)SBS改性沥青所用基质沥青的质量要求(表8-1)

重交通道路A级石油沥青技术要求　表8-1

试验项目		规范要求	业主要求
针入度(25℃,100g,5s)(0.1mm)		80～100	80～100
针入度指数PI		−1.5～1.0	−1.5～1.0
延度(5cm/min,15℃) 不小于(cm)		100	150
延度(5cm/min,10℃) 不小于(cm)		30	30
软化点(环球法)(℃)		≥44	≥45
闪点 不小于(℃)		245	245
含蜡量(蒸馏法) 不大于(%)		2.2	2.0
溶解度(三氯乙烯) 不小于(%)		99.5	99.5
薄膜加热试验 163℃5h	质量损失 不大于(%)	±0.8	±0.8
	针入度比 不小于(%)	57	57
	延度(10℃) 不小于(cm)	8	10

(2)SBS改性沥青的质量要求(表8-2)

SBS改性沥青质量要求　表8-2

项目		技术指标	试验方法
针入度25℃,(0.1mm)		60～80	JTJ T0604—2000
延度5℃(cm)	最小	40	JTJ T0605—1993
软化点℃	最小	75	JTJ T0606—2000
运动黏度135℃(Pa·s)	最大	1.0～3.0	ASTM D4402
闪点(℃)	最小	230	JTJ T0611—1993
溶解度(%)	最小	99	JTJ T0607—1993

续上表

项目			技术指标	试验方法
离析软化点差(℃)		最大	2.2	JTJ T0661—2000
弹性恢复 25℃(%)		最小	90	JTJ T0662—2000
TFOT 后残留物	质量损失(%)	最大	1.0	ASTM D2872
	针入度比 25℃(%)	最小	70	JTJ T0604—2000
	延度 5℃(cm)	最小	25	JTJ T0604—2000

(3)集料的质量要求

集料的质量与沥青路面所用集料要求相同，可选用 S9(即:1.0～2.0cm)石料，沥青用量为 1.6～1.8kg/m²，石料用量 16～18m³/1000m²(覆盖面积 60%～70%)，但要注意集料粒径要单一(不混料)、干净(无粉尘)、干燥(不潮湿)，最好用热拌机加热、除尘、筛分并预裹覆后使用；当使用 S12(即 0.5～1.0cm)石料时，沥青用量为 1.1～1.3kg/m²，矿料用量宜为 5～8m³/1000m²(覆盖面积 60%～70%)。

8.4.2.2 主要施工机械及检测仪器

(1)主要施工机械

①沥青撒布车 1 台(或同步碎石撒布机 1 台)。

②碎石撒布机 2 台。

③洒水车 1 台。

④森林风力灭火机 2 台以上。

⑤压路机:16t 轮胎压路机 1 台。

(2)主要检测仪器

①沥青试验仪器:针入度仪、软化点仪、延度仪、旋转黏度计等。

②标准筛。

8.4.2.3 SBS 改性沥青防水黏结层施工工艺

(1)桥面 SBS 改性沥青防水黏结层施工前应检查水泥混凝土桥面表层浮浆，采取铣刨处理的方法，其质量包括:铣刨效果、平整度、高程、清扫清洗情况、干燥状态等。

(2)为保证桥面沥青混凝土铺装层与桥面水泥混凝土的连结与防水效果，建议在水泥混凝土桥面上喷洒改性热沥青黏层油(图 8-11)，SBS 改性热沥青防水黏结层施工必须采用智能沥青洒布车喷洒，洒布车应有良好的计量设施，并选择适宜的喷嘴，确保洒布速度和喷洒量保持稳定，要做到完全密水。

(3)应选择在炎热的季节，晴朗的天气条件下进行施工(图 8-12)，气温应不低于 15℃，SBS 改性沥青的洒布温度宜为 180～200 ℃。用洒布车进行洒布。

图 8-11 喷洒改性热沥青黏层油

图 8-12 炎热季节，晴朗天气条件下进行防水黏层油喷洒

（4）为防止黏层沥青发生黏轮现象，桥面上的黏层沥青应在面层施工前3d内洒布，在此期间应做好交通管制，禁止任何车辆行驶。

完成防水黏层油施工的桥面见图8-13。

图8-13　完成防水黏层油施工的桥面

（5）洒布沥青后应立即用集料撒布机撒布集料。集料撒布要及时、扫匀，达到覆盖面要求、厚度一致、集料不重叠。局部有缺料时适当找补，集料过多时将多余集料扫除。两幅搭接处，第一幅洒布沥青应暂留100～150mm宽度不撒布石料，待第二幅一起撒布。

（6）撒布集料后（不必等完全撒布完），立即用16t胶轮压路机碾压2～4遍，每次轮迹重叠约300mm。碾压速度开始不宜超过2km/h，以后可适当增加。

（7）层铺法表面处治路面宜采用沥青洒布车及集料撒布机联合作业。沥青洒布车喷洒沥青时应保持稳定速度和喷洒量，并保持整个洒布喷洒均匀。

（8）应对道路人工构造物、路缘石等外露部分作防污染遮盖。

（9）应确保各工序紧密衔接，每个作业段长度应根据施工能力确定，并在当天完成。

（10）建议：使用同步碎石工艺进行封层施工，以确保封层的施工质量，尤其是石料撒布要及时和均匀。

8.4.3　应力吸收层

应力吸收层是由细集料（石屑、天然砂或机制砂）、矿粉和改性沥青经热拌而成的具有防水、抗剪切、黏结力强、抗辙、吸收应力等多种功能的沥青混合料。

（1）应力吸收层中集料要求

应力吸收层所用细集料采用天然中砂和石屑，天然砂规格应符合下表的规定，砂的含泥量超过规定时应水洗后使用。应力吸收层中天然砂的用量通常不宜超过集料总量的30%。

（2）应力吸收层所用沥青的要求，见表8-3。

应力吸收层改性沥青质量要求　　表8-3

项　　目			技术指标	试验方法
针入度25℃(0.1mm)		不小于	80	JTJ T0604—2000
延度5℃(cm)		最小	55	JTJ T0605—1993
软化点℃		最小	75	JTJ T0606—2000
运动黏度135℃(Pa·s)		最大	1～4	ASTM D4402
闪点(℃)		最小	245	JTJ T0611—1993
溶解度(%)		最小	99	JTJ T0607—1993
离析软化点差(℃)		最大	3.5	JTJ T0661—2000
弹性恢复25℃(%)		最小	90	JTJ T0662—2000
TFOT后残留物	质量损失(%)	最大	1.0	ASTM D2872
	弹性恢复25℃(%)	最小	80	JTJ T0662—2000
	针入度比25℃(%)	最小	70	JTJ T0604—2000
	延度5℃(cm)	最小	35	JTJ T0604—2000

（3）应力吸收层的级配应满足以下级配范围，见表8-4。

应力吸收层级配范围　　表8-4

筛孔(mm)	9.5	4.75	2.36	1.18	0.6	0.3	0.15	0.075
通过百分率(%)	100	80～100	60～85	40～70	25～55	15～35	8～20	6～14

(4)气温低于 10℃或雨后 24h 内不准进行摊铺应力吸收层的施工。

(5)拌和、摊铺与压实。

一般要求应力吸收层拌和温度为 175～180℃,压实温度为 140～170℃。为防止温度下降速度过快,运输车辆要有篷布遮盖。压实操作应紧跟摊铺之后,采用 10～13t 钢轮压路机静态碾压,不得使用胶轮压路机碾压,压实密度为最大有效密度的 97%±2%。

(6)吸收层的设计厚度为 20mm,必须保证实际厚度为 20cm±5mm。

多功能应力吸收层的摊铺见图 8-14;多功能应力吸收层的碾压见图 8-15;压实后的多功能应力吸收层表面见图 8-16;完成后的多功能应力吸收层桥面见图 8-17。

图 8-14　多功能应力吸收层的摊铺

图 8-15　多功能应力吸收层的碾压

图 8-16　压实后的多功能应力吸收层表面

图 8-17　完成后的多功能应力吸收层桥面

8.4.4　聚酯纤维沥青混凝土

(1)为提高桥面沥青混凝土的性能,在桥面沥青混凝土中加入 3‰的沥青路面用聚合物纤维。

(2)纤维的质量要求如下。

①标称直径:0.010～0.015mm;长度:5.0～10.0mm。

②耐高温:熔点大于 220℃。

③抗拉强度:大于 500MPa。

(3)添加纤维的沥青混凝土比普通的沥青混凝土要增加沥青用量 0.2%,混合料拌和时间要增加 5～10s。

(4)出料温度、摊铺、碾压等与不掺纤维的沥青混凝土相同。

桥面纤维沥青混凝土铺装层的摊铺见图 8-18,桥面纤维沥青混凝土铺装层的压实见图 8-19。

通过前面的研究可以初步得到以下结论:

(1)桥面沥青混凝土的工作条件(温度环境和受力状态)远比路面恶劣得多,因此,桥面沥青混凝土铺装更易发生各类损坏。

(2)寒区沥青混凝土桥面铺装的主要病害形式有:桥面水泥混凝土铺装层表层损坏,桥面沥青混凝土铺装下层的水损害,由于沥青层高温性能不好或沥青层与水泥层之间的层间滑动引起的推移、拥包或车辙。

图 8-18　桥面纤维沥青混凝土铺装层的摊铺

图 8-19　桥面纤维沥青混凝土铺装层的压实

(3)洁净、干燥的水泥混凝土铺装层表面是保证沥青层与水泥层之间连结的重要条件,因此,清扫和黏层沥青的喷洒质量至关重要。

(4)多功能应力吸收层可以有效地防止水进入沥青层与水泥层之间,并能极大地提高沥青层与水泥层之间的黏结力,从而保证层间不产生滑动和防止水损害的发生。

(5)桥面沥青混凝土铺装层必须保证一定的厚度,一般应大于 10cm,以保证层间剪应力不过大以及各层材料压实。

(6)桥面沥青混凝土铺装层的压实是保证桥面铺装质量的重要环节,因此,必须严格控制混合料的配比、温度、压实设备和压实方式。

9 高速公路绿化景观设计及生态保护

9.1 概述

高速公路的建设和运营对自然环境产生一定影响，应当采取必要措施通过人工导入的方式，加速自然恢复进程，做好环境保护，保持生态平衡。植物群落在保护环境及生态系统中都扮演着重要的角色，因而公路绿化景观工程建设是公路工程建设中必不可少的一项重要工作。

齐泰公路路线走向自北向南。地处松嫩平原区，地面开阔，起伏较小，平均海拔高度为135～169m。线位所处土地基本为水田、耕地、林地、苇地、荒草地等，嫩江泛滥区域内多为湿地、草地。沿线地表层土壤多以细沙土为主，局部为少量碱性淤泥质黏土。

该项目地区河漫滩冲积层内含有丰富的水资源，主要为地表水和地下水，地下水位较高。

9.2 设计理念

(1)因地制宜，减少对自然环境的破坏

结合原有地形地貌，避免大填大挖，使公路与周围环境相融合，避免割断生态环境空间或视觉景观空间。图 9-1 为乡村树种与公路的结合情况示例。

(2)考虑驾乘人员的交通、心理要求和视觉效果要求

安全舒适是公路景观设计的重要目的，因此，需充分考虑视觉空间大小、安全设施的色彩及大小、道路感觉的多样化、视觉导向和视觉连续性等交通心理因素。另外，还需考虑驾乘人员在高速行驶的汽车上感觉公路景观尤其是驾驶员的注视点远、视野力小等状况。

(3)风格鲜明，统一中求变化

公路一般穿越不同区域，因此，只有充分结合地域特征和人文特点，才能创造出风格鲜明的道路景观。另外，在设计上应将中央分隔带、路堤边坡、交通立交、服务区及收费站等公路设施作为一个整体通盘考虑，确定统一的主题。同时，又根据其功能和服务对象在设景的风格、造型、色彩规模等方面有所变化，使沿途景观富有节奏韵律，有基调有高潮，统一中求变化，使驾驶员和乘客处于一个良好的行车环境中，从而产生愉悦的心理，消除疲劳，保证安全。图 9-2 所示为给中央分隔带的植物浇水的洒水车正在作业中。

图 9-1 乡村树种与公路的结合

图 9-2 洒水车给中央分隔带的植物浇水

9.3 高速公路绿化的生态效益及景观效益

公路绿化成功与否，在很大程度上取决于绿化植物种类的选择。选择适宜的绿化物种，能够提高植物成活率，增加视觉美感，提高公路绿化效果，减少绿化养护和公路养护费用，提高绿化生态效益。在植物种类的选择上，本路段采用以下原则。

9.3.1 适地适树(草)原则

树(草)种选择的首要原则是适地适树(草)。每种观赏树(草)木对环境条件都有着严格的选择性，所以其生长发育，必须要有相适应的环境条件才能充分表现其优良的观赏特性。

9.3.2 生物多样性原则

公路绿地系统除了构成自然生态系统的一部分，还是创造公路特色形象的主要因素。为了使植物保护公路生态环境，持续、稳定、健康地存在和发展，在植物种类的选择上，必须坚持生物多样性原则。本公路以当地的植物生态系统及乡土树(草)木群落为基础，在重点应用大量乡土树(草)种的同时，再适当引入外来树(草)种，作为补充，体现出树(草)种的多样性和树(草)木景观的多姿多彩，建立相对稳定而又多样化的园林植物复层种植结构，使树(草)木在公路环境中发挥出最大的生态效益，达到较为理想的景观效果，并实现公路生态环境的可持续发展。

9.3.3 风景美学原则

公路绿地既是能发挥改善生态环境作用的体系，也是一幅有生命的、动态的、立体的园林画，是一部具有文化底蕴的书卷。本公路树(草)种选择在科学性选择的基础上，做到生态美和景观美的统一、自然美和人工美的一致、展现不同季节的动态美、形态美和色彩美、植物与环境的协调美和体现深厚的文化内涵美，真正体现"以人为本"的原则。

9.4 绿化景观需要解决的问题

(1)强调园林美化和观赏效果，忽略植物的生态保护功能和高速公路养护的特殊要求

园林绿化工程是通过精细种植和精心养护来保证植物形态优美，实现其观赏价值，其面积小，施工难度低，养护容易。而高速公路的植物除满足行车时的动态观赏效果外，更要起到恢复自然、改善道路路域环境以及防止边坡受冲刷、减少水土流失等生态功能。植物的栽植施工及养护难度大，生长环境恶劣，植物洒水、施肥不易操作，只能实行粗放管理，所以单纯追求园林美化效果的目的不适于高速公路。

(2)只注重路界内和近期效果，对整个路域范围内物种的逐步恢复和自然演替考虑较少

高速公路建设和运营所形成的污染带最宽可至百米，影响带内的动植物及其他生物的生存状况。因此，路域生态环境的保护必须包括影响范围内的所有区域。公路建设形成的裸露土壤的植被恢复需要2～10年甚至更长时间，裸露岩石的植被恢复就更难。因此，高速公路生态保护是个长期而艰巨的任务，在时间上要历经高速公路建设和使用的所有阶段甚至更长，在空间上要考虑所影响的整个范围。

(3)植物品种单一，忽视了植物的异质性、地域性、适应性和多种植物共生性

生态系统是在漫长的时间内不断演替进化而形成的。其中的植物和动物不仅适应了当地的自然条件，而且物种间也形成了复杂的相互依存、和谐共生的关系，系统因此而稳定。所以，生态系统中的物理组成和比例不是随意的。目前的高速公路生态建设多采用一种或很少的几种植物，这样不仅会导致景观单调、呆板，更重要的是因为物种少，植物间缺少了空间上和时间上必要的补充和间隔，植物群落抗病能力差，一旦发生病虫害，蔓延很快。高速公路单程长，且跨越不同地域和许多环境要素区。土质和气候等植物生长条件不同，各区域适宜的种植种类也会有差异，以往引用外生态系的物种进行绿化的失败经验也说明这一点。所以高速公路的生态恢复和建设应尽可能按照建路以前或临近区物种组合来进行。

(4)对已建白色边坡的生态系统恢复和再造重视不够

传统的公路边坡工程防护的主要类型包括挂网喷混凝土、石砌边坡等类型,这些刚性防护措施工程费用高,且炎热季节热反射率大,导致了路面温度升高,对路面稳定和行车心理都产生了不利影响。而且,刚性支护形式阻隔了生物和下面自然土层的连接,使生态恢复条件恶化。

9.5 绿化植被试验选种

9.5.1 经部分试验筛选的栽种品种

经过对大量植被物种盐碱耐受性、干旱耐受性进行的试验研究,结合当地粉砂土的特性和当地的气候特点,分析得出如下 28 种植被的属性和适用性,现总结如下。

(1)红皮云杉(*Picea koraiensis*),松科,云杉属,耐阴,耐干旱,耐寒,生长较快。是较好的分隔带常绿乔木选择品种。

(2)樟子松(*Pinus sylvestris*),松科,松属,樟子松耐寒性强,能忍受−40～−50℃低温,旱生,不苛求土壤水分。樟子松适应性强。在养分贫瘠的风沙土上及土层很薄的山地石砾土上均能生长良好。

(3)银中杨(*Populus Alba*×*P. berolinensis*),杨柳科,杨属,银中杨是银白杨与中东杨通过人工有性杂交育种选育的雄性无絮品种,具有树形美观、速生、抗病虫能力强、耐寒、耐瘠薄等优良特性。既是营造速生丰产林的优良树种,也是城乡绿化、特别是大中城市绿化的首选树种。

(4)柽柳(*Tamarix chinensis*),柽柳科,柽柳属,喜光、耐旱、耐寒,亦较耐水湿。极耐盐碱、沙荒地,根系发达,萌生力强,极耐修剪刈割。

(5)铺地柏(*Sabina procumbens*),柏科,圆柏属,喜光,稍耐阴,适生于滨海湿润气候,对土质要求不严,耐寒力、萌生力均较强。阳性树,能在干燥的砂地上生长良好,喜石灰质的肥沃土壤。

(6)小叶丁香(*Syringa pubescens*),木樨科,丁香属,喜充足阳光,也耐半阴;适应性较强,耐寒、耐旱、耐瘠薄,病虫害较少;以排水良好、疏松的中性土壤为宜,忌酸性土;忌积涝、湿热。

(7)毛樱桃(*Prunus tomentosa*),蔷薇科,樱属,性喜光,也很耐阴、耐寒、耐旱,也耐高温,适应性极强,寿命较长。

(8)茶条槭(*Acer ginnala*),槭树科,槭属,阳性树种,耐庇荫,耐寒,喜湿润土壤,但耐干燥瘠薄,抗病力强,适应性强。

(9)偃伏梾木(*Cornus stolonifera*),山茱萸科,山茱萸属,喜光,耐旱,生长快,抗性强,喜光照或半遮阴条件,十分耐寒。

(10)小叶锦鸡儿(*Caragana microphylla*),豆科,锦鸡儿属,喜光,在庇荫条件下生长不良,结实甚少或不结实。抗寒性强,在−32.7℃、冻土层达 1.28m 条件下生长良好。耐瘠薄土壤,耐旱性强。喜生于通气良好的沙地、沙丘及干燥山坡地。是干旱草原、荒漠草原地带的先锋树种。在固定及半固定沙地上均能生长。忌涝,根系发达,有根瘤,萌芽力强。

(11)树锦鸡儿(*Caragana arborescens*),豆科,锦鸡儿属,性喜光,深根性。生长势强,适应性强,抗严寒,耐干旱瘠薄土壤,可在沙地生长。

(12)柠条(*Caragana korshinskii*),豆科,锦鸡儿属,耐旱、耐寒、耐高温。柠条适应性强,成活率高,是中西部地区防风固沙、保持水土的优良树种;柠条对环境条件具有广泛的适应性,在形态方面具有旱生结构,其抗旱性、抗热性、抗寒性和耐盐碱性都很强。

(13)紫穗槐(*Amorpha fruticosa*),豆科,紫穗槐属,紫穗槐是喜光、耐寒、耐旱、耐湿、耐盐碱、抗风沙、抗逆性极强的灌木,在荒山坡、道路旁、河岸、盐碱地均可生长,可用种子繁殖及进行根萌芽无性繁殖,萌芽性强,根系发达。

(14)沙棘(*Hippophae rhamnoides*),胡颓子科,沙棘属,是一种落叶性灌木,其特性是耐旱,抗风沙,可以在盐碱化土地上生存,因此被广泛用于水土保持。

(15)白刺(*Nitraria tangutorum*),蒺藜科,白刺属,适应性极强,耐旱、喜盐碱、抗寒、抗风、耐高温、耐瘠薄,为荒漠地区及荒漠平原典型植物,是我国寒温、温和气候区的盐渍土指示植物。

(16)杨柴(*Hedysarum montanum*),豆科,岩黄耆属,适应性强,故能在极为干旱瘠薄的半固定、固定沙地上生长。喜欢适度沙压并能忍耐一定风蚀。一般是越压越旺。

(17)稗草(*Echinochloa crusgalli*),禾本科,稗属,适应性强;喜暖湿润环境,既能生长在浅水中而又较耐旱,并耐酸碱;繁殖力强,一株结子可达1万粒左右;根系强大。

(18)垂穗披碱草(*Elymus nutans*),禾本科,披碱草属,对土壤要求不严,各种类型的土壤均能生长。能适应pH值为7.0～8.1的土壤,并且生长发育良好。抗旱力较强,根系入土深可达88～100cm,能利用土壤中的深层水。

(19)籽粒苋(*Amaranthus hypochondriacus*),苋科,苋属,分枝再生能力强,适于多次刈割,刈割后由腋芽发出新生枝条,迅速生长并再次开花结果;它是喜温作物,生长期4个多月,但在温带、寒温带气候条件下也能良好生长;对土壤要求不严,最适宜于半干旱、半湿润地区,但在酸性土壤、重盐碱土壤、贫瘠的风沙土壤及通气不良的黏质土壤上也可生长;抗旱性强。

(20)紫羊茅(*Festuca rubra*),禾本科,羊茅属,能适应潮湿的或干燥区湿润生境,无论在水湿的滩地或山区林缘都能发育为丛密的草甸。对土壤要求不严格,能耐瘠薄土壤,在沙质土壤中生长良好,根系充分发育;在黏土、沙壤土中均可种植生长。

(21)黑麦(*Secale cereale*),禾本科,黑麦属,对土壤要求不严格,但以沙壤土生长良好,不耐盐碱;黑麦耐贫瘠但土壤养分充足,产量高,质量好,再生快;黑麦再生能力较强,在孕穗期刈割,再生草仍可抽穗结实。

(22)紫苜蓿(*Medicago sativa*),豆科,苜蓿属,耐干旱,耐冷热,产量高而质优,又能改良土壤,苜蓿的初生根能深入地下;苜蓿对干旱的耐受能力极强;轻度耐盐碱。

(23)甘草(*Glycyrrhiza uralensis*),豆科,甘草属,适应性强,抗逆性强,喜干燥气候,耐寒,野生,在干旱的钙质土,排水良好的、地下水位低的砂质壤土栽培。

(24)二色补血草(*Limonium bicolor*),白花丹科,补血草属,耐强碱,干旱半干旱,直根系发达。

(25)花棒(*Hedysarum scoparium*),豆科,岩黄耆属,沙生、耐旱、喜光树种,它适于流沙环境,喜沙埋,抗风蚀,耐严寒酷热,枝叶茂盛,萌蘖力强,防风固沙作用大。主、侧根系均发达。树龄可达70年以上。适应性强,适合土地改良;根系发达,抗逆性强,耐瘠薄,花期长。

(26)无芒雀麦(*Bromus inermis*),禾本科,雀麦属,根系发达,地下茎强壮,蔓延能力极强,可防沙固土,对气候条件适应性广,特别适于寒冷干燥地区,较耐盐碱。

(27)早熟禾(*Poa annua*),禾本科,早熟禾属,喜光,耐旱性较强,在－20℃低温下能顺利越冬,－9℃下仍保持绿色,对土壤要求不严,耐瘠薄,但不耐水湿。

9.5.2 实际选择的部分品种

其中考虑景观缀块的搭配和现场的生态绿化要求,选择了红皮云杉(图9-3)、樟子松(图9-4)、银中杨(图9-5)、紫丁香、毛樱桃、树锦鸡儿(图9-6)、茶条槭(图9-7)、偃伏梾木(图9-8)、紫穗槐(图9-9)、无芒雀麦、垂穗披碱草(图9-10)、紫苜蓿(图9-11)、早熟禾(图9-12)等种类。

图9-3 红皮云杉(*Picea koraiensis*)

图9-4 樟子松(*Pinus sylvestris*)

图 9-5 银中杨(*Populus alba*×*P. berolinensis*)

图 9-6 树锦鸡儿(*Caragana arborescens*)

图 9-7 茶条槭(*Acer ginnala*)

图 9-8 偃伏莱木(*Cornus stolonifera*)

图 9-9 紫穗槐(*Amorpha fruticosa*)

图 9-10 垂穗披碱草(*Elymus nutans*)

图 9-11 紫苜蓿(*Medicago sativa*)

图 9-12 早熟禾(*Poa annua*)

9.6 绿化景观设计

9.6.1 设计亮点

齐泰高速公路中央分隔带绿化亮点鲜明，在中央分隔带用红皮云杉作为整公里标示物，可以使驾驶员有很好的距离感和视觉视距，可以随时感觉车速的快慢程度。在整公里红皮云杉中间种植的丁香、毛樱桃、树锦鸡儿、偃伏梾木都是良好的降噪除尘植物，而且生长高度固定，便于后期管理，可以有效地去除两侧行车过多造成的视觉差异。尤其以偃伏梾木最为突出，偃伏梾木冬季通体艳红，而且不冻，冬季是很好的视觉标示物。多种乔、灌、常绿、落叶植物混种可以有效地避免虫害和病害，对于后期的管理瞻望于前，充分体现了这次选种的科学性和可持续性。

在齐泰高速公路附近，小型湖塘比较多，所以在公路附近有比较多的野生鸟类，公路路旁种植的银中杨，可以成为野生鸟类理想的栖息和繁衍地。路肩和边坡上种植的混合草可以充分吸收和减轻由汽车通过造成的噪声和扬尘，能给当地野生物种创造良好的生存、繁衍条件。中央分隔带种植的灌木、乔木和路旁种植的植物形成天然的鸟类生态通道，可以充分保护鸟类通过时的安全，有效地降低了高速行驶车辆对鸟类造成的危险，也避免了由于鸟类对驾驶员视线的影响而造成的交通隐患。这些设计充分体现了齐泰高速公路初期设计的用心良苦以及齐泰高速公路总指挥对生态因素的重视，切实解决了当地野生物种和公路之间的矛盾，还给当地野生物种一个温馨的家。

9.6.2 中央分隔带绿化

中央分隔带景观绿化是齐泰公路景观设计的重点，中央分隔带具有遮光防眩、诱导视线和改善景观的功能。为满足遮光防眩的要求，防眩树种应选择抗逆性强、枝叶浓密、常绿的树木，苗木规格控制高度以 1.5～1.8m 为宜。本次设计将中央分隔带分为普通段落和重点段落两种形式进行设计。起点至昂溪互通、泰来互通至终点、江桥前后，所有互通区以及服务区范围内均为重点段落；其他段落为普通段落。

综合考虑气候、土质、养护、成活率等条件，普通路段采用密植紫丁香作为中央分隔带绿化主基调，同时在整公里处混种红皮云杉（图 9-13、图 9-14），从而减少丁香单一品种的单调感及降低视觉疲劳性，并起到标志性作用。

图 9-13　中央分隔带整公里种植的红皮云杉(一)

图 9-14　中央分隔带整公里种植的红皮云杉(二)

重点段落为增强景观和防眩效果，采用整公里分段密植紫丁香（图 9-15、图 9-16）、偃伏莱木（图 9-17、图 9-18）、树锦鸡儿（图 9-19）、茶条槭、榆叶梅、毛樱桃（图 9-20）等花灌木。中央分隔带的地表绿化，从美化路容和改善小气候出发，采用播种草坪的方式，使地表得以有效覆盖，防止土层污染路面，同时达到保湿效果。

9.6.3 主线两侧土路肩绿化

公路两侧土路肩采用播种草坪的方式进行绿化。草籽采用优质进口草籽，选用多年生黑麦草、早熟禾、紫羊茅混播。

图 9-15　中央分隔带种植的丁香(一)

图 9-16　中央分隔带种植的丁香(二)

图 9-17　中央分隔带种植的偃伏莱木(一)

图 9-18　中央分隔带种植的偃伏莱木(二)

图 9-19　中央分隔带种植的树锦鸡儿

图 9-20　中央分隔带种植的毛樱桃

9.6.4　排水沟、边沟绿化

本公路沿线土质排水沟、边沟采用播种草坪的方式进行绿化，从而弱化边沟特征，达到边坡绿化与周围绿化自然过渡的目的，突出生态边沟的特点。

9.6.5　碎落台绿化

碎落台表面为防止水土流失、保湿及美观的作用应播种草坪，为增强景观性选择常绿云杉和花灌木搭配的形式形成景观带，花灌木宜采用木樨科、蔷薇科、豆科、忍冬科等耐寒、耐旱、抗性强、养护成本低、适宜本地栽植的苗木，如连翘、紫丁香、小叶丁香、树锦鸡儿、偃伏莱木、忍冬、黄刺梅、锦带等。

一级碎落台注重观赏性，采用以观赏性较强的花灌木配合云杉自然式栽植；二级以上碎落台更应考虑景观性及生态性以及栽植适应性较强的灌木。对于局部较宽的碎落台，在不影响行车视距的前提下，少量栽植观赏性好的乔木，配合花灌木及宿根花卉形成景观亮点。

9.6.6 路堤边坡绿化

由于本工程当地土质条件恶劣,地表多为粉砂土,缺少合格种植土土源,所以边坡土质较差,路堤边坡的包边土多采用下处理的淤泥质黏土,部分路段的含碱性较大;从边坡的防止水土流失、固坡防护功能、美化效果和绿化管护难易程度、工程施工进程等几方面综合考虑,通过试验段优选紫穗槐和紫花苜蓿。

紫穗槐是一种比较耐寒、耐旱、耐湿、耐盐碱、抗风沙、抗逆性极强的灌木,在荒山坡、道路旁、河岸、盐碱地均可生长,萌芽性强,根系发达。紫穗槐抗风力强,生长快,生长期长,枝叶繁密,是防风林带紧密种植结构的首选树种。紫穗槐郁闭度强,截留雨量能力强,萌蘖性强,根系广,侧很多,生长快,不易生病虫害,具有根瘤,改土作用强,是保持水土的优良植物材料。紫花苜蓿同样具有抗性强、根系发达等特点,也是干旱地区绿化防护首选植物。

路堤边坡绿化防护分两部分进行,第一部分即具有工程防护的路基边坡,采用人工播种紫花苜蓿,第二部分即没有工程防护的部分边坡,从坡脚向上一米及路肩向下一米两部分扦插紫穗槐,起到固坡抗冲刷的作用。两部分中间的坡面采用人工撒播紫花苜蓿。紫花苜蓿草籽采用进口阿尔冈金,具有出苗率高,覆盖及时的特点,可以很好地起到防止雨水冲刷边坡的作用。

9.6.7 路堑边坡

路堑边坡为可视可见区域,由于沿线路堑边坡经过削坡处理后多为粉砂土,土壤贫瘠、温度高、保水性差、水分易流失,非常不利于植被生长,而且砂土稳定性差,抗冲刷能力弱,所以也是本次绿化防护设计的一大难点。

根据有无工程防护及防护形式的不同,同时考虑增加美观效果、减少施工难度等诸多因素,对于没有工程防护的挖方边坡应尽量采用机械喷播的方式进行种植防护,从而减少人工播种对坡面的扰动。种子选用草灌结合的方式。在主线个别大挖方路段考虑斜坡较长、边坡面积较大,适当采用花灌木篱做成造型。在挖方坡顶,为防止大面积汇水对坡面的集中冲刷,采用两排以上花灌木,既增强了观赏性,同时也可以防止雨水冲刷对坡面的损毁。

9.6.8 支线、连接线绿化

支线、连接线多为二级公路,从美化环境、防止水土流失、经济节约的角度综合考虑,支线、连接线的绿化以防护为主,景观以借景为主,土路肩一律混播草籽,土路肩较宽地段适当少量栽植花灌木,路基边坡播种紫穗槐或紫花苜蓿籽,行道树与周边环境自然结合,缺失部分补植银中杨。

9.6.9 互通区绿化

互通区是高速公路的出入口,既要有开阔的意境,又要突出行车标志,提供最佳的行车视距,还要有景观效果,植物配置突出层次效果,乔木、亚乔木、灌木、地被植物组合成自然、连续、有韵律变化的大色块,减轻和消除驾乘人员的视觉疲劳。图 9-21 为互通区种植的樟子松绿化带。

9.6.10 服务区、收费站的绿化

服务区集加油、修理、餐饮、住宿为一体,通过空间划分和植物配置,以建筑物为主体,采用现代庭院式园林表现手法,并以灯光及植物造景点缀而成,达到观赏休闲、提高环境质量的目的。绿化布置除沿主线一侧不植高大乔木外,其余三面采用乔灌结合、常绿落叶结合的配置,从整体上营造一种外围绿色大环境,形成浓郁的绿化气氛。收费站的绿化体现出人性化设计特点,给驾乘人员和收费员工以温馨、优雅的感受。

现列举几种在服务区、收费站等处比较常用的绿化物种,见图 9-22～图 9-28。图 9-22 为道路沿线边坡处种植的紫苜蓿;图 9-23、图 9-24 为路堤路边种植的银中杨;图 9-25 为种植在路堤附近的紫穗槐;图 9-26 为混合种植的边坡防护草;图 9-27 为在高速公路试验段内种植的紫穗槐;图 9-28 是用于边坡防护的垂穗披碱草。

图 9-21　互通区樟子松

图 9-22　边坡的紫苜蓿

图 9-23　路堤路边种植的银中杨(一)

图 9-24　路堤路边种植的银中杨(二)

图 9-25　种植的紫穗槐

图 9-26　边坡种植的混合草

图 9-27　高速公路试验段种植的紫穗槐

图 9-28　边坡种植的垂穗披碱草

9.7 高速公路生态恢复

9.7.1 高速公路生态恢复现状

公路路域生态恢复技术难度大、涉及学科多，是全球性的公路环境科技研究重点，国际范围内的研究十分活跃，在确保公路路基边坡稳定的基础上，以发挥自然本身的植被恢复力为主，配合以适当的植被恢复技术措施为整治路域环境的手段和研究主体。随着高速公路建设事业的迅速发展，我国的公路路域环境的生态防护和绿化综合恢复技术也取得了一定的成绩。

9.7.2 生态恢复基本原理

生态恢复是帮助研究恢复和管理原生生态系统完整性的过程，这种生态整体包括生物多样性的临界变化范围、生态系统结构和过程、区域和历史内容以及可持续的社会实践等。生态恢复应用了许多学科的理论，但最主要以基础生态学理论为基础，其中包括：限制因子原理、生态系统的结构理论、生态适宜性原理和生态位理论、生物群落演替理论、生物多样性理论等。目前，生态恢复以景观生态学理论中的景观格局、景观异质性、干扰等理论为指导开展工作。

生态恢复中应最大限度地采取技术措施，通过引进新的物种、配置好初始种类组成、种植先锋植物、进行肥水管理等，加快恢复与地带性生态系统（结构和功能）相似的生态系统。同时利用就地保护的方法，保护自然生境里的生物多样性，有利于人类对资源的可持续利用。

9.7.3 景观生态学理论

景观生态学是以景观格局、景观功能和景观动态为研究对象的生态学。景观生态学的理论与方法与传统生态学有着本质的区别，它注重人类活动对景观格局与过程的影响。景观生态学理论可以指导退化生态系统恢复实践，如重建所要恢复的各种要素，使其具有合适的空间构型，从而达到退化生态系统恢复的目的；通过景观空间格局配置构型来指导退化生态系统恢复，使得恢复工作获得成功。因此，生态恢复是以生态系统为基点，而在景观尺度上来进行实践、设计与表达。生态系统恢复过程中的景观生态学理论应用了景观格局、景观异质性和干扰理论。

9.7.4 植被恢复

在齐泰高速公路路域生态恢复过程中，根据施工路段的小气候、土壤、光照和植被情况，采取多种措施，多方面进行试验，以寻求适宜的生态恢复技术。

从生态恢复的角度来看，要恢复或优化原有的生态环境，首先要恢复影响区的植被。齐泰高速公路植被主要有：常绿乔木云杉、桧柏、樟子松，常绿灌木爬地柏，落叶乔木银中杨、旱柳、榆树、白桦、山杏、山桃、色木槭、柞树、山丁子、紫椴，落叶灌木紫丁香、榆叶梅、树锦鸡儿、茶条槭、珍珠绣线菊、小叶丁香、东北连翘、忍冬、偃伏莱木、沙棘，地被植物紫羊茅、无芒雀麦、黑麦草、紫穗槐、紫花苜蓿。

在齐泰高速公路路域内恢复植被的主要限制因素为：土壤结构、养分、盐碱、水分、温度和污染物。因此在筛选时，选择出芽速度快、根系比较发达、耐盐碱、耐污染、抗旱能力强的植物，但一种植物不可能满足公路路域如此多的特殊要求，根据植物生长发育规律，选择植物组合，采用灌草混播。

采取灌草混播的组合方式是出于这样几方面考虑：

(1)组合中有禾本科的草本植物，它们苗期的生长速度比较快，对土壤营养的需求低，可以作为先锋物种迅速覆盖坡面，为其他植物生长创造条件。为使坡面防护更加完善，在禾本科植物选择中，既有丛生型的也有具有根状茎的物种。

(2)组合中加入木本植物，因其寿命长，护坡效果突出，可以作为目标物种；由于公路两侧不宜种植高大乔木，因此选用小灌木。

(3)加入豆科植物,主要是利用它固定空气中的氮,从而补充群落的营养供给。

(4)选择的植物对盐碱有比较强的抗性。

(5)选择的植物是本地的或在本地栽培过的,它的扩散不会对本地原有的群落造成破坏。例如用柽柳分别和二色补血草和苜蓿混播,沙棘分别和二色补血草和苜蓿混播,紫穗槐分别和紫羊茅和早熟禾混播,小叶锦鸡儿分别和紫羊茅和早熟禾混播。

在齐泰高速公路绿化中大量运用紫花苜蓿和其他植物的组合混播,组合中豆科草本植物紫花苜蓿,其适应能力比较强,可以较快覆盖坡面,特别在土壤盐碱程度比较高的路段,可以作为先锋物种对土壤进行改良,为其他植物进入路域提供条件。

9.7.5 弃土场恢复

(1)弃土场恢复的意义

弃土场的综合设计已成为工程总体设计的重要组成部分。弃土场的综合设计是一个系统工程,需要注重设计的经济性、可行性和适应性。在贯穿"以人为本"设计理念的同时,更应深化"以人为本"的根本意义,强调可持续发展观,通过还地于民,使弃土场能够为人民群众所用,在农林业经济的发展模式下不断创造价值,维持自身的生态能力。

齐泰高速公路弃土场的设计综合考虑了本地区气候、地形、水文、水文地质和工程地质等自然、地理和地质条件,同时详细调查了地区内农林业发展状况、基本经济作物、树木种类的种植和生长条件。水土流失是弃土场产生生态破坏作用的根本原因,因此齐泰高速公路弃土场的设计以防治水土流失为主体,结合其他辅助措施和方法进行综合设计。设计的全过程都围绕经济、生态和文化等方面的价值因素进行,设计的最终目标是使弃土场拥有较强的生态能力并能够依靠其自身条件长期维持。

(2)弃土场生态修复措施

弃土场土壤侵蚀主要发生在坡面上,经常发生的土壤侵蚀形式有沟蚀、滑坡和坍塌。影响弃土弃渣流失的因素较多,主要与弃土弃渣堆放的地理位置、地形条件、汇流区径流的动力条件、弃渣的粒径组成等物理特征以及防治措施状况等因素有关。弃土场土壤侵蚀防治应根据不同的地形地貌条件采取相应的防治措施。

由于弃土场的渣量和面积都比较大,所以弃土弃渣场的生态恢复工作其前期以工程防护措施为主,因地制宜,以快速有效地遏制土壤侵蚀,后期主要以植物防护措施为主,防止土壤侵蚀,改善生态环境,最终恢复弃土弃渣场的生态环境,使其与自然融为一体。具体措施如下:

①修挡渣墙

渣体形成后,需要先进行清理,后做挡渣墙,挡渣墙不用太高,但是基础一定要做好,一般做成重力式浆砌石挡渣墙或石笼挡渣墙。浆砌石挡渣墙墙上设排水孔,入口处应用易渗的粗粒材料做反滤层,并在泄水口下方铺设黏土夯实层,防止积水渗入地基。挡渣墙临渣面做排水沟,采用浆砌石结构,根据汇水面积计算洪峰流量,设计沟渠过水断面。

挡渣墙也可采取浆砌石砌筑,在开始堆渣前应建好,采用重力式挡墙。墙上设排水孔,入口处应用易渗的粗粒材料做反滤层,并在泄水口下方铺设黏土夯实层,防止积水渗入地基。挡渣墙要做稳定验算。

②土(渣)体削坡开级

在土(渣)场顶部靠近临空面坡肩处围绕土(渣)体临空坡面可修筑土埂,拦蓄顶面来水。边坡采用大平台形削坡开级形式,每 10m 为一级,各级坡比可采用 1∶2。中间可设 4m 的马道,马道内侧设排水沟,排向周边水沟。现在土(渣)堆对原有排洪沟道造成了堵塞,应向沟道里面比较宽阔地带推渣,削坡至 1∶2,以利于采取植物措施。

③土(渣)场排水工程

排水工程一般修建在弃土场边缘四周,排水工程设计应根据集水面积、产渗流系数以及降雨强度等确定其结构形式、布置方式和过水能力。

④覆土改造、土地平整

弃渣结束后，对弃土(渣)场地进行整平，可分为两步进行：首先，对弃土(渣)场顶部和边坡全面进行粗整平，然后在沉降稳定之前，补填沉陷穴，并进行细致整平、覆土。

采用局部与整体相结合的覆土方法：在每个植树穴采用局部覆土，在弃土(渣)场顶部、边坡及马道整体覆土0.15m以恢复植被。如果想加以改造用作农田，由于渣体顶部多为碎石和石块，体内疏松、孔隙大，极易漏水，为保证覆土后土层内水分含量及不发生土壤垂直侵蚀现象，覆土前必须首先对渣体表面进行处理，具体措施为先在渣体顶部、边坡、马道表面铺一层黏土，碾压密实，形成防渗层，再填表土。改造还田对于本地区土地资源少的现状具有较大的意义。

⑤植被恢复

由于弃渣是经过人为扰动的不成熟土壤，具有有机质和养分缺乏、持水性能差和物理性质不良等特点，大多不利于植物的生长，所以选择的植物一般应具备以下几个特性：

a. 具有较强的适应能力。对干旱、瘠薄、病虫害等不良立地因子有较强的忍耐能力。

b. 有固氮能力。根系具有固氮根瘤，可以缓解养分不足。

c. 根系发达，有较高的生长速度。根蘖性强，根系发达，能形成根系网络固持土壤，地上部分生长迅速，枝繁叶茂，能尽早尽快和尽可能长的时间覆盖地面，有效地阻止暴雨击溅和径流冲刷。同时，落叶丰富，易于分解，以便较快形成松软的枯枝落叶层，提高土壤肥力，改善土壤的蓄水保土能力。

d. 播种栽植较容易，成活率高。种子发芽率强，繁殖量大，苗期抗逆性强、易成活。

同时，应优先选用天然生长的乡土植物，适当引进水土保持先锋树草种，并保持正常的生长发育，维持生态稳定性。

弃渣场植被恢复工程根据弃渣堆积台面弃渣组成物质的不同而采用不同的植被结构，对以土质为主的弃渣场可采用乔、灌、草组合的立体植被进行防护，对以石质为主(如隧道弃渣)的弃渣场，应在弃渣堆积台面进行覆土整治后，再进行植被恢复，可采用灌、草组合或只撒播草籽等方式进行防护。

9.7.6 临时用地恢复原则

公路工程临时用地的生态恢复应按照以下原则进行。

(1)优先恢复耕地原则

公路临时用地生态恢复的途径具有多样性，但是由于当前我国耕地资源异常紧缺，为了最大限度地保护耕地，在条件许可的情况下，应优先恢复耕地，以补偿公路建设占用的耕地资源。

(2)废物资源化原则

公路工程施工过程中产生了大量的生活垃圾，对施工地及附近环境造成严重的污染，若采用专门设施进行处理，耗资太大，不经济。而采用简单堆肥方式处理，然后用作施工后临时用地生态恢复的肥料，不仅减少污染，同时也对废物进行了资源化利用。

(3)因地制宜原则

公路工程临时用地的恢复指将修路中被破坏的土地因地制宜地采取综合整治措施，使其按预定的目标恢复到可供利用的状态。在确定恢复目标时，坚持土地复垦和生态复垦并重的思想。生态恢复在工程复垦之后进行，主要是根据当地土地利用状况、自然特征、环境要素、土壤肥力状况，宜耕则耕、宜林则林，宜草则草，保护耕地资源，避免水土流失，保护生态环境。

(4)系统原则

无论临时用地恢复后进行何种利用，临时用地的生态恢复都要进行一个生态系统的恢复，必须遵循生态系统的规律，按照生态系统的原则和方法来建立。即建立合理的内容组成(种类丰富度和多度)、结构(植被和土壤垂直结构)、格局(生态系统成分水平安排)、异质性(各组分由多个变量组成)、功能(诸如水、能量、物质流动等基本生态过程的表现)。

(5)无害化原则

对临时用地的恢复要首先考虑生态的手段,尽量使用对其他生态系统无害的手段进行恢复。以其他生态系统的损失为本地生态恢复的代价,不符合生态恢复的内涵。

(6)经济原则

对临时用地的生态恢复要实事求是,从区域资源适宜性出发,考察区域社会经济特征,确定生态恢复的内容和重点,设计生态恢复方案,规划生态恢复项目,从地利、人力、财力三个方面量力而行。

(7)管理与监督原则

对临时用地进行生态恢复之前,应该制订生态恢复规划;在进行生态恢复之后,应该对其进行有效的管理和监督,直到生态系统功能和结构趋于完善为止。

10 公路交通安全保障新技术

10.1 概述

交通安全保障设施属于道路的基础性设施，它对防止发生交通事故和减轻事故的严重性，排除各种纵、横向干扰，提高道路服务水平，提供视线诱导，增强道路景观等起着重要的作用。毫无疑问，交通安全设施是公路的重要组成部分，是公路的配套设施，传统的安全保障措施包括：安全护栏（含防撞缓冲设施），防眩设施，隔离封闭设施，照明设施，视线诱导设施，隔离墩等其他安全设施。随着道路交通事业的发展，公路交通安全保障技术也有了飞速的发展，一些新的技术也被广泛地应用。本章简要介绍特种标志标线、视觉诱导与提示设施、交通设施驾驶容错技术。

10.2 特种标志标线

10.2.1 太阳能限速标志

(1)作用

太阳能限速标志是交通标志牌的一种，由标志面、标志底板、太阳能电池板、控制器、发光单元(LED)组成，用文字与图案传递警告、禁令、指示信息给驾驶员和行人。它广泛用于公路交叉路口、弯道、桥梁等存有安全隐患的危险路段，提示驾驶员或行人注意此处，能有效地起到警示作用，避免交通事故和意外事故的发生。

太阳能限速标志作为一种交通警示标志，设在需要限制车辆速度的路段的起点。它表示该标志至前方解除限制速度标志的路段内，机动车行驶速度（单位为 km/h）不准超过标志所示数值。它给道路使用者以确切的道路交通信息，使道路安全畅通。太阳能限速标志事关驾驶员和行人的生命财产安全，是一种不可缺少的交通安全附属设施。

(2)特点

太阳能限速标志利用太阳能电池将白天的阳光转换成电能储存于标志牌中，当夜幕降临、光线昏暗或雨雾天气等视线不佳情况下，标志牌上的发光二极管自动启动闪烁，光线明亮、醒目，具有强烈的警示作用。该标志无需电网支持，不受地域限制，特别在无电源的高速公路、经常移动的施工现场及危险地段，这种可主动发光的标志牌体现出特殊的警示作用，其可视距离是以反光膜作为反光材料的标志牌的5倍，其动感效果也是普通标志牌所不能替代的。

太阳能限速标志是一种铝质的安全告示牌，规格有 600mm、800mm、1000mm、1200mm 等，形状一般为正方形，白底、红圈、黑字，发光体为 LED 发光二极管，颜色有红色、黄色等，光控夜闪，太阳能电池板寿命＞10 年，连续阴雨天工作日＞180h，可视距离＞200m。具有外观精美、亮度高、清晰醒目、保护环境、节约成本、安装方便等特点。

(3)示例图

常见的太阳能限速标志如图 10-1 所示。

(4)工程实际应用

①齐市互通　在齐齐哈尔至甘南匝道合流处无加速车道，需要设置交通警示标志提醒机动车驾驶员减速通过这些路段。而此处电源难以获得，选用带有太阳能功能的产品不失为一种理想选择。

图 10-1 太阳能限速标志示例

在齐齐哈尔至甘南匝道合流端(K1＋579)处,选择安装太阳能爆闪灯和限速标志,如图 10-2 所示。

图 10-2 爆闪灯与太阳能限速标志

太阳能爆闪灯灯壳体积选用 520mm×165mm×135mm 或 440mm×135mm×150mm 的规格,支撑杆的构造仿照交通信号灯杆,爆闪灯高度离地面 3～4m。太阳能限速标志直径 D＝1200mm,限速 40km/h,结构形式为单柱和附着式。

在爆闪灯和限速标志的上方均有一块太阳能,夜晚或阴雨天将白天吸收的光能转为电能来工作。

②K32＋013 公铁立交桥　在公铁立交桥两侧桥头设置爆闪灯与太阳能限速标志,设置位置为距桥头 200m 处;太阳能限速标志直径 D＝1200mm,限速 100km/h,结构形式为单柱和附着式。

③嫩江特大桥　嫩江特大桥设置爆闪灯与太阳能限速标志的实施方法与 K32＋013 公铁立交桥相似。

④主线超高段　在主线超高路段 1:泰来至齐齐哈尔方向的 K5＋300 处,泰来至齐齐哈尔方向的 K4＋500的路侧;主线超高路段 2:泰来至齐齐哈尔方向的 K100 处,泰来至齐齐哈尔方向的 K95 的路侧或路中,设置太阳能限速标志,限速标志直径 D＝1200mm,限速 40km/h。

10.2.2 地面彩色限速标识贴

(1)作用

地面彩色限速标识贴采用视觉冲击的效果,提醒驾驶员减速,以保证道路的安全。因其色彩鲜艳,单独使用或与立式标志牌配合使用,警告、提示作用十分明显。

(2)示例图

常见的地面彩色限速标识贴如图 10-3 所示。

(3)工程实际应用

嫩江特大桥两侧桥头施画地面彩色限速标识贴,如图 10-4 所示。

图 10-3　地面彩色限速标识贴示例

10.2.3　视觉减速标线

车道减速标线分为感觉和视觉两大类。以前在部分路段设置的横跨车道且碾压有明显感觉的标线属于车道感觉减速标线，而目前开始广泛采用车道视觉减速标线。为了减少事故隐患，交管部门已陆续在城市道路事故黑点等处施画车道视觉减速标线，并将大力推广。北京市部分快速路主路上下坡、立交桥长匝道等处的视觉减速标线在我国属首创。

图 10-4　齐泰高速公路嫩江特大桥地面彩色限速标识贴

（1）原理

视觉减速标线应用交通工程学和交通心理学原理，通过设置在车道边缘线的白色虚线块或采用实线，给机动车驾驶员以车道变窄的视觉效果和强烈的视觉冲击，从而提醒驾驶员减速慢行，谨慎行驶；另外，虚线块的设置强调了车道的轮廓边界，使得车道分界轮廓更分明，增加了雨、雪等恶劣天气条件下车道的识认性，也减少了冲撞事故。

（2）分类

视觉减速标线分为两种形式：一种是在主路或桥区长匝道位置，平行于分道线或路缘线设置的平行四边形虚线块，长度与间隔均为 1m，宽度为 0.3m；另外一种是辅路非灯控路口入口 50m 范围内设置的由窄渐宽虚线块，长度与间隔均为 1m，但宽度渐变，这样驾驶员在行驶过程中，发现路越来越窄，速度就会减下来。此外，在国外有振荡形和梳子形的虚线块，随意性较强。平行四边形较为规范，但视觉效果不如振荡形与梳子形。

（3）示例图

常见的视觉减速标线如图 10-5 所示。

（4）工程实际应用

在公铁立交桥和嫩江特大桥上施画视觉减速标线，利用设置在车道边缘线的白色虚线块，给驾驶员以车道变窄的视觉效果，提醒驾驶员减速慢行。

图 10-5　视觉减速标线示例

10.2.4　立体标线

(1)特点

立体标线是人性化道路交通安全设施，将平面图形模拟成立体图形，采用视觉冲击的效果，提醒驾驶员减速，以保证道路的安全。行车既无颠簸感，又起到了立体视觉警示作用。

(2)分类

立体标线包括立体减速标线、模拟立体车行道分界线、模拟立体停止线、道路障碍警示标志、数字标志等类型。三维立体标线能够制作成各种立体箭头、立体数字、限速标志、立体斑马线等。

(3)示例图

常见的立体标线如图 10-6 所示。

图 10-6　立体标线示例

①立体箭头、立体数字　采用视觉冲击的效果，引起驾驶员的注意，提醒驾驶员减速，以保证道路的安全，减少安全隐患，如图 10-7 所示。

图 10-7　立体标线示例

②立体减速标线　路面上比较常见的是橡胶减速带和振荡带，车辆驶过"隆隆"作响，噪声很大，而且对马路造成的损害较大。而立体减速标线与传统减速带相比，最大的特点是看上去比实际上要高，有很强的视觉冲击效果，容易被驾驶员发现，而且，因为坡度低、着地面宽，车辆通过时不易产生振动噪声，对道路周边环境及附近居民影响较小。此外，还能根据坡度高低和相互之间的距离，设置不同效果，以限制车速。常见的立体减速标线如图 10-8 所示。

图 10-8　立体减速标线示例

③立体斑马线　立体斑马线是根据《道路交通标志和标线》(第三部分：道路交通标线)的规定，以白色平行粗实线为主体。创新部分在于，在白色粗实线一侧和顶端配以其他色彩施画平行四边形，勾勒形成立体几何图形，整体造型简单、清晰、醒目，具有美感。立体斑马线是通过平面几何图形处理和颜色光晕色差比对，形成立体视觉效果，对感官冲击力较强，驾驶员在较远的地方就能察觉，从而提前减速让行，有效地警示、提醒过往机动车驾驶员，减少交通事故的发生。

立体斑马线采用反光标带制作，具有夜间反光和防滑效果；且预先成型，施工简单快捷。彩色斑马线色彩鲜艳，能提示驾驶员在经过斑马线前自觉减慢车速，行人也被其色彩图案吸引而纷纷走斑马线过马路，行人、车辆都更加安全。常见的立体斑马线如图 10-9 所示。

图 10-9　立体斑马线示例

10.2.5　振动标线

振动标线是一种目前国际上发达国家使用比较普遍，具有国际先进水平的高新技术产品。它在道路两侧路肩上人工设置，具有一定间隔、连续的凹槽，当车辆偏离行车道时，轮胎接触凹槽产生的较强振动感可提醒驾驶员返回行车道，用于高路堤路段。

我国交通行业标准《路面标线涂料》(JT/T 280—2004)取代标准(JT/T 280—1995)，于 2005 年 2 月实施，首次对振动型道路反光标线涂料的性能给以规定。其中，振动型道路反光标线是用符合新标准的涂料标画的。

这种新材料具有两个突出作用：一是利用表面凸起的部分，当车辆的轮胎行驶在上面时产生振动，并发出一种"轰隆"声，传递给驾驶员，示意其减速慢行，提醒驾驶员车轮已经压线，要注意安全；二是具有良好的雨夜可视性。

(1)特点

振动标线又称为突起标线、噪声标线、雨夜标线。振动标线是基于改善夜晚和雨天交通安全的初衷，以减少交通事故为目的，通过提高雨天时标线的视认性而开发的表面散布有高折射率玻璃微珠的突起型道路标线产品。当飞驰的车辆碾压在此类标线上，会产生一种低沉的“轰隆”声，这种声音较碾压在道路钉上发出的声音要轻柔一些，这样可以提醒驾驶员车轮已压线，可防止行车中驾驶员假睡和越线行驶，对驾驶员具有强烈的警示和提醒作用。它具有抗污染、白度好、耐碱、耐久、耐磨性好、柔韧性好、耐候性强、振感强烈、雨夜照常反光和提示效果极佳的特点，且用途相对集中，总体投资不大，可根据地理情况及交通量选择采用。

(2)分类

①按形状　从产品的形状上可大致分为：圆点式振动型标线(图 10-10)、方块式振动型标线和排骨式振动型标线(图 10-11)。

图 10-10　振动标线示例

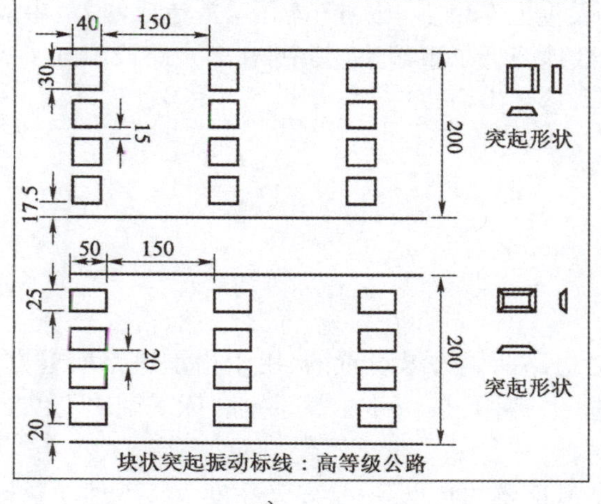

a)

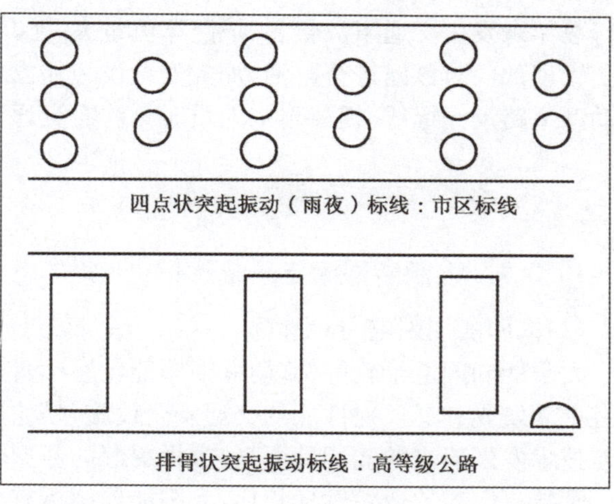

b)

图 10-11　圆点式、方块式和排骨式振动标线(尺寸单位:cm)

②按颜色　振动标线颜色分白、黄两色反光标(其设置在互通立交中央分隔带上时,可采用黄色单、双实线),如图10-12所示。其设置特点为广场减速、弯道防滑、雨夜反光、振动提醒。

图10-12　白、黄两色振动标线

a.减速:在收费广场、转弯、危险路段提示减速。

b.防滑:在弯道上可起到防止侧滑的作用,在下雨时,也保证标线与路面摩擦力一样。

c.雨夜反光:在下雨的黑夜里,振动双黄线和振动边缘线仍然反光,可保证正常行驶,而普通标线则做不到这一点。

d.振动提醒:当驾驶员疲劳驾驶打瞌睡时,在冲出公路前要压在振动凸起边缘线,汽车产生振动摇晃并伴有轮胎与标线产生的呼啸声,使驾驶员惊醒,调整方向,避免事故的发生,是一种很好的主动性防护手段。

③设置方法　振动标线的外形呈凹凸型,基底加突起部分高度为5～7mm。两种振动标线设置方法如下:

a.300mm宽凸起标线主要设置于主线收费广场、匝道出入口、山岭重丘区、连续急转弯、下坡路段以及高速公路终点处(高速公路出口与一般公路的平面交叉处)、企事业单位和学校门口。根据设置位置不同,可多次重复设置,设置时与行车方向垂直。

b.150/200mm宽凸起标线主要设置于中央分隔带、边缘线、危险路段等。设置时与行车方向一致。

(3)示例图

常见的振动标线如图10-10所示。

综上所述,振动标线主要用于事故多发地段和要求对道路轮廓认识性高的场所,如高等级公路的边线、转弯处、导流处、出入口标线、桥梁、隧道、陡坡等路段;城市道路路口停车线、车道分界线、特种车道分界线等;其他需具有提示功能标线的地方。例如,北京八达岭高速公路由于坡道多、隧道多、急弯多,通行数年来发生交通事故较多,该路车流量大,尤其拉煤重型车辆多,旅游车辆多,常造成堵塞,事故频繁。管理部门对该路进行整治,加大安全设施建设,有效地降低了事故率,其中,在多个路段施画了大量振动型道路反光标线,提醒驾乘人员时刻注意交通安全,珍爱生命。

10.3　视觉诱导与提示设施

10.3.1　太阳能同闪电子轮廓标

(1)太阳能同闪电子轮廓标

太阳能同闪电子轮廓标(简称太阳能轮廓标),是沿道路两侧边缘设置的、用于指示道路前进方向、具有主动发光和逆反射性能的交通安全设施,是轮廓标的一种。是一种在普通轮廓标基础之上结合太阳能技术发展起来的实用性更高、效果更好的新型轮廓标。

①特点　与普通轮廓标相比,太阳能轮廓标有两个最重要的特点:一是发光亮度大。普通轮廓标的发光亮度只有300～400个MCD,而太阳能轮廓标的发光亮度可达5000个MCD以上,是前者的10倍以上;高强度的光线可以在夜间穿破雨雾,安全有效地为驾驶员指导方向。二是主动发光,动态警示。

太阳能轮廓标在晚上以某种频率闪烁，人的视觉对变化更为敏感，其动态警示作用非常强。主动发光的太阳能轮廓标可以最大限度上避免雨雾的干扰。

②分类　根据其附着方式的不同可分为太阳能附着式轮廓标和太阳能柱式轮廓标。

太阳能附着式轮廓标附着于护栏上，由逆反射材料、支架、太阳能板、LED、控制器和连接件组成，通过支架固定在护栏与连接螺栓中，安装时，逆反射表面与道路中线垂直。常见附着式轮廓标逆反射材料形状有圆形、矩形、梯形。详见图 10-13 所示。

a)
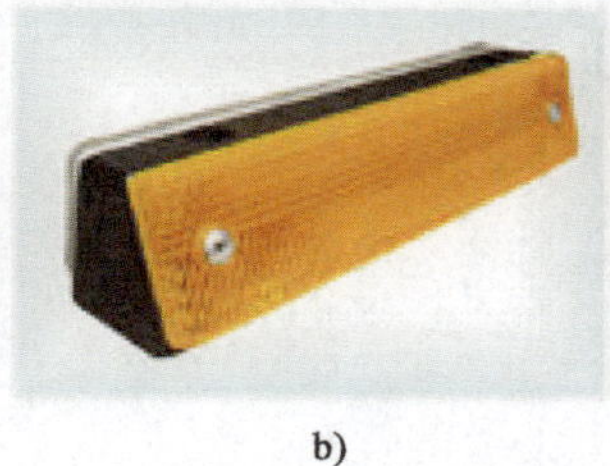
b)
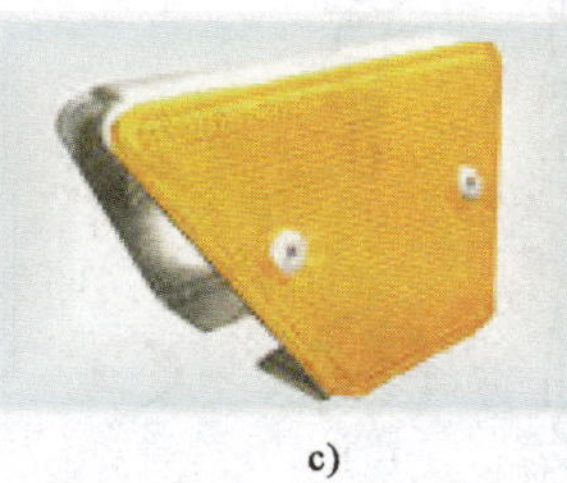
c)

图 10-13　附着式太阳能同闪电子轮廓标
a)圆形附着式；b)矩形附着式；c)梯形附着式

太阳能柱式轮廓标由柱体和反射材料组成，由逆反射材料、支架、太阳能板、LED、控制器和连接件组成。以最常见的三角立柱为例，其柱体为圆角的三角断面，顶部斜向行车道，轮廓标的柱身为白色，在柱体上部应有 250mm 长的一圈黑色标记，黑色标记的中间设有 180mm×40mm 的逆反射材料，逆反射材料不宜脱落。此外，还有圆形立柱式轮廓标。详见图 10-14 所示。

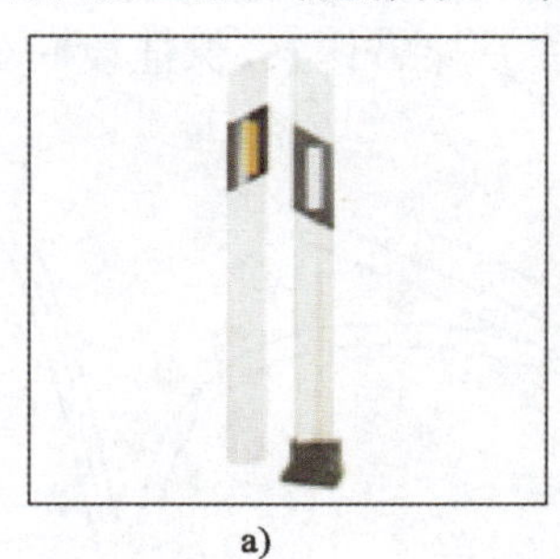
a)
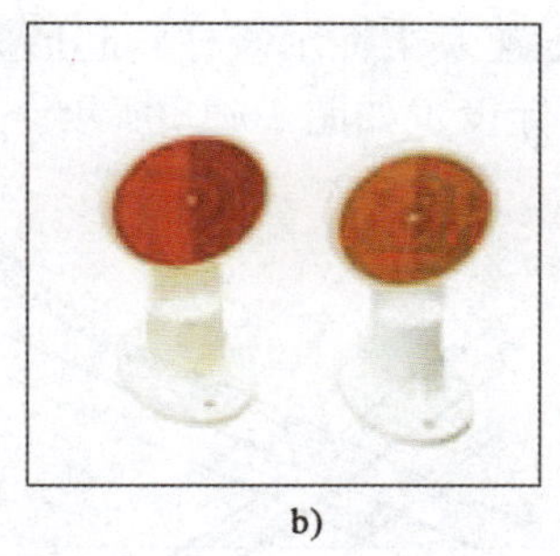
b)

图 10-14　立柱式太阳能同闪电子轮廓标
a)三角立柱式；b)圆形立柱式

③安装　附着式轮廓标与立柱式轮廓标相比，具有两大优势：一是固定孔为椭圆形，可以直接链接到钢护栏上，并且十分简单、方便。二是太阳能附着式轮廓标不受冲击，寿命更长。基于以上优势，安全设施在选取太阳能轮廓标时多数倾向于附着式轮廓标，齐泰高速公路交通安全保障技术中也采用附着式，因此这里仅介绍附着式轮廓标的安装。

附着于各类建筑物上的轮廓标，由反射器、支架和连接件组成。可根据建筑物的种类及埋置的部位采用不同形状的轮廓标和不同的连接方式。

轮廓标附着于波形梁护栏中间的槽内时，反射器的形状通常为梯形，支架做成封闭式，固定在护栏与立柱的连接螺栓上。见图 10-15。

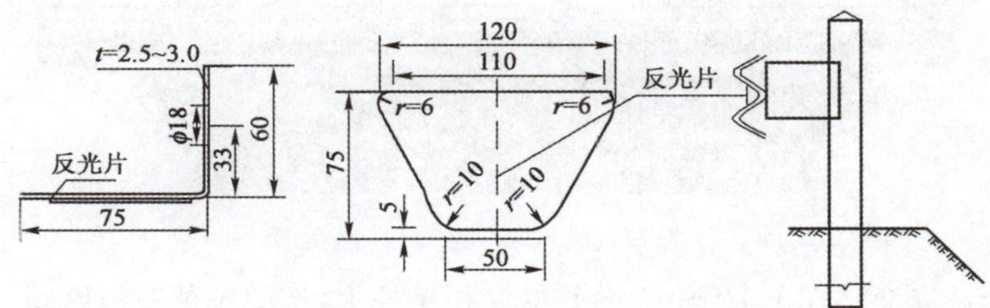

图 10-15　附着于波形梁护栏上的轮廓标(尺寸单位:mm)

在经常有雾、风沙、阴雨、下雪、暴雨等地区，可将轮廓标安装于波形梁护栏的立柱上。也可将圆形反射器装在波形护栏板的上缘，这种轮廓标，通过专门加工的支架把轮廓标固定在波形梁上，见图 10-16。此外，由于实际需要，还有附着于缆索护栏的轮廓标，通常是通过夹具将轮廓标固定在缆索上，由于其夹持半径在一定范围内可以随意调节，此类轮廓标也可以夹持在护栏上，见图 10-17。

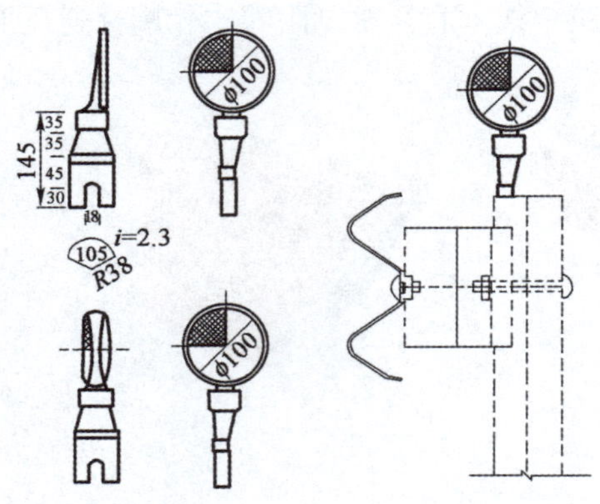

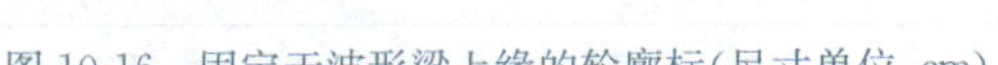
图 10-16　固定于波形梁上缘的轮廓标(尺寸单位：cm)

图 10-17　固定于缆索护栏的轮廓标

(2)工程实际应用

①齐市互通区匝道　在齐泰高速公路齐市互通区匝道设置太阳能同闪电子轮廓标，通过安装在轮廓表内部的同步器控制闪烁时间，来达到所有轮廓表在夜间同步闪烁，每 24m 设置一个，与太阳能电子指路标、太阳能爆闪灯、限速及柔性示警柱一起形成安全保障体系，保证夜间的行车安全。以齐市互通 *A* 匝道为例，太阳能轮廓标设置如图 10-18 所示。

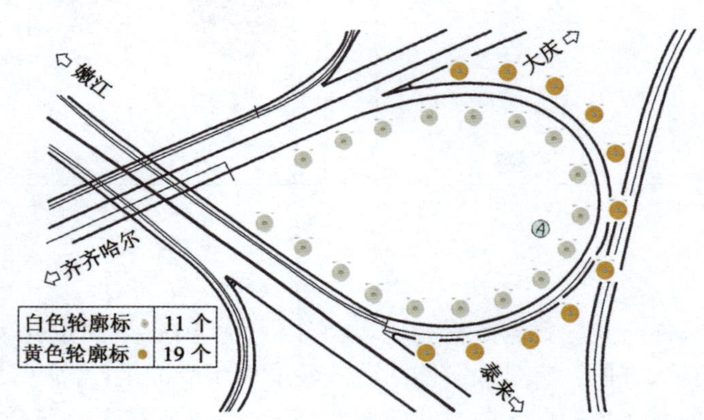

图 10-18　齐市互通区匝道太阳能电子轮廓标设置图

②服务区出入口　在昂昂溪服务区、江桥服务区、泰来服务区共三个服务区出入口匝道设置太阳能电子轮廓标，按照左黄右白原则，设置太阳能电子轮廓标，设置间距为 8m。这里以昂昂溪服务区为例，示意图如图 10-19 所示。

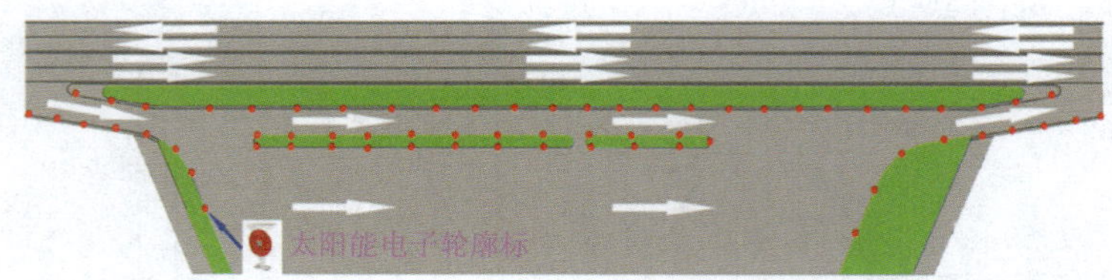

图 10-19　服务区交通安全设施设置图

③K32＋013 公铁立交　在 K32＋013 公铁立交桥护栏上，按照左黄右白原则，设置太阳能电子轮廓标，设置间距为 24m，同时配合爆闪灯与太阳能限速标志，形成立体的夜间反光效果。如图 10-20

所示。

④嫩江特大桥　嫩江特大桥与K32+013公铁立交桥行驶条件及安全行车要求相似，在护栏上按左黄右白原则，同样设置太阳能电子轮廓标，设置间距为24m。布置形式参照图10-20。

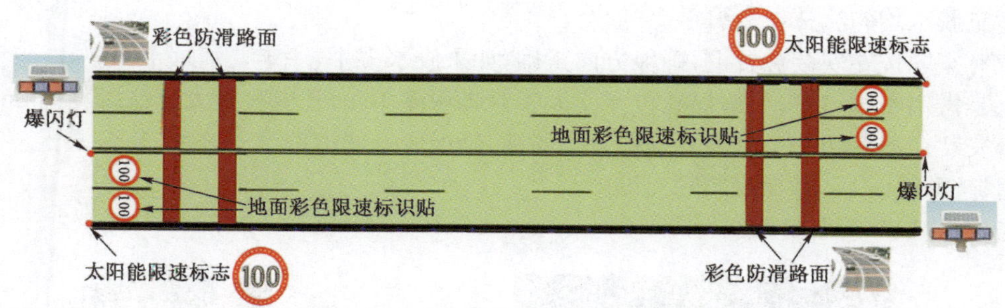

图10-20　公铁立交交通安全设施设置图

10.3.2　反光道钉

反光道钉分铁路用道钉和公路用道钉。公路用道钉又称为突起路标，是一种交通安全设施，主要安装在道路的标线中间或双黄线中间。道钉通过发光体产生钻石效应，在汽车灯光的作用下，使驾驶员在150～200m以外感受到醒目反光，更利于夜间行车，起到更好的交通安全警示作用，并减少交通事故的发生。主要应用于公路两侧、中间、急弯及高速公路出口处，可用来标记弯道进出口匝道，导流标线，道路变窄，路面障碍物等危险路段。

(1)分类

道钉有很多分类。按照功能可以分为：普通道钉、太阳能道钉、隧道有线道钉、无线道钉。按照材质可以分为：铸铝道钉、塑料道钉、陶瓷道钉、玻璃球道钉，见图10-21。根据反光面数可以分为：单面道钉和双面道钉，见图10-22。

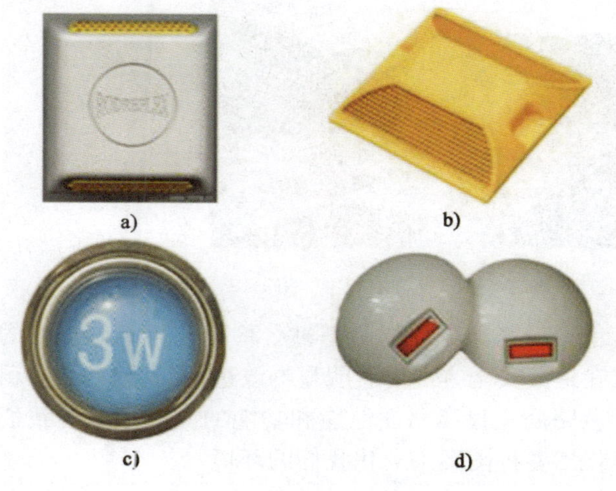

图10-21　反光道钉按材质分类

a)铸铝道钉；b)塑料道钉；c)陶瓷道钉；d)玻璃球道钉

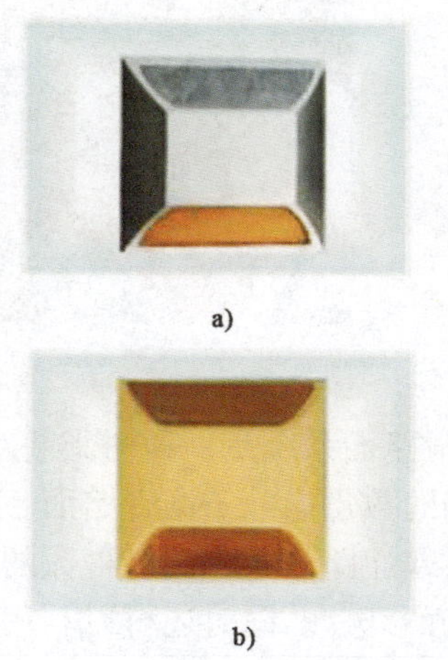

图10-22　反光道钉按反光面数分类

a)单面道钉；b)双面道钉

(2)规格

在没指明情况下，反光道钉是指普通道钉。规格一般为100mm×100mm×20mm，高度最高不超过25mm。道钉的安装一般采用环氧树脂安装。

道钉的反光材料主要为PMMA材料(聚甲基丙烯酸甲酯)，抗压性强，大于160kN，反光性强，耐水性能好，耐推性好。

(3)安装程序

①摆放安装安全隔离设施，所有人都应该在安全设施内，如在通车道路里施工，安全人员同安装人

员比例应为 1∶1。未通车路段施工,安全人员同安装人员比例应为 1∶3。

②确定安装位置,确保安装位置平整,对有伸缩、夹缝和不平整的路面,事先要将路面整理平整。

③用刷子把安装位置清扫干净,同时确保安装位置干燥。

④取适量胶水均匀涂抹在道钉上。

⑤将道钉紧紧按在安装位置上,确保方向正确,如果胶水多了,一定要清理干净。

⑥如果是铸铝带脚道钉,要确保孔位深度大于钉脚深度 1cm,孔位直径大于钉脚直径 2mm。

⑦道钉安装完毕后两个小时内要进行一次巡视,确保所有的道钉没有装反、装歪或压歪。

⑧等道钉固化 4h 后,撤掉安装隔离设施。

反光道钉的施工见图 10-23。

图 10-23　反光道钉的施工

10.3.3　彩色防滑路面

(1)彩色防滑路面介绍(图 10-24)

图 10-24　彩色防滑路面

彩色防滑路面系统是一种树脂基路面防滑系统,包括特殊配方的树脂基黏合剂和各种不同规格的骨粒,以精确的数量涂敷于沥青路面。此种路面不仅在道路安全方面有着明显的改进,同时因其面层耐磨耗,可以对普通路面起到延长寿命的作用。防滑彩色路面在提高路面性能和功能的同时还会使我们的环境更加五彩斑斓,同时还可以利用其鲜艳的颜色作出各种图案来美化我们的环境。

①分类　彩色防滑路面分类很多,主要是按防滑路面材料来确定的。国内外目前主要有四类彩色路面材料:一是彩色沥青混合料类;二是乳化彩色沥青稀浆封层类;三是彩色水泥灌浆沥青混合料类;四是彩色路面防滑涂料,较之前三类材料,彩色路面防滑涂料具备更加突出的防滑性能。

此外,中华人民共和国交通运输部 2008 年 6 月 2 日发布的《路面防滑涂料》(JT/T 712—2008)经审查通过,自 2008 年 10 月 1 日起实施。

②用途　防滑或防止交通事故。彩色路面防滑系统有卓越的防滑属性,直接的效果就是大幅度降低制动距离,防止交通事故,尤其是在阴雨天气。此外,使用在急转弯和斜坡处时,汽车打滑显著地降低。这种系统对于跨线桥、高速公路出入口和高速公路收费站前后等需要快速降低车速的区域尤为适用。

方便交通管理。彩色防滑路面在欧洲被广泛用来提示道路使用者哪一部分道路在哪一时段可以使用。这在管理不同级别的道路使用者和提供分开的车道给不同的使用者是十分有用的。

交通减速提示。彩色防滑路面使驾驶员注意到接近的危险路段和瓶颈路段，避免了紧急制动，从而减少了交通事故和交通阻塞，这对于管理交通速度和交通流是十分有用的。彩色防滑路面能和其他道路标志一起广泛地应用，或单独使用以提醒驾驶员注意和降低速度应对前方潜在的危险路段。

(2)工程实际应用

常见的连续施画彩色路面如图 10-25 所示。根据实地考察，在 K32＋013 公铁立交桥两侧、K31＋976～K32＋237 上坡路段处、K31＋824～K31＋976 上坡路段处间断设置暗红色防滑标线，标线厚度小于 3mm，纵向：8m/间隔 30m/8m/间隔 40m/8m/间隔 50m/8m，横向：7m，既有防滑作用，又能起到警示效果。间断施画彩色防滑路面如图 10-26 所示。

图 10-25　连续施画彩色防滑路面图

图 10-26　间断施画彩色防滑路面

10.3.4　实景照片旅游标志

实景照片式标志牌是采用现代高新丝网印刷技术将高速公路沿线的旅游景点图像印在标志牌反光膜上，给驾乘人员以更加直观的视觉冲击和对景点的直观感受。此种技术既打破传统的旅游标志牌的单一乏味的排版模式，又丰富了高速公路沿线的景观元素。实景式照片标志牌已在北京长安街和一些高速公路和旅游景点等得到应用，并取得了较好的效果，见图 10-27。

图 10-27　实景式标志牌

卡通式标志牌主要应用在高速公路公益标志牌上，同样是采用丝网印刷技术，将标志版面印以一些卡通化的形象，再附上诸如“严禁超速、严禁疲劳驾驶，请系安全带”等标语，以一种幽默诙谐的方式给驾驶员以安全提示，能达到事半功倍的效果，见图 10-28。

图 10-28　卡通式标志牌

10.3.5　太阳能自发光技术在标志板上的应用

太阳能自发光标志牌是采用专用挤形铝拼装式箱体密封结构，字体内置发光，箭头外置方向光，发光占空比 30%～50%，夜晚明暗变化起到了吸引驾驶员注意识认标志、减少错误行驶的作用，同时起到景观作用，达到了提高可视性、起到规劝作用的预期目的。同时，太阳能技术也减免有源发光所需的电缆布设、做槽埋线、分段控制系统、防雷设施等附属设施及工程费用，避免了受布设距离限制和电缆线被盗的可能。

太阳能技术不仅在所有标志板上利用，同时还可以用在其他交通安全设施上，如太阳能自发光轮廓标、太阳能自发光突起路标、太阳能自发光防撞桶等，通过发光和反光的双重提示，达到更加安全的效果，见图 10-29。

a)

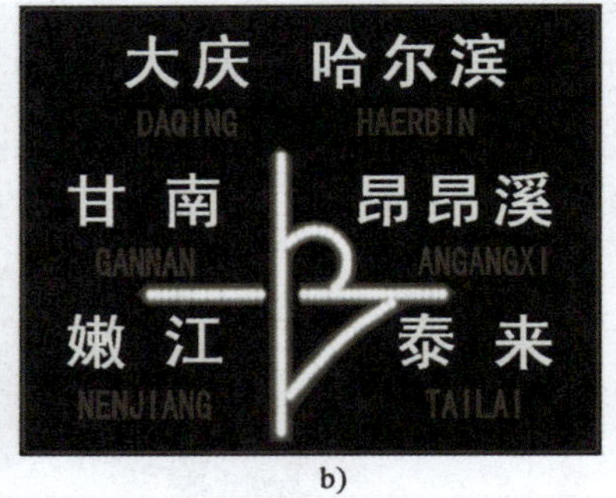

b)

图 10-29　太阳能标志牌
a)白天效果；b)夜晚效果

在齐泰高速公路交通安全保障中，在泰来至齐市进齐市互通前设置两块太阳能电子指示标志，版面尺寸为 4800m×4000m，附着在门架上，以指示哈尔滨和齐齐哈尔方向；此外，对于大庆至齐市和齐市至大庆方向各一块，版面尺寸为 6000m×4800mm，分别指示齐市和大庆方向。

10.3.6　防眩设施上的仿生利用

防眩设施是可以最直观地展现地域文化、自然景观的一种安全设施。它除了满足遮挡对向车灯眩光的功能外，最主要的附加功能就是宣扬地域文化。

根据高速公路主线沿线的自然条件，设计出具有当地特色的植物或动物形象的仿生型防眩板，用以增强地域特色，提升公路文化，见图 10-30。

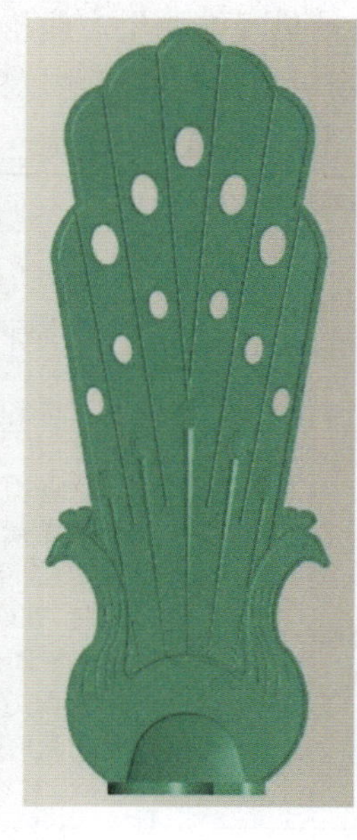
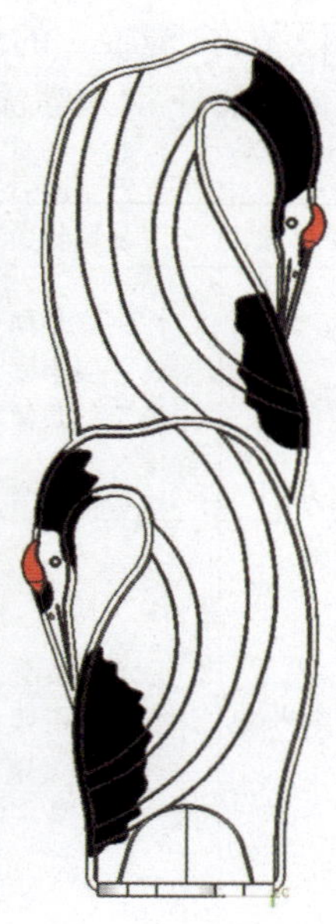

图 10-30　仿生型防眩板

10.3.7　热浸镀锌十纳米喷涂双涂层工艺在波形梁护栏上的应用

(1)产品工艺(图 10-31)

以冷弯后的波形梁钢板或高频焊接钢管为基体材料，先进行热镀锌处理，再在其外表面喷涂一层纳米纯聚酯粉末，通过静电喷涂工艺使纳米涂层牢固黏附在锌层表面，实现增强使用寿命、美观、环保的作用。

图 10-31　先进的护栏生产设备

(2)性能特点

①双涂层防腐，集镀锌防锈和涂层防腐的优点于一身。

②大幅度增强护栏使用寿命，节能降耗，具有很大的社会效益。

③美化环境，可以根据外部环境选择不同的颜色。

④长时间保持鲜艳的颜色，起到环保的作用。

(3)质量保障

①优质的锌：采用辽宁葫芦岛生产的 0 号锌。

②优质的粉末：采用我公司与美国杜邦华佳公司共同研制的专用纳米纯聚酯粉末。

③先进的生产设备：全国唯一的全自动热浸镀锌生产线＋从英国引进的全自动喷涂生产线。

热浸镀锌与热浸镀锌＋纳米喷涂双涂层的材料性能比较见表10-1。

材料性能比较　　表10-1

防腐方式	防腐层材料	工艺比较	防腐层厚度比较	产品性能比较	防腐效果
热浸镀锌	锌	在钢铁表面附着一层牢固而稳定的热镀锌层	锌层≥0.085mm	优点：①常规的防腐工艺，生产厂家多；②外表面耐磕碰。 缺点：①镀锌层容易被氧化而发黑；②镀锌层防锈不防腐，使用寿命较短；③颜色单调	防锈不防腐，防腐效果一般
热浸镀锌＋纳米喷涂双涂层	锌＋纳米纯聚酯粉末	双涂层：先热镀锌，再喷涂一层纳米聚酯层	锌层≥0.038mm 聚酯层＞0.076mm	优点：①双涂层防腐，集镀锌防锈和涂层防腐的优点于一身；②大幅度增强护栏使用寿命，节能降耗，具有很大的社会效益；③美化环境，可以根据外部环境选择不同的颜色；④长时间保持鲜艳的颜色，起到环保的作用。 缺点：①设备、工艺、技术门槛较高，影响产品质量的因素多，致使目前产品质量参差不齐；②对粉末质量要求高，特别是粉末的耐候、抗老化、附着力、不变色四大指标	双涂层防腐，集镀锌防锈和涂层防腐的优点于一身，增强使用寿命

应用防腐材料后的护栏见图10-32。

图10-32　应用防腐材料后的护栏

10.3.8　折叠式活动护栏

折叠式活动护栏的特点如下：

(1)活动护栏体的折叠转动机构，系采用标准的双轴合页，结构简单实用。转动灵活，折叠开启时不用卸任何零件，人直接手推即可；折叠方便，可快速开启、关闭，能满足开口应急之需。

(2)两端末节活动臂与末端固定柱采用特殊的轴承结构，这样，可使末节护栏体能绕固定轴转360°，使护栏全部开启，增加了应急开口的有效宽度，加大疏导通过量。同时，护栏体也可以随意向两侧路面展开，形成路障，以便调流及道路维修。此护栏如设置在收费站广场，护栏体可调节成任意角度，实现收费站调整变道或疏通、阻断等多种功能。

(3)活动护栏的支撑、固定及转动采用了每节设单套管及双万向轮支撑转动，并且在套管内设有可调节上下的定位插管装置。这种新颖的集支撑、定位及转动为一体的结构，为减少地面打孔，增加护栏稳定性及灵活性带来很大好处。

(4)在突出防护、阻断、疏导作用的前提下，兼顾护栏的防撞缓冲功能，可尽量避免护栏被冲撞后，发生次生事故。护栏结构简化，取材合理，折叠、展开轻便灵活，是一种新型的高速公路用活动护栏。

(5)采用新型暗置锁具,直接用一把专用钥匙,即可方便地开启全路段的活动护栏。最大限度地避免非管理人员随便开启,有效防止车辆任意掉头,安全可靠。

(6)护栏平时免维护,一旦被撞损坏,可单节快速拆卸维修更换,节省维修时间,减少维修费用。

活动护栏示意图见图 10-33。

图 10-33 活动护栏

10.3.9 服务区信息管理平台

智能交通已经成为解决现代社会汽车交通带来的各种问题的一种有效手段,开发智能交通的目的就是通过使用当前正在飞速发展的信息及通信技术,有效利用现存的道路设施,使得车辆、道路和驾驶员和谐地统一起来。服务区电子触摸屏的开发及运用是目前智能交通运用的一种新型表现形式。同时,服务区日后发展的一个重要功能是信息平台。通过这个信息平台,使道路管理者和使用者得到信息交流,信息共享,以最大效能发挥信息指导作用。服务区电子信息发布平台体现了政务公开、信息服务高效快捷的现代交通理念,在逐渐普及联网、建立省级或国家级信息中心后会得到更快更好的发展。其信息发布终端具有以下服务功能:交通政务信息、交通信息、道路气象信息、公路热线、旅游导航及物流分布。

(1)交通政务信息:集中介绍本省交通方面的综合介绍、行业建设与管理、政策与法规、《公路法》、《环保法》、《道路交通安全法》以及本省的超限治理相关政策等。

(2)路况交通信息:介绍本路以及本省各条高速公路的通行状况、车流量报告、事故报告以及在建高速公路的建设情况等。

(3)气象信息:前方道路及周边道路的气象信息报告,为驾驶员提供良好周到的出行服务。

(4)道路热线:介绍全省高速公路服务热线以及各条高速公路路政、交警服务热线、相关的制度公示以及监督电话、服务投诉等信息。

(5)旅游导航:介绍本路及周边道路相邻的自然人文景观、方向指示、景点门票等。

(6)商品物流:介绍路网附近城市以及省内各个城市的物流仓储网点的布设、电话以及联系方式等相关信息。

除此之外，信息发布终端还能为服务区提供电子化信息管理的一整套解决方案，使刷卡、身份识别、服务区滞留实现自助刷卡服务，透明消费。

未来，信息发布终端机通过不断完善，还可以实现以下几点功能。

(1)消费结算功能：本台信息发布终端机可以实现金融卡和储值卡刷卡消费结算功能。

(2)公共信息查询功能：跨省域、跨城市、跨交通天气预报、列车时刻、交通路线等诸多信息的查询功能。

(3)网络功能：包括浏览网页，收发邮件等常用网络功能。

10.4 交通设施驾驶容错技术

10.4.1 护栏之间衔接与过渡

护栏是保障高速公路安全、快速运营必不可少的重要安全设施，在减少交通事故数量和减轻事故严重性方面发挥着重大作用。交通事故的发生除了与驾驶员的操作有关，桥梁护栏没有发挥到应有的作用也是酿成恶果的原因之一。通常的设计中，波形梁护栏与桥梁混凝土护栏的过渡段缺乏宽容性设计，往往成为安全防护链中的一大隐患。以往采用的两波到三波的过渡段护栏形式，刚度达不到规范要求；护栏没有连接或基本上是搭接。

(1)护栏之间衔接与过渡的具体形式

高速公路桥梁护栏与路基护栏的形式大多是不同的，齐泰高速公路除在K32公铁立交桥、嫩江特大桥处设置为方钢护栏外，其余为混凝土护栏，而路基护栏为波形梁护栏。由于护栏类型不同，受力机理、横向变形大小、护栏高度等参数存在差异，特别是在黑龙江省冰雪条件下，驾驶员更可能发生操作失控。因而路桥过渡段护栏是高速公路护栏防护最薄弱的环节，通过对过渡段护栏的调查分析可以进一步改进的有以下几方面：

①护栏连续设置。过渡段处没有设置合理、安全的护栏，当车辆与路基护栏或桥梁护栏碰撞角度较小，碰撞能量不大时，车辆易从护栏缺口处冲到路外，或端部对车辆造成伤害。

②过渡段护栏衔接改进。护栏连接处只是随意搭接在一起，有的甚至没有连接。路基护栏与桥梁护栏没有平稳过渡，未能形成结实牢固的整体。当车辆从路基护栏开始发生碰撞时，波形护栏发生横向变形，车辆将沿着变形的护栏与混凝土端部发生正面碰撞，导致车辆破坏严重。

③过渡段护栏刚度加强，衔接处加固。由于路基护栏刚度比混凝土护栏刚度小，当车辆从混凝土护栏开始发生碰撞，过渡到波形护栏时因刚度积极下降，波形护栏不能及时延展、变形吸能，防护能力没有得到充分发挥，致使车辆冲到路外。

(2)护栏之间衔接与过渡的具体分类

护栏之间衔接与过渡的平面图和立面图分别如图10-34和图10-35所示。常见的护栏之间的衔接方式包括波形梁与混凝土护栏衔接、波形梁与方钢护栏衔接。

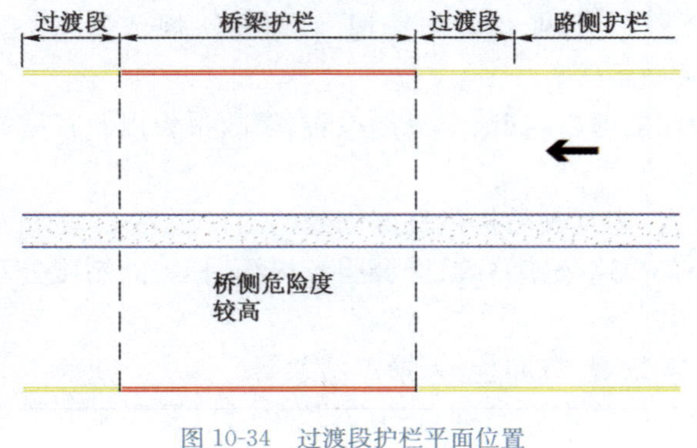

图10-34 过渡段护栏平面位置

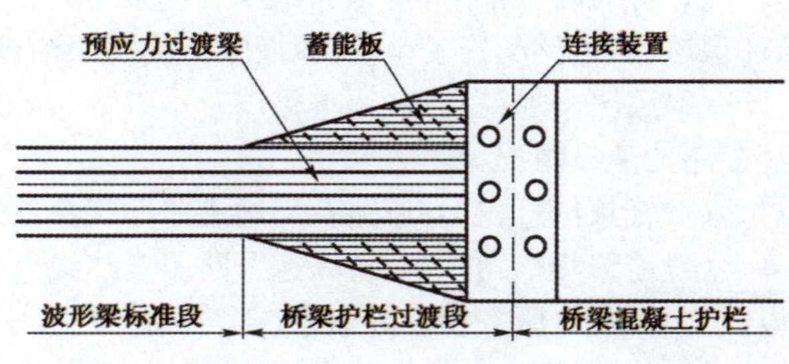

图10-35 过渡段护栏立面

①波形梁与混凝土护栏衔接(图 10-36)

a. 波形梁的高度需由双波梁高度过渡到等于组合式桥梁护栏的高度,因而双波梁上下需加设三角形的蓄能板。

b. 在双波梁上下边沿进行卷边并形成封闭的卷筒,在卷筒中穿进钢管,钢管内穿入钢绞线,两端根据不同碰撞等级的过渡要求(280 kJ、400 kJ 和 520 kJ)进行预应力张拉后锚固。

c. 镶嵌固定的连接装置由混凝土护栏连接钢板和支撑梁共同组成,预应力过渡梁和蓄能板镶嵌在连接钢板的预留槽中,并由支撑梁在另一侧的连接钢板上固定。

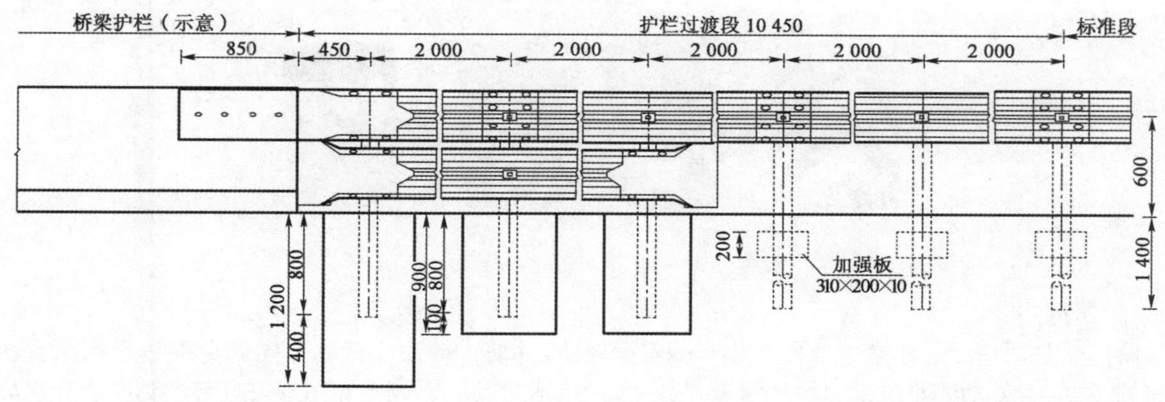

图 10-36 波形梁与混凝土护栏衔接(尺寸单位:cm)

②波形梁与方钢护栏衔接(图 10-37)

a. 波形过渡梁的整体宽度由双波梁宽度过渡到等于组合式桥梁护栏的高度,从 31cm 过渡到 81cm、90cm、100cm。

b. 波形梁路桥护栏过渡梁由双波梁分别过渡到四波梁、六波梁和八波梁,中间两波波形不变(两波总宽 31cm),其他增加的波宽减小(一个波形 10cm 宽),每 4m 一段,共 3 段。高 81cm 的桥梁护栏增加 5 个波形;高 90cm 的桥梁护栏增加 6 个波形;高 100cm 的桥梁护栏增加 7 个波形。

c. 根据试验受力及刚度分配要求,波形板可逐渐增厚,波形板上下边沿以卷边的方式进行能量储存,或采用过渡梁后加设不同直径钢管等能量储存的方式来调节刚度的分配,分别满足平顺过渡到 280kJ、400kJ 和 520kJ 的要求。

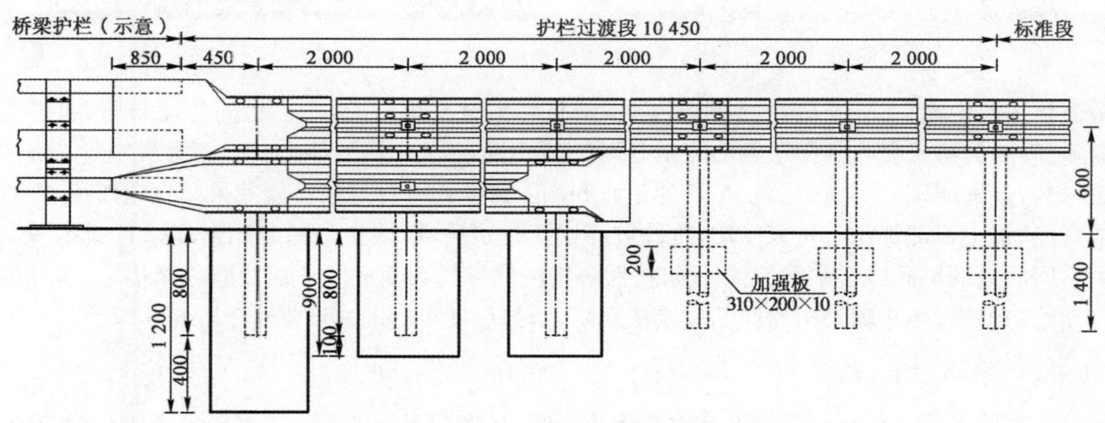

图 10-37 波形梁与方钢护栏衔接(尺寸单位:cm)

10.4.2 防撞设施

防撞设施是指用于道路中,为了防止或者减轻车辆碰撞产生的后果而设置的安全设施。

齐泰高速路侧安全护栏设施多采用双波形梁钢护栏和混凝土防撞护栏,起到了有效的防撞作用,对于防止车辆越出路外、减缓事故严重性起到了较好效果,但这些护栏在分流三角地带、分离式立交桥墩、波形梁端头等一些特殊地方的防撞力度不够，为避免安全隐患，提高安全性，需要采取其他防撞设施——防撞桶和防撞垫加以保护。

(1)防撞桶

防撞桶主要设置在公路及城市道路上容易发生汽车与路中固定设施发生碰撞的部位，如：路的转弯处，路中岗亭、收费站及高架路的进出口，停车场、小区、花园、加油站等，起到隔离作用。防撞桶是用高弹性、高强度的改性塑料制成，当汽车与该设备碰撞时，能有效地减小冲击力，因此，能显著地降低车与人的损伤。其表面贴有的反光膜，可以根据需要贴上指示标签。常见防撞桶花色如图 10-38 所示。

图 10-38　常见防撞桶示意图

(2)防撞垫

防撞垫是通过吸收车辆碰撞能量使车辆安全停止，并使车辆改变行驶方向避免乘员受到严重伤害的设施，它的主要功能是降低事故严重度，另一方面也通过其表面颜色和图形符号等起到警告和诱导作用。如图 10-39 所示。

图 10-39　防撞垫(防撞桶)设置示例

防撞垫一般由端头、吸能材料、两侧护梁、横隔板和后背支撑组成，车辆碰撞防撞垫后，通过端头部分的变形、吸能材料来吸收碰撞车辆的能量，后背支撑用来抵抗车辆的冲力。吸能材料一般是泡沫材料或橡胶材料，这种原理的防撞垫对于车辆的正面和侧面碰撞均有良好的吸能效果和导向作用，并且该系统在被碰撞后，主要部件均可重复使用，维修方便快捷且费用低，缺点是初装稍微复杂且成本较高。一般是由不同质量的填砂或装水防撞筒（墩）按照一定的顺序排列而成。车辆冲撞防撞垫后，车辆的动量依次传递给防撞筒，使车辆和防撞筒的速度依次降低，最后使车辆的速度降到 15km/h 以下。

10.4.3　解体消能设施

所谓的解体消能是指减小路侧设施构造物的刚度，当失控车辆撞上此类路侧设施构造物的杆柱时，杆柱能够发生解体、变形、断裂，从而减小因车与杆柱相撞产生的作用于失控车辆的动能，实现降低此类交通事故对车与乘客伤害的严重程度。

(1)解体消能工作原理

解体消能装置的理想工作状况为：当失控车辆撞击到解体消能的杆柱时，杆柱底部发生解体，杆柱发生位移，且位移方向与车辆撞击后的行驶方向一致，如图 10-40 所示。

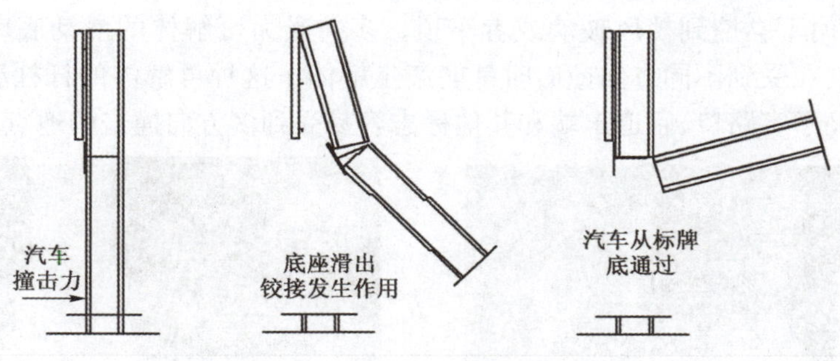

图 10-40 解体消能示意图

(2)解体消能装置的设计方法

①底部弯曲型连接

杆柱由 U 形槽钢、多孔方形钢管、薄壁铝管或薄壁玻璃纤维管构成。底部发生弯曲的部分是由 100mm×300mm×6mm 的钢板与支柱底部焊接或螺栓连接而形成的。这种类型杆柱的工作状况受立柱插入地下深度、土壤的抵抗力、支柱底部的刚性、杆柱的高度等许多因素的影响,所以很难预测其性能。

②底部易断裂型连接

用木栓、钢栓或铝制品将杆柱与置于底座上的独立固定器相连。通过将木栓、钢栓等构件将底座与杆柱连接并固定在一起。在正常使用状态下,起到连接作用;当底部受到事故车辆的撞击时,在固定器处的连接件发生断裂,杆柱实现解体。为确保事故车辆碰撞时杆柱发生解体,其固定器处的连接件分为以下三种设计方式:

a. 选择易断裂的材料作为连接件,如木栓、铝制品。

b. 将连接件设计成显著变化式的截面形式。

c. 在固定器上预留孔口,使之成为受力后的承力薄弱截面。见图 10-41。

上述底部易断裂型连接受到各个方向的撞击时均能产生解体。即:无论哪个方向来的撞击都能触发解体连接件发生作用。

图 10-41 易断裂型连接示意图

③滑动底座连接

滑动底座由两块平行的钢板,在钢板四角用螺栓连接构成。当车辆碰撞时,连接两个平行滑板的螺栓受到外力被拔出,滑板自然分离,达到解体的目的。这种设计可以是单方向受力可解体型,也可以是多方向受力可解体型。单方向受力可解体杆柱底座的基本类型分为水平和倾斜两种滑动底座。图 10-42是这种设计的典型类型。倾斜的设计利用 4 个铆接的滑动底座与水平方向夹角为 10°~20°,这个角度确保车辆在通过时不会撞到挡风玻璃或者车顶。多向受力可解体的滑动底座(图 10-43),其底座被设计成三角形,以便在受到不同方向撞击时都能产生解体。这种可解体的杆柱底座类型在理论上适合运用在中央、渠化岛丁字路口、匝道末端和其他标志容易受到多方向撞击的地点。

图 10-42 倾斜的单方向受力可解体的滑动底座连接

图 10-43 多向受力可解体的滑动底座连接

④照明设施解体消能装置的结构

解体消能装置主要应用于标志牌的支撑,也可用于其他各种管线杆柱。照明设施由于其功能的要求,杆柱高大,而且有供电线路,因此,失控车辆撞击此类设施时,不仅需要保障照明杆柱能有效实现解体消能的目的,同时,还需要进行有效设计来防止失控车辆撞击此类设施而引发火灾和触电事故。因此,在进行照明设施的解体消能装置设计时,需要注意如下几个方面:

a. 照明设施的杆柱最高高度不能超过 18.5m,这个高度值是目前经过美国解体装置试验认可的最大高度值,这个高度也能满足现代照明设计应用要求。为了防止杆柱跌落砸到车辆上造成严重后果,可解体照明杆柱最大质量不能超过 450kg。

b. 解体杆柱内的电线在可拆卸的底座上,其拆离位置应尽可能接近基座。照明的解体杆柱要注意有效地减小起火或触电伤亡事故发生。一般将其设计为:当照明设施杆柱解体后,电路也自行中断,以避免上述情况发生。

c. 一般在中央分隔带内的照明杆柱不使用解体装置。主要原因是:如果中央分隔带内的照明设施杆柱发生解体后,会落在对向行车道内,影响对向车道的行车安全和交通通畅。

d. 尽量减少各种管线杆柱在路侧净区的总数量,可以考虑将各种管线改为地下敷设,增大间隔或一杆(柱)多用等方法。这些方法才是减少交通事故的根本方法,而解体消能装置只是减轻事故严重程度的对策。

本章介绍了特种标志标线、视觉诱导与提示设施、交通设施驾驶容错技术三个方面的公路交通安全保障新技术。

在特种标志标线方面,主要应用了太阳能限速标志、地面彩色限速标识贴等。其中,在齐齐哈尔至甘南匝道合流端(K1+579)处,安装爆闪灯和太阳能限速标志;在部分主线超高段设置太阳能限速标志;在嫩江特大桥,施画地面彩色限速标识贴。

在视觉诱导与提示设施方面,主要应用了太阳能电子轮廓标、彩色防滑路面、实景照片式标牌、太阳能指示标志等。其中,齐市互通桥、公铁桥、嫩江大桥、服务区入口匝道护栏上设置太阳能轮廓标,公铁立交桥的 K31+976~K32+237 上坡路段处、K31+824~K31+976 上坡路段处间断施画彩色路面,在泰来至齐市进齐市互通前、大庆至齐市和齐市至大庆方向设置太阳能电子指路标志,此外在沿途景点设置实景照片式标志牌,并且加上一些卡通的公益性指示标志。

在交通设施驾驶容错技术方面,在指出现行设计满足规范要求的前提下,建议性地提出波形梁与混凝土护栏衔接、波形梁与方钢护栏衔接的设计方法,同时介绍了防撞设施(如防撞垫和防撞桶),新型的解体消能防撞设施的理论及应用。

在鉴别出来的事故多发点基础上，对齐泰高速公路交错应用以下技术：在齐市互通形成了以太阳能电子轮廓标、太阳能电子指路标、太阳能爆闪灯与限速、柔性示警柱为主的夜间立体发光体系；在K32+013公铁立交桥形成了以彩色防滑路面和太阳能限速为主的警示减速体系；在嫩江特大桥形成了以地面彩色限速标志贴、太阳能限速为主的减速提示以及以爆闪灯和太阳能电子轮廓标为主的夜间立体发光体系；在昂昂溪服务区、江桥服务区、泰来服务区共三个服务区出入口匝道设置高于互通区匝道3倍密度的太阳能电子轮廓标，以起到保障出入服务区车辆的行驶安全。此外，新型的实景照片式在扎龙湿地自然保护区、昂昂溪文化遗址、塔子城古城遗址、东方红林场的应用使齐泰高速公路充满了自然人文气息，丰富了沿线文化。

随着这些新技术的应用，使得交通安全保障措施能够在各种工况条件下，最大限度地起到警示诱导作用，真正做到了交通安全保障方面的“以人为本”。在保持原有的为驾驶员提供更好的安全保障作用的同时，又丰富了道路的景观及人文气息，使得道路使用者在安全、舒适、愉快的条件下使用道路。

11 公路线形与设施安全评价技术

随着社会的进步和经济的发展、机械自动化程度的提高，作业环境和劳动条件有了较大的改善，人们的工作方式由以体力劳动为主逐渐转向以流水作业和脑力劳动为主。电脑的开发、视屏作业（VDT）的兴起，导致因长期的固定强迫坐姿体位、用眼过度、手—腕部的单一反复动作，产生了颈、肩、腕综合征。为此，人们开始研究如何减轻人在工作中的疲劳，创造合理与舒适的工作条件以提高工作效率。因此，劳动卫生和职业病的研究范畴也随之扩展，在生理学、生物力学、工程学等学科的基础上，产生了人机工效学。

11.1 人机工效学

11.1.1 人机工效学的含义

（1）人机工效学名称及定义

人机工效学又称人机工程学，是研究“人—机（泛指人造的物品）—环境”的一门交叉性学科。在我国，由于资料来源及研究、应用的侧重点不同，所以译名也不尽相同，如把美国的“Human Engineering”译为“人类工程学”或“人体工程学”；原苏联及东欧国家的“Engineering Psychology”一般译为“工程心理学”；日本的相应学科译为“人间工学”等。目前国际上较为通用的名称是采用西欧各国的命名“Ergonomics”，这个单词是 1950 年 1 月 14 日在英国剑桥大学召开的一次会议上，由世界各国著名学者共同创造的，它是由希腊语中的两个词根“Ergon”（工作、出力）和“Nomics”（规律、正常化）构成的。这个词的基本含义是“工作规律”或“出力正常化”，所以在我国也有将该学科定名为“人类工效学”或“工效学”。本书将这一学科定名为“人机工效学”（简称人机学）。目前，“人机工效学”术语已被我国广大科技工作者所接受，并成为工程技术界较为通用的名称。

人机工效学研究的中心问题是优化人机关系，把人的因素作为产品设计的重要参数，从而为产品设计提供一种新的理论依据和方法。为了对人机学的认识更加明确，下面将国际人类工效学学会（International Ergonomics Association，简称 IEA）界定本学科研究的范围引录如下：“人机工程学又称人机工效学，是研究人在某种工作环境中的解剖学、生理学和心理学等方面的各种因素，研究人和机器及环境的相互作用；研究在工作中，家庭生活中和闲暇时间内怎样统一考虑工作效率，人的健康、安全和舒适等问题的学科。”由此可见，人机学的研究范围很广，涉及的学科领域很多，是一门多学科相互渗透的交叉性学科。

（2）人机工效学的发展简史

从总体上看，人机学的研究和发展大致可划分为三个阶段。

第一阶段是以“人如何适应机器”为特点进行研究的。其中比较典型的是“铁锹作业试验研究”。1898 年美国学者泰罗（Trederick W Taylor）曾对铁锹的使用效率进行研究，他用形状相同而铲量不同的四种铁锹（每次可铲质量分别为 5kg、10kg、17kg 和 30kg），分别去铲同样一堆煤，如图 11-1 所示。

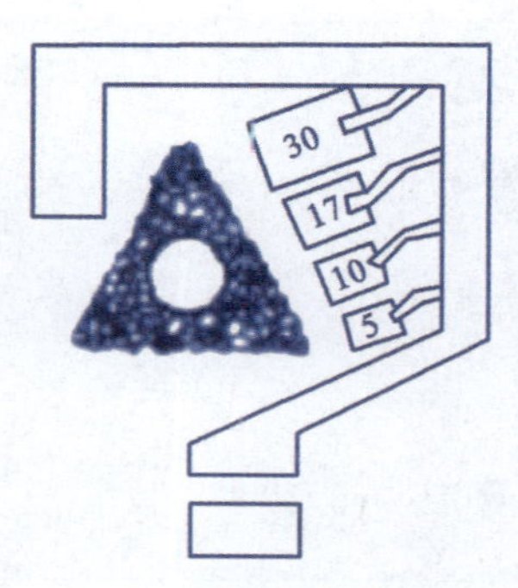

图 11-1 铁锹作业实验

试验结果，用 10kg 的铁锹铲煤效率最高，开创了人机学研究的先河。继之，吉尔布雷斯（Frank B Gilbreth）通过高速摄影机将建筑工人的砌砖动作拍摄下来，并对其中有效动作和无效动作进行分析研究，提出合理方案，从而使工人的砌砖速度提高近3倍。泰罗和吉尔布雷斯的试验研究成果为人机学的建立奠定了基础。

第二阶段是以“机器如何适应人”为特点进行研究的。科学技术的发展，使机器的性能、结构越来越复杂，人与机器的信息交换量也越来越大，这样单靠人去适应机器已很难达到目的。据统计，美国在第二次世界大战中飞机事故率的80%是由于人机工程方面的原因造成的。因此人们在一边加强操作技能适应性训练的同时，又不得不聘请解剖学家、生理学家、心理学家为机器设计出谋献策，提供适合操作人员生理、心理需要的设计参数。这样，就相继出现了“实验心理学”、“人体测量学”等学科。1957年，美国的麦克考·米克发表了第一部关于人机学的专著《Eronomics》，标志着这一学科已进入了较为成熟的阶段。

第三阶段是以“人一机一环境系统”为特点进行研究的。即在充分考虑人与机相互关系的同时，还要考虑到各种环境因素（如声、光、气体、温度、色彩、辐射等）以及在高空或水下作业的生命保障系统等。这样，就把人机相互适应的柔性设计提高到人—机—环境的系统设计高度，以求得到最佳的人机系统综合使用效能。

（3）人机工效学的研究内容

人机学研究的主要内容就是“人一机一环境”系统，简称人机系统（Man-machine system）。构成人机系统“三大要素”的人、机、环境，可看成是人机系统中三个相对独立的子系统，分别属于行为科学、技术科学和环境科学的研究范畴。根据系统学第一定律知道：系统的整体属性不等于部分属性之和，其具体状况取决于系统的组织结构及系统内部的协同作用程度。因此，研究人机学应该做到既要研究人、机、环境每个子系统的属性，又要研究人机系统的整体结构及其属性。力求达到人尽其力，“机”尽其用，环境尽其美，使整个系统安全、高效，且对人有较高的舒适度和生命保障功能。最终目的是使系统综合使用效能最高。

综上所述，可将人机学研究的主要内容归纳为“人的因素”研究，“‘机’的因素”研究，“环境因素”研究以及“综合因素”研究等四个方面。

①人的因素

a. 人体尺寸参数　主要包括动态和静态情况下人的作业姿势及空间活动范围等，它属于人体测量学的研究范畴。

b. 人的机械力学参数　主要包括人的操作力、操作速度和操作频率，动作的准确性和耐力极限等，它属于生物力学和劳动生理学的研究范畴。

c. 人的信息传递能力　主要包括人对信息的接受、存储、记忆、传递、输出能力，以及各种感觉通道的生理极限能力，它属于工程心理学的研究范畴。

d. 人的可靠性及作业适应性　主要包括人在劳动过程中的心理调节能力，心理反射机制，以及人在正常情况下失误的可能性和起因，它属于劳动心理学和管理心理学研究的范畴。

总之，“人的因素”涉及的学科内容很广，在进行产品的人机系统设计时应科学合理地选用各种参数。

②“机”的因素

a. 操纵控制系统　主要指机器接受人发出指令的各种装置，如操纵杆、方向盘、按键、按钮等。这些装置的设计及布局必须充分考虑人输出信息的能力。

b. 信息显示系统　主要指机器接受人的指令后，向人作出反馈信息的各种显示装置，如模拟显示器、数字显示器、屏幕显示器，以及音响信息传达装置、触觉信息传达装置、嗅觉信息传达装置等。无论机器如何把信息反馈给人，都必须快捷、准确和清晰，并充分考虑人的各种感觉通道的“容量”。

c. 安全保障系统　主要指机器出现差错或人出现失误时的安全保障设施和装置。它应包括人和机器两个方面，其中以人为主要保护对象，对于特殊的机器还应考虑到救援逃生装置。

③环境因素

环境因素包含内容十分广泛，无论在地面、高空或在地下作业，人们都面临种种不同的环境条件，它们直接或间接地影响着人们的工作、系统的运行，甚至影响人的安全。一般情况下，影响人们作业的环境因素主要有以下几种：

a. 物理环境　主要有照明、噪声、温度、湿度、振动、辐射、粉尘、气压、重力、磁场等。

b. 化学环境　主要指化学性有毒气体、粉尘、水质以及生物性有害气体、粉尘、水质等。

c. 心理环境　主要指作业空间(如厂房大小、机器布局、道路交通等)，美感因素(如产品的形态、色彩、装饰以及功能音乐等)。此外还有人际关系等社会环境对人心理状态构成的影响。

④综合因素

综合因素主要应考虑以下几方面情况：

a. 人机间的配合与分工(也称人机功能分配)　人机功能分配，应全面综合考虑人与机的特征及机能，使之扬长避短，合理配合，充分发挥人机系统的综合使用效能。根据人机性能特征比较易发现，人机合理分工为：凡是笨重的、快速的、精细的、规律的、单调的、高阶运算的、操作复杂的工作，适合于机器承担；而对机器系统的设计、维修、监控、故障处理，以及程序和指令的安排等，则适合于人来承担。

b. 人机信息传递　是指人通过执行器官(手、脚、口、身等)向机器发出指令信息，并通过感觉器官(眼、耳、鼻、舌、身等)接受机器反馈信息。担负人机信息传递的中介区域称之为“人机界面”。

c. 人的安全防护　人的作业过程是由许多因素按一定规律联系在一起的，为了共同的目的而构成一个有特定功能的有机整体。因此，在作业过程中只要出现人机关系不协调，系统失去控制，就会影响正常作业，轻则发生事故，影响工效，重则机器损坏，人员伤亡。运用间接安全技术措施，使设备从结构到布局，均能保证其危险部位不被人体触及，避免事故发生。其中较常用的方法就是设置安全防护空间距离。一般来说，设置安全防护空间距离主要有两个方面问题，一是防止人体触及机械危险部位的间隔，也称机械式安全防护距离，它主要取决于人体测量参数；二是使人体免受非触及机械性有害因素影响的间隔，也称传播式安全防护距离。它主要包括超声波危害、电离辐射危害以及尘毒危害等。

11.1.2　人机工效学在道路交通中的运用

(1)道路交通系统

道路交通系统是由人一车一路(环境)等要素构成的一个复杂的动态的人机系统(图 11-2)，系统中驾驶员从道路交通环境中和车辆获取信息，驾驶员将信息加工处理，经判断形成动作指令，再通过运动器官控制车辆，使车辆适应不断变化的道路条件和环境条件，动作后的汽车运行状态和道路环境的变化又作为新的信息反馈给驾驶员，驾驶员对车辆进一步微调，如此循环往复达到安全行驶的目的。

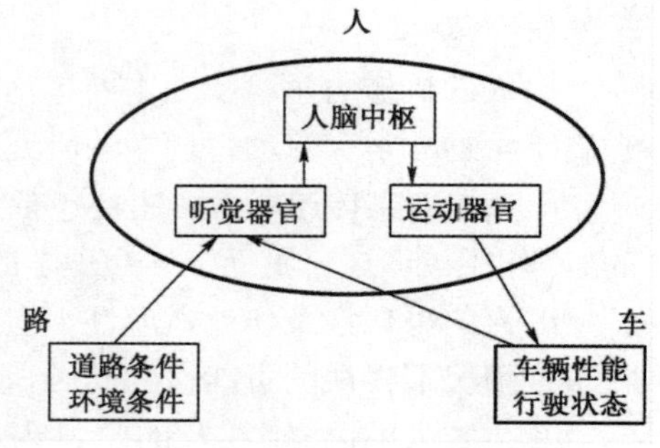

图 11-2　道路交通系统示意图

在道路交通系统中，“机”不光是指汽车，还包括道路；环境也不光是指驾驶员所处的驾驶室，还指道路沿线与行车有关的除路和车辆以外的方方面面。一般人—机系统的“机”与环境都是相对固定和静止的，而道路交通系统中的“机”和环境则是动态变化的。

(2)道路交通系统中的人机工效学应用

随着经济与科学技术的发展，人民物质生活水平的提高，道路交通系统的发展也是从“以路为本”、“以车为本”逐步向“以人为本”转变。道路交通系统渐渐向工效学阶段发展，应用人机工效学方法原理，达到人一车一路(环境)的最大和谐，以及减少或避免交通事故发生。

①人机工效学在道路交通标志设置中的应用。交通标志与驾驶员、车辆、道路环境构成了一个复杂的人机系统，其中驾驶员作为交通标志的使用者，存在生理、心理上的复杂性，其信息处理过程和对标志的认知能力受系统中其他因素的影响。驾驶员能否舒适、有效地使用交通标志，最终反应交通标志设计

和设置的有效性。目前，已有学者从人机工程学角度出发，分析了驾驶员使用标志过程中信息的传递，利用马尔可夫过程转移的特性，将驾驶员的认知过程分为四个状态——觉察、识读、决策、操作，总结已有研究成果，本着以人为本的理念，从4个转移状态中选取了影响交通标志有效性的因素，得出了影响交通标志有效性的指标体系。

②人机工效学在道路交通事故分析中的应用。人机工效学在道路交通事故分析中的应用体现在以下两方面：其一是分析道路交通事故发生的原因。交通系统是由人、车、路、环境等因素构成的环节复杂、影响安全因素较多的动态人—机—环境系统，交通事故作为这一动态系统的随机事件，是在公路交通系统处于失衡状态下的产物，是导致多因素联合效应作用下的结果。交通事故致因动机非常复杂，但依据人机工效学原理，运用人—机—环境系统安全性分析方法，从控制事故原因的角度分析，可以将公路交通事故表示为人、车辆、道路环境三大致因因素的多元联合效用函数。在此基础上，道路交通事故致因分析还应该考虑公路交通系统交通安全管理因素。交通事故的控制是安全决策的核心问题，公路交通事故人机工效学上的致因分析为交通安全控制提供了理论依据，力求为交通事故控制策略的制定提供决策参考。其二是分析道路交通事故中人体损伤的综合信息。根据人机工程学中提出的人—机—环境相互关系所包涵的内容及其研究方法，对交通事故人—车—路—环境系统的各种信息进行分类，并以此为基础综合研究交通事故人体损伤。由人、车、路及环境相互作用的结果构成了交通事故的具体数据信息，包括人体损伤、车辆损坏及路面痕迹、散落物等事故要素所反应的信息。人—车—路三者之间作用的复杂程度也决定了交通事故的复杂性。对道路交通事故中人体损伤采用人机学分析，利于了解人体与车辆及道路之间相互作用的特点，辅助再现事故发生的过程，探求预防和减少人体损伤的技术措施。

③人机工效学在道路线形设计与评价中的应用。以前在道路线形设计中，只注重从公路工程设计规范中生搬硬套技术标准，不考虑驾驶员及乘员的舒适性，以至于设计的结果不理想，甚至导致交通事故的频繁发生。近年来，随着科技发展，道路设计逐渐向功效学阶段发展，注重"以人为本"的理念，即道路线形设计中，设计者除了考虑汽车通过性外，还要考虑道路线形对驾驶员心理、生理影响，应用人机工程学方法原理，达到人—车—路(环境)的最大和谐，以及减少或避免交通事故发生。此外，对于已建成的公路，分析公路线形对驾驶员心理生理指标的影响，从而寻找公路沿线哪些路段的线形指标设计不合理，并分析其设计不合理的原因，以便于采取工程措施来降低或消除公路线形指标设计不合理对安全行车的影响。目前，国内外许多学者已经就公路线形指标对驾驶员心理生理影响作了大量的研究，集中体现在以下几个方面：

a.高速公路平曲线半径对驾驶员心理生理反应的影响以及顺直路段上驾驶员行车紧张研究。

b.公路长大下坡线形指标对驾驶员心理生理影响研究。

c.道路纵坡、曲线半径及速度对驾驶员心理生理影响研究。本书重点介绍基于驾驶员心理生理指标的公路线形安全评价技术。

11.2 基于驾驶员心理生理特性的公路线形安全评价技术

植物神经是能够自动调整与个人意志无关的脏器的作用和功能的神经，在植物神经中，可分为交感神经和副交感神经。交感神经系植物神经系统的重要组成部分，由脊髓发出的神经纤维到交感神经节，再由此发出纤维分布到内脏、心血管和腺体。交感神经的主要功能使瞳孔散大，心跳加快，皮肤及内脏血管收缩，冠状动脉扩张，血压上升，小支气管舒张，胃肠蠕动减弱，膀胱壁肌肉松弛，唾液分泌减少，汗腺分泌汗液，立毛肌收缩等。当机体处于紧张活动状态时，交感神经活动起着主要作用。

副交感神经系统的作用与交感神经作用相反，它虽不如交感神经系统具有明显的一致性，但也有相当关系。副交感神经系统可保持身体在安静状态下的生理平衡，其作用有以下三个方面：

(1)增进胃肠的活动和消化腺的分泌，促进大小便的排出，保持身体的能量。

(2)瞳孔缩小以减少刺激，促进肝糖原的生成，以储蓄能源。

(3)心跳减慢，血压降低，支气管缩小，以节省不必要的消耗。当副交感神经的紧张长时间持续时，便会出现身体倦怠，站立时头晕目眩，容易疲劳等症状。

交感神经的活动比较广泛，副交感神经的活动比较局限，当机体处于平静状态时，副交感神经的兴奋占优势，有利于营养物质的消化吸收和能量的补充，有利于保护机体。当剧烈运动或处于不良环境时，交感神经的活动加强，调动机体许多器官的潜力提高适应能力来应付环境的急剧变化，维持内环境的相对稳定。人的心理生理受植物神经的控制，而植物神经又受外界刺激的影响，对驾驶员心理生理变化的分析，有利于查找公路线形指标不合理之处。

11.2.1 驾驶员心理生理指标选取

(1)驾驶员心理生理指标

心理生理学家把能客观测量的身体反应分为六种主要的身体反应与五种次要的身体反应。六种主要的身体反应包括心率、血压、血容量、皮肤电位、肌电与脑电，五种次要的身体反应包括呼吸、体温、唾液、瞳孔与胃动。

①心率(HR) 心率(每分钟搏动次数)是对心脏活动最普遍的心理生理测量。正常成人的心率约为70bpm。心率偏高或偏低跟许多情况相联系，包括病理、饮食、姿势、运动、情绪激动和智力活动。交感神经与副交感神经系统影响心脏，前者使得心率加速，后者使心率减慢。心肌的收缩与舒张和电位变化相关联，因为心肌舒、缩的同时有微量电流产生，从心脏传到周围组织，使身体各部分在一心动周期中产生电位的改变，用特种电流计，如心电图描记器，可以测量心脏收缩时的电位变化。

②血压(BP) 是指血管内的血液对于单位面积血管壁的侧压力，即压强。情绪紧张时会导致血压的升高，所以血压值是心理生理研究中的重要反应指标。血压容量的增加，外周血管阻力的增高，以及心脏血液压出量的增加都可以引起血压的升高。其实，血的黏稠性、动脉壁的弹性大小也跟血压有关，心脏的血液输出量和外周血管阻力和血压变化关系最大，而这两种因素受自主神经系统的控制。当交感神经兴奋时，血压就升高；交感神经与副交感神经的拮抗处于平衡时，血压又回复正常。当驾驶员情绪活动增强时，肾上腺髓质分泌激素增加，其中肾上腺素的主要功能是增加心率和血输出量，引起血糖升高，而去肾上腺素则使血管收缩、血压升高。因此可以根据血压的变化来测定驾驶员的紧张程度。

③血容量(BVP) 血容量指全身有效循环血量，血细胞容量与血浆容量构成全血容量。血液在血管内容量的变化受交感神经系统活动的增强或减弱的影响。血管收缩时，血容量和脉容量降低；血管舒张时，血容量和脉容量增加。因此，血量的反应情况是情绪状态的有用指标。斯腾(Stern)实验表明，可以用阻抗变化测试血容量的变化，因为人的皮肤是交流电的良好导体，身体某一部分血液容量的变化可以引起电阻的变化，所以可根据电阻的变化间接地推断血容量的变化。

④皮肤电位(SC/GSR) 皮肤表面有很多神经元，当神经元受到刺激时会产生微弱电流，这就是皮电(GSR)。皮肤导电性的基础值在2～100微摩/cm^2之间，反应值在0.01～5微摩/cm^2之间。当情绪变化时，交感神经活动兴奋，引起汗腺分泌的增加，汗腺的增加使皮肤导电性提高，所以能由此推断情绪反应的存在。

⑤肌电(EMG) 神经肌肉单位又称为运动单位，由一个前角运动神经元及其支配的肌纤维组成。正常的运动单位在静止时肌纤维呈极化状态。神经冲动传到肌纤维时，肌纤维呈去极化状态，即产生动作电位并发生收缩，收缩之后又恢复极化状态。可见，人体的肌肉细胞受神经刺激后会产生动作电位，这就是肌电。利用仪器检测并放大该电位，就可用研究该电位的高低或电位差来了解人体在运动前后的紧张程度。

⑥脑电(EEG) 人的脑电是一个复杂的领域，人处于不同的状态会有不同的脑电反应，同一种脑电反应，在大脑各个部位都有不同的分布。为了研究方便，人们将不同状态下出现的脑电波形按频率与振幅大致划分为下列四种基本波形，即α、β、θ和σ波。在这几种基本波形中，β波与人遇到外界刺激产生兴奋有直接关系。因此可以通过脑电来反应驾驶员的紧张程度。

⑦呼吸(Resp) 人的神经和肉体兴奋或受到刺激时，一般呼吸频率上升，呼吸幅度增大，可以通过

测量这两个指标来粗略地反映驾驶员的身心状况。

呼吸频率(Respiratory Rate)采用的单位一般为:次/min。成年人在安静时呼吸频率为16～20次/min。成人每分钟超过24次,称呼吸增快或气促,成人每分钟少于10次,称呼吸减慢。

呼吸幅度(Respiratory Amplitude)的测量一般并不直接进行,而是通过测量胸腔的变化作为体现呼吸幅度的指标。

⑧温度(Temp) 体温的测量分为全身的和局部的。全身的可由口腔或直肠量得。局部的可把体温表连在身体表面的特定部位(如手和面部)。局部的体温主要由血管的舒张和收缩决定,所以直接由自主神经系统的交感神经控制。

⑨唾液(Saliva) 唾液是口腔中分泌的液体,作用是使口腔湿润,使食物变软容易咽下,还能分解淀粉,有部分消化作用。唾液的分泌受自主神经系统的交感与副交感两支神经支配,也会受到饮食、环境、年龄以及情绪或唾液腺病变等影响。

⑩瞳孔(Pupil) 人的瞳孔可以收缩和放大。瞳孔收缩由交感神经支配,放大则由副交感神经支配。

⑪胃动(Motilin) 紧张、忧虑等心理因素常常引起胃和十二指肠的病变。在心身疾病中,除了原发性高血压外,恐怕要数胃和十二指肠疾病和情绪因素关系最密切。近年来,这方面的研究工作引起了许多学者的兴趣。

(2)驾驶员心理生理指标选取原则

①各指标反应信息不相互重叠原则。在对驾驶员心理生理指标进行测试时,所选取的指标之间应尽可能没有反应信息的重叠。前面所述的六种主要的身体反应与五种次要的身体反应中,心电、心率、血压、血容量指标同时表征人体循环系统及心脏的负担,并且都与人的情绪有关,这几个生理指标反应的信息相互重叠,因此只需其中的一个。

②各指标测试易操作原则。驾驶员心理生理指标测试易操作是指在实验过程中容易采用仪器对被试驾驶员进行测试,对驾驶员的心理生理变化比较敏感,且不易受外界因素干扰的影响。例如,脑电及皮电均可表征神经系统的紧张程度,但是由于脑电波十分复杂,分析十分困难,同时测量难度较大。而皮电不仅容易测量,而且分析十分简单,因此选用了皮电表征神经系统的负担。

③各指标有效性原则。选用的驾驶员心理生理指标必须能准确反应其心理生理变化。如在上述五种次要的身体反应中,唾液、瞳孔、胃动三项身体反应与驾驶员的情绪及紧张程度无明显的关系,尽管呼吸与温度跟驾驶员的紧张程度有一定的联系,但是其在实验过程中容易受到其他因素的干扰,因此这五项指标不被经常采用。

11.2.2 驾驶员心理生理指标分析

六种主要的生理反应与驾驶员的心理生理直接相关,而五种次要的生理变化跟驾驶员的心理生理指标联系不是很紧密,因此本节仅分析六种主要的心理生理指标以及五种次要的心理生理指标中的呼吸与温度。

(1)心率(HR)

心率偏高或偏低跟许多情况相联系,包括病理、饮食、姿势、运动、情绪激动和智力活动。心率指标表明心脏和情绪紧张的状况,可以从本质上客观、直接、方便地测量驾驶员行车时的心理紧张程度。驾驶员处于紧张状态下,心跳速度加快,心跳间隙时间(即IBI值)减小,心率增大;当驾驶员恢复平静时,心率减小至恢复正常。

(2)血压(BP)

血压是血液在血管内流动时,作用于血管壁的压力,它是推动血液在血管内流动的动力。当驾驶员情绪活动增强时,肾上腺髓质分泌激素增加,其中肾上腺素的主要功能是增加心率和血输出量,引起血糖升高,而去肾上腺素则使血管收缩、升高血压。相反,当驾驶员心情愉快或是处于放松状态,肾上腺髓质分泌激素降低，去肾上腺素分泌降低，血管舒张，血压降低。

(3)血容量(BVP)

当前测试血容量的方法很多，常用的方法有光电管法、阻抗变化法、应变量规张力变化法。大多数测试仪器均采用阻抗变化法，由于该方法不会受 EKG、EMG 和皮肤上其他活动的干扰而产生假的结果。当人处于紧张状态时，血管收缩，血容量降低；当人处于放松状态，血管舒张，血容量增大。

(4)皮肤电位(SC/GSR)

皮肤导电性的基础值在 2～100 微摩/cm^2，反应值在 0.01～5 微摩/cm^2。皮肤电流经过检测放大后，就可以利用电流电位的大小来了解人体的紧张程度。当情绪变化时，交感神经兴奋，皮肤汗液分泌增多，使得皮肤的导电性增强，反之，皮肤的导电性减弱。

(5)肌电(EMG)

皮肤表现 EGM 在量上的差异可以从几个微伏到一个微伏以上，取决于被记录的肌肉和它的收缩状态。在对驾驶员的肌电测试时，如果想要了解驾驶员运动之前紧张度增加原因时，则必须放大信号。肌肉的松弛和紧张程度与生物反馈仪测量的表面肌电电压幅度有良好的线性关系。肌肉紧张时，肌电值迅速上升，肌肉放松时，肌电值迅速下降。肌电反馈的优点是，能较为敏感且迅速地反映机体不同部位肌肉的紧张程度，也可以反映情绪的兴奋程度。

(6)脑电(EEG)

脑神经细胞的极化活动构成脑电活动，脑电活动产生脑电势的变化。将传感器置于头部的不同位置，就能感知脑电势的变化，再由仪器电路对该电势的变化进行放大处理，并给出反馈信号。脑电波中 β 波与人遇到外界刺激产生兴奋有直接关系，能在一定程度上反映驾驶员的紧张程度。但是，脑电反馈的技术较为复杂，由于头发的阻碍，电极的安放不如其他类型生物反馈方法那样方便，因此，其实际应用受到一些限制。

(7)呼吸(Resp)

人的神经和肉体兴奋或受到刺激时，一般呼吸频率上升，呼吸幅度增大；但当人处于放松或睡眠状态时，呼吸频率降低，呼吸幅度减小。因此，可以通过驾驶员呼吸的变化来观测驾驶员是否处于紧张、高度紧张状态，以及是否处于驾驶疲劳，甚至是打盹状态。

(8)温度(Temp)

体内的产热和散热变化、外周血管的舒张和收缩，决定了皮肤温度的变化。由于交感神经支配着血管壁的平滑肌产生收缩和扩张，使血流量发生变化，因而影响指端皮肤温度的变化。放松时，交感神经兴奋性下降，指端血流量增加，因而指温升高；在紧张时，交感神经兴奋性升高，指端的血流量减少，因而皮温降低。

11.2.3 线形安全评价

在前面章节的分析中，了解了心率、血压、血容量、皮电、肌电及脑电六项心理生理指标与驾驶员的紧张程度或情绪变化规律是一致的，基本都是呈线性变化关系。因此，在分析公路线形对驾驶员心理生理指标变化的研究中，常常根据试验条件、试验环境以及试验需要，选取其中一项指标进行测试，并在此基础上，对公路线形指标的合理性进行评价，进而提出降低公路线形指标不合理设计对行车安全影响的工程措施。对于皮温和呼吸仅仅作为辅助分析的手段。本书仅介绍基于驾驶员的心率、血压变化对公路线形的安全评价。驾驶员的心率、血压变化一方面可以通过动态测试值与静态测试值的比值来衡量；另一方面可以通过测试仪器工作界面观测其变化曲线，寻找其突变点。这两种处理方式主要取决于试验过程中选取的实验器材。

心率指标用于研究人紧张反应的有效性已被诸多学者认可，但国内对驾驶员心理紧张的量化评价标准还没有成熟的结论。借鉴日本研究人员的研究成果，当驾驶员的心率增长(心率增量与安静时心率的比值)超过 20%，不会明显感到紧张；超过 30%，心理较为紧张，容易发生事故；超过 40%，心理会很紧张，是应该避免的情况。

依据驾驶员心理生理指标变化，评价公路线形中直线路段、曲线路段中各指标设计是否合理，若不合理则采取工程措施来降低或消除其对安全行车的影响。

(1)直线路段

在公路直线路段上(图 11-3)，一般其长度按照规范都基本能保障，但是交通管理部门容易忽略设置“限速标志”以及“限超车标志”。国内外学者研究表明，驾驶员在公路顺直路段上行车时，其心率也即心理紧张度随行车速度的增大开始时缓慢升高，当车速超过 120km/h 后，因人而异，会在某个速度值后出现心率随车速的增大而比较急骤的升高。这意味着，在这个速度值后，驾驶员行车时的心理压力或心理紧张度明显地较大幅度上升。在公路顺直路段上行车，超车也是一个引起驾驶员心理高度紧张的重要因素。视前方被超车辆或车流运行状态的复杂程度，超车给超车车辆的驾驶员带来的心理紧张量有时是其正常行车状况下心理紧张量的好几倍。

(2)平曲线

①曲线半径

一般情况下，曲线(图 11-4)半径越小，驾驶员越是感到紧张。平原地区的大多数公路弯道较少，即便是有弯道也都是大半径弯道；山岭重丘区或山区的公路由于受到地形的限制，公路沿线小半径弯道较多，有必要根据驾驶员的心理生理指标变化来评价公路线形指标的合理性。相关研究发现：如图 11-5 所示，在曲线半径小于 20 m 的以下区域，心率的变动急剧上升，曲线半径在 20～30 m 的区间附近，心率的变动逐渐减小。当曲线半径大于 40～50m 时，心率的变动基本趋于缓和，这种变化趋势在三阶段速度(高速、中速、低速)行驶试验中的回归曲线是相似的。在山岭重丘区平曲线设计时，30 m 以上的半径曲线的设计，基本上满足了低速行驶时驾驶员的心理生理的要求，但考虑实际运行时中速、高速行驶速度占比例较大的现实，为了减轻驾驶员心理生理上的负担，40m 半径曲线的设计才能保证行车的安全。

图 11-3 公路直线路段

图 11-4 公路曲线路段

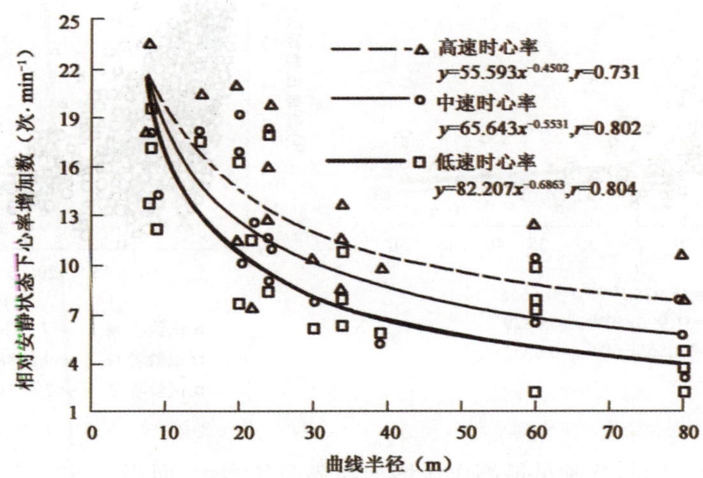

图 11-5 心率随曲线大小的变化情况

通过对试验驾驶员最高血压随着曲线半径大小变化的测定分析表明(图 11-6),同心率的变动相类似,在曲线半径小于 20m 的以下区域,最高血压的变动急剧上升。曲线半径在 20～30m 的区间附近,变动逐渐减小。当曲线半径大于 40m 时,最高血压的变动基本趋于缓和。在曲线半径较小的区域范围,高速行驶时的最高血压的增加数比心率的增加数更敏感地上升。随着曲线半径的增大,这种趋势逐渐减小,当曲线半径超过 50m 左右时,最高血压增加数,因行驶的高速、中速、低速的影响程度有变小的趋势。

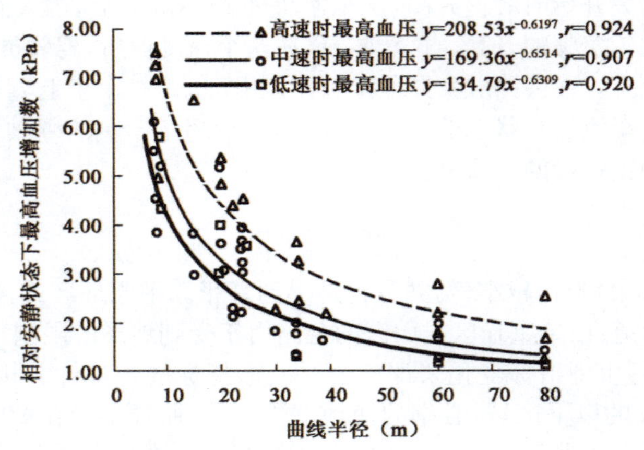

图 11-6　被试驾驶员最高血压随曲线半径大小变化的情况

上述分析表明,为了安全保障起见,在山岭重丘区或山区曲线路段的平曲线半径应控制在 40m 左右,同时进行车速限制。

②横向力系数

从驾驶安全、舒适、经济方面考虑,在根据设计车速确定平曲线半径和超高时,$\mu-1$ 的取值范围应控制在 5 以上,即横向力系数 μ 应控制在 0.2 以下。研究表明(图 11-7),当 $\mu-1<5$ 时,心率增加数变动明显,增加数较大;当 $5<\mu-1<10$ 时,心率增加数变动逐渐减缓;当 $\mu-1>10$ 时,心率增加数变动已基本缓和,驾驶员受横向力系数的影响趋于稳定。如图 11-8 所示,同心率的变动相类似,当 $\mu-1<5$ 时,最高血压变动明显,增加数较大,并且变动的剧烈程度随试验者年龄的增大而增大;当 $5<\mu-1<10$ 时,最高血压的变动逐渐减缓;当 $\mu-1>15$ 时,最高血压变动已基本缓和,受横向力的影响作用趋于稳定。

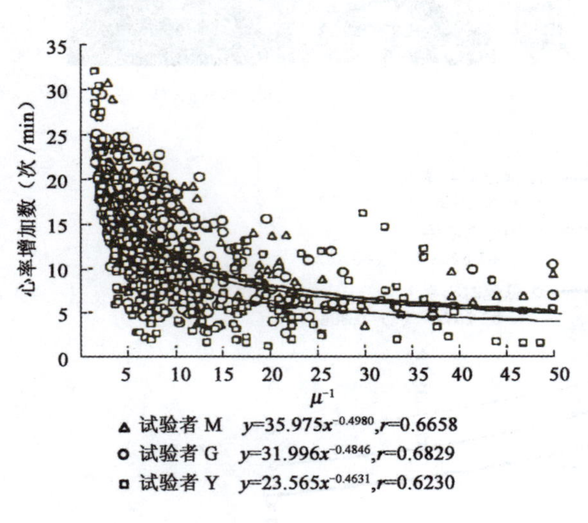

图 11-7　横向力系数与心率变化情况

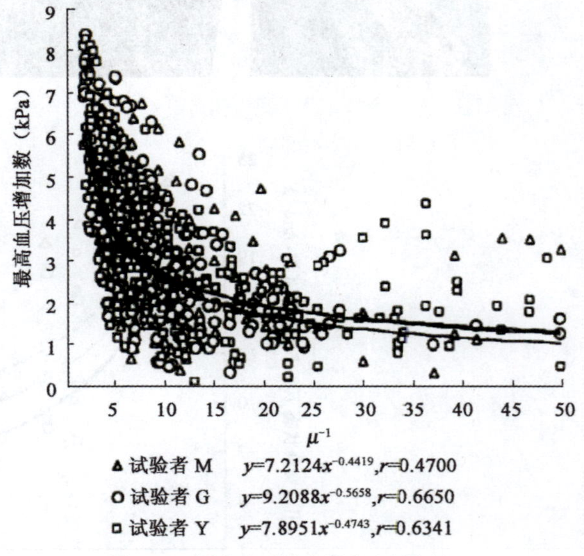

图 11-8　横向力系数与最高血压变动

综上所述,当 $\mu>0.2$ 时,驾驶员最高血压增加趋势明显增大,而当 $\mu>0.35$ 时,无论是驾驶员心率增加数还是最高血压增加数,都明显增大。

(3)坡道

①上坡

在上坡过程中，一般不会增加驾驶员的心理负担，如果驾驶员的心理生理指标有变化的话也是道路交通标志设施等因素造成的结果。

②下坡

国内外许多学者对公路下坡路段(图 11-9)对驾驶员心理生理的影响作了广泛的研究，结果表明：纵坡为 3%左右时，车速和心率增量都达到最大值，且当纵坡为3%～4%时，驾驶员心率增长都超过 30%，即驾驶员处于较为紧张状态，易导致交通事故；其他路段心率增长小于30%。由于当纵坡 $i<3\%$时，随车速缓慢增加，驾驶员心率增量略有升高。当纵坡 $i=3\%\sim5\%$时，随纵坡增大，驾驶员行车制动不断加强，车速也随之降低，心率增量有所降低；当纵坡 $i>5\%$时，由于车速急剧下降，虽然纵坡变大但心率增量大致不变。

图 11-9　公路下坡路段

11.2.4　工程实例

齐齐哈尔至泰来高速公路 ZH(K121＋576.876)～HZ(K125＋381.529)路段是一个平包纵弯道。弯道内有明显的坡道，分别是 K122＋800～K121＋576.876、K123＋100～K123＋500、K123＋900～K124＋730 路段。为了排查该弯道内的安全隐患，应用人机工效学理论，分析驾驶员驾车驶过该弯道时的心理生理指标变化情况，进而探讨其对行车安全的影响，在此基础上采取相应的工程措施。

(1)路段试验环境

齐泰高速是一条刚刚基本建成的公路，但尚未通车。进行行车试验时，高速公路上尚未安装交通设施，道路除了施工车辆外，无其他社会车辆。该试验路段是一个弯道，并且在弯道内包含两个竖曲线，在 K124＋730 处(即在坡脚处)有一座天桥，如图 11-10、图 11-11 所示。

图 11-10　平包纵且坡度大

图 11-11　坡脚处有一座天桥

(2)路段行车试验

①试验仪器

行车试验采用荷兰生产的 NeXus-10 型多通道生物生理记录仪，见图 11-12、图 11-13。它的基本构成是：与人体连接的导连装置及接收人体生理信号的仪器(传感器)，外加一套分析处理生理信号信息的软件(BioTrace＋)。通过无线蓝牙将该仪器连接到电脑上安装驱动软件，则能够实时采集并存储驾驶员的生理信号，仪器自带的分析软件可以对试验结果进行数据显示、频率分布显示、直方图显示等，并且可以将数据以文本格式导出，进行后续阶段进一步综合分析、处理。

NeXus-10 型多通道生物生理记录仪十分灵敏，每秒可记录多达 2 048 个数据。本次试验过程中，根据试验需要，将其设置成每秒记录 32 个数据。主机实时采集的生物信号通过无线蓝牙(有效传输距离为 10m)传递给 BioTrace+软件,进行相应的处理。试验人员可以通过 BioTrace+软件工作界面观测被试人员的实时生物信号变化情况(图 11-14),并记录这些生物信号发生突变的时刻,以便于进行后期处理。

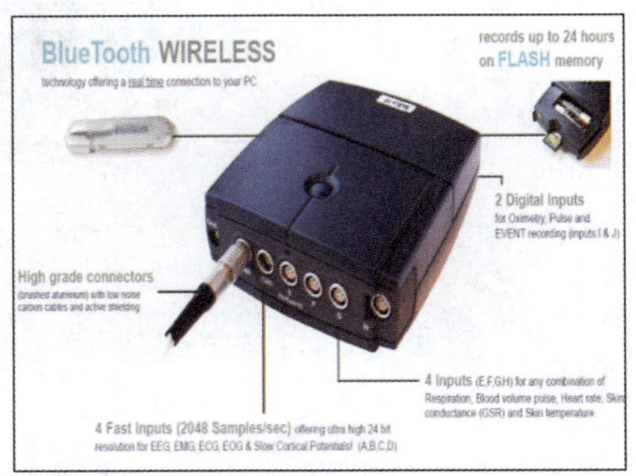

图 11-12　NeXus-10 型多通道生物生理记录仪

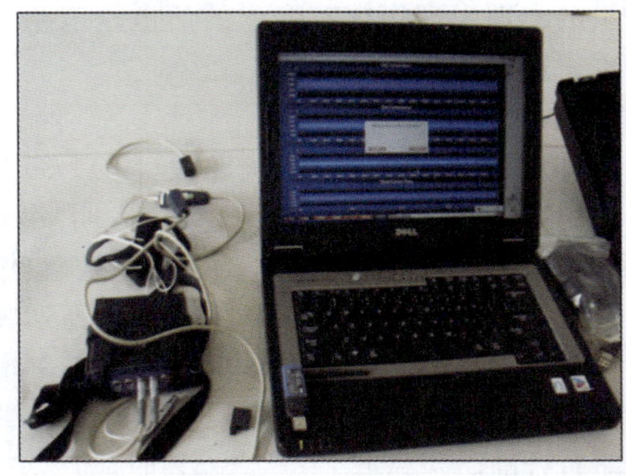

图 11-13　BioTrace+采集数据界面

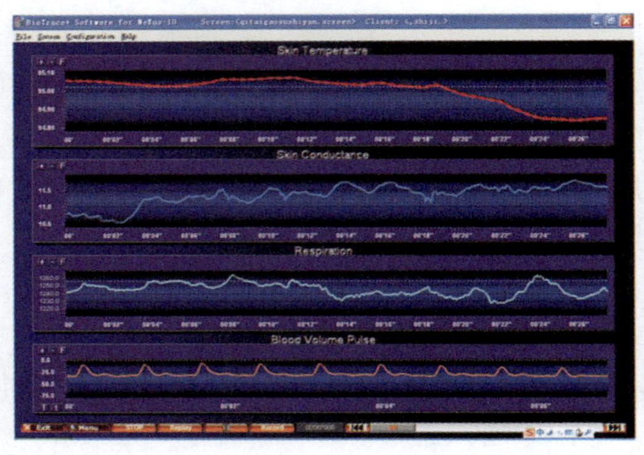

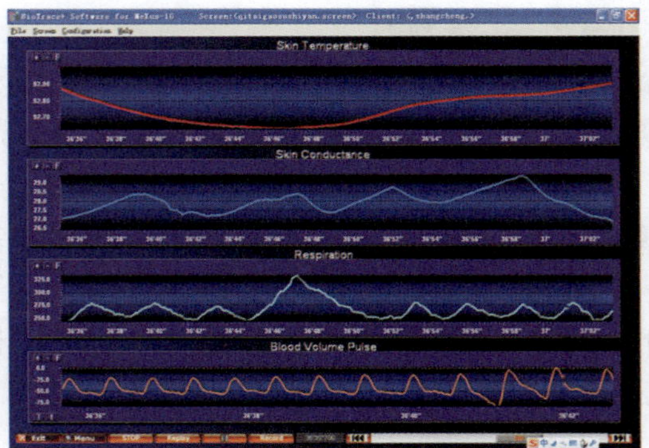

图 11-14　NeXus-10 多通道生物生理记录仪实时采集数据界面

NeXus-10 型多通道生物生理记录仪的测试原理见表 11-1 所示。

NeXus-10 型多通道生物生理记录仪五项心理生理指标测试原理　　表 11-1

指标名称	单位及范围	NeXus-10 多通道生物生理仪测试原理
心率	微伏(millvolts,mv)	根据血容量推算出心率。情绪激动或紧张刺激改变了植物性神经过程,影响心脏功能,使心率加速
皮电	微摩/cm^2 基础值为 2～100 微摩/cm^2, 反应值为 0.01～5 微摩/cm^2	情绪变化时,交感神经活动兴奋,引起汗腺分泌增加,汗腺的增加使皮肤导电性提高,所以能由此推断情绪反应的存在
血容量	微伏(millvolts,mv)	血液在血管内容量的变化受交感神经系统活动的增强或减弱影响。血管收缩时,血容量降低,血管舒张时,血容量增加。人的皮肤是良好导体,身体某一部位血液容量的变化可以引起电阻的改变,间接地推断血容量的变化
皮肤温度	华氏温度(℉) 范围为 50～113℉	人体局部的体温主要由血管的舒张和收缩决定的,直接由自主神经系统的交感神经控制。紧张状态下,人的局部体温是升高的
呼吸	呼吸量(mL)	呼吸是由中枢神经系统和自主神经系统一起调节的。当被试者呼气或吸气时,生理仪就显示并记录呼和吸的容量

②试验驾驶员及试验车辆

行车试验的试验驾驶员是一名专职驾驶员与一名年轻驾驶员。两者身体健康，驾驶技能熟练；专职驾驶员对齐泰高速十分熟悉，年轻驾驶员对齐泰高速一般熟悉。

试验车辆是长城哈弗 H3。

③试验过程

行车试验采用 NeXus-10 型多通道生物生理记录仪测试驾驶员实时心理生理指标变化值，采用两台 Sony 摄录机分别实时录制试验车前方道路情况以及试验车速度仪表盘的信息。试验过程中，由年轻驾驶员佩带仪器驾驶试验车从齐齐哈尔驶向泰来方向；由专职驾驶员佩带仪器驾驶试验车从泰来驶向齐齐哈尔方向。

(3)试验数据处理与分析

根据试验过程中的记录，重点分析 K122＋800～K121＋576.876、K123＋900～K124＋730 路段内驾驶员的心理生理指标变化情况。本例中仅选心率、血容量、皮电三项心理生理指标来分析道路线形对驾驶员的影响。数据处理的总原则是取每秒内三项指标测试值的平均值；取试验车驶过坡脚处前后各 5s 共 10s 内的测试数据进行分析处理。

被试驾驶员处于静止状态时三项心理生理指标测试值见表 11-2。

被试驾驶员静态时皮电、心率与血容量三项指标测试值　　表 11-2

被试驾驶员	三项心理生理指标测试值		
	皮电(SC)	心率(HR)	血容量(BVP)
专职驾驶员	8.182 8	77.983 1	17.370 5
年轻驾驶员	11.517 4	94.202 4	102.929 5

①直缓点 ZH(K121＋576.876)

直缓点 ZH(K121＋576.876)处于泰来至齐齐哈尔方向的下坡(K122＋800～K121＋576.876)坡脚处。在该点前后 10s 内，被试驾驶员动态时的心率、血容量、皮电三项心理生理指标测试均值见表 11-3 所示。

被试驾驶员动态时皮电、心率与血容量三项指标测试均值　　表 11-3

被试驾驶员	三项心理生理指标测试均值		
	皮电(SC)	心率(HR)	血容量(BVP)
专职驾驶员	4.719 1	77.649 5	44.419 0
年轻驾驶员	11.218 4	93.260 3	78.382 0

从被试驾驶员的动态与静态三项心理生理指标测试值来看，两者都在不同程度上处于放松状态。专职驾驶员处于下坡方向，享受速度带来的激情，易放松警惕；年轻驾驶员处于上坡方向，比较放松。进一步分析被试驾驶员的皮电、心率与血容量三项心理生理指标测试值在这 10s 过程中的变化情况，见图 11-15。

从直缓点 ZH(K121＋576.876)前后 10s 内来看，从第 4s 至第 7s，专职驾驶员的皮电及心率处于下降变化，血容量平稳中略带下滑；从第 5s 至第 7s，年轻驾驶员的皮电及心率处于上升变化，血容量先下滑后上升。专职驾驶员是朝齐齐哈尔方向行驶，处于下坡路段，而且道路周边环境比较秀丽，易使驾驶员处于放松状态；年轻驾驶员朝泰来方向行驶，处于上坡路段，加之出现弯道渐变段，容易紧张，但随后恢复平静。

②天桥处(K124＋730)

天桥(K124＋730)处于一个凹形竖曲线底部(K123＋900～K124＋730，下坡坡脚处)，尽管施工尚未结束，但其他车辆无法从该处横穿，因而有必要分析该处被试驾驶员的心理生理变化。提取试验车辆经过该处前后 10s 内被试驾驶员的皮电、心率、血容量三项心理生理测试值，求得其平均值如表 11-4 所示，进而只生成皮电、心率、血容量三项指标的变化趋势图，见图 11-16。

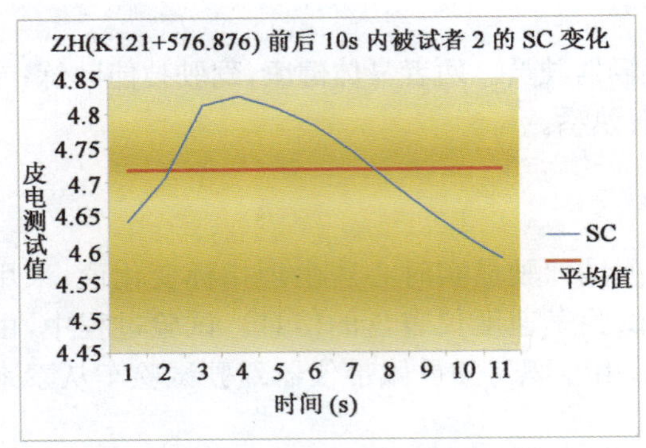

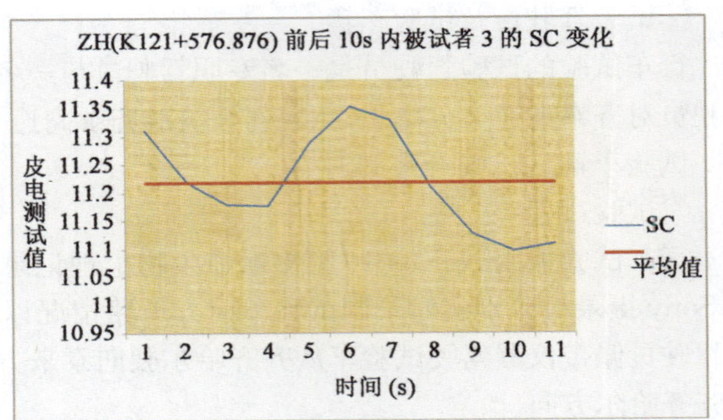

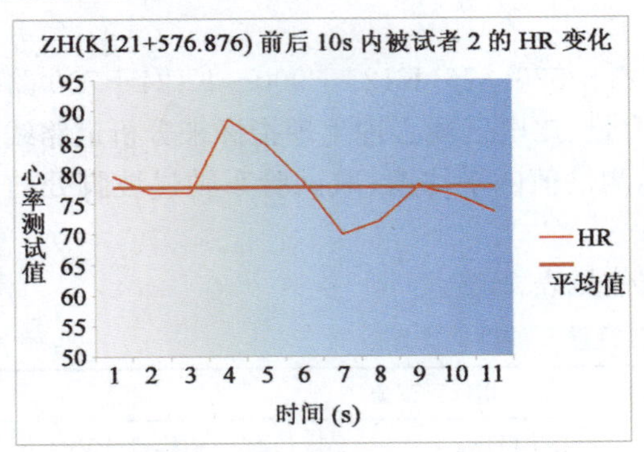

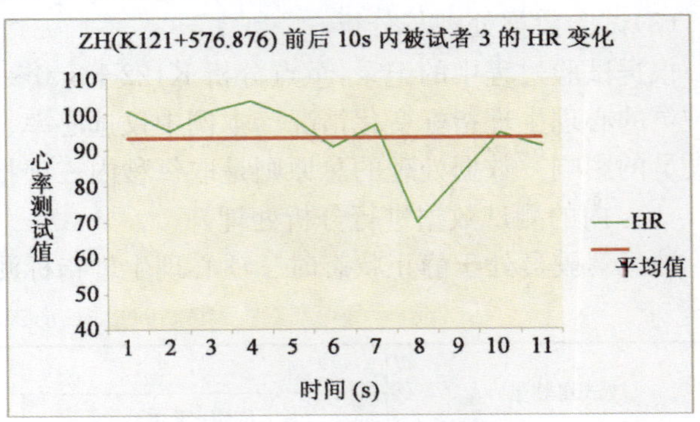

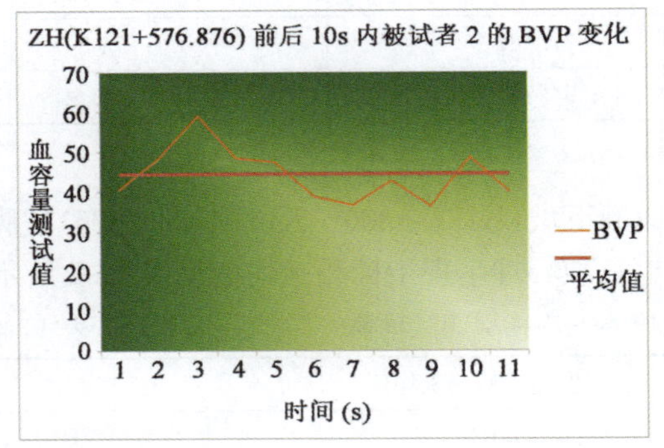

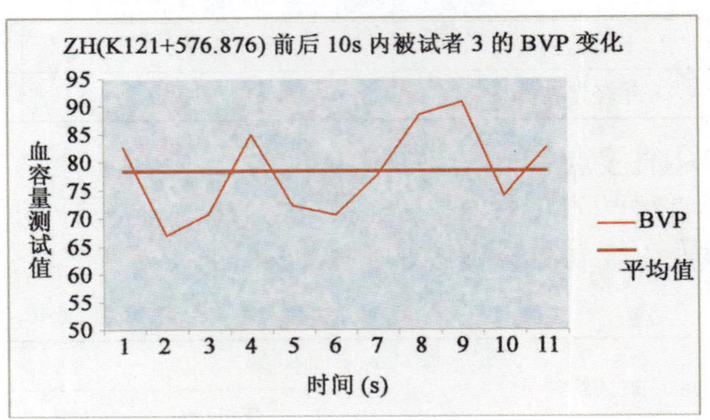

图 11-15　直缓点 ZH(K121+576.876)前后 10s 内被试驾驶员三项心理生理指标变化

注:图中的被试者 2 是指专职驾驶员,被试者 3 是指年轻驾驶员

被试驾驶员动态时皮电、心率与血容量三项指标测试均值　　表 11-4

被试驾驶员	三项心理生理指标测试均值		
	皮电(SC)	心率(HR)	血容量(BVP)
专职驾驶员	4.522 5	104.745 4	31.715 7
年轻驾驶员	11.352 2	77.521 3	46.640 6

由表 11-2 与表 11-4 对比发现,专职驾驶员心率明显较静止时显著升高,血容量降低,处于较紧张状态;年轻驾驶员稍微带有紧张。

从天桥(K124+730)前后 10s 内来看,第 5s 至第 7s 内,专职驾驶员的皮电测试值是低于平均值的,仅仅是细微的变化,心率保持不变,血容量上升不超过 3mv;年轻驾驶员的皮电测试值下降仅 0.04 微摩/cm^2,心率上升 25mv,血容量变化较小,处于平稳状态。分析表明,两者驾车经过该处时,内心基本上处于放松状态,从两者行驶方向来看,均是处于下坡快速行驶过程,享受速度带来的快感。然而,从年轻驾驶员的心率来看,明显受之前的大长下坡的影响,在享受刺激的同时内心油然而生紧张之感。

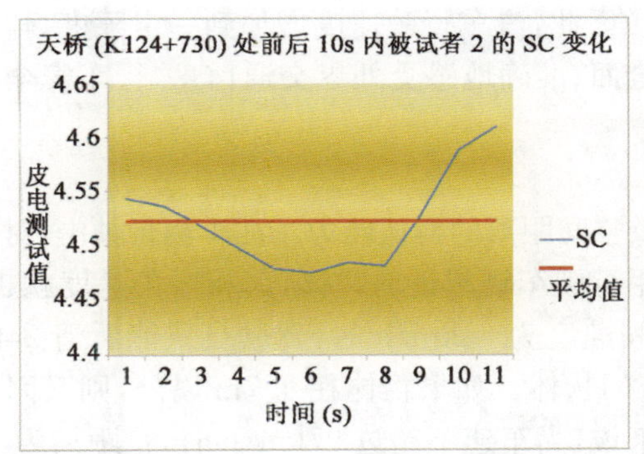

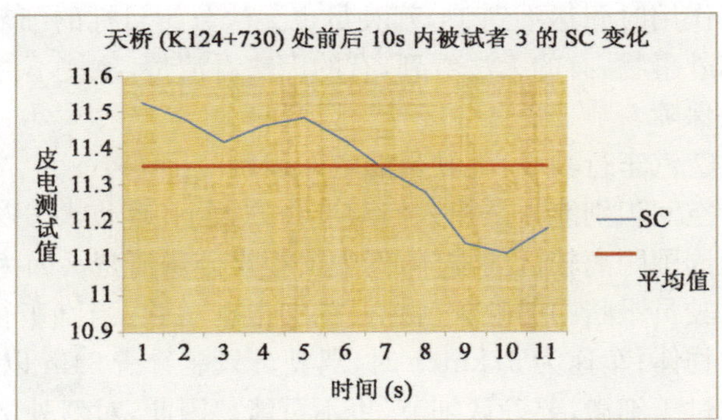

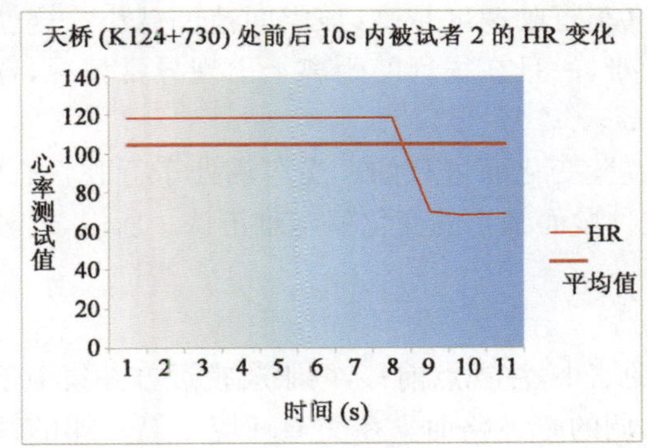

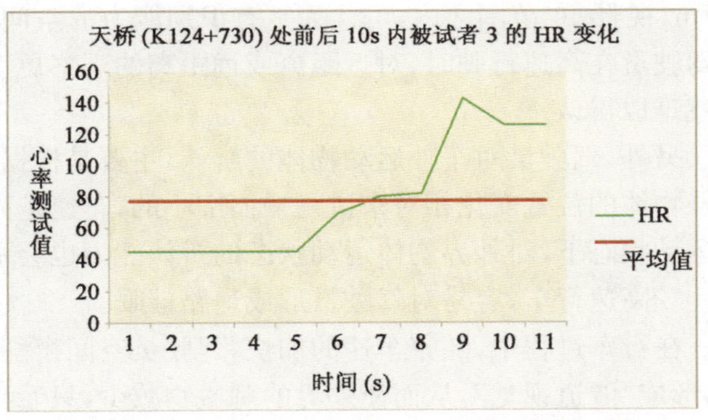

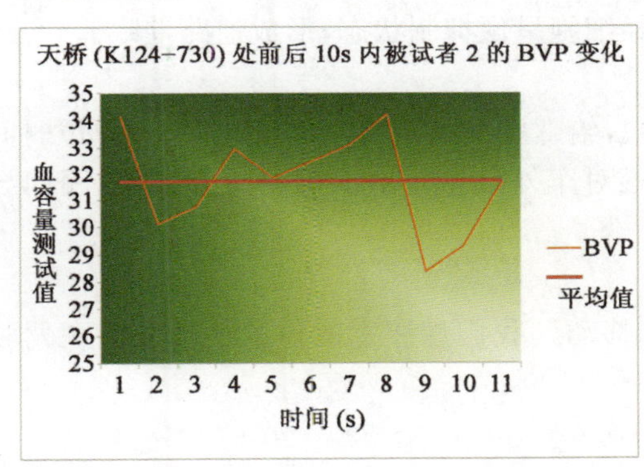

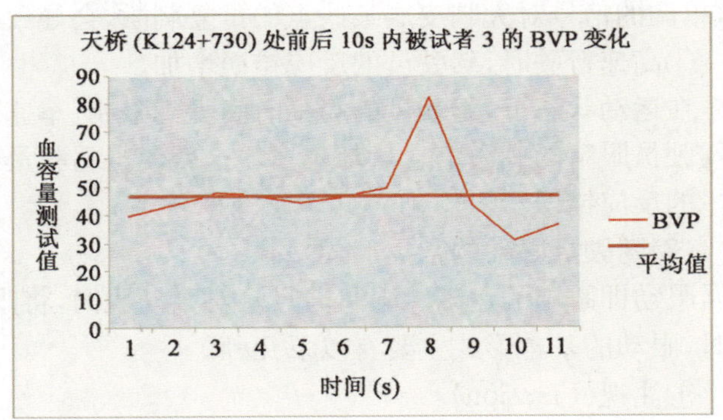

图11-16　天桥(K124+730)前后10s内被试驾驶员三项心理生理指标变化

注:图中的被试者2是指专职驾驶员,被试者3是指年轻驾驶员

11.3　基于驾驶员眼动时空特征的交通设施安全评价技术

11.3.1　驾驶员眼动时空特征指标分析

(1)视觉特性

驾驶员在行车中的视觉与静止状态不同。相对于行驶中的车辆,周围的景物不断地移动,景物距车越近,移动的速度越快;在一定距离之内的景物,虽可确认,一旦错过,无法再次看到;远方景物移动较慢,驾驶员可以从容眺望。由此,使驾驶员的视觉受到影响,并产生一系列的变化。

①汽车行驶中,驾驶员不易全面正确地感觉车外情况的变化。

外界刺激物要引起驾驶员的感觉,它必须具有一定的刺激强度和足够的作用时间;而且,刺激强度较弱或作用时间较短时,产生感觉的时间则需要更长。通常,驾驶员在视野内察觉一个目标平均约需0.4s;如果要达到清晰辨认,则平均需要1s。汽车高速行驶时,外界景物的相对角速度增大,这会使车外刺激物在视野内的作用时间变短。如果在视野内的作用时间达不到0.4s,驾驶员就无法发现目标;

如果作用时间达不到1s,驾驶员也无法分辨目标的细节。因此,汽车行驶速度增加到一定限度,驾驶员对车外事物,有的无法看到,有的无法看清楚,致使不能全面、准确地感受外界交通信息,行车安全也就无法保障。

②汽车行驶中,驾驶员的空间识别范围缩小。

空间识别能力是指人们对事物的大小、运动状态以及空间距离的辨认能力。在车辆行驶中,对于在车辆周围距离较近的物体,驾驶员很难分辨清楚。因为距行驶车辆越近的物体,其相对角速度就越快,在驾驶员眼睛中的映象就越模糊。根据试验:当汽车行驶速度为64km/h时,驾驶员只能看清24m以外的物体;车速为97km/h时,驾驶员只能看清34m以外的物体。如果物体在427m以外,则又因物体影像过于细微,要确认细节,也不可能。因此,对驾驶员来说,当车速不超过97km/h时,在距离为34～427m,视野40°范围之内,可认为是有识别能力的空间。汽车行驶速度越高,该空间范围越小。这就使得驾驶员在高速行驶时,对近距离或远距离的观察更为困难,一旦在很远的距离上出现异常情况,驾驶员就难以辨认。

另外,驾驶员对车外运动物体的辨认,主要是根据其位置变化而进行的。当车辆处于行驶状态时,车外物体的位置变化相对来讲是慢而细小的,车速越高这种慢而细小的变化就越难辨认。所以,驾驶员在运动状态下,对外界物体运动状态的辨认能力也会下降。

③高速行车,容易对驾驶员形成道路催眠。

在行车过程中,随着车速的加快,驾驶员空间辨别范围缩小,注视点前移,两眼凝视远方并集中于一点,形成“隧道视觉”,从而使外界的刺激物减少,只看到单调的暗色路面。在交通环境千篇一律的情况下,单调的信号对大脑皮层某些点的重复刺激,会导致神经细胞呈现抑制状态,形成道路催眠。

④高速行驶时,驾驶员的反应错误增加。

在运动状态下,驾驶员的观察时间受到限制,车速越快,给驾驶员的观察时间就越短,而单位时间内对驾驶员眼睛的刺激信息量却越多。这就使得驾驶员很难对车外信息作出准确的感知判断,因而导致大量的反应错误。

(2)驾驶员眼动的基本形式

眼动即眼球的运动。眼睛通过六对眼动肌肉,将眼球移动到我们想注意的位置。驾驶员在驾驶车辆时,眼动的基本形式主要有以下几种。

①注视(Fixation)

眼睛对准目标物,使其影像落在视网膜的中央窝上,以达到最清楚的视觉活动称为注视。一般认为注视时眼球固定不动,其实不然,注视时眼球有一种及其细微的不随意的运动,国际上对于将注视与扫视进行区分的标准出现了两种不同的评判标准。

一部分研究人员认为,注视是指在X-Y坐标系中,由最少持续$t$ms的注视点构成的一个面积为$a\times a°$($a°$表示水平及垂直方向的视角)区域的中心的行为。一般认为大于100ms以上的才是注视行为,小于100ms的是扫视行为。但是,当采样频率不够高,如小于10Hz时,持续100ms的t值会不起作用(因为采样的间隔时间大于100ms)。当以30Hz的频率进行采样时,持续10s的t值则意味着至少有3个连续的影像画面中都必须包含落在$a\times a°$区域内的注视点。a值的取值标准取决于眼动记录仪的分辨率与试验的先决条件等。例如,在Crundall和Underwood 1998年的研究中采用的是2×2°,Underwood和Ehapman的研究中则采用0.25×0.25°。

另一部分研究人员认为,眼动的基本形式是眼球运动的不同状态,而眼球的运动最原始的表征量应该是眼球运动的速度以及加速度,所以注视与扫视行为分界的标准应该以眼动速度为标准来衡量。这些研究人员认为,应该确定眼动速度和加速度的临界值($a°$/s,$b°$/s),认为采样时眼动速度大于$a°$/s且眼动加速度大于$b°$/s的是扫视行为,否则认为是注视行为。a、b的取值可以根据不同的研究需要而确定,例如在阅读研究中,可以将a值设定为22,b设定为4 000,这样可以适当地增加注视的采样点。

②眼跳(Saceade)

眼跳，产生于人眼的两次注视之间。通常是指驾驶员的眼睛在搜索目标物或根据需要将注视点由一个物体转移到另一个物体；或由于周边视野上出现特异的刺激物，视网膜周边部位做出反应，促使眼球使注视点对准那个位置的行为。扫视时眼球并不是作平滑移动，而是做跳跃运动。视线先在目标的一部分上停留一下，完成注视后，又跳到另一部分进行注视观察。它突然开始，迅速跳动，又突然停止，循环地一跳一停前进。眼跳过程中可以获取刺激的时空信息，但几乎不能在眼球内形成刺激的清晰映象，所以眼跳可以实现对视野范围的快速搜索和对刺激信息的选择，使感兴趣的视觉信息落入中央窝，从而进行充分的信息加工。

③眨眼(Blink)

眨眼是每个人平时常做的一种动作。即使无外界刺激存在，每个人在不知不觉中也会眨眼，这是一种“不自主运动”。但是驾驶员在驾驶车辆过程中，并不能通过眨眼获取到相关信息，也就是说，眨眼并不参与视觉搜索的过程，而且频次极少。

11.3.2 交通设施安全评价

通过测量驾驶员在道路行驶过程中眼睛眼动指标的变化，可以判定公路交通设施的设置是否合理，有没有对驾驶员的视觉产生不良的影响。通常我们使用观测眼动指标的仪器为 iView X HED 眼动仪，是专门用于对眼动特性分析的仪器，仪器如图 11-17、图 11-18 所示。

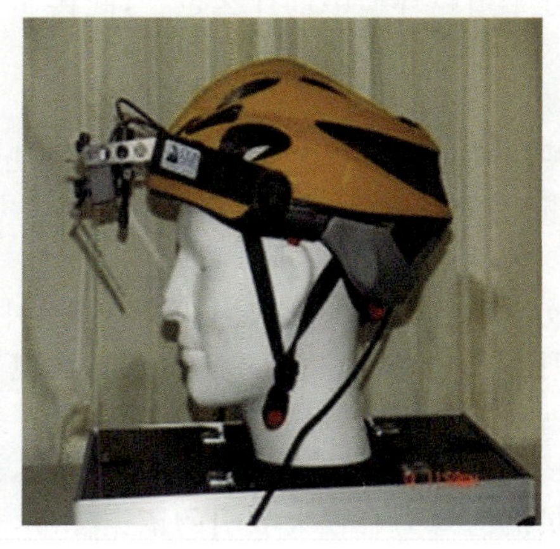

图 11-17 iView X HED眼动仪

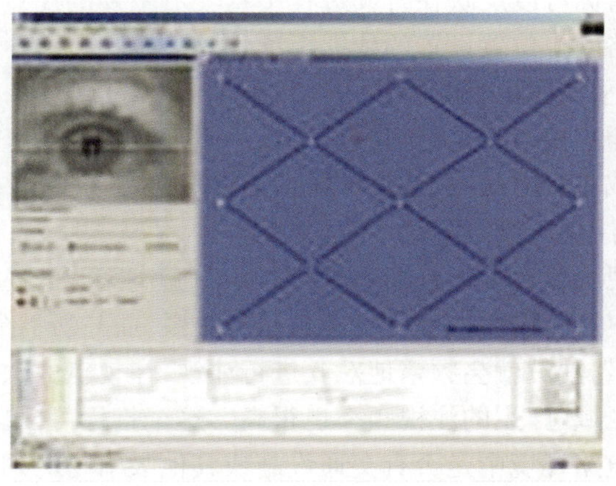

图 11-18 iView X HED主机界面

公路交通设施安全评价，主要是指驾驶员在公路行驶过程中能引起其视觉注意的交通设施，以这些设施是否对驾驶员的视觉引起不利影响而诱发交通事故为判断标准，对这些交通设施设置的位置、数量和形式是否合理进行评价。这类设施有桥涵设施、高速公路广告牌、道路标志等，如图 11-19～图 11-21 所示。

图 11-19 公路涵洞设置

图 11-20 公路广告

根据观测驾驶员在行驶过程中眼动指标的变化，可以通过以下几个指标变化来评价交通设施设置的合理性及安全性。

图 11-21　公路标志

(1)注视持续时间

注视持续时间就是注视时间，视轴中心位置保持不变的持续时间以 s 计。注视持续时间反映的是提取信息的难易程度。长时间的注视反映出观察者花费了更长的时间来解读注视对象，或者将显示的注视对象与其内在的含义相联系起来。但是对观察者而言，需要长时间注视的目标物并不比注视持续时间短的目标物更有意义。这一指标可以用来对高速公路上标志设置的合理性进行检验，通过注视时间的长短来判断标志内容是否简单、易懂，同时也可以作为一种判断标志设置是否信息过载的指标依据。

(2)注视时间百分比

注视时间百分比是指驾驶员注视时间占全部时间的百分比或对某一固定区域的注视时间占全部的百分比。可以直观地反映驾驶员在整个驾驶过程中的注视的频率或在各个区域的注意力分配情况。通过这个指标可以反映在行驶过程中驾驶员主要的注意力处于道路环境中的什么位置，间接作为一种标志或公路广告位置设置的依据标准。

(3)平均注视时间

平均注视时间是指驾驶员对某一固定区域的所有注视持续时间的平均值。可以反映驾驶员观察者在该区域花费的时间、从该区域提取信息的难易，能够测量认知负荷的状态。

(4)注视次数百分比

注视次数百分比是指驾驶员对某一固定区域的注视次数和总次数的比值。在视觉搜索中，注视次数与观察者所需要处理信息的数目有关系，而与所需处理信息的深度无关。一旦搜索者发现其兴趣所在，那么驾驶员就会频繁地对其进行注视，注视点的数目就反映视觉区域中兴趣点的数目，并且信息比例高的区域，产生的注视频率也很高。这个指标可以反映驾驶员行驶过程注视点的集中区域，也可以作为判断道路环境中是否有交通设施或其他吸引物对驾驶员的注意力有很大吸引的依据标准，进而判断是否对车辆运行造成潜在安全危险。

(5)眼跳平均速度

当驾驶员在观察某一重要目标物体或者处理某种突显信息的时候，眼球会有大幅度的运动，扫视的平均速度是指每次扫视的距离(角度)与扫视持续时间的比值，其计量单位是°/s。扫视平均速度能够说明前一次注视过程中信息加工的速度以及驾驶员寻找下一个目标的速度。可以判断道路环境中有没有吸引物或交通设施对驾驶员的注意力是否有很大的吸引力。

(6)瞳孔面积大小

上面提到光的强弱会使瞳孔大小发生变化，在强光照射时，瞳孔缩小以减小光线对视网膜的刺激；弱光时，瞳孔放大以使视网膜得到足够刺激。在看远处物体时，瞳孔放大以增加进入眼球的光线；看近处物体时，瞳孔缩小以减少进入眼球的光线。人在紧张时，瞳孔会扩大，而当出现疲劳现象之后，瞳孔会缩小。驾驶员是在隧道段行驶，所以照度的变化是引起瞳孔面积变化的主要原因。

11.3.3　工程案例

工程案例以齐泰高速公路交通安全保障技术研究为实例进行介绍。

(1)案例背景

齐泰高速公路刚建好，对其存在的潜在事故点进行判别。

(2)工程目的

通过眼动仪的测试实现判断齐泰高速公路环境中有没有对驾驶员注意力有非常大的吸引作用的吸引物、驾驶员在行驶过程中注意力主要注视范围以及判断交通标志所应当设置的位置等。

(3)数据分析及结论

本次测试所得数据指标主要有两个:注视和眼跳。

注视数据主要给出了注视的起始时间、结束时间、注视时间和注视点的位置坐标。注视点是驾驶员在行驶过程中所关注的位置,对其数据的研究可以分析出驾驶员在驾驶过程中注意力的关注点、关注域范围以及因道路与周围环境所造成的忽视区域,从而可以为公路管理部门提供改善道路及周边环境的措施,达到消除潜在事故发生因子的目的。

眼跳数据主要给出了眼跳起始时间、结束时间、眼跳时间、眼跳初始注视点位置坐标、结束注视点位置坐标、眼跳平均速度、眼跳加速度以及眼跳平均加速度。眼跳平均速度可以反映驾驶员在行驶过程中视野受到道路环境或周边环境影响的大小,而由数据得到的眼跳距离可以反映驾驶员在变换注视点的过程中获得的信息量的大小。通过对上述两种数据的分析,可以得出道路环境与周围环境对驾驶员行驶过程中视野的影响,进而来判断哪些路段是应该要求管理者采取安全措施的地方。

①注视数据分析

根据得到的注视数据,通过截屏获得具有代表性的驾驶员在行驶过程中前方视野的图片,并对图片按图11-22所示进行分割:横向分为六个等分区域,纵向分为五个等分区域,共计三十个区域,如图11-22所示。

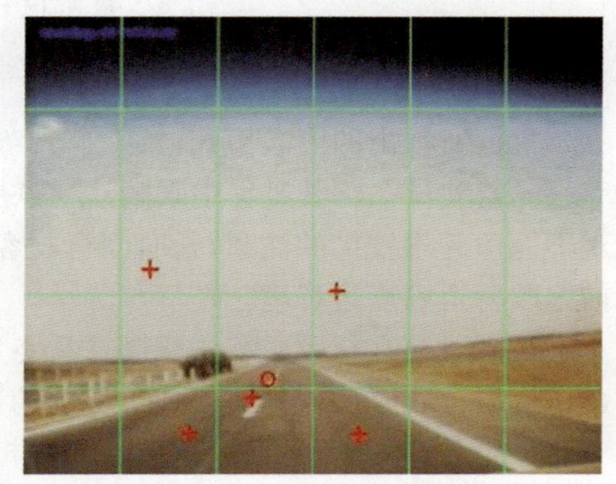

图11-22 驾驶员视野图片分隔

按照整个测试过程中注视点位置出现的次数,可以得出分割后各个区域注视的次数和频率,结果如表11-5、表11-6所示。

各分隔区间注视次数　　表11-5

纵向间距代号 \ 横向间距代号	1	2	3	4	5	6
1	4	9	2	0	3	2
2	0	12	115	213	6	2
3	1	3	114	58	3	0
4	1	3	12	10	1	0
5	3	2	0	0	1	0

各分割区间注视概率　　表11-6

纵向间距代号 \ 横向间距代号	1	2	3	4	5	6
1	0.007	0.016	0.003	0	0.005	0.003
2	0	0.021	0.198	0.367	0.01	0.003
3	0.002	0.005	0.197	0.1	0.005	0
4	0.002	0.005	0.021	0.172	0.002	0
5	0.005	0.003	0	0	0.002	0

根据上述两个表格中的数据可得注视次数与概率的柱状图，如图 11-23、图 11-24 所示。

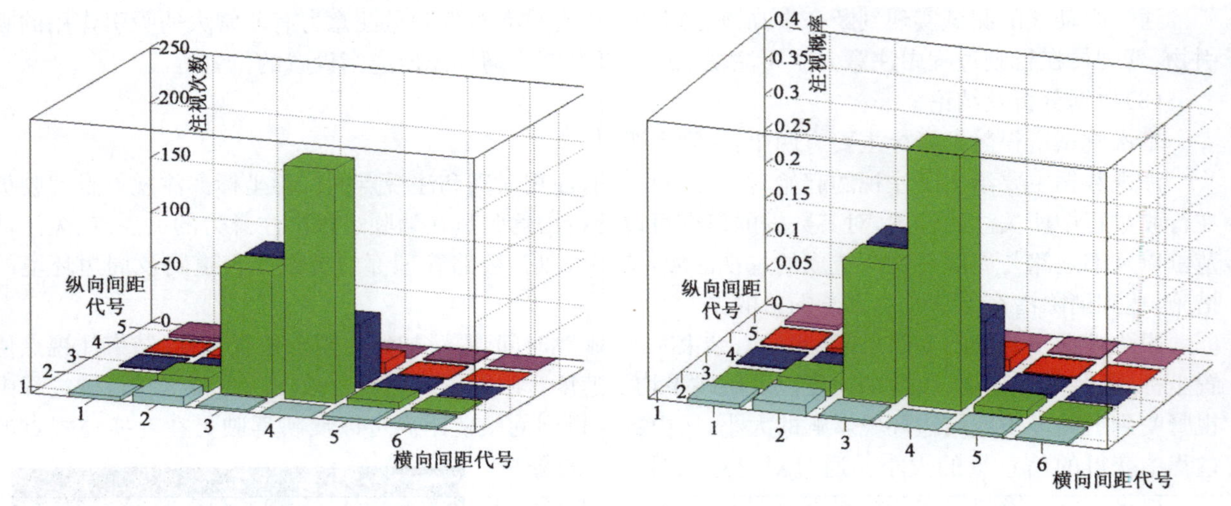

图 11-23　各分隔区注视次数柱状图

图 11-24　各分隔区注视概率柱状图

根据所得出的图表可知：

a. 驾驶员在行驶过程中眼睛注视点主要集中在(3,2)、(3,3)、(4,2)等三区域内，说明该公路沿线景观不能引起驾驶员的注意，长时间行驶容易导致驾驶员驾驶疲劳，为潜在交通事故发生因子，建议采取措施改善道路周边环境。

b. 驾驶员在行驶过程中眼睛注视点所注视前方视野概率最大的区域为(4,2)所表示的位置，从而也可以得出，在设置各种标志时，标志的位置应尽可能地设在(4,2)所对应的位置上，因为驾驶员不需要变化视野角度，在正常行驶下即可获取相应的信息。

②眼跳数据分析

眼跳数据中的眼跳速度和眼跳距离可以作为反映驾驶员在驾驶过程中周围环境对驾驶员注意力的影响大小和驾驶员获得信息量多少的指标。将试验数据中的眼跳数据进行处理，将眼跳起始时间所对应的公路里程进行编号，如表 11-7 所示。

通过对眼跳数据进行处理，得到公路里程代号对应下的眼跳平均速度变化柱状图和眼跳距离变化柱状图，分别如图 11-25、图 11-26 所示。

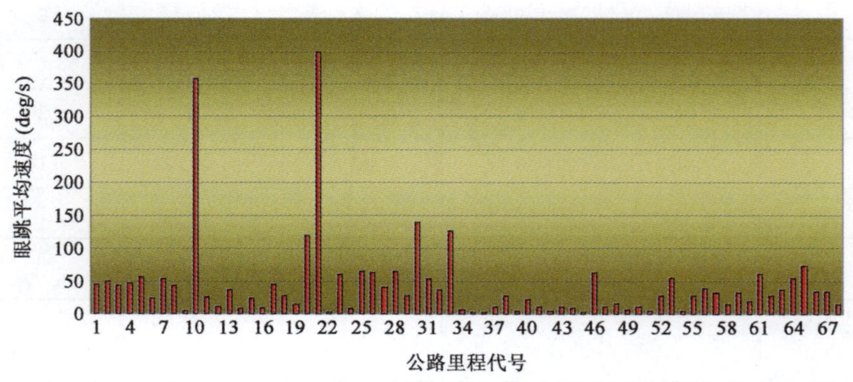

图 11-25　眼跳平均速度变化柱状图

由图 11-25、图 11-26 可知：

a. 在眼跳平均速度变化柱状图中，里程代号为 10、21 的地点，也即里程为 K117＋000、K84＋700 处，眼跳平均速度有非常巨大的突变，说明这些里程号前后 100m 左右的路段环境中有对驾驶员注意力影响很大的吸引物；同时在里程代号 30、33 的地点，也即里程为 K63＋100、K59＋100 处，眼跳平均速度有幅度略小的突变，说明这些里程前后100m左右的路段环境中也有对驾驶员注意力造成影响的吸引

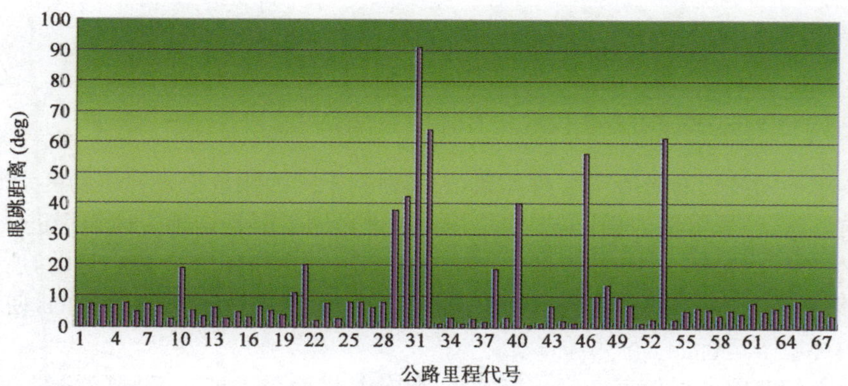

图 11-26 眼跳距离变化柱状图

眼跳起始时间对应公路里程编号 表 11-7

里程代号	里程	里程代号	里程	里程代号	里程	里程代号	里程	里程代号	里程
1	K129+600	16	K91+700	31	K63+000	46	K48+000	61	K19+800
2	K129+580	17	K90+500	32	K62+800	47	K46+500	62	K17+800
3	K129+270	18	K88+100	33	K59+100	48	K45+900	63	K16+400
4	K121+400	19	K86+800	34	K58+700	49	K43+300	64	K15+800
5	K118+500	20	K84+900	35	K57+600	50	K41+900	65	K12+100
6	K118+200	21	K84+700	36	K56+600	51	K41+500	66	K11+200
7	K118+000	22	K83+300	37	K55+900	52	K41+200	67	K0+900
8	K117+600	23	K71+200	38	K55+600	53	K40+900	68	K0+500
9	K117+300	24	K70+900	39	K55+400	54	K40+100	—	—
10	K117+000	25	K70+890	40	K54+400	55	K35+600	—	—
11	K116+920	26	K67+200	41	K52+700	56	K30+000	—	—
12	K108+700	27	K67+190	42	K52+100	57	K28+300	—	—
13	K100+700	28	K67+180	43	K51+100	58	K26+200	—	—
14	K100+600	29	K65+500	44	K48+900	59	K21+300	—	—
15	K94+600	30	K63+100	45	K48+400	60	K20+600	—	—

物。故建议以上路段处不要设置过多标志。

b. 在眼跳距离变化柱状图中，里程代号为 30、31、32、、40、46、53 的地点，也即里程为 K63＋100、K63＋000、K62＋800、K54＋400、K48＋000、K40＋900，说明这些里程桩号前后 100m 左右的路段环境中驾驶员获得的信息量很大；同时在里程代号为 10、21、36 的地点，也即里程号为 K117＋000、K84＋700、K56＋600 处，眼跳距离有幅度略小的突变，说明这些里程前后 100m 左右的路段环境中驾驶员获得的信息量较大。在以上路段设置标志时应考虑信息量是否过载的问题。

c. 里程 K117＋000、K84＋7000、K63＋100、K63＋000、K62＋800、K59＋100、K48＋000 等桩号位于不同平曲线的曲线段上，且附近分别有东方红机械林场天桥、齐天村天桥、K62＋966 隔离天桥，前官地村天桥、汤池村天桥等天桥上跨主线，形成视野障碍，引起驾驶员眼跳平均速度和眼跳距离有不同程度的变化；里程 K54＋400、K40＋900、K56＋600 等桩号对应的道路条件没有特殊特点，根据试验过程中突发事件的记载，此三处突变为测试过程中变换车道及避让横穿车辆而引起的，可以排除。

11.4 基于驾驶员视觉特性的交通设施颜色搭配技术

11.4.1 交通设施颜色代表的含义

颜色是眼睛对不同波长的光所产生的视觉，人们根据不同的颜色把各种事物区别开来，并从中获取有关这些物体的形状、位置等诸方面信息，这是一种生理作用。但是这种生理作用进一步冲击到人们的心理，往往会产生不同的情绪，这种冲击基本上是在不知不觉中作用于人的心理的，所以也就产生了颜色心理。应用颜色心理原理，通过对交通设施设置不同的颜色来达到不同的目的，使交通处在一个安全、快捷、舒适的环境下运行。

不同颜色对人们获取外界信息产生一定的心理作用，进而令人产生不同的情绪，这就是颜色心理。不同的颜色会给人带来不同的心理感受和视觉效果。而熟悉各种颜色心理，并将其灵活运用到高速公路交通设施中，是降低高速公路交通事故的一种有效措施。

红色是热烈、冲动、强有力的色彩，它能使肌肉的机能和血液循环加快。接触红色过多，会感到身心受压，出现焦躁感，长期接触红色还会使人疲劳，甚至出现精疲力竭的感觉。由于红色容易引起注意，所以具有较佳的明视效果，常用来作为警告、危险、禁止、防火等警示用色。红色在交通设施中应用实例如图11-27、图11-28所示。

图11-27 红色路面

图11-28 红色设施

黄色明视度高，比较容易看到，具有在较远的地方就能看到的效果，同时也常用来警告危险或提醒注意，如交通标志上的黄灯、工程用的大型机器、学生用雨衣、雨鞋等，都使用黄色。黄色在交通设施中的应用如图11-29、图11-30所示。

图11-29 橙色减速带

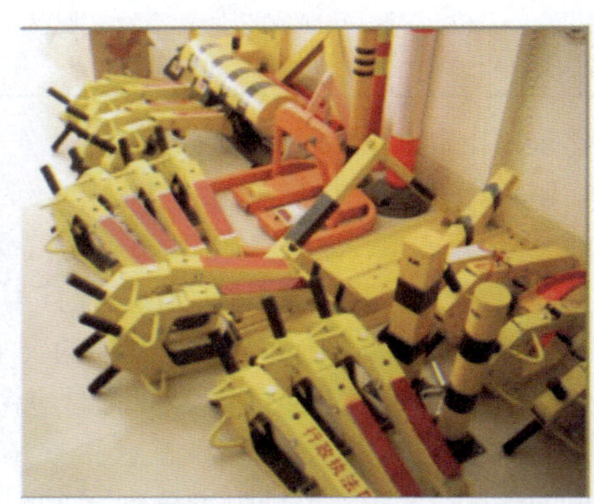

图11-30 黄色设施

绿色是公平、安静、智能、谦逊的象征，它有助于消化和镇静，促进身体平衡，对好动者和身心受压者极有益，自然的绿色对于克服晕厥疲劳和消极情绪有一定的作用。在交通方面，绿色表示安全可行，高速公路上做指路标志，同时也是一种主要的植被色彩，起到缓解驾驶疲劳、诱导视线的作用。如图11-31、图11-32所示。

图11-31 绿色标志

图11-32 道路绿化

蓝色是永恒的象征，它是最冷的色彩。纯净的蓝色表现出一种美丽、文静、理智、安详与洁净。但从消极方面看，也容易激起忧郁、贫寒、冷淡等感情。在交通方面，蓝色多用于指示标志上，其他交通设施也有被涂成蓝色的。实例如图11-33、图11-34所示。

图11-33 蓝色标志

图11-34 含蓝色的收费站

黑色/白色主要起到颜色的对比作用，从而达到增强色泽鲜明感。黑色给人以沉重、高贵的感觉；白色给人以圣洁、朴素的感觉。在交通方面，黑色/白色主要用来做对比色，起突出作用，白色还用来做标线，如图11-35、图11-36所示。

图11-35 白色交通标线

图11-36 标志中的黑/白色

11.4.2 交通设施颜色搭配原则

交通设施颜色的搭配效果直接影响驾驶员在道路行驶过程中的心理变化，搭配效果好的方式能够很好地诱导驾驶员视线、缓解驾驶员疲劳；搭配效果不好的方式会起到相反的效果，还易引起驾驶员烦躁。因此，在作交通设施颜色搭配的时候应当做到以下三点。

(1)色彩规划与设计

为避免色彩过于单调或杂乱以至于引起色彩污染，应该对道路交通设施色彩进行科学有效的规划与管理。应该在对道路交通设施进行初步设计时，将色彩设计作为一个单项列出，结合城市整体色彩规划进行专门的规划和设计，使之在后面的详细设计与施工图设计中得以落实。

还应制订一套完整的切实可行的管理措施，设立专门的机构从事管理工作，对规划与管理过程及落实后的道路交通设施色彩进行监控和管理。

(2)道路交通设施色彩规划专题研究

鉴于色彩对于充分发挥道路交通设施的功能以及美化行车、行人环境所起到的特殊作用，以及它与美学和心理学的密切联系，有必要对道路交通设施色彩规划与设计进行专题研究。从《色彩学》和《心理学》入手，着重分析色彩在标示引导与美化行车、行人环境这两方面所能起的作用，并以此作为出发点，寻找道路交通设施中需要考虑色彩的地方，提出解决方案及解释。色彩设计对于科学技术高度发达的现今社会，用什么颜色、为什么用这种颜色，其实是一个色彩选择的问题。色彩的美化效果不是无条件的，若使用不当，效果会适得其反。道路交通设施色彩设计应是一种艺术创作，其中艺术鉴赏力对设计者至关重要，而这种鉴赏力是以感觉为标准，建立在审美经验的基础上。而作为研究应给出具体化及量化的理论或实践支持，对于所提出解决方案及其解释，应有理论依据或调查数据作为支持。建议考虑采用调查问卷或表格的方式，借助互联网及现场问询的方法，来获得调查数据；而这些表格及其内容的设计应来自发挥道路交通设施的功能，即美化行车、行人环境的需求，来源于色彩学及心理学的理论指导。

(3)道路交通设施色彩规划需要规范化、法制化

道路交通设施色彩规划与设计环节的健全，离不开相关法律法规的制定与完善。只有在法律的监督下和政府行为的有效干预下，交通设施色彩规划与设计才能得到有力保障。

11.4.3 交通设施颜色搭配效果分析

从收费站、护栏、隔离栅、服务区围栏、防抛网、防眩板及中央绿化等设施的颜色搭配问题出发，分析实例效果。

(1)收费雨棚颜色

收费雨棚颜色的搭配主要从美学角度来考虑，配合周围地理环境特点，使收费站和周围环境完美融合，成为高速道路上的一道风景线。南方地区收费雨棚都采用单一纯白色，给人明亮、雅致的感觉，同时也很容易和周边色彩进行搭配。但对于北方地区的收费雨棚，考虑到冬天雪的影响，大都不采用单一白色，可采用其他和周围色彩搭配的颜色。北方高速公路上的收费雨棚颜色的选取应当根据周边环境颜色来确定，可选择绿色、红色或紫色中的一种为主色，配以其他颜色，如白色为辅色，见案例图 11-37、图 11-38。

图 11-37 北方地区收费站

图 11-38 南方地区收费站

(2)护栏颜色

护栏色彩的运用通常根据周围环境特点以及护栏材料的应用予以考虑,可利用材料本色也可人工涂装。齐泰高速公路路侧护栏和中央分隔带护栏均设计为波形梁护栏,外观厚重、笃实、体量较大,容易使人产生呆板、笨重、沉闷的感觉,对人的视觉冲击也较大,为弥补外形的不足,可通过色彩涂装对其材料表面的处理,改善驾驶员的视觉效果。

常见的护栏涂装是采用镀锌喷塑的办法,颜色有:绿色、蓝色、白色、红色。鉴于绿色独有的宁静和谐作用,对于路侧护栏,大范围内采用绿色护栏,与环境相协调;危险、有安全隐患的地段可以考虑采用红色或黄色,给予警示作用。如图 11-39、图 11-40 所示,分别为不加处理的路侧护栏和镀锌喷塑后的护栏。

图 11-39 白色护栏

图 11-40 绿色护栏

对于中央分隔带护栏,不管是植物防眩还是防眩板防眩,基本都以绿色为主要色调,护栏的颜色可以不予特殊处理。

(3)隔离栅颜色

高速公路隔离栅常用绿色或蓝色,也有采用白色或黄色,例如,盐通高速公路采用了乳白色,能够给道路使用者以耳目一新的感觉。色彩设计分为同色系法和对比色系法,同色系法强调与周围环境的和谐统一,而对比色系法则使物体本身更加醒目、突出,更能引起他人的注意。同一种色彩在不同环境下可以产生协调和对比两种效果。

黑龙江冬天独特的冰雪气候,使用白色隔离栅,与自然相协调,最大限度降低了隔离栅对环境美感造成的破坏;夏天白色能给人以纯净凉爽、欢快明朗之感,有助于丰富高速公路的色彩,活跃视觉,防止视疲劳。如图 11-41、图 11-42 所示,采用了白色隔离栅以及常见的绿色隔离栅。

图 11-41 白色隔离栅

图 11-42 绿色隔离栅

(4)服务区围栏颜色

高速公路服务区的环境设计应当从“以人为本”的角度出发,融入满足人的心理需求的人性化理念,以亲切舒适、轻松休闲为中心,创造一个舒适的、令人赏心悦目的环境。服务区围栏作为服务区环境设计的一部分，其颜色搭配的选取会直接影响整个服务区环境的效果。高速公路服务区围栏可采用单一颜色，以绿色较为常见，能很好地和周围植物融为一体；也可采用两种色彩混搭，如黄绿混搭、红绿混搭等，能够避免一种颜色的单一性。如案例图 11-43、图 11-44 所示。

图 11-43　绿色为主的服务区围栏

图 11-44　黄色和浅蓝色搭配的服务区围栏

（5）防抛网颜色

桥梁防抛网是用来防止高处抛落的物体对桥梁下面的车或人产生伤害的作用。防抛网比较普遍的处理方式是浸塑、镀锌；颜色可选草绿色，墨绿色，白色，黄色，黑色，红色等。防抛网的颜色则以选取警示作用最强的红色，或者警示作用次之的黄色，以期达到良好的防抛效果。案例如图 11-45、图 11-46 所示。

图 11-45　红色桥梁防抛网

图 11-46　绿色桥梁防抛网

（6）防眩板颜色

防眩板是一种经济、美观、风阻力小、积雪小、对驾驶员心理不良影响小的防眩设施，尤其是适当宽度的防眩板与混凝土护栏配合使用效果更佳，在地形富有变化路段，可以采取与自然人文景观相协调的形式。例如，采用仿生的松树形防眩板，安装在东方红林场的中央分隔带满铺段和中央分隔带活动护栏。如图 11-47 所示。

不管是普通的防眩板，还是仿生防眩板，都是和植物防眩一起配合，达到防眩目的。因此，目前国内几乎所有的高速公路玻璃钢防眩板颜色一般为绿色，与公路周围的景观协调，给驾乘人员以简捷、流畅之感。也有部分地区采用蓝色防眩板，与周围环境搭配，相得益彰，如图 11-48 所示。

（7）中央分隔带颜色

中央分隔带颜色搭配要从其功能角度来考虑。为达到隔离、防眩、诱导视线和美化环境的作用，中央分隔带多以绿色植被为主，配以红色、黄色或白色花朵。绿色可以缓解驾驶员疲劳，去除消极心绪；红色、黄色或白色花朵可以起到点缀作用，进而提高驾驶员的注意力，降低潜在事故的发生。对于北方地区而言，考虑到气候条件，中央分隔带应种植冬青、雪松等常绿植被，中间可适当地点缀花色为红色、黄色或白色的植物，也可仅用绿色植被，如图 11-49、图 11-50 所示。

图 11-47 绿色防眩板

图 11-48 蓝色防眩板

图 11-49 绿白相间的中央分隔带

图 11-50 以绿色为主的中央分隔带

公路建设过程中，仅仅注重生搬硬套各类技术标准，往往使得设计结果不理想，甚至导致交通事故频繁发生。随着科技发展，道路设计逐渐向功效学阶段转变，注重“以人为本”的理念。设计者除了考虑汽车通过性外，还要针对驾驶员的生理心理特性与视觉特性，进行合理的线形设计及交通设施颜色的最佳搭配。对于已建成的道路，根据驾驶员及乘员的生理心理特性，排查公路线形中存在的安全隐患，可避免交通事故的发生。结合人机工效学方法原理，使公路建设达到人—车—路（环境）的最大和谐！

12 高速公路管理、养护及服务房屋建筑设计

12.1 概述

随着高速公路网络的发展和路产资源的开发利用，高速公路服务区在公路运输中的地位也变得日益突出。服务区综合楼作为高速公路沿线的交通建筑，不仅要为沿线旅客提供舒适便捷的物质供给和空间环境，还应该满足社会审美的需求，创造赏心悦目的精神享受。

在齐泰高速公路服务区综合楼的设计当中，设计师着重从场地布局、功能组织、建筑风格、环境设施等方面入手，创造具有时代特色的服务区建筑。

12.2 基地选址

齐泰公路路线全长 144.902km(其中高速公路 138.218km)。起点于齐齐哈尔市东出口路联通大道与绥满公路衔接处，终点于泰来县东明嘎屯南、黑吉两省交界处。途经铁锋区扎龙乡，昂昂溪区水师镇、榆树屯镇，途经泰来县 10 个乡镇中的 8 个。项目全长 138km。三处服务区选址自齐齐哈尔起始依次定于：昂昂溪、江桥、泰来。六处收费站选址自齐齐哈尔起始依次定于：昂昂溪、大兴、江桥、塔子城、泰来、街基。基地选址都定于泰来高速途经的重要地段，拥有美丽的自然风光，深厚的人文底蕴。项目落成后将成为展示当地自然资源、地域文化、风土人情的窗口。

12.3 场地布局的有机整合

服务区场地布局需要整体考虑，使用地得到有效而充分的利用，不仅通达便捷，还应该具有良好的空间效果。

沿途每处服务区都分为左右两侧，一侧为综合性主体建筑，体量较大，功能齐全，具有卫生间、休憩、餐饮、购物、住宿、办公、展示等复合性功能。另一侧，体量较小，只有卫生间、购物、修理间等必要的功能。之所以这样设计，是出于项目总预算的考虑，尽可能地做到满足功能又不浪费，响应国家"建设节约型社会"的号召。虽然右侧服务区体量较小，功能简单，但却经济实用。且两侧服务区通过高速公路的地下涵洞相连接，实现了资源共享。

服务区内部主要包括：主体建筑、公厕建筑、汽车修理间及车库锅炉用房。服务区的布局方式有多种多样：边端式、中心式、线状式等。在权衡了各种方式的利弊之后，本次设计最终选择了"中心式"的布局方式。将整体用地利用主体建筑分成前后两个区域，通过服务区入口处的车辆标识系统将大型车辆引导至服务区后区停放，利用主体建筑的遮挡，削弱了不利景观的消极影响；小型车辆则停靠在服务区的前广场。此方法既满足不同人群的使用要求、便于管理，又保证了服务区前广场的景观效果。前广场设置了大量的绿化景观，为旅途劳顿的人们提供了休闲放松的场所。为了方便不同使用要求的人群，在用地靠近高速公路处设置了贯穿车道，可快速到达加油站。加油站位于场地出口处，用地充足，方便车辆进出使用。锅炉房与汽车修配厂自成体系，位于用地西北角，处在下风向，使其对场地的干扰降至最低。

12.4 功能组织的优化创新

高速公路服务区给人们提供了休息的场所，为旅客和驾乘人员提供一个轻松愉快的环境氛围。服务区主体建筑由公共休息厅、餐饮部、购物部、商务中心以及室外休息场地等功能区组成。功能组织的

优化创新，是本次设计的重点之一。

以泰来服务区为例。设计者在建筑内部增设了一个特色展示大厅，在室外展场还预留了大型展品的展位，以此加强游客对公路沿线的风土人情的了解，并通过这种方式，提倡休闲教育，达到宣传地域文化的目的。特色餐厅自成体系，既能满足团体用餐的需要，又有特色包间供特殊客人选用。通过旋转楼梯，可进入到二层茶座，并与二层景观廊相连。建筑二层还设有少量客房，提供人性化的住宿服务，方便在此服务区短期与长期停留的不同人群。在这个较小的建筑体量内，通过空间的流动与穿插，形成独具特色且富于变化的空间感受。

12.5 建筑风格的特色彰显

服务区内的主体建筑是高速公路沿线的标志性建筑，为旅客和驾乘人员提供良好的沿途景观。因此，建筑风格不仅要具有较强的视觉效果，还应当具有独特的地域风貌。

齐泰高速沿线多个服务区的主体建筑的设计构思来源于国外小镇建筑，自然休闲，能够与沿途美丽的自然风光完美融合，为在此停留的人带来舒适、亲切、轻松的休闲环境。建筑主体采用新古典主义风格，通过拮取典型的柱廊、拱券元素进行抽象、变型，并与建筑空间进行匹配。使建筑既具有古典主义美感，又具有现代主义特色。在统一的风格控制下，各个建筑单体又各具特色。

12.5.1 昂昂溪服务区

昂昂溪服务区，是从齐齐哈尔出发途经的第一个服务区，左侧服务区总建筑面积 3 479m^2，其中综合楼建筑面积 2 801m^2，加油站建筑面积 126m^2，修理间及锅炉房建筑面积 552m^2，高度两层。综合楼功能含：卫生间、休憩、展示、购物、餐饮、住宿、办公。右侧服务区建筑面积 855m^2，其中公厕及修理间建筑面积 625m^2，加油站及超市建筑面积 230m^2，高度一层。

左侧服务区综合楼以起伏生动的建筑特色为主。建筑体型采用比较灵活的不对称组合方式，各组成部分有机穿插。轻松舒展的坡屋顶造型，既突出了北方建筑的特色，又使建筑与广袤的沿路风景有机融合在一起；高耸挺拔的钟塔造型，既突出了建筑的标识性，又与水平体量形成对比。错落起伏的建筑体量激发人们产生对运动的联想。内部建筑空间错落丰富，为在此停留的人们提供多样性的体验。入口处两层通高的阳光大厅是点睛之笔，通过顶部坡屋面玻璃从天窗采光，墙面采用外墙砖，实现室内空间室外化的特殊效果。大厅空间复合了展示功能，提供室内展示和特殊展示两处不同的空间。其中特殊展示空间为两层通高，精心营造的空间效果提供了多种展示的可能性。昂昂溪有着丰富的自然资源，扎龙湿地、史前文明，服务区内别致的展示空间将成为昂昂溪展示自身的窗口，服务区不再单纯是休闲的场所，而将担负起文化传播的功能。两层通高的餐厅和局部二层的休闲茶座提供宽敞又极具品味的就餐环境。所有主体建筑的色彩均以暖色调为主，既使建筑从快速行驶的冷色环境中凸显出来，也令旅客产生温暖、亲切的心理感受(图 12-1)。

图 12-1 昂昂溪服务区效果图

12.5.2 江桥服务区

江桥服务区位于齐泰高速公路的中间段，右侧服务区总建筑面积 2 010m²，其中综合楼建筑面积 1 332m²，加油站建筑面积 126m²，修理间及锅炉房建筑面积 552m²，高度一层。综合楼功能含：卫生间、休憩、展示、购物、餐饮、办公。左侧服务区建筑面积 849m²，其中公厕及修理间建筑面积 622m²，加油站及超市建筑面积 227m²，高度一层（图 12-2）。

图 12-2 江桥服务区效果图

由于面积要求，右侧服务区综合楼建筑体量相对较小，为营造空间效果带来了一定的难度。因此更多的设计在细节上和近人尺度的环境中下工夫。入口处出挑一个柱跨 8.4m 的门廊，具有强烈的引导性，中央大厅空间完整，尺度适宜，同时具备展示功能，展示江桥的抗战历史。超市前的柱廊营造出建筑灰空间，并围合出一个 8.4m×8.4m 的室外庭院，室内外景观交互，带来有趣的空间体验。建筑体量虽小，但精致典雅，每一个细节的处理都十分精细到位，宜人的尺度、简洁紧凑的功能组合，为在此停留的旅客提供既便捷又具品质的亲切感受。

12.5.3 泰来服务区

泰来服务区是齐泰高速最后一个服务区，也是进入泰来的门户。右侧服务区总建筑面积 3 187m²，其中综合楼建筑面积 2 505m²，加油站建筑面积 130m²，修理间及锅炉房建筑面积 552m²，高度两层。综合楼功能含：卫生间、休憩、展示、购物、餐饮、住宿、办公。左侧服务区建筑面积 755m²，其中公厕及修理间建筑面积 625m²，加油站建筑面积 130m²，高度一层。

右侧服务区综合楼以舒展大气的建筑特色为主。拱券式柱廊是贯穿整体建筑的元素，一层的柱廊空间和二层的室外廊道既突出了新古典主义的典型语汇，又创造出亲切宜人的空间形态，同时在立面产生丰富的阴影效果。外廊围合出长条形的室外庭院空间，室内外空间有机融合，带来别样的建筑体验。利用楼梯间塑造出高 16m 的钟塔体量，成为整栋建筑的制高点与视觉焦点。丰富的内部空间隐藏在双层高的拱廊之后，两层通高的入口大厅和餐厅，局部二层的茶座和螺旋楼梯、二层客房区的露台，这些特别的设计元素营造出移步异景的室内空间。泰来服务区基地有着特殊的自然资源：美丽的泰来湖。服务区的设计中，二楼的客房区和露台空间充分利用了良好的景观资源，客房阳台面对泰来湖，视野开阔，带来舒适又极具品质的居住环境。泰来服务区以其整体大气的建筑造型、丰富变化的室内空间等候着每一个旅途劳顿的行人来这里休息（图 12-3）。

12.5.4 收费站

沿途六处收费站办公楼根据有无养护工区分为面积大小不同的两种类型。其中昂昂溪、江桥、街基收费站含养护工区，总建筑面积 2 579m²；大兴、塔子城、泰来服务区不含养护工区，总建筑面积 2 106m²。建筑风格与服务区相呼应，同时为了符合办公建筑的特点，运用简洁、硬朗的建筑线条营造出大气严谨的办公环境。区别于服务区的双坡屋顶，收费站统一采用四坡屋面，作为严肃的办公氛围的活跃元素(图 12-4)。

图 12-3 泰来服务区效果图

图 12-4 大兴收费站效果图

12.6 结构、材料与细部

建筑主体采用钢筋混凝土框架结构,经济合理。三处服务区外立面统一采用淡黄色暖色调,外墙砖选用具竖向粗糙纹理的浅黄色瓷砖,用深、中、浅三个色调按 60%∶25%∶15%的比例进行搭配,塑造出具有质感又富有变化的外立面效果。六处收费站分别采用褐色和深褐色两种色调的面砖,材料颜色的变化打破了统一建筑形式的单调感。

建筑体量丰富变化的同时,对细节的关注度起到了升华作用。层层进退的拱券线脚、窗上沿的竖排砖,山墙面屋顶特殊设计的通风口形式、钟塔体量的细致刻画等,每个细节经过设计师的仔细推敲,使建筑体量逐渐丰满。无论是大的体量还是小的细部,齐泰高速公路沿线房建工程项目都将起到示范作用。

12.7 环境设施的细节关怀

环境设施的相互协调,对场地空间的利用与拓展具有非常积极的作用。标识系统的设置,能够顺畅地引导车流与人流,满足流线的通达性与便捷性。

建筑师在主体建筑两端设置了休闲庭院。绿篱景墙、特色花池、休闲坐椅、景观花卉、植物雕塑等,都充分考虑了对人的关怀。泰来服务区作为高速公路的门户,又拥有泰来湖,利用这一特有的自然资源,在综合楼背面专门设计了观湖花园、观湖凉亭、休闲木栈道等观景设施(图 12-5)。昂昂溪服务区选址附近有湿地景观,设计了伸入水面的亲水平台,人、自然、建筑完美融合。

所有环境设施,都与每个建筑的造型特色相关联,使环境与建筑融合在一起,相得益彰。人性化的关怀设计提供了周到的服务,良好的环境鼓励旅行者愿意花费更多的时间在服务区内部停留。

图 12-5　泰来服务区观湖花园

随着我国高速公路建设的不断发展，服务区的建设也迈进了优化创新的阶段。优秀的服务区建筑设计，对促进公路事业的发展和地方文化的传播，都具有非常积极的意义。

参考文献

[1] 沙庆林. 高速公路沥青路面早期破坏现象及预防[M]. 北京:人民交通出版社,2001.
[2] 郑健龙,周志刚,张起森. 沥青路面抗裂设计理论与方法[M]. 北京:人民交通出版社,2002.
[3] 张登良. 沥青路面工程手册[M]. 北京:人民交通出版社,2004.
[4] 哈尔滨工业大学道路教研室. 沥青路面的使用性能[R]. 哈尔滨工业大学,1998: 319-335.
[5] 沙庆林. 高等级公路半刚性基层沥青路面[M]. 北京:人民交通出版社,1999.
[6] 张肖宁,王哲人,王端宜. 计算沥青路面低温缩裂的能量判据及应用[J]. 中国公路学报,1990,(3).
[7] 严作人. 层状路面体系的温度场分析[J]. 同济大学学报. 1984,(3):76-85.
[8] 吴赣昌. 层状路面体系温度场分析[J]. 中国公路学报. 1992,6(4):1-8.
[9] 贾璐,孙立军,黄立葵. 沥青路面温度场数值预估模型[J]. 同济大学学报(自然科学版). 2007,35(8):1039-1043.
[10] 康海贵,郑元勋,蔡迎春. 实测沥青路面温度场分布规律的回归分析[J]. 中国公路学报,2007,20(6):13-18.
[11] 沙爱民. 半刚性路面材料结构与性能[M]. 北京:人民交通出版社,1998.
[12] 杨锡武. 粉煤灰混合料半刚性基层的微结构研究[J]. 中国公路学报. 1994,7(3):36-40.
[13] 秦禄生. 许志鸿. 一种高弹沥青面层抗反射裂缝能力试验研究[J]. 同济大学学报(自然科学版),2008,36(12):1647-1651.
[14] 沙爱民,贾侃,陆剑卿. 半刚性基层材料动态模量的衰变规律[J]. 中国公路学报,2009,22(3):1-6.
[15] 邓学钧,黄晓明. 半刚性路面疲劳性特性的环道试验研究[J]. 东南大学学报,1995,25(1):94-99.
[16] 马一平,谈至明,陶宇奋. 沥青路面半刚性基层快速修复材料研究[J]. 建筑材料学报,2007,10(5):553-556.
[17] 黄宝涛,廖公云,张静芳. 半刚性基层沥青路面层间接触临界状态值的计算方法[J]. 东南大学学报(自然科学版),2007,37(4):666-670.
[18] 张阳,侯相深,马松林. 长寿命半刚性基层沥青路面的计算分析[J]. 哈尔滨工业大学学报,2007,39(4):622-626.
[19] 姚占勇,练继建,任宪勇. 半刚性路面基层开裂的力学响应[J]. 岩土力学,2006,27(12):2250-2254.
[20] 任瑞波,钟耆辉,李海芝. 柔性基层改善沥青路面半刚性底基层温度状况分析[J]. 哈尔滨工业大学学报,2004,36(9):1280-1284.
[21] 孙兆辉. 水泥稳定碎石温缩变形特性试验研究[J]. 建筑材料学报,2009,12(2):249-252.
[22] 程箭,许志鸿,张超. 水泥稳定碎石设计参数研究[J]. 建筑材料学报,2008,11(6):673-677.
[23] 陈甦,彭建忠,韩静云. 水泥土强度的试件形状和尺寸效应试验研究[J]. 岩土工程学报,2002,24(5):580-583.
[24] 王立峰,朱向荣. 纳米硅水泥土弹塑性本构模型研究[J]. 浙江大学学报(工学版),2008,42(1):94-98.
[25] 王鹏飞,郭忠印,陈崇驹. 基于正交法的水泥稳定碎石试验及抗裂性能研究[J]. 建筑材料学报,2007,10(5):616-621.
[26] 李淑明,许志鸿. 水泥稳定碎石基层的最低劈裂强度和抗压强度[J]. 建筑材料学报,2007,10(2):177-182.
[27] 孙兆辉. 水泥稳定碎石基层材料的集料级配优化[J]. 建筑材料学报,2006,9(6):675-680.
[28] 杨英姿,邓宏卫,高小建. 粉煤灰陶粒混凝土的抗盐冻性能[J]. 材料科学与工艺,2009,17(2):239-243.

[29] 黄煜镔,吕伟民,徐建达.减水剂对水泥稳定碎石物理力学性能的影响[J].建筑材料学报,2005,8(3):311-315.

[30] 吉青克,姚祖康.多孔水泥稳定碎石组成设计[J].同济大学学报(自然科学版),2003,31(2):161-165.

[31] 姜爱锋,张易谦.石灰—粉煤灰稳定碎石基层的物理力学性能[J].同济大学学报(自然科学版),1997,25(6):656-662.

[32] 凌天清,梁富权.水泥稳定土抗弯拉强度结构系数的研究[J].中国公路学报,1992,5(3):7-13.

[33] 凌建明,谢华昌,庄少勤.水泥—石灰土水稳性的实验研究[J].同济大学学报(自然科学版),2001,29(6):733-737.

[34] 沙爱民,张登良,许永明.无机结合料稳定级配砂砾的疲劳特性研究[J].土木工程学报,1993,26(1):68-73.

[35] 童小东,龚晓南,蒋永生.水泥加固土的弹塑性损伤模型[J].工程力学,2002,19(6):33-38.

[36] 庄少勤,谢华昌,凌建明.水泥—石灰土的路用性能研究[J].建筑材料学报,2001,4(2):180-183.

[37] 贾侃.半刚性基层材料的疲劳特性研究[D].长安大学,2007:35-39.

[38] 黄学文,张正锋,王旭东.HF-Ⅱ缓凝减水阻裂剂在水泥稳定碎石基层中的应用研究[J].公路,2001,(4):59-62.

[39] 张登良,郑南翔.半刚性基层材料收缩抗裂性能研究[J].中国公路学报,1991,4(1):16-22.

[40] 张洪华.半刚性基层混合料收缩性能研究[J].公路交通科技,1990,7(4):5-13.

[41] 杨锡武,梁富权.养生条件对半剧性路面基层收缩特性的影响研究[J].重庆交通学院学报,1995,14(3):53-56.

[42] 申爱琴,李祝龙,王江帅,等.稳定砂土类半刚性材料温缩性能研究[J].公路,2000,(3):68-73.

[43] 朱云升,郭忠印,陈崇驹,等.半刚性基层材料干缩和温缩特性试验研究[J].公路,2002(6):145-148.

[44] 杨红辉,唐娴,郝培文.半刚性基层材料抗裂性评价方法[J].长安大学学报(自然科学版),2002(7):13-15.

[45] 王金昌.广义荷载作用下道路与软基共同作用研究[D].浙江大学,2003:26-31.

[46] 蒋应军.重载交通水泥混凝土路面材料与结构研究[D].长安大学,2005:66-69.

[47] 胡力群.半刚性基层结构类型与组成设计研究[D].长安大学,2004:101-105.

[48] 杨文丁.半刚性基层材料收缩性能研究[D].长安大学,2004:41-46.

[49] 张嘎吱.考虑抗裂性的水泥稳定类材料配合比设计方法研究[D].长安大学,2001:77-85.

[50] 张肖宁,郭祖辛,等.按体积法设计沥青混合料[J].哈尔滨建筑大学学报,1995,28(2):28-36.

[51] 谭忆秋,张肖宁,等.用体积法设计SMA混合料的配合比[J].哈尔滨建筑大学学报,1999,32(3):105-110.

[52] 沈珠江.土体结构性的数学模型——21世纪土力学的核心问题[J].岩土工程学报,1996,(1):95-97.

[53] 齐吉琳.土结构性的研究方法及现状[J].西北地震学报,2001,(1):99-103.

[54] 谢定义.土结构性参数及其与变形—强度的关系[J].水利学报,1999,(10):1-6.

[55] 殷宗泽.土力学与地基[J].水利水电出版社,2003:64-72.

[56] 胡再强,沈珠江,谢定义.非饱和黄土的结构性研究[J].岩土工程学报,2000,(11):775-779.

[57] 胡再强,沈珠江,谢定义.结构性黄土的变形特性[J].岩石力学与工程学报,2004,(12):4142-4146.

[58] 陈存礼,胡再强,谢定义.赤泥的变形—强度特性与结构性关系的研究[J].岩土力学,2004,25(12):1862-1866.

[59] 谢定义,齐吉琳.土结构性及其定量化参数研究的新途径[J].岩土工程学报,1999,21(6):

651-656.

[60] 骆亚生,谢定义,邵生俊.非饱和黄土的结构变化特性[J].西北农林科技大学学报,2004,(8):115-119.

[61] 解晓光,王哲人.沥青碎石混合料动力变形特性的研究[J].中国公路学报,2006,(2):7-11.

[62] 吴超凡,申爱琴.半刚性基层材料的干缩性能研究[J].公路,2007,(10):184-189.

[63] 丛林,郭忠印.半刚性基层材料性能参数的试验研究[J].建筑材料学报,2001,(4):385-390.

[64] 黄煜镔,吕伟民,徐建达.水泥稳定碎石基层收缩裂缝综合防治试验[J].重庆大学学报(自然科学版),2006,29(11):154-159.

[65] 于新,黄晓明.低剂量水泥稳定碎石基层干缩温缩性能研究[J].公路交通科技.2007,24(7):52-53.

[66] 孙兆辉,许志鸿.水泥稳定碎石基层材料干缩变形特性的试验研究[J].公路交通科技,2006,(4):27-32.

[67] 郭朝阳,何兆益.水泥稳定碎石温缩性能试验研究及工程应用[J].路面机械与施工技术,2007,10(22):22-24.

[68] 王艳,倪富健,李再新.水泥稳定碎石基层温缩性能试验及预估控制[J].东南大学学报,2008,38(2):261-262.

[69] 曹育红.水稳类基层温缩开裂的原因及预防措施[J].山西建筑,2007,33(11):352-353.

[70] 陈拴发,高蕾,董小坤.高性能混凝土配合比设计参数对温缩系数的影响[J].长安大学学报,2005,25(4):1-2.

[71] 岳红宇,陈加富.水泥稳定碎石基层成型早期内部温度场解析与温缩裂缝控制[J].公路交通科技,2008,25(7):32-33.

[72] 王宏畅,黄晓明.半刚性基层材料路用性能的试验研究[J].公路交通科技,2005,22(11):45-49.

[73] 光同文.半刚性基层温缩裂缝控制措施的研究[J].合肥工业大学学报,2003,26(1):127-128.

[74] 田莳.金属物理性能[M].北京:航空工业出版社.

[75] 朱伯芳.有限单元法原理与应用[M].北京:中国水利水电出版社,2003.

[76] 谢和平.岩石混凝土损伤力学[M].北京:中国矿业大学出版社,1990.

[77] 刘西军.大体积混凝土温度场温度应力仿真分析[R].浙江大学,2005:61-68.

[78] 王润富,陈国荣.温度场和温度应力[M].北京:科学出版社,2005.

[79] 余天庆,钱济成.损伤理论及其应用[M].北京:国防工业出版社,1993.

[80] 庄茁,蒋持平.工程断裂与损伤[M].北京:机械工业出版社,2004.

[81] 赵爱红,虞吉林.准脆性材料的细观损伤演化模型[J].清华大学学报,2000,40(5):88-91.

[82] 徐菁,吴子燕.混凝土材料细观结构断裂数值模拟[J].西北工业大学学报.2003,21(5):556-559.

[83] 陈书宇.动态荷载下的混凝土本构关系及有限元实现[J].辽宁工学院学报.2003,23(1):5-7.

[84] 陈永强,郑小平,姚振汉.非均匀材料的应变软化及层叠复合材料破坏过程的数值模拟[J].计算物理,2003,20(1):14-20.

[85] 庄茁,张帆,岑松.ABAQUS非线性有限元分析与实例[M].北京:科学出版社,2005.

[86] 庄茁.ABAQUS有限元软件6.4版入门指南[M].北京:清华大学出版社,2004.

[87] 石亦平,周玉蓉.ABAQUS有限元分析实例详解[M].北京:机械工业出版社,2006.

[88] 王金昌,陈页开.ABAQUS在土木工程中的应用[M].杭州:浙江大学出版社,2006.

[89] 庄茁.ABAQUS/Standard有限元软件入门指南[M].北京:清华大学出版社,1999.

[90] 敖道朝.低剂量水泥稳定碎石在渝湛高速公路中的应用[J].公路,2006,(7):52-56.

[91] 张嘎吱,沙爱民,郝建波,等.水泥粉煤灰稳定碎石基层材料的级配范围[J].长安大学学报(自然科学版),2003,23(4):1-5.

[92] 梅传江,牛朋.水泥稳定碎石基层路用性能研究[J].公路交通科技,2002,(3):35-37.

[93] 潘兆平,黄晓明.水泥稳定碎石路面基层材料水泥剂量范围试验[J].南京建筑工程学院学报,1998,47:21-26.

[94] 王国亮,谢峻,傅宇方. 在用大跨度预应力混凝土箱梁桥裂缝调查研究[J]. 公路交通科技,2008(8):P34-38.

[95] 王宗林. 寒冷地区大跨径预应力混凝土连续箱梁桥裂缝与变形控制研究报告[R]. 哈尔滨工业大学,2010.

[96] 张继尧. 悬臂浇注预应力混凝土连续梁桥[M]. 北京:人民交通出版社,2004.

[97] 范立础. 预应力混凝土连续梁桥[M]. 北京: 人民交通出版社,2001.